Julius Rodenberg 1831–1914

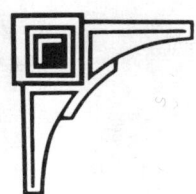

Julius Rodenberg

Bilder aus dem Berliner Leben

Rütten & Loening · Berlin

Herausgegeben von Gisela Lüttig
Mit einem Nachwort von Heinz Knobloch

ISBN 3-352-00072-7

Die letzte Pappel

(Dezember 1875)

*D*er Sturm von gestern nacht hat sie gefällt. Es war aber auch ein furchtbarer Sturm. Die Fenster klapperten, die Ziegel fielen von den Dächern, draußen war ein solcher Rumor und in meinem Schlafzimmer ein solcher Zug, daß ich zum ersten Male nach langer Zeit wieder in einer Schiffskajüte zu schlafen glaubte. Die ganze Nacht träumte ich von der See, und als ich einmal aufwachte – meine brave Schwarzwälder Uhr draußen auf dem Gange schlug gerade drei –, da war mir, als ob ich den alten Kapitän rufen hörte – den alten dicken Kapitän mit der roten Nase und den kurzen Beinen, denselben, mit dem ich vor Jahren einmal in einer ähnlichen Nacht unterwegs war, zwischen Leith und Hamburg –, und dann vernahm ich ordentlich das Ächzen des Schiffes und das Brausen der Wellen, und ein Ton war in der Luft, als ob ein Baum bräche, als ob Holz splittere ... »Mein Gott, mein Gott«, rief ich, »wir sind verloren« – und ich wollte mich eben anschicken, das sinkende Schiff zu verlassen, um in einem der Böte Rettung zu suchen, als ich zum Glück bemerkte, daß ich in meinem Bette sei und daß sich alles in guter Ordnung befinde, mit Ausnahme der Wettergardinen und Ringe, welche vor dem Fenster zusammen mit dem Winde klingelten und musizierten, daß einem der Schlaf wohl vergehen konnte. Doch es war Sphärenmusik, verglichen mit den

Schrecken der heulenden See, welche sich mir so lebendig aufdrängten, daß ich nicht nur den gischtüberschäumten Steuerbord gesehen, das Tosen der Brandung gehört, das Gemisch von Salz und Teer gerochen, sondern auch gewissermaßen den Grog geschmeckt hatte, den ich gestern abend mit dem alten Kapitän getrunken. Der friedliche Zuruf meiner Uhr beruhigte mich indessen auch über diesen letzteren Punkt; es ward mir plötzlich klar, daß ich allerdings gestern abend Grog getrunken, starken Grog obendrein, aber nicht mit dem Kapitän – der, Gott weiß es, schon lange kein Schiff mehr führt. Ich schlief also wieder ein. Aber in derselben Nacht und um dieselbe Stunde ist sie vom Sturme gebrochen worden, die letzte Pappel.

Als ich zuerst in diese Gegend der Stadt kam, vor vierzehn oder fünfzehn Jahren, da waren mehr Pappeln hier; in der Tat, mehr Pappeln als Häuser. Das Haus, in dem ich jetzt wohne, war noch nicht, und die Straße, in der es steht, war noch nicht, und alle anderen Straßen um sie her waren auch noch nicht. Gärten waren da, mit kleinen, niedrigen, einstöckigen Häuschen und gemütlichen Leuten darin, denen man in die Fenster sehen konnte, wenn man vorüberging. Man konnte sie, bei der Lampe, rund um den Tisch sitzen und ihr Abendbrot essen sehen, welches ihnen in der Regel ausgezeichnet schmeckte. Still war es hier wie auf dem Lande; Wagen kamen selten, und Omnibusse gab es noch nicht. Aber Pappeln gab es, die schönsten und die größesten, die man sehen konnte; alte Bäume, die zur Zeit Friedrichs des Großen gepflanzt und schon stattlich in die Höhe gegangen sein und eine hübsche Allee bilden mochten, als er, in seinen späteren Jahren, in seiner Kalesche von Potsdam nach Schöneberg und von Schöneberg nach Berlin fuhr. Saatfelder waren damals zu beiden Seiten der Pappelallee und Wiesen und Gräben, und etwas davon war noch übrig vor vierzehn oder fünfzehn Jahren, wiewohl das Saatfeld hier und da schon hinter Holz- und Kohlenplätzen verschwand, die Wiesen sich in Baugrund verwandelten und die Gräben in einen Kanal, auf welchem Torfkähne gingen und demnächst der erste Apfelkahn erschien.

Wo der Apfelkahn erscheint in Berlins Gewässern, da darf man auf eine Wendung der Dinge gefaßt sein; heute noch ein einsames Zeichen der vordringenden Kultur, wird er morgen oder übermorgen von neuen Häusern, neuen Straßen, neuen Menschen umgeben und in dieser sich überstürzenden Menge des Neuen das einzige Ding sein, welches mit einem gewissen Ausdruck von Alter, Stabilität und Ehrwürdigkeit seinen Platz behauptet.

Indessen litt die Pappelallee vorläufig keinen Schaden; sie gewann sogar durch die Nähe des Wassers einen malerischen Reiz mehr, und da, wo sie in einer Art von spitzem Winkel auf den Kanal stieß, lag ein Garten, der von allen Gärten in dieser Nachbarschaft der merkwürdigste war. Es war nur ein kleiner Garten; aber einen großen Raum müßte ich haben, wenn ich all seine Eigenschaften beschreiben wollte. Er war dreieckig; man mußte, wenn man von der Straße kam, ein paar Stufen hinabsteigen, und man hatte, wenn man darin war, die Vorstellung, nicht nur in einem tiefen, sondern auch in einem niedrigen Garten zu sein, wenn so etwas von einem Garten gesagt werden kann. Denn die Bäume wuchsen hier nicht in die Höhe, wie Bäume sonst zu tun pflegen, sondern sie waren, ich weiß nicht durch welche Kunst, in die Breite gestreckt worden, so daß sie den ganzen Garten mit einem Geflecht von Zweigen bedeckten, durch welches zwar der Regen, aber niemals ein Sonnenstrahl dringen konnte. Dennoch war es ein schöner Aufenthalt, und halbe Sommernächte lang habe ich darin gesessen.

Ich vergaß zu sagen, daß es ein Bier- und Kaffeegarten war; doch das werden die Leser wohl erraten haben. Wie wäre ich sonst in den Garten gekommen? Fliederbüsche wuchsen an den Ecken des Gartens und erfüllten ihn, zur Zeit der Blüte, mit ihren süßesten Düften. Auch ein Hügel erhob sich nach der Wasserseite hin über den lückenhaften Bretterzaun, der den Garten umgab; und hier, wenn die Jahreszeit und das Wetter es erlaubten, pflegte sich an jedem Nachmittage, präzis vier Uhr, ein kleiner Kreis von Damen zu versammeln, welche, sobald sie ihre Sitze eingenommen, unaufhörlich strickten und unaufhörlich miteinander redeten. Ich habe mich, in jenen Tagen, oft darüber gewundert, was sie mit all den Strümpfen anfangen und woher sie all den Stoff zu ihren Gesprächen nehmen könnten. Doch sie müssen es wohl gewußt haben, und auch ich gewöhnte mich zuletzt daran wie an irgendeine andere gegebene Tatsache des Lebens. Denn ich war, wie gesagt, ein regelmäßiger Besucher, ich darf sagen, ein Stammgast des Gartens und lernte allmählich die Gesichter der übrigen Gäste kennen und in gebührender Reihenfolge ihre Namen, ihren Stand, ihren Charakter und bis zu einem gewissen Punkte, soweit es sich auf den Garten bezog, ihre Geschichte.

Schon am Schritt, wenn er noch draußen in der Pappelallee war, unterschied ich den alten Major von dem alten Regierungssekretär, die beide den Garten liebten und an jedem Tag an demselben Tische saßen, ohne jemals ein Wort miteinander zu wechseln. Dennoch, obwohl sie sich nicht einmal grüßten, bestand ein höchst intimes, auf das feinste Maß gegenseitiger Achtung gegründetes Verhältnis zwischen diesen beiden. Beide trafen fast gleichzeitig auf ihren Posten ein, beide teilten brüderlich unter sich die Zeitungen des Lokals, beide fuhren mit demselben Ingrimme auf, wenn irgendein anderer, mit dieser ihrer berechtigten Eigentümlichkeit unbekannt, ihnen ein Blatt streitig machen wollte, und beide, nachdem sie ihre Lektüre beendet, ihren Kaffee getrunken und ihre Zeche bezahlt hatten, erhoben sich kurz nacheinander vom Tisch und gingen, wie sie gekommen waren. So habe ich sie jahrelang beobachtet und immer von einem Tag zum anderen Tag erwartet, daß sie sich anreden würden. Doch das geschah nicht, so daß ich, wenn ich die Damen auf dem Hügel, die den Faden niemals verloren, mit diesen beiden Herren verglich, die ihn trotz täglichen Beisammenseins nicht anknüpfen wollten oder konnten, zwei der größten Gegensätze der menschlichen Natur vor mir sah.

Ferner waren ein paar Schachspieler da, verhältnismäßig junge Männer, aber mit einer guten Aussicht vor sich, in ihrem Amt älter zu werden: nämlich zwei königliche Gerichtsassessoren; ferner ein hagerer, knochiger alter Mann, der einen dicken Schal um den Hals und einen Sommerhut trug und nach der Aussage des Kellners (mit dem er sich regelmäßig jeden Tag eine halbe Stunde lang unterhielt) ein berühmter Gelehrter sei – in welcher Wissenschaft, konnte mir der Kellner nicht sagen, aber ich vermutete damals in irgendeiner von den schönen Wissenschaften, der Ästhetik oder Philosophie; ferner ein dicker Metzger, der, wie ich aus dem Wohnungsanzeiger erfuhr, auf Wollanks Weinberg wohnte und alle Tage den weiten Weg in seiner Equipage machte, um hier, vor dem, was damals noch das Potsdamer Tor war, Kaffee zu trinken und die Gerichtszeitung zu lesen.

Ich muß bemerken, daß diese Gesellschaft, die sich während des Sommers im Garten versammelte, in das kleine Haus rückte, sobald der Herbst gekommen war. Dieses kleine Haus, in welchem die Wirtschaft betrieben wurde, war in seiner Art ebenso merkwürdig wie der

Garten. Ich begriff damals nicht und begreife noch heute nicht, wie zwischen diesen vier Mauern alles Platz hatte, was sich wirklich darin bewegte: die Kellner, die Köchin, die Gäste und, um das Beste zuletzt zu nennen, die Wirtin. Das Etablissement befand sich nämlich in weiblichen Händen. Die Wirtin, eine Witwe in reifen Jahren, ließ sich im Garten selten sehen, so daß Besucher, die nur während des Sommers kamen, kaum eine Ahnung von ihrer Existenz gehabt haben mögen. Dagegen waltete sie mit um so größerer Sorgfalt im Hause, und wer in das Innere desselben zugelassen und nach einer gewissen Probezeit in das Vertrauen der Wirtin aufgenommen war, der konnte sich nicht beklagen; der saß wie in Abrahams Schoß. Das Meublement war zwar von der einfachsten Sorte (ich wende mich von meinem biblischen Bilde wieder zurück zu der kleinen Gartenwirtschaft); die Stühle hatten weder Polster noch Strohgeflecht, sogar einer hölzernen Bank erinnere ich mich. Allein niemand verlangte etwas Besseres, jeder war damit zufrieden und dankte Gott, wenn er, am Abend eintretend, seinen Platz unbesetzt fand. In diesem Punkte jedoch verstanden die Gäste der Gartenwirtschaft keinen Spaß, und ich entsinne mich noch sehr wohl des Spektakels, welchen der Professor machte, als eines Abends ein blonder, schüchterner Jüngling, der die Gesetze des Instituts nicht kannte und eigentlich nur aus Irrtum hineingeraten war, auf seinem Stuhle saß; sonst aber ging es sehr friedfertig und ordnungsmäßig her, einen Tag und Abend wie den andern. Öllampen brannten in dem langen, niedrigen und schmalen Gemach, welches dicht an die Küche stieß und in welchem die Gäste ihr Abendbrot erhielten, dampfend, wie es vom Herde kam.

Hinter dem Kellner her, in den späteren Abendstunden, machte die Wirtin die Runde, und es war ein Vergnügen, sie zu sehen, wie sie hier einen Augenblick stehen blieb und dort sich einen Augenblick niederließ; wie sie mit einer ungezwungenen Vereinigung von Zutraulichkeit und Würde in ihrem Benehmen an jeden einzelnen das Wort richtete und allen gleichmäßig das Gefühl des Behagens zurückließ. Wir jüngeren Adepten ihrer Wirtschaft nannten sie »Mutter«, und eine Mutter war sie uns, bedacht für Speise und Trank und sonstiges Wohlbefinden, bewandert in allen Angelegenheiten unseres täglichen Lebens, zuweilen mit einer kleinen Aufmunterung und zuweilen mit einem leisen Tadel; eine stattliche Person in einem baumwollenen Kleide, den glattgestrichenen Scheitel schwarz, mit kaum einem Verdacht von vordringendem Weiß, und das Gesicht voll, mit just einem Anflug von Kupfer, jenem vertrauenerweckenden Zuge der Gastlichkeit.

Übrigens gab es auch ein einziges Sofa im Zimmer; es war mit großgeblümtem Kattun überzogen und nach stillschweigendem Übereinkommen für den weiblichen Teil der Gesellschaft reserviert. Denn auch Damen kamen in das Winterlokal des Gartens; besonders eine Dame mit zwei Töchtern, einem Paar der hübschesten Wildfänge, die ich je gesehen. Die Dame, eine würdige Matrone, hatte im Sommer ihren Ehrensitz auf dem Hügel, wo sie, umgeben von ihren Freundinnen, die Präsidentin des kleinen Damenklubs zu sein schien. Aber sie wich auch im Winter nicht, wenn der Hügel verödet war, wenn die Bänke und Tische im Garten übereinandergehäuft standen, wenn die Pappeln ihre Blätter umhergestreut hatten und auf ihren kahlen Ästen sich die Krähen wiegten. Da kam die Dame mit den beiden Töchtern in das Gastzimmer, und da war es, wo die kleine Familie mein ganzes Herz gewann. Sie waren die glücklichsten drei Menschen, die mir in meinem Leben begegnet; sie sahen sich niemals an, ohne vor Vergnügen zu lachen, und freuten sich ihres Daseins auf jegliche Weise. Diese unmotivierte Heiterkeit gab mir häufig Anlaß zum Verdruß; denn manch eine Stelle in den Reden des Landtags (die damals noch nicht so interessant waren, wie sie heute sind) mußte ich zweimal, ja dreimal lesen, wenn das Gelächter plötzlich erscholl. Und ich muß es bekennen! – kaum hatten die beiden Mädchen, die eine von zwölf, die andere von zehn Jahren, bemerkt, daß ich ein verdrießliches Gesicht machte, wenn sie lachten, als auch ihre gute Laune sich verdoppelte und die Ausbrüche ihrer Lustigkeit sich verdreifachten. Was diese beiden kleinen Mädchen mir an den Augen absehen konnten, das taten sie, um mich zu ärgern, mit Auf- und Zuwerfen der Türen, mit Herein- und Hinauslaufen, mit allem, was man einem ordentlichen und gesetzten jungen Manne nur zufügen kann, der den Zug *nicht* liebt und ungestört seine Zeitung lesen will. Und was mich noch am meisten ärgerte, das war, daß einer von den beiden Schachspielern, anstatt gemeinschaftliche Sache mit mir gegen die Störenfriede zu machen, sie vielmehr in ihren Tollheiten noch unterstützte und namentlich an dem älteren Wildfang – dem ärgsten der beiden – sein ganz besonderes Wohlgefallen zeigte. Ich zweifelte nicht länger an der traurigen Wahrheit, daß ich ein Hauptgrund des Vergnügens für die beiden kleinen Mädchen und eine Hauptanziehung ihrer Besuche sei; diese wurden immer regelmäßiger und immer länger, und zuletzt schien die glückliche Familie ganz in dem Lokal zu wohnen. Des Nachmittags, wenn ich meinen Kaffee trank, waren sie schon da, und am Abend, wenn ich zu Nacht speiste, waren sie noch da. Die Mutter, eine brave Frau, hatte nicht Zeit, sich um ihre Töchter viel zu bekümmern, denn neben ihr im Sofa saß immer eine oder die andere von den Matronen des Hügels, und am Mittwoch, Sonnabend und Sonntag spielten sie

Whist. Die beiden kleinen Mädchen fingen an, mir den Garten zu verleiden, und ich versuchte, demselben fernzubleiben. Aber damals gab es noch nicht so viele Restaurationen wie heute; man hatte keine Wahl, und außerdem – ich bin schwach genug, es einzugestehen – die beiden kleinen Mädchen fehlten mir! Man gewöhnt sich allmählich auch an den Ärger, und nach einer Woche war ich wieder da.

Den Jubel hätte man hören sollen! An *dem* Tage stand die Türe keinen Augenblick still, als ob mein Wiedererscheinen auf gar keine bessere Weise hätte gefeiert werden können.

Außerdem hatten die beiden kleinen Mädchen eine neue Attraktion in Gestalt jenes Apfelkahns entdeckt, der damals ungefähr zuerst Anker warf im Kanal. Nun waren die Äpfel an der Tagesordnung; Äpfel mit Wangen, so rot und blühend, wie die der beiden Mädchen. Alle möglichen Spiele mit Äpfeln und um Äpfel kamen aufs Tapet, sie warfen sich – und mitunter auch mich – mit Apfelschalen, und ich hatte bei meinem Weißbier Zeit, über dieses Symptom nachzudenken.

Doch nicht allzulange; höchstens zwei bis drei Jahre. Da blieb eines Tages das ältere der beiden Mädchen aus. Es ging mir ordentlich wie ein Stich durchs Herz, als die gemütliche Frau, zum erstenmal, seitdem ich sie kannte, nur mit der jüngeren ihrer Töchter hereintrat. Sie schien nicht weniger glücklich und zufrieden, als sie es vorher war; aber mir fehlte sie – mir fehlte das muntere Lachen meiner kleinen Feindin. Denn auch die Schwester war verstummt, seit die Spielkameradin verschwunden, und zu meinem Schrecken bemerkte ich, daß sie lange Kleider trage.

Um diese Zeit begannen die Veränderungen, welche aus der geschilderten Gegend das gemacht haben, was sie heute ist. Ein paar Pappeln wurden gefällt, ein paar

Häuser wurden gebaut – scheinbar ohne Zusammenhang. Aber mehr Pappeln und mehr Häuser folgten, und der Zusammenhang stellte sich bald genug heraus: es war auf ein neues Stadtviertel und eine vollkommene Vernichtung der ländlichen Allee abgesehen, und wir armen Gartenbewohner lebten, sozusagen, nur noch auf Wartegeld. Ich kann nicht beschreiben, wie das von Tag zu Tag weiterging; aber wiederum nach ein paar Jahren, da sah man den Unterschied. Da sah man Straßen mit Namen, die man bisher nicht gekannt; riesenhohe Gebäude, zwischen denen sich der dreieckige Garten und das winzige Haus fast lächerlich ausnahmen. Von allen Pappeln waren nur noch drei oder vier übriggeblieben, welche den Saum des Gartens begrenzten; aber auch in jenem selbst bemerkte man den Einfluß der Zeit. An dem Tische der beiden Freunde, die niemals in ihrem Leben ein Wort miteinander gesprochen, saß nur noch einer; der andere war gestorben. Von den beiden Schachspielern war der eine in die Provinz versetzt worden, und der andere war immer noch Assessor. Der reiche Metzger von Wollanks Weinberg brachte seinen Sohn mit, einen stämmigen Burschen von sechs Fuß Höhe; nur der Magister der freien Künste war unverändert derselbe, trug seinen Sommerhut im Winter und seinen dicken Schal im Sommer, ein wahrhaft tröstliches Bild der Philosophie, zu der er sich bekannte.

Die Dame mit der einen Tochter kam zwar noch. Aber die letztere war eine sittsame Jungfrau geworden, welche die Augen niederschlug und besonders, seitdem der Sohn des reichen Metzgers im Lokal erschien. Es hatte sich nämlich im Laufe der Begebenheiten zwischen dem Magnaten von Wollanks Weinberg und der Dame vom Fliederhügel eine stille Freundschaft gebildet, die sich unversehens auf deren Kinder übertrug; und auch räumlich rückten sich die beiden Parteien näher, als der Metzger den Entschluß gefaßt, den Boden seiner Väter zu verlassen und eines von den schönen neuen Häusern in der Straße zu kaufen, die damals noch die Grabenstraße hieß und nachmals Königin-Augusta-Straße genannt wurde, zur Erinnerung daran, daß Ihre Majestät an schönen Winter- und Frühlingsnachmittagen hier zu promenieren liebte.

Diese Dinge und noch manche andere ereigneten sich, als ich eines Abends an dem Tische in der Sofaecke, in welchem jetzt regelmäßig der Metzger mit seinem Sohn und die gemütliche Frau mit der hübschen Tochter zusammensaßen, eine zweite junge Dame wahrnahm, die schönste, die sich jemals in diesem Lokale gezeigt. Sie war elegant gekleidet, in der Mode der damaligen Zeit, und sie war ein so liebliches und zierliches Geschöpf, daß man das Auge nicht von ihr abwenden konnte – was außer mir auch noch der ledige Schachspieler zu empfinden schien, der in der Tat in einer seltsamen Aufregung war. Mehrmals hatte ich die junge Dame heimlich angeblickt, ohne mich auf sie besinnen zu können, als sie plötzlich – der ci-devant-Metzger mußte wohl eine besonders komische Geschichte zum besten gegeben haben – laut auflachte. An diesem Lachen erkannte ich sie – es war dasselbe fröhliche Gelächter aus der Kinderzeit, das mich damals so geärgert und heute mit einem süßen Reiz der Wehmut an den ersten Apfelkahn und die entschwundenen Jahre und die gefällten Pappeln erinnerte. Doch mitten in ihrem Gelächter hielt sie inne, die ältere der beiden Schwestern – ihr Blick streifte den vereinsamten Schachspieler, und sie errötete, was zur Folge hatte, daß auch er ganz rot wurde.

»Aha, Mutter«, flüsterte ich der Wirtin zu, die in diesem Augenblick die Runde machte, »daraus kann etwas werden!«

»Aber sie müssen sich beeilen, wenn sie's in diesem Lokal noch fertigbringen wollen«, erwiderte sie, »ich habe den Garten verkauft. Übrigens ist sie jetzt ein reiches Mädchen – sehen Sie nur, wie sie sich trägt –, sie hat einen reichen Onkel beerbt, der sie auf seine Kosten hat erziehen lassen, und er (mit einem Blick auf den Schachspieler) ist seit gestern Stadtrichter.«

»Eins wäre genug gewesen«, bemerkte ich.

Aber die Wirtin zuckte die Achseln, indem sie sich mit den Worten entfernte: »Na, so 'n Berliner Stadtrichter!«

Unter so glücklichen Auspizien habe ich die kleine Gartenwirtschaft zum letzten Male gesehen. Ich verließ Berlin für mehrere Jahre, und als ich von meinen Reisen heimkehrte und unterwegs, fast im letzten Augenblicke noch, beinahe Schiffbruch gelitten hätte, wie ich im Eingang dieses wahrheitsgetreuen Berichts erzählt habe, da war das kleine Wirtshaus niedergerissen, der Garten als Baustelle eingehegt, wie man ihn heute noch sehen kann, und nur noch eine von den drei Pappeln, die letzte, stand am äußersten Rande desselben. Oft von meinem Fenster aus habe ich nach ihr ausgeschaut; aus seiner Höhe herab hat dieser alte Baum jahrelang auf mich niedergeblickt, wenn ich bei der Arbeit saß, und mir gleichsam ermunternd zugenickt, wenn ich von derselben aufstand. Oft in der Dämmerung sah ich seinen Wipfel hin- und herbewegt vom Abendwind, und dann war's mir ordentlich, als ob er leise spräche oder sänge – als ob Lieder durch seine starken Äste zögen, Liebeslieder, Wiegenlieder, Lieder von häuslichem Glück und Frieden. Wie ein Andenken aus alter Zeit und eine Verheißung der Natur, die immer weiter hinausgetrieben wird aus dem steinernen Umfange von Berlin, war mir dieser Baum. Ich habe ihn geliebt, wie keinen zweiten Baum in Berlin – und heute ist auch er nicht mehr.

Als ich heute meinen Morgenspaziergang machte, da lag er da, geknickt, abgebrochen vom Sturm. Viele Menschen standen um ihn her, um den zerstückten Stumpf, der noch in seinem Tode einen frischen Erdgeruch ausströmte. Unter vielen anderen erkannte ich auch die beiden schönen Schwestern – ansehnliche Frauen jetzt und von einem halben Dutzend Kinder umgeben, welche beladen mit Paketen und Schächtelchen vom Weihnachtsmarkte kamen. Ich hatte sie lange nicht gesehen und von ihrem ferneren Geschicke nichts erfahren; aber es freute mich, daß wir uns wieder trafen, gleichsam bei dem Begräbnis dieses Baumes, der in ihre Kinderzeit und meine Jugend gerauscht. Die eine hörte ich »Frau Stadtgerichtsrat« titulieren, so daß nicht nur an ihrer Identität, sondern auch an dem erfreulichen Avancement ihres Gatten, des mehrerwähnten Schachspielers, kein Zweifel war. Was die andere betraf, so war sie so rund und behaglich, daß ich sie von allen Männern der Welt keinem lieber gegönnt, als dem Sohne des Metzgers von Wollanks Weinberg, der sie denn auch seit Jahr und Tag die Seine nennt.

Jetzt kam auch noch der Philosoph in Schal und Sommerhut. Er sah sich das, was man wohl die Leiche des Baumes nennen könnte, einen Augenblick an, erkundigte sich nach den näheren Umständen des beklagenswerten Ereignisses und spendete dann den Leidtragenden den einzigen Trost, welchen seine Wissenschaft zu bieten hat, daß nämlich Pappeln und Menschen sterben müßten, wenn ihre Zeit gekommen. Damit ging er, und auch ich nahm bewegten Herzens Abschied von der letzten Pappel.

Sonntag vor
dem Landsberger Tor

(Juni 1880)

*E*iner meiner liebsten Sonntagsspaziergänge ist vor dem Landsberger Tor. Ich weiß wohl, daß das nicht die fashionabelste Gegend ist; und ich würde wahrscheinlich in einige Verlegenheit geraten, wenn mir dort plötzlich ein Bekannter begegnete und mich fragen wollte: »Wie kommen Sie hierher? Was haben Sie hier zu tun?« Ich wüßte nicht, was ich ihm antworten sollte. Doch das ist es eben, was mich dorthin führt: die vollkommene Gewißheit, einem Bekannten auf jener Seite der Stadt *nicht* zu begegnen. Ich könnte nach Sizilien oder dem Nordkap reisen und würde dort Bekannte treffen; ich bin auf der Insel Skye, der äußersten der Hebriden, nicht vor Bekannten sicher. Aber wenn ich vor das Landsberger Tor gehe, dann bin ich ein Fremder unter Fremden.

Oder – nein doch! Diese Menschen, Leute mittleren Standes zumeist, etwas mehr nach oben, etwas mehr nach unten, aber immer ordentliche Leute, bürgerliche Existenzen von der guten und bescheidenen Art, sind mir nicht fremd. Sie kennen mich nicht; ich aber kenne sie. Es macht mir das größte Vergnügen, sie zu beobachten, mit einem harmlosen Blick; an einem Tische mit ihnen zu sitzen, ein Wort aus ihrem Gespräch aufzufangen, ohne doch indiskret zu sein. Was gehn mich ihre Familienfreuden oder Sorgen, ihre häuslichen Feste oder Kalamitäten an? Was kümmert's mich wohl, ob die dicke Bäckersfrau zu meiner Rechten morgen gutes oder schlechtes Wetter für ihre Wäsche haben und ob der ehrenfeste Mann, der zu meiner Linken nachdenklich hinter dem Glase sitzt, den Prozeß, welchen er gegen einen halsstarrigen Nachbar führt, gewinnen oder verlieren wird? Und doch fühle ich mich auf eine gewisse zutrauliche Weise in ihre Geheimnisse eingeweiht und nehme den lebhaftesten Anteil daran. Es tut mir wohl, das Leben einmal von einer anderen Seite zu betrachten, als wir es im Westen der Stadt zu sehen gewohnt sind; unter solchen zu sein, welche sich niemals von den Angelegenheiten und Neuigkeiten der feinen Welt unterhalten, niemals einen von den Namen in den Mund nehmen, ohne welche wir uns kaum ein Gespräch denken können, und trotzdem ganz respektabel aussehen, ganz zufrieden sind und ihren Sonntag feiern, daß es eine Art hat.

Schon wenn ich in den Omnibus steige, der in die Richtung gegen Osten fährt, bin ich halb und halb unter meinen Leuten. Nicht am Wochentag: denn der mit seiner mannigfaltigen Geschäftigkeit wirft alles durcheinander, Nord, Süd, Ost und West. Aber am Sonntag ist es etwas anderes; da sieht man keine Frauen mit Taschen oder Körben, keine Männer mit Kasten oder Handwerksgerät. Wer am Sonntag fährt, der fährt zu seinem Vergnügen, entweder er will einen Besuch machen, oder er kehrt von einem Besuch zurück, wie der junge Schlossermeister aus der Krautstraße, der mit seiner Frau und seinen beiden Kindern den Fond des Wagens einnimmt. Diese Leute reisen immer in großer Familie, aber sie nehmen aus Sparsamkeit so wenig Platz als möglich ein: der Mann hat das kleine Mädchen und die Frau hat den kleinen Jungen auf dem Schoß; sie sind bei Freunden in einer der neuen Straßen in der

Nähe des Botanischen Gartens gewesen, haben die Taschen voll Kuchen und fahren nun recht fröhlich dahin durch die schönen Straßen und über die breiten Plätze des Westens von Berlin, die ihnen wie ein Wunder vorkommen (sie sind nämlich gebürtig aus Neuruppin; ein richtiger Berliner, und wenn er auch am Verlorenen Weg wohnte, wo noch so gut wie gar keine Häuser stehen, würde sich nicht wundern). Ich bin mit meinen Neuruppinern aus der Krautstraße noch nicht bis an den Dönhoffplatz gekommen, so kenne ich ihre ganze Geschichte, einschließlich der Geschichte der beiden Kinder. Es nimmt mich übrigens für das tüchtige Ehepaar ein, daß weder er noch sie mir ein Hehl machen aus den weniger lobenswerten Eigenschaften ihrer Sprößlinge: das kleine Mädchen sei immer neidisch auf den kleinen Jungen – eine Bemerkung, die allerdings durch die Tatsache bestätigt wird, daß die beiden winzigen Geschöpfe wieder Krieg angefangen haben und aufeinander losschlagen wegen eines Brezels, den der kleine Junge gerade in den Mund stecken will. Die Mutter, die den Frieden liebt, beschwichtigt das kleine Mädchen, indem sie die Hälfte des Kuchens ihm gibt. Aber diese Gewalttat empört wiederum das Herz des kleinen Jungen. Erst ist er still, dann gibt er einen Schrei von sich, dann noch einen und noch einen, und so fort, als ob er heute nicht mehr aufhören wolle. »Auf diese Manier schreit er manchmal die halbe Nacht durch«, sagt die bekümmerte Mutter; und man sieht es ihrem schmalen, überwachten Gesichtchen wohl an, daß sie die Wahrheit sagt. Wieder ein Zug, der mir an dem Papa gefällt: Er nimmt in seinem Herzen Partei für den Jungen, will's ihm aber nicht zeigen, wegen der Mutter. »Er hat ja *so* recht«, sagt er, und dabei versetzt er ihm eins auf die Knöchel, daß der kleine Schreier (der diese Sorte von Liebkosungen wohl kennt) augenblicklich verstummt. Über dem Kopf seines

Jungen aber sieht der Mann seine Frau mit einer triumphierenden Miene an, die zu sagen scheint: »Na, warte man! Wenn *der* erst groß ist! Der läßt sich auch nichts nehmen, was er einmal in der Hand hat!«

Am Mühlendamm steig ich aus; der Wagen fährt rechts, und ich gehe links. Dort drüben am Rande des weiten Beckens, welches hier die Spree bildet, liegt Neukölln, Neukölln am Wasser. Die Nachmittagssonne spiegelt sich in der schillernden Flut und beglänzt am Ufer die friedlichen Häuser – auch das darunter mit der breiten, schweren Fassade und dem massiven Torweg. Das Haus ist mir wohl bekannt, und in seinen dunklen gewundenen Gängen bin ich manchmal gewesen. Der alte Herr Grandidier hat dort gewohnt. Aber jetzt steht es einsam, andre Leute wohnen darin, und seine Fenster, die von der Sonne leuchten, winken mir nicht mehr. Die Herren vom Mühlendamm aber sind noch immer dieselben. Die haben zweimal Sonntag in jeder Woche, Sonnabend und Sonntag, und der Sonntag ist für sie der bessere Tag. Da dürfen sie noch obendrein rauchen. Sie sitzen vor den halbgeöffneten Türen ihrer Läden, aus alter Gewohnheit. Denn Geschäfte können sie nicht machen. Die schönen Uniformen mit den blanken Knöpfen, die goldbetreßten Livreen und die Schlafröcke mit dem roten Unterfutter ruhen in der Verborgenheit. Aber eine Gardine wenigstens ist herabgelassen mit der Inschrift in großen Buchstaben: »Hier werden Fräcke verliehen«. Unter den steinernen Bögen der Arkaden ist es hübsch kühl, da sitzen sie wie vornehme Herren, die sich's wohl einmal antun dürfen, mit dem Hut auf dem Kopfe und mit Pantoffeln an den Füßen und einer Miene von Weltverachtung, die ich nur an Sonntagnachmittagen an ihnen bemerkt habe.

Der Molkenmarkt liegt in tiefem Schatten, und Sonne ist nur an den grauen Mauern jenes Hauses, in welches –

glaub ich – die Sonne niemals hereinscheint. Oder ist eine von den vergitterten Zellen, in diesen eng umbauten Höfen, in welche von oben her zuweilen eine Botschaft des Lichtes dringt? Die Haupteinfahrt ist geschlossen, als ob auch das Verbrechen noch einen Rest von Scheu vor dem Sonntage hätte; durch einen halbgeöffneten Seiteneingang sieht man den Posten im Hofe schildern, und lässig auf der Treppe steht einer von den »Blauen«, wie die Schutzleute in der Sprache derjenigen heißen, die in beständigem Krieg mit ihnen leben. Sonntagnachmittag in einem Gefängnis – Sonntagnachmittag auf dem Molkenmarkt ... laß uns weiter wandern, lieber Leser.

Hier ist die Spandauer Straße, und hier leuchtet uns nach wenigen Schritten schon das Rathaus in all seiner Herrlichkeit entgegen, der Stolz des Bürgertums von Berlin. Das Rot dieses mächtigen Vierecks, flimmernd von Sonne, zeichnet sich wundervoll gegen den blauen Himmel ab, und sein Turm, ganz in Licht gebadet und golden angehaucht in dieser Stunde, steht recht wie ein Wahrzeichen da, nach dem der Wandrer sich richten kann. Er grüßt ihn, wenn er sich dem Zentrum der Stadt nähert, ihrem Herzen und belebten Mittelpunkt; und sein rötlicher Schein bei Tag, seine erleuchtete Uhr bei Nacht sind ihm lang noch erkennbar, wenn er sich gegen Osten oder Norden entfernt.

Heut ist die Königstraße still. Die Läden sind geschlossen und die Häuser wie ausgestorben. Nur sonntäglichen Spaziergängern begegnen wir. Aber wie sehr dies Berlin eine wachsende Stadt ist, eine Stadt, die sich beständig verändert, verschönert, vergrößert, das sieht man auch am Sonntag, wenn die Arbeit ruht. Die Königskolonnaden und die Königsbrücke sind noch da, ein bewundertes Werk aus der Zeit Friedrichs des Großen; aber die Sandsteinfiguren und die jonische Säulenlaube, die so schön waren, als sie noch rein und weiß waren, sind inzwischen ganz verwittert, unter der Brücke ist kein Wasser mehr, und sie selber wird auch bald nicht mehr sein. Auf dem trockenen Bette des weiland Königsgrabens erheben sich die Strukturen eines anderen Werkes, der Stadtbahn, welche so recht im Geist der neueren Zeit rücksichtslos fortschreitet durch unsere Straßen, zerstört, was ihr im Wege ist, und bald mit ihrem steinernen Ring uns umschlossen haben wird; auch eine Stadtmauer, aber eine andere, als die einst hier gewesen, eine, auf der Leben und Bewegung ist, die den Verkehr beschleunigt, welchen jene gehemmt hat. Oh, über die gute, alte Zeit, wo jeder noch seine Bequemlichkeit und seine Ruhe hatte! Wo das, was man jetzt die allgemeine Wohlfahrt nennt, den einzelnen noch nicht verhinderte, an die seine zu denken! Wo noch nicht so viel Menschen auf der Welt waren und diejenigen, die darauf waren, noch nicht so viel Lärm machten! Wo noch Ruhe war in den Straßen und Gemütlichkeit in den Häusern! Wo noch kein Gerassel von Omnibussen war und kein Geklingel von Pferdebahnen, keine Kanalisationsarbeit, welche jahrelang bald hier, bald da die Stadt aufwühlt und in tiefe Gruben und unübersteigliche Sandberge verwandelt.

Wer damals, vor hundert und etlichen Jahren, seinen Sonntagnachmittagsspaziergang hierher gemacht hätte, der würde noch keinen Alexanderplatz gesehen haben, sondern die Contreskarpe war da, und der Stelzenkrug war da, und ehrsame Bürger waren da, welche mit einem dreieckigen Hut und einem langen Zopfe, die tugendfesten Ehehälften am Arme, zu den umliegenden Gärten lustwandelten. Bedächtig war ihr Schritt und sauer der Wein, der sie dort erwartete; billig das Leben, geräumig ihre Stadt und die Zeit so wohlfeil wie ein gutes Abendessen, welches – wenn es aus drei wohlgekochten Gerichten, mit Butter und Käse, bestand – nach unserm Gelde 1 Mark 20 Pfennige kostete. Das einzige, was zu der Zeit teuer war, waren die Briefe, indem zum Beispiel ein Brief »ins Deutsche Reich« (muß bis Duderstadt frankiert werden) vierzig und einer nach Elsaß und Lothringen sogar siebzig Pfennige kostete. Da sieht man, wie die Zeiten sich geändert haben. Außer Briefschreiben gibt es jetzt kein billiges Vergnügen mehr auf Erden; und dazu hält manch einer das noch nicht einmal für ein Vergnügen. Diese braven Philister und Pfahlbürger aber wußten, was sie taten: sie schrieben Briefe so wenig als möglich, aßen zu Abend soviel als möglich und dankten ihrem Schöpfer, daß er alles so herrlich eingerichtet habe. Vielleicht kam um diese Zeit aus einer Nebenstraße, »der Kaie längs dem Graben linker Hand«, ein Mann in der Mitte seiner Dreißig, in Kniehosen, mit einem göttlich frohen Gesicht, welches gleichsam noch glühte von dem Widerschein schöner Gedanken wie der Himmel über ihm von dem warmen Gold der Junisonne. Dieser Mann, wenn er Wein trinken wollte, ging nicht in die Gärten vor dem Tore der Stadt, sondern er begab sich in ihr Inneres. Denn er verstand sich auf einen guten Tropfen und liebte die gute Gesellschaft, und beides fand er bei Maurer in der Brüderstraße, wo die »Quartbouteille guten Pontac« zehn Silbergroschen und die Bouteille Champagner einen Taler kostete. Gute Zeit, glückliche Zeit, wo Lessing seine »Minna von Barnhelm« schrieb und die Flasche Champagner einen Taler kostete! Die »Kaie längs dem Graben«, heute »Am Königsgraben« genannt, bestand damals aus lauter neuen Häusern; die sind inzwischen alt geworden, wo der Graben war, ist die Stadtbahn, und die Berliner Dichter, wenn sie just auch keine Stücke mehr schreiben wie Lessing, werden sich doch wohl hüten, da zu wohnen, wo er gewohnt hat.

Hier aber beginnt meine Gegend. Wo Lessing vorübergeschritten, rasselt ein Kremser aus Friedrichsfelde träge heran und stellt sich an dem Springbrunnen auf. Hier in Sonne getaucht, dort in Schatten gelagert, liegt der Alexanderplatz, und vor mir öffnet sich die Landsberger Straße. Keine neue Straße, nach dem heutigen Begriffe; jedoch auch keine sehr alte. Denn was ist alt in Berlin, wirklich alt, außer ein paar Kirchen? Die Landsberger Straße führt mitten hinein in die Königstadt, und gleich links von ihr liegt ein Stück echten, alten Berlins, welches mit seinen Erinnerungen, wenn nicht mit seinen gegenwärtigen Gebäuden, weit in das Mittelalter zurückreicht: der Georgenkirchhof. Noch in der ersten Zeit des Großen Kurfürsten war hier nichts als diese Kirche, ein Kapellenbau aus dem 13. Jahrhundert, ein Pesthaus, nicht weit davon das Hochgericht, dazwischen einige Häuser, die Keimpunkte gleichsam und Ansätze künftiger Straßen, und ringsumher offenes Feld, Kornfeld und Heide, Gärten, Weinberge, Meierhöfe, ländliche Besitzungen in großer Zahl. Das Grün und der Wein und die Blumen, sowohl Flieder als Rosen, sind längst aus dieser Nachbarschaft verschwunden, in welcher jetzt eine fleißige Bevölkerung von Handwerkern wohnt; aber das Andenken an jene Tage des Wohlgeruchs und der Heckenwege lebt in den Namen des Grünen Wegs, der Wein-, der Blumen-, der Flieder- und der Rosenstraße fort. Damals war noch der heilige Georg der Schutzpatron dieser Gegend; nach ihm hieß das Hospital und die Kirche, welche Mitte des 17. Jahrhunderts völlig außerhalb der Stadt lagen: »Domus Sti. Georgii extra muros«. Auf einem Plane der Stadt aus dem letzten Regierungsjahre des Großen Kurfürsten (1688) bemerkt man jedoch schon einige Bauten; in der Tat, seit dem Frieden von St.-Germain bevölkerte sich der Grund und Boden um die Kirche des heiligen Georg, und die entstehende Vorstadt ward nach ihm genannt: die St.-Georgen-Vorstadt. Aber die Häuser stehen noch in weiten Zwischenräumen, hier eins und dort eins, umgeben von großen Gärten; eine Landstraße führt hindurch, auf dem Plane bezeichnet als »Straße nach Landsberg«, und den Hintergrund schließen Sandhügel ab, so wie der Kreuzberg heute noch ist, nur breiter, ausgedehnter, den ganzen Horizont begrenzend, und mit vielen Windmühlen besetzt.

Nun aber kommt der Tag, wo der Sohn des Großen Kurfürsten sich feierlich zu Königsberg die Königskrone auf das Haupt setzt, der 18. Januar 1701, und der andere Tag, der 6. Mai desselben Jahres, wo König Friedrich Wilhelm I. seinen Einzug hält durch das Georgentor, die Georgenstraße, die Georgenvorstadt. Vor dem jungen königlichen Glanze muß der heilige Georg weichen: das Georgentor wird seit jenem Tage das Königstor, die Georgenstraße die Königstraße und die Georgenvorstadt die Königstadt. Aber noch immer nennt sich nach ihm diese Parochie die Georgengemeinde, und sein Bild, ein güldner Reiter auf einem güldnen Rosse, sitzt hoch über der St.-Georgen-Apotheke in der Landsberger Straße. Den Namen dieser Straße, welche von allen anderen Straßen der ehemaligen Georgenvorstadt das Andenken ihres alten Heiligen so gut in Ehren hält, finden wir zuerst auf einem Plane aus dem Jahre 1710. Die gegenwärtig so beträchtlich lange Straße war damals noch recht kurz: Sie reichte nicht weiter als ungefähr bis zur heutigen Kleinen Frankfurter Straße. Jedoch für die Bewohner, die sich hier allmählich angesiedelt, war die St. Georgenkirche schon zu klein geworden: Wir müssen sie uns etwa denken wie die Gertraudenkirche auf dem Spittelmarkt, die Spittelkirche, die wir ja alle so wohl kennen, die verurteilt ist, vor der großen Berliner Pferdebahn zu sterben und die wir alle vermissen werden, wenn sie einmal nicht mehr da sein wird, obgleich sie nur ein winziges häßliches Ding ist.* *Schöne* Kirchen haben diese Köllner und Berliner der vorhohenzollernschen Zeit überhaupt nicht gebaut, große auch nicht. Wie konnten sie wissen, diese Fischer und Bauern, daß Berlin noch einmal etwas vorstellen werde! Glücklicherweise war viel Platz da; der war billig zu jener Zeit und ist es lange geblieben. Als ihnen die Kirchen zu klein wurden, rückten sie vor die Kirchen: Auf dem Spittelmarkt, der damals der Gertraudenkirchhof war, da, wo jetzt die Normaluhr steht und die Schöneberger Omnibusse halten, ward jeden Sonntag mittags zwölf Uhr unter freiem Himmel gepredigt, auf dem Heiligengeist-Kirchhof standen drei Linden, unter denen man den Gottesdienst zelebrierte, und auf dem Georgenkirchhof waren eine Kanzel, Kirchenstühle und ein Chor errichtet. Erst unter Friedrich dem Großen war die Kirche gebaut, die wir heute sehen und deren Front die Jahreszahl trägt: »1779«.

Inzwischen war aber auch die Landsberger Straße nebst den umgebenden Straßen beträchtlich gewachsen; es waren just keine schönen Häuser, die man allhier erbaute, als alles umher noch plattes Land war; sie haben etwas vom märkischen Bauernhause, das mit dem behäbigen der gesegneteren deutschen Landstriche sich nicht messen kann, und nicht wenige von ihnen, in ihrem gegenwärtigen verwitterten Zustand und Verfall, sind noch schlimmer – Reste der Vergangenheit, denen man noch vielfach in Berlin begegnet, deren Fortexistenz man aber um so weniger begreift, als der Grund und Boden, den sie einnehmen, inzwischen so beträchtlich mehr wert geworden sein muß als die Gebäude selbst. Nichts kann unwohnlicher und weniger einladend sein als die langgestreckten Lehmhäuser dieser Art, die den

---

* Sie ist seitdem verschwunden.

Wanderer, bis in den Tiergarten hinein, daran erinnern, daß Berlin nicht immer die Stadt der Paläste gewesen, als die es uns heute erscheint. Niedrig, finster, mit nur einem Stock oder vielmehr Erdgeschoß, mit vergitterten Fenstern, mit halb zugemauerten Fenstern, manchmal mit gar keinen Fenstern, sondern viereckigen Löchern, wie in einem Stall, stehen sie da, mit einer Miene von Trotz und Unabhängigkeit, zwischen den neueren Häusern, welche sie zu verdrängen keine Macht haben. Ob heute noch Leute darin wohnen? Ich glaube ja; und mehr als das: an einem derselben in dieser Gegend zum Beispiel habe ich ein Schild mit der Inschrift gesehen: »Salon für kleine und große Gesellschaften«. An einem andern, hinter dem übrigens sich ein weiter Hof befand, las ich: »Elegante Brautwagen, Chaisen zu Festlichkeiten«. Das muß ein fideles Volk sein in diesen miserablen Spelunken, die man hier in den Haupt- und Nebenstraßen noch überall erblickt.

Deutlicher, weniger fragmentarisch als in den meisten anderen Straßen Berlins meine ich in den einzelnen noch unterscheidbaren Stücken dieser Landsberger Straße, wie sie sich im Verlaufe von fast anderthalbhundert Jahren aneinandergefügt haben, den Fortschritt der Bauweise zu erkennen, von jenem Hause der äußersten Armseligkeit angefangen, aus welchem ehemals ganze Straßen bestanden, das sich aber jetzt nur noch in einzelnen Exemplaren erhalten hat. Von den Zwangsbauten Friedrich Wilhelms I., der, wie man weiß, »den Häuserbau gar sehr poussieret«, ist hier freilich nichts zu bemerken, weder im nüchtern bürgerlichen noch im Prunkstil; denn dieser König dehnte seine Spaziergänge, deren jeder seine getreuen Untertanen ein Haus kostete, nicht so weit aus, sondern beschränkte sich auf die Friedrichstadt. Dagegen erblickt man hier manch ein hübsches Muster des dezenten Wohnhauses aus der späteren friderizianischen Zeit, das sich heute noch zwischen seinen Nachbarn ganz freundlich ausnimmt und, ein- oder zweistöckig, mit seinem bescheidenen Zierat von Blumen und Figuren in Stuck an den Wänden lange das typische geblieben zu sein scheint, bis das doppelt so umfangreiche der Regierungen Friedrich Wilhelms III. und IV. mit seinen drei Stockwerken erscheint und dort endlich, wo die Landsberger Straße sich breit und prächtig gegen die Friedenstraße öffnet, die mächtigen Gebäudekomplexe aufragen, welche charakteristisch für Berlins jüngste Entwicklung sind. –

In der Mitte des vorigen Jahrhunderts war die Landsberger Straße schon bis zur Gollnowstraße vorgerückt. Darüber hinaus waren Gärten und Weinberge. Was die Gärten betrifft, so sind sie langsam erst in neuerer Zeit unter dem vordringenden Häuserbau verschwunden. Hier herum, in dieser damals ganz ländlichen Gegend, hatten vor hundert Jahren viele Berliner ihre Sommerwohnungen. Nicht weit von hier, nach dem Frankfurter Tore hin, in dem, was zu Ende des vorigen Jahrhunderts die Lehmgasse war und heute die Blumenstraße heißt, hatte Lessings Freund, Friedrich Nicolai, sein Landhaus, welches der Enkel des trefflichen Alten in seinen »Jugenderinnerungen« so reizend und pietätvoll beschreibt. Die Blumenstraße erhielt ihren gegenwärtigen Namen nach den vielen Gärtnereien, die zu beiden Seiten hinter sehr primitiven Gartenzäunen in kleinen, bescheidenen Häusern angelegt waren; und noch in den zwanziger Jahren war es hier so still und einsam, daß man nach Sonnenuntergang kaum einen Menschen zwischen den dunkelen Hecken mehr antraf. Das holperige Steinpflaster und das Öllampenlicht reichten nur bis an den Grünen Weg – »der sternenklare Himmel glänzte über den stillen Gartenbäumen, und der Geruch der

Bouchéschen Hyazinthenbeete wallte durch die kaum bewegte Luft«. Die Familie Bouché – heute noch eine illustre Gärtnerfamilie der französischen Kolonie – war hier allein durch vier bis fünf Mitglieder vertreten. Der Grüne Weg – jetzt eine sehr lange, vom Kleingewerbe bevölkerte, verkehrsreiche Geschäfts- und Fabrikstraße – ganze Strecken weit liest man Schild an Schild: »Wollenwaren, Châles und Tücher« – war damals, vor sechzig Jahren, wirklich noch ein schmaler, von Bretterzäunen eingefaßter »Weg«, in dem kein Haus, aber auch nichts »Grünes« war, denn sogar das Unkraut wuchs daselbst spärlich. Wo jetzt die Häusermassen des Stralauer Viertels und der Luisenstadt einander an der Spree begegnen, waren damals auf dem rechten Ufer die Gärten, die wir Älteren teilweise noch gesehen und ebenso gut gekannt haben, wie den Sand und die dünnen Getreidefluren des Köpnicker Feldes auf dem linken. Aber an die Weinberge zu glauben fällt mir schwer. Ich habe niemals recht daran geglaubt, daß in diesen Weinbergen, von welchen in den alten Büchern fortwährend die Rede, wirklich Wein gewachsen ist. Doch muß dem wohl so gewesen sein, da der alte Friedrich Nicolai – der, was er sonst auch pekziert, doch nicht gelogen hat – in seiner Beschreibung Berlins erzählt, daß in dem ehemals Feldmarschall-von-Derfflingerschen Weinberg, der in der Landsberger Straße lag, Anno 1740 die Weinstöcke erfroren seien. Was mich wundert, ist, daß sie nicht schon früher erfroren sind. Sollte man sich nicht unter den Himmel Italiens, in die lachenden Ebenen des Po oder in die gesegneten Gefilde der Brianza versetzt meinen, wenn man fortwährend von diesen crève-cœurs, den Berliner Weinbergen unterhalten wird und ein paar Seiten weiter im Nicolai sogar noch liest, daß vor dem Landsberger Tor rechter Hand eine Maulbeerplantage gewesen? Jetzt sind daselbst nur die Stallungen der Berliner Omnibusgesellschaft, und das scheint mir auch das rechte Ding für den rechten Platz zu sein. Hat Berlin sich wirklich so verschlechtert, oder fehlt es uns nur an dem Glauben, der bekanntlich Berge versetzt und es darum auch wohl mit Weinbergen und Maulbeerplantagen aufnehmen kann? Glückliche Vorväter! Sie bauten ihren Wein, sie spannen ihre Seide, und sie krochen hernach vergnügt in ihre kleinen Parterrewohnungen, die halb unter der Erde waren.

Ein Hauch des Altertümlichen schwebt um diesen Georgenkirchplatz, besonders an einem Sonntagnachmittag, wenn hier kein Durchgang und Verkehr ist, wenn die Kinder auf dem Rasen spielen und die alten Leute, welche nicht mehr von Haus gehen, auf den Bänken sitzen oder ein Genesender aus einem Fenster des Hospitals zu St. Georg dankbar in die Abendsonne schaut, deren immer mehr nach oben entschwebender Strahl jetzt an den beiden gegenüberliegenden Häusern die Worte funkeln läßt: »Kornmessersches Waisenhaus«, »Rückersche Stiftung«. Mit dem Frieden der Kirche in der Mitte und der Ruhe des Sonntags und der Fröhlichkeit der Kinder und dem Geruch des frischen Grüns ringsum mischt sich ein Gefühl wie von der Nähe guter, hilfreicher Menschen, das in der Luft zu liegen scheint und so wohl zu dieser Stätte paßt, die den Kranken, den Armen und den Waisen von jeher gewidmet war. Wo aber, in ganz Berlin, würde man nicht immer und immer wieder von diesem Gefühl ergriffen? Wenn man nur aufmerken will, wird man fast in jeder Straße den Spuren der Wohltätigkeit und des Erbarmens begegnen. Manchmal, wie in der Großen Frankfurter Straße, sieht man in einer einzigen langen Reihe, Haus bei Haus, diese Anstalten für alte und kranke Mitmenschen – und ich erinnere mich wohl der Zeit, wo sie ganz in Grün und Schatten standen, als das, was jetzt die »Große Frankfurter Straße«

heißt, die »Frankfurter Linden« waren – wie die Straße heute noch vom Volke, das in solchen Dingen hartnäckig ist, und auf den Schildbrettern der dorthin fahrenden Omnibusse genannt wird, obwohl dort lange keine Linden mehr stehen. Sie wurden 1872 gefällt. Aber ich habe sie noch gesehen, diese hundertjährigen Bäume, Pappeln und Linden, welche der Gegend etwas so Friedliches gaben; und sie fehlten mir sehr, als ich nach Jahren wiederkam. Jedoch die Häuser, die sie vormals mit ihrem ehrwürdigen Laubdach schirmten, sind auch heute noch da – hoch, luftig, geräumig; meist Stiftungen verstorbener Bürger und vielfach solcher, die sich emporgearbeitet, Selfmademen, die für ihre ehemaligen Handwerks- und Standesgenossen in dieser fürstlichen Weise gesorgt haben. Die Grundeigenschaft des Berliner Herzens ist Güte: nicht jene schwächliche, die sich irgend etwas gefallen oder nehmen ließe, nein – da fällt mir mein kleiner Berliner aus dem Omnibus wieder ein –, sondern jene tatkräftige, die zu handeln bereit ist: ein offnes Herz und eine offne Hand. Kein Verschwender, ein vorsichtiger Rechner ist der Berliner, ein Quengler und Mäkler um jeden Pfennig, sei es in der Stadtverordnetenversammlung, sei es mit seinem Droschkenkutscher. Ein sparsamer Mann; aber manch ein enormes Vermögen oder Teil eines Vermögens, das er auf solche Weise rechtschaffen erworben, geht als milde Stiftung in das Eigentum der Stadt über, wenn er seine Tage beschließt. In einer solchen Stadt ist gut leben; denn man ist sich am Ende doch bewußt, selbst in dieser ganz modernen Zeit und mit all ihren Auswüchsen, unter braven Menschen zu sein – und der Mensch ist die Hauptsache, nicht die Zeit. Das ist es, was mich auf diesen meinen Wanderungen durch die Stadt so sehr anmutet: überall Menschen zu finden, mit denen sich ein trauliches Wort tauschen und im Vorübergehen reden

läßt, ohne daß man voneinander zu wissen braucht –
mit den gesellschaftlich vielleicht unter uns Stehenden
auf eine Weile zu verkehren, am Alltag sie bei ihrer Arbeit zu sehen und am Sonntag bei ihren harmlosen Vergnügungen, mich an einen Tisch mit ihnen zu setzen und
selbst aus den Werken und Hinterlassenschaften der
Verstorbenen eine Stimme zu hören, die mich nicht un-
bewegt lassen kann.

Ein andrer Zug, der meine Spaziergänge mir angenehm macht, ist, aus eigener Anschauung wahrzuneh-
men, wie trefflich in dieser Stadt für die heranwachsende Jugend gesorgt ist, beides, für ihren Unterricht
und ihre Gesundheit. Es bedürfte ja freilich dieser Be-
stätigung nicht, wo die Resultate so klar vor Augen liegen und unser Schulwesen uns fast noch berühmter in
der Welt gemacht hat als unser Heerwesen. Aber doch
ist es etwas, das, was uns Außenstehenden meist nur ein
Begriff ist, einmal leibhaftig vor Augen zu haben; und
wo man hier und anderwärts in den Geschäfts- und Fa-
brikgegenden unsrer Stadt, zuweilen in einer recht dürftigen Umgebung, ein auffallend schönes Gebäude sieht,
zumeist aus heimischem Material, Backstein und Sandstein, mit palastartiger Front, mit hohen und breiten
Fenstern, mit vielem Grün entweder ringsum oder
durch die Portale leuchtend von dem Hofe her, da kann
man sicher sein, daß es eine Gemeindeschule ist, wie der
prachtvolle Backsteinbau in der Elisabethstraße oder das
imposante Häuserkarree in der Strausberger Straße, in
welcher sich obendrein noch eine städtische Volksbi-
bliothek befindet. Ja, ja – die gute, alte Zeit hatte manches, was uns dermalen abhanden gekommen; solche
Schulhäuser aber hatte sie nicht. Und dann an jedem
schönen Sommermorgen diese Scharen glückseliger Kinder zu sehen, bald der einen, bald der andern Schule,
heute Mädchen in ihren bunten Kleidchen, morgen Kna-

ben in ihren Turnjacken und mit Botanisierbüchsen über der Schulter, wie sie fröhlich aus den entfernteren Gegenden der Stadt durch den Tiergarten nach dem Grunewald und den Havelseen ziehen – wie sie truppweise marschieren, zwei und zwei, und ihre vierstimmigen Lieder singen, mit einem bescheidenen Mann an ihrer Spitze, der den Takt schlägt und in der Dankbarkeit und Freude seines Herzens über den herrlichen, freien Tag eine Zigarre dazu raucht ... Achtung, meine Herren! Es ist der preußische Schulmeister, der hier still und fast unbemerkt an Ihnen vorübergegangen ist!

Solch ein Anblick macht mich froh für den ganzen Tag, und der Gedanke daran begleitet mich bis hierher, wo wohl mancher von den kleinen Sängern seine Heimat haben mag. Sonntagsruhe herrscht in den schattigen schmalen Straßen, die sich vom Georgenkirchhof aus abzweigen. Sie scheinen von ihren Bewohnern verlassen. Nur hier und dort aus dem Keller herauf ist ein Mütterchen gestiegen, das mir mißtrauisch nachsieht, indem ich vorübergehe. Wie gerne würd ich ihr einen guten Abend wünschen! Aber das geht nicht hier in der großen Stadt. Sie würde vielleicht meinen, daß sie es mit einem zu tun hätte, der auf ihre Habseligkeiten abgesehen. Aus einem Fenster schaut ein sonntäglich geputztes Mädchen, aus einem andern ein hemdärmeliger Mann. Vor dem Fleischerladen sitzt die behäbige Frau Metzgerin mit einer weißen Schürze, neben ihr der wohlgenährte Herr Gemahl und ein Nachbar. Hier tönt aus einem Hause Klavierspiel, dort aus einem Hofe die Drehorgel. Sonst ist es sehr still hier, wo man am Wochentag kaum vorwärts kommt auf dem schmalen Trottoir. Alles scheint ins Freie geflogen.

Nun auf einmal erscheint im Hintergrund eine dichte Masse Grüns; es ist der »Hain«, wie sie in dieser Gegend den Friedrichshain nennen. Immer deutlicher tritt er hervor, man kann die Baumkronen schon unterscheiden, wie sie sich eine neben und über der andern wölben. Aber ich halte darauf, wie ein rechter Berliner »Cockney«, wenn der Ausdruck erlaubt ist, meinem Ziele nicht auf Nebenwegen zu nahen. Wenn der Berliner vor das Landsberger Tor gehen will, so geht er durch die Landsberger Straße; das ist schon sein halbes Vergnügen. Und sie kann sich auch wohl sehen lassen, diese Straße mit ihren großen und ihren kleinen Häusern, wie sie grade durcheinandergewürfelt sind. Das Grün ist verschwunden, aber dafür haben wir diese malerischen Perspektiven, die ich liebe und selbst in diesen langen, als nüchtern verschrienen Berliner Straßen finde, wenn Licht und Schatten wechseln, wenn Seitenstraßen sich öffnen, in denen das anmutige Spiel sich fortsetzt; wenn hier unter dem Torbogen eines alten Wirtshauses ein Frachtwagen gesehen wird, mit weißem Leinen bespannt, und dort ein lattenumzäunter Hof erscheint, wie eine Meierei mit Ackerwagen und Ackergerät, mit Stallungen und Kühen, ein märkisches Idyll, wie Schmidt von Werneuchen es nicht besser hätte singen können und noch dazu vielleicht an der identischen Stelle, wo der vorhinnigen Exzellenz, des Generalfeldmarschall Derfflingers, verfrorener Weinberg lag!

Allein ich kann die Bemerkung nicht unterdrücken, daß man in dieser Gegend der Stadt für bürgerliche Meriten weit mehr Anerkennung und Dankbarkeit besaß als für die militärischen. Von dem alten Haudegen, der am Landsberger Tor von seinen gewonnenen Schlachten ausruhte, erzählt hier keine Straße mehr. Dagegen verewigt der Büschingplatz und die Büschingstraße den Namen des hochverdienten Mannes, der siebenundzwanzig Jahre lang Direktor des Gymnasiums zum Grauen Kloster war und durch seine klassische »Erdbeschreibung« den Grund zu der neueren wissenschaftlichen Behandlung der Geographie gelegt hat. Hier in der damals ländlichen Gegend besaß er ein Gartenhaus, und in seinem eigenen Garten ward er bestattet. Erst im Jahre 1873 bei dem Durchbruch der Landwehrstraße durch die Gollnowstraße wurden der Garten, das Gartenhaus und das Grab beseitigt und die Gebeine Büschings und der Seinigen nach dem Kirchhof der Georgengemeinde vor dem Landsberger Tor getragen, wo sie seitdem an bevorzugter Stelle ruhen. Die Litzmannsgasse heißt nach einem angesehenen berlinischen Bürgermeister dieses Namens, die Waßmannsstraße nach einem Zimmermann, der einen Gartenfleck seines Grundstücks, und die Gollnowstraße nach einem Stadtverordneten, der seine Scheune dem gemeinen Besten opferte. Wenn man dankbar zu jener Zeit war, so war man auch bescheiden: Für eine Scheune hatte man die Unsterblichkeit! *Unsere* Stadtverordneten haben es nicht mehr so billig.

Jenseits des Büschingplatzes nimmt die Landsberger Straße einen überwiegend modernen Charakter an, es ist ihr neuestes und letztes Stück. Am Ende derselben stand noch bis vor etwa zehn Jahren das Landsberger Tor, und eine Mauer schloß sich daran, welche nicht aussah, als ob sie irgendeinem Feinde Trotz bieten könne. Das war denn auch freilich ihre Bestimmung nicht: Sie war keine Fortifikationsmauer wie jene aus den Zeiten der Kurfürsten und ersten Könige, sondern diente den eminent friedlichen Zwecken der Schlacht- und Mahlsteuer. Doch engte sie die Stadt ein und gab ihr ein unschönes Aussehen: Schlecht gepflasterte und auch sonst nicht zum besten gehaltene Wege, Kommunikationen genannt, vermittelten, dicht unter der Mauer, den Verkehr der Fußgänger von Tor zu Tor. Diese Mauern und Tore sind längst gefallen, und wenn man jetzt auf den Landsberger Platz kommt, so hat man einen wirklich

großstädtischen Anblick vor sich: Zu beiden Seiten ausgedehnt liegt eine prachtvolle neue Straße: die Friedenstraße – links, wo die Kommunikation am Königstor
war, ihr vornehmerer Teil, mit wahrhaft herrschaftlichen
Häusern an einer schönen Promenade; rechts, wo die
Kommunikation am Landsberger Tor war, eine Straße,
wie einer von den Pariser äußern Boulevards, in der
Mitte mit Bäumen bepflanzt und so breit wie in Berlin
etwa nur noch die Straße Unter den Linden. Gegenüber,
wo die Sandhügel waren, rauscht und weht und lädt in
seine grüne Dämmerung der Friedrichshain, zieht sich
in sanfter Steigung die Landsberger Allee den Berg
hinan, und welch ein Bild bunten, sonntäglichen Lebens
in der Mitte! Da fahren die Pferdebahnen, da kreuzen
sich die Wagen und die Omnibusse; da drängen sich die
Menschenhaufen auf dem weiten, offenen Platz. Und
dann wieder kann das Auge ruhen auf dem sommerlichen Grün des »Hains«, um welches von außen sich
schwebende Festons von Rankengewächsen schlingen.
Es ist die Zeit des Jasmins und des Holunders, und
beide vereint senden ihren weißen Blütenschimmer und
ihre vermischten Wohlgerüche, den süßen und den herben, mir entgegen. Von Blumenbeeten umgeben erhebt
sich das Kriegerdenkmal, auf seinen Tafeln von Erz
schimmern im Lichte der sinkenden Sonne die Namen
der Braven aus diesem Distrikt, die in Frankreich gefallen, und mittendrin bin ich jetzt in dem Sonntag der
feiernden Menge. Doch diese Leute sind auch am Sonntag noch bepackt und beladen. Eine Frau schleppt ein
Kind, das ihr auf dem Arme eingeschlafen ist, der Mann
geht hinterher mit einem Blumentopf. Der Mann in dieser Gegend wählt sich, wenn er es irgend möglich machen kann, das bessere, das heißt: das leichtere Teil. Der
»Hain« wimmelt von Kindern, die sich beim Spiele vergnügen: Kinder aus dem Volk, Mädchen im Kattunkleid-

chen, Knaben in linnenen Jacken. Die Mütter haben meist ernste, schmächtige Gesichter, auf denen die Spuren der Arbeit und des Nachtwachens zu lesen sind. Sie hören früh auf, jung zu sein. Alte Frauen sitzen mit dem Strickstrumpf auf den Bänken oder im Gras unter den Bäumen. Das sind Erscheinungen, die man nicht im Tiergarten sieht. Der Friedrichshain hat nicht das Privileg der Jahrhunderte wie der Tiergarten. Dieser war ein alter, königlicher Forst und mißt heute noch eine bis zwei Stunden im Umfang. Von unsren aristokratischen Quartieren begrenzt oder umgeben, gewährt er in seinem Schoße zu gewissen Stunden des Tages den Anblick der Eleganz, zu andren den der vornehmen Ruhe. Von ganz verschiedener Art ist der Friedrichshain: eine Schöpfung der Stadt, zur Säkularfeier der Thronbesteigung Friedrichs des Großen, dient er nicht dem Luxus, sondern allein dem Wohlergehen und der Gesundheit eines großen Teiles unserer Bevölkerung. Er trägt den Geruch des Grüns, den Sauerstoff der Waldluft in enge, dichtbewohnte Straßen. Auch unterschätze man nicht die moralische Bedeutung, welche die Nachbarschaft eines solchen Stückes Natur für den Großstädter hat. Der »Hain« ist eine Wohltat für diese Gegend und ihr Stolz. Denn obgleich von geringerer Ausdehnung als der Park im Westen, entbehrt er doch keineswegs der landschaftlichen Reize. Seine Bäume stehen in der Fülle der Kraft, und sein hügeliges Terrain bildet eine wechselnde Szenerie, wie man sie nicht bald zum zweitenmal in Berlin hat. Gutgepflanzter Rasen gleitet sanft an den Abhängen nieder und bedeckt mit seinem hellgrünen Sammet weite Flächen; beständig öffnen sich neue Durchblicke, man wandert bergauf, bergab durch duftendes Gesträuch und kommt zuweilen an Stellen, so lauschig und einsam, daß man meint, das Reh müsse heraustreten an den Rand der Lichtung. Dann wieder in einer Staubwolke, welche die Sonne vergoldet, bewegen sich Hunderte kleiner Gestalten: Kinder sind es, die hier in der Mitte des Hains, um das Bronzebild unseres Königs, des großen Friedrich, den Ringelreihen tanzen, Festungen aus Sand bauen, sich haschen und entlaufen. Ehepaare und Liebespaare (denn auch diesen ist der »Hain« geheiligt) füllen die Bänke des Rondells; nicht weit davon ist ein hübsches Zelt errichtet, in welchem Milch zu haben ist, frisch von der Quelle, und auf einer Anhöhe, mit den Laubmassen und Wiesen zu seinen Füßen, steht in freier und luftiger Lage das städtische Krankenhaus, dessen rotes Mauerwerk weithin sichtbar ist durch das Grün, dessen stiller, weißer Hof auch die Kinder zur Ruhe mahnt, wenn sich eines von seinem Spielplatz hierher verirrt.

Noch ein stiller Ort ist hier und nicht leicht zu finden durch das umgebende Gebüsch, aber immer noch besucht in den Sommerabendstunden, wenn das langsam scheidende Licht die Herzen milder stimmt und die Seelen versöhnlicher. Es ist der Begräbnisplatz der in den Märztagen des Jahres 1848 gefallenen Kämpfer aus dem Volke. Wie trauerte Berlin, als dieser Zug von 183 Särgen, von der neuen Kirche her, durch seine Straßen ging, er voran, der furchtlose Geistliche, Dr. Sydow, den ich in seinen letzten Lebensjahren noch so gut gekannt und so manchmal gesehen habe, wenn er, auch in seinem hohen Alter noch eine imposante, ehrfurchtgebietende Erscheinung, mir gegenüber, auf dem Balkon seiner Wohnung am Matthäikirchplatz, ein schwarzes Käppchen auf dem Silberhaar, friedlich zwischen seinen Blumen saß und – am Tag des Herrn – andächtig dem Orgelklang und Choral lauschte, die aus der benachbarten Kirche so lieblich durch den Sonntagmorgen tönten. Damals, an jenem Märzmittage, war seine Stimme laut und gewaltig, als er diese Toten wie »Samenkörner der Zukunft« in die Erde senkte; doch die Stimme ist verhallt, und still auch ist es hier geworden. Den Soldaten, welche die Opfer dieser unseligen Kämpfe wurden, ist ein Nationaldenkmal errichtet worden im Park der Invaliden; diese hier haben kein anderes Denkmal als halbeingesunkene Gräber und da und dort einen verwelkten Kranz. Und es ist gut so; denn was wäre zu sagen von der eisernen Notwendigkeit, welche den einen Ruhm und den andern nichts gewährt als Vergessenheit? »'s gibt Gräber, wo die Klage schweigt.« Ein immerwährendes Dunkel herrscht hier unter den dicht verschlungenen Zweigen, die selbst den Strahlen der Abendsonne den Zugang wehren und nur einen vereinzelten Tropfen des roten Lichts auf Kreuz oder Leichenstein versprengen. Denn ohne Unterschied der Konfession ruhen die Toten hier, meist Männer aus den niederen und mittleren Ständen, Arbeiter jeder Art, Maschinenarbeiter, Kattundrucker, Buchdrucker, Buchhalter – nicht wenige darunter, die den Anfang der Zwanzig kaum überschritten. Von vielen, die hier bestattet worden, waren die Namen nicht mehr zu ermitteln – es sind die Gräber der »unbekannten Männer«. Ebenso sind viele von den Inschriften unleserlich geworden, aber wo man sie noch entziffern kann, ist die Geschichte, die sie erzählen, rührend und kurz. »Hier ruhet mein lieber Mann« – »dem gefallenen Bruder« – »unserm guten Sohn, gestorben den 18. März 1848 für Freiheit und Recht an einem Schuß durch die Brust.« Auch ein Mädchen liegt hier unter den Männern: »Unsere innigst geliebte Tochter und Schwester«. Wer war sie? Führte Haß sie auf die Barrikade oder Liebe, oder hat blinder Zufall die Kugel gelenkt, die sie getötet? Und wer löst mir folgendes Rätsel: »N. N., wurde am 18. März 1848 in der Wohnung seines Stiefbruders von einem Manne durch einen Schuß tödlich verwundet und starb am 20. März 1848.« Eine Buche, die in der Mitte der Gräber steht, streckt ihre Äste fast über den ganzen kleinen Raum. Ebereschen lassen ihre Zweige herabhängen, und Fliedergebüsch schließt sich an beiden Seiten zum Dach. Ein hölzernes Türchen verwahrt den Eingang, und auf den Planken neben demselben hat sich ein Pärchen niedergelassen, das von allen Plätzen des Friedrichshains sich diesen ausgewählt hat, um ungestört – zu lesen. Das Buch, welches sie in der Hand halten, scheint mir so wenig jenes von Lanzelot und Ginevra zu sein, als die beiden, die es lesen, Ähnlichkeit haben mit Francesca und Paolo. Dennoch ahne ich, was geschehen wird, sobald die letzten Spaziergänger sich von den Gräbern entfernt haben. »An jenem Tage lasen wir nicht weiter.«

Nun den Hügel hinab, und wir sind wieder in der vollen Bewegung des Sonntags vor dem Tore, in der Landsberger Allee. Dies ist eine jener Berliner Vorstadtstraßen, die sich unbemerkt ins freie Feld verlaufen. Eine bejahrte Windmühle mit einem Müllerhäuschen steht neben einem ungeheueren Eckhaus neuester Konstruktion, welches zwanzig Fenster Front und fünf Stockwerke hat, gegenüber ist Baugrund, über welchem sich ein unbegrenzter Horizont wölbt. Die Schornsteine des böhmischen Brauhauses, zierlich wie die Türmchen der Alhambra, ragen in die Luft neben den gewaltigen Schlöten der Patzenhoferschen Brauerei. Gärten sind rechts und links, in welchen Tausende Platz finden können und heut, an dem warmen Sommersonntagabend, wohl auch Platz gefunden haben. Wandernde Massen bedekken das Trottoir. Vier, fünf Weißbierlokale liegen hier in einer Reihe nebeneinander, jedes mit dem altehrwürdigen Motto: »Hier können Familien Kaffee kochen.« Die Zeit des Kaffees ist indessen vorüber und die des Abendbrotes gekommen. An langen Tischen unter den Kastanien haben sich ganze Haushaltungen niedergelas-

sen und sprechen dem Imbiß zu, welchen die sorgliche
Mutter aus Körben und Papieren herauswickelt. Denn in
diesen Lokalen bringt man sich sein Essen mit. Außerdem kann man im Garten und vor demselben alles mögliche zur Vervollständigung des Mahles haben: in dem
Bretterhäuschen am Eingang »warme Würstchen« frisch
aus dem brodelnden Kessel, in der Bude gegenüber Kuchen und Gebäck, von der Alten auf der Straße Radieschen. »Et sind de letzten vor dies Jahr«, sagt sie, »aber
et ist ooch wat Juts.« Die »Weiße« geht von Hand zu
Hand; selbst die Kinder, die sich im Hintergarten tummeln, kommen zuweilen gelaufen und nehmen einen
Schluck, wobei sie das große Glas ganz kunstgerecht zu
führen wissen. Neben dem Hausherrn steht noch ein
Kümmel extra, neben der Hausfrau liegt nicht selten ein
Milchfläschchen für den mitgebrachten Säugling, und
fast auf jedem Tische sieht man einen Blumentopf. Im
Hintergarten ist die Schaukel, die Würfelbude, die Ke-
gelbahn, die Rutschbahn, die Kaffeeküche mit Wasch-
körben voll Tassen und Kannen, und ein Verschlag, hinter welchem Hühner gackern, Tauben fliegen und ein
Hund an der Kette liegt. »Der Hund beißt«, ist mit großen Buchstaben an die Bretterwand geschrieben. Zufrieden und müßig sitzen diese Leute beisammen. Die
Frauen stricken, die Männer spielen Karten. Kein über-
mäßiger Lärm und Tumult ist hier wie vor den Toren im
Norden und Süden Berlins; und am Montag, wo doch
sonst überall »blau« gemacht wird, sind diese Lokale fast
leer. Die Bevölkerung des Nordostens ist eine gesetzte.
Man sieht es diesen Familien wohl an, daß sie, wenn
nicht Überfluß, doch auch keinen Mangel haben, daß das
Handwerk sie nährt. Ihre Vergnügungen sind von einer
ruhigeren und solideren Beschaffenheit als diejenigen
der meisten andern Vorstädte, und die Landsberger Allee hat nichts von dem jahrmarktsartigen Aussehen der

Hasenheide und wenig von den künstlerischen Verlokkungen des »Praters« vor dem Schönhauser Tor. Indessen ganz darf dergleichen nicht fehlen, wo man sich am Sonntag vor dem Tore belustigt. Kinder, Dienstmädchen und Lehrjungen wollen doch auch ihren Teil haben, und wenn man einen Hof durchschreitet, vor welchem ein Steinmetz Grabdenkmäler und kniende Engel aufgestellt hat, so kommt man auf einen offenen Platz, der am Alltag still, am Sonntag aber äußerst belebt ist. Da dreht sich das Karussell, das über und über mit Glasflittern behängt ist, und »Pluto, der Höllensohn« erscheint mit nackten Armen, in einem karmesinfarbnen Trikot und eine feuerrote Hahnenfeder an der Mütze. »Sie werden sagen«, ruft er aus, »wie es möglich ist, daß ein menschliches Wesen, geschaffen aus Fleisch und Blut, geschmolzenes Blei trinken und ein glühendes Eisen mit seiner Zunge kühlen kann.« Es muß aber doch wohl möglich sein; denn nicht wenige Neugierige, die lange gezögert, diesem letzten Appell aber nicht widerstehen konnten, folgen ihm, als er unter der Gardine seines Zeltes verschwindet, um das Wunder zu verrichten. Ein anderes Publikum hat sich um einen Tisch versammelt, hinter welchem ein Mann steht in einem hellkarierten Sommeranzug, mit einem gestrickten roten Fez auf dem Kopf und einer blauen Troddel daran. Der Mann hat eine Elektrisiermaschine und daneben einen Kasten, der mit einem Tuch verhüllt, mit Photographien schöner Jünglinge und Jungfrauen geschmückt ist und die Inschrift trägt: »Ein Blick in die Zukunft.« Dieser scheint für die Dienstmädchen, welche das Geheimnisvolle lieben, die größere Anziehungskraft zu haben. Der Mann spricht in einem salbungsvollen Tone, wie Propheten tun; aber immer dazwischen, namentlich wenn die Lehrjungen ihn ärgern, fällt er in seinen Berliner Jargon zurück; denn sowohl er als Pluto, der Höllensohn, sind mit Spreewasser getauft. Den Geist, welcher in dem verhängten Kasten administriert, nennt er den »kleinen Mann von Amsterdam«; und er redet ihm zu: »Komm herauf, kleiner Mann, komm herauf.« Dann wendet er sich an sein weibliches Auditorium: »Hier können Sie sehen, ob Sie Glück haben in der Liebe, in der Ehe oder in der Lotterie. Vielleicht haben Sie Anverwandte ... wart ick will dir, verfluchter Junge, willste woll nich drängeln – marsch raus mit dir, oder ick steche dir eene, det de fliegen sollst wie 'n Luftballon – – Vielleicht haben Sie Anverwandte in Amerika, über Land oder Meer, oder es stirbt Ihnen eine alte Tante und hinterläßt Ihnen ein paar hundert Taler Geld. Oder vielleicht kommt ein alter oder neuer Liebhaber; ich brauche nur zu sagen: kleiner Mann von Amsterdam, und Sie erhalten einen Brief, signalisiert, photographiert und adressiert.« – Hierauf wendet er sich zu der Elektrisiermaschine. »Wer von den Herrschaften will sich einmal elektrisieren lassen. Das stärkt die Nerven, ist gut für den Rheumatismus, für Leib-, Kopf- und Zahnweh und kostet nicht mehr als zehn Pfennige die Person.« Ein junger Mann tritt vor, legt seinen Obolus auf den Teller und wird elektrisiert. Aber obwohl der Künstler mit dem roten Fez die Kurbel dreht, bis ihm die Stirne feucht wird, behauptet der junge Mann, er fühle noch immer nichts. Ich habe das Ende dieses interessanten Experimentes nicht abgewartet; denn unaufhörlich wogen die Menschen hin und her und tragen mich unaufhaltsam in ihrem Strome mit fort.

Kaum einer von ihnen, der nicht einen Blumentopf in der Hand hält. Die Liebe dieser Leute zu den Blumen ist so groß, daß Blumenstöcke in jedem Weißbiergarten ausgewürfelt werden oder um ein billiges zu kaufen sind. Es sind natürlich nur die geringern Sorten, die man hier sieht, meist Fuchsien, Nelken und Goldlack; aber alles ist voll davon und überraschend die Menge von Blumenläden und Blumenkellern, die fast Haus bei Haus in dieser Gegend das Trottoir stellenweis in ein Blumenparterre verwandeln. Und noch eins wird demjenigen auffallen, der zuerst an einem Sonntage hierherkommt; wer unter den ihm Begegnenden keinen Blumentopf trägt, der wird sicher, alt oder jung, Mann oder Weib, Mädchen oder Knabe, eine Gießkanne in der Hand haben. Es ist ein schöner Gräberkult, der hier vor dem Tor an den Sommersonntagen gefeiert wird. Hier draußen sind die großen Kirchhöfe der Georgen-, der Parochial- und der Petrigemeinde, und sie alle, namentlich aber der erstere, sind bis Sonnenuntergang mit Hunderten von Menschen gefüllt, welche den Rasen und die Blumen der Gräber begießen und zum stillen Besuch derer kommen, die darin schlafen. Von einer ernsten Schönheit ist der Petrikirchhof; eine dunkle Lindenallee beschattet ihn, und unter dem Grün verschwinden fast die Denkmäler. Der Parochialkirchhof dagegen schimmert wie ein Garten, wie ein Rosengarten in dieser mittsommerlichen Zeit, und hohe Bäume, majestätische Pappeln, rauschen darüber im Abendwind. Der Kirchhof der Georgengemeinde ist der größte, und da er vorzugsweise der dieser Gegend ist, auch der besuchteste. Gleich vorn, dicht neben dem Eingang, an besonders geehrter Stelle, von einem Gitter umfaßt, erhebt sich das Grab, in welchem Büsching mit den Seinen ruht, und die Grabsteine, welche man von der Gollnowstraße hierher gebracht, sind an der Mauer befestigt worden. Sie sind mit einem Porträt Büschings und Figuren in halberhabener Arbeit bedeckt, die man nicht gerade für Kunstwerke halten kann. Die von Büschings Amtsnachfolger Gedike verfaßte Grabschrift: »Hier im Schoß der Erde schlummert ihr Beschreiber« habe ich nicht mehr finden können. Es soll noch eine alte Anverwandte der

Familie leben und zuweilen hierherkommen, um nach den Gräbern zu sehen. Sonst schlummern keine Berühmtheiten hier, da diese vielmehr von je, wie man weiß, im Westen Berlins gelebt haben, gestorben und begraben sind. Aber mancher tüchtige Mann, manche brave Frau ruht hier nichtsdestoweniger; Männer und Frauen, deren Ruhm darin besteht, ein gutes und nützliches Leben geführt zu haben, und die darum in den Herzen der Ihrigen, wenn nicht in den Blättern der Geschichte, fortleben. Viele von den besten Namen des alten und eigentlichen Berlins, seines Handels- und Gewerbestandes, liest man auf diesen Grabsteinen; und man sieht es diesen Gräbern wohl an, daß die Liebe, die sie geschmückt hat und täglich neu pflegt, durch keinen Zwang der äußeren Verhältnisse beschränkt wird. Auch Denkmale, die durch ihre geschmacklose Überladenheit auffallen, sind nicht hier. Aber der kostbarste Blumenflor prangt, so weit man blicken kann. Pinien und Zypressen wachsen neben den Gräbern, und Palmen und Orangenbäume stehen in mächtigen Kübeln daneben. Jede Grabstätte gleicht einem kleinen grünenden, blühenden Garten, welcher durch ein zierliches Kettchen abgeschlossen wird; manche Frau sitzt hier gern in Gedanken, wo jetzt die Bank steht und einst, zur Seite des voraufgegangenen Gatten, auch sie ruhen wird. Kaum ein Grab, an welchem nicht liebende Hände geschäftig; mit dem Schwarz der tiefen Trauer mischen sich in den Baumgängen die lichteren Sommerkleider, die Gießkannen wandern hinauf und herunter, während die Sonne sich strahlend zum Niedergang neigt über dem Friedrichshain.

Und soll ich an dieser kahlen, schwarzen Bretterwand vorübergehen, welche sich zwischen dem Georgenkirchhof und den beiden andern eine Strecke weit die Friedenstraße hinabzieht? »Städtischer Begräbnisplatz« steht über dem niedrigen Pförtchen, welches wohl nur angelehnt ist, aber doch selten geöffnet wird. Denn es ist der Armenkirchhof – und wer kommt zu den Armen, wer besucht sie – mögen sie nun leben oder tot sein? Keine Blumen, keine Gießkannen – nur vereinzelt ein paar Menschen, die sich in dem öden Raum zu verlieren scheinen. Die hier ruhen, die meisten von ihnen, mögen wohl weder Freunde noch Verwandte haben; sie lebten einsam und sie starben einsam in dieser großen Stadt, und die Stadt ließ sie hier begraben. Was konnte man mehr für sie tun, als ihnen diese paar Fuß Erde geben – ihnen, die bei Lebzeiten nicht einmal soviel hatten? Und doch ist es ein trauriger Anblick, sie so daliegen zu sehen, ohne Hügel, ohne Rasen, Grab flach neben Grab, jegliches mit einem schwarzen Pfahl zu Häupten und einer Nummer daran. Wer nennt auch die Namen der Armen und was kann es nützen? Sie kommen, sie gehen, ihre Spur ist verloren. Welch ein elend Ding das Leben ist, wenn die Tröstungen der Natur, der Liebe, der Schönheit ihren täuschenden Schein nicht darüber ausbreiten, das sieht man auf solch einem Armenkirchhof. Sogar die Bäume, die da und dort herumstehn, sind vom Blitze gespalten und haben kein Grün mehr. Wüst ist diese Stätte, nackt auch im Sommer. Das schöne Wort Victor Hugos: »L'été c'est la saison des pauvres« ist nicht wahr für die Toten. Unkraut wuchert umher und Gestrüpp, Riedgras mit Brennesseln untermischt; Steine liegen zusammen mit Wurzeln abgestorbener Bäume, die Wege sind aufgewühlt, und im Sande muß man waten, wenn man zu den Gräbern will. Manchmal sieht man eine Reihe von sechs oder sieben, die noch nicht einmal ordentlich wieder zugeschüttet sind. Nur selten ist ein Kreuz von Eisen, dessen Inschrift aber längst unleserlich geworden. Die paar Blumen und welken Kränze kann man zählen. Häufiger ist ein seidenes Band mit Worten bedruckt wie diese: »Trauer ist unser Los.« An einem der Gräber sah ich ein schwarzes Brettchen, auf welches eine nicht sehr geübte Hand mit weißer Ölfarbe geschrieben hatte: »Hier ruhn die geliebte Mutter und Schwester.« Auch hier kein Name, wie wenn der Sohn, der Bruder mitten in seinem Schmerz gefühlt habe, daß es sich für den Armen nicht zieme, seinen Namen auf das Grab zu setzen. Eine schauerliche Trostlosigkeit weht über diesem Gottesacker, und es ist doch auch »Saat von Gott gesät, am Tage der Garben zu reifen«. Aber wo bleibt die Hoffnung, wenn das Vertrauen fehlt, wo selbst der Glaube, wenn die Seele stumpf, das Gemüt öde geworden; und wer vermöchte solchen beunruhigenden Fragen auszuweichen, auf welche diese Tausende von namenlosen Gräbern ihm wahrlich keine Antwort geben!*

Jetzt ist die Sonne hinunter, und nur noch das Abendrot flammt an den Himmelssäumen; ein langes, warmes Abendrot, welches die Häusermassen von Berlin mit einem sanften, schwindenden Rot färbt. Dies ist die Stunde, wo Hunderte von Gasflammen auf einmal mit ihrem weißlichen Licht zu kämpfen beginnen gegen die Dämmerung des Sommerabends, welche nur langsam scheidet und im Verblassen noch die Schildinschriften in den Straßen matt erglänzen macht. Dies ist auch die Stunde, wo ich meinen Sonntagsspaziergang in dem schönen Garten des Böhmischen Brauhauses zu beschließen pflege. Da bin ich unter Handwerksmeistern, Hauseigentümern, Kaufherren, Fabrikanten, lauter guten Genossen und dezenten Leuten, welche, wenn sie die Woche hindurch ihr Werk gefördert, sich am Sonntag auch etwas gönnen mögen und welche, wiewohl sie von dem letzten Grund der Dinge wahrscheinlich nicht mehr wissen als ich, dennoch recht vergnügt und wohl bei Leibe

* Der hier geschilderte Armenkirchhof ist im Jahre 1881 geschlossen worden.

sind – Männer außerdem, die gar nicht wenig vorstellen in ihrem Bezirke und der Stadt. Sie zu sehen ist ein Trost für mich. Sie haben schmucke Frauen und hübsche Töchter, sie lassen sich ihr Beefsteak schmecken und trinken ihr Seidel dazu, sie rauchen ihre Zigarre, zahlen, wenn's elf geschlagen, und gehen nach Hause, wie die Väter vor ihnen getan und die Kinder – will's Gott – nach ihnen tun werden. Durch die Bäume des Gartens schimmert der blaue Himmel, über das offene Feld herauf kommt der Mond; und da mag man nun sagen, was man will: So lang es noch frohe Menschen gibt, ist gut sein auf der Welt. Wir können an ihrem Laufe nichts ändern, und das Bild eines mäßigen bürgerlichen Glücks ist mir das liebste von allen Bildern aus dem Berliner Leben.

In den Zelten

(August 1882)

*I*mmer wenn ich an einem dieser schönen Sommervor-
mittage vom Fenster meines Arbeitsstübleins aus über
dem dunklen Grün des Tiergartens, der wie ein Forst zu
meinen Füßen liegt, weit weg im Nordosten und dem
Blau des Morgenhimmels die Victoria der Siegessäule
leuchten sehe: dann trete ich frohen Mutes an meinen
Schreibtisch, reibe mir vergnügt die Hände und spreche
zu mir selber: »Wir werden heut einen guten, warmen
Tag haben, und heut abend … aber ich sage nichts, ich
sage nichts!«

Und wenn es nun endlich Abend geworden – denn
ach! so ein heißer Sommertag ist lang in Berlin –, wenn
die Rouleaus und Gardinen und Jalousien und wie die
Dinge alle heißen, durch die man sich in dieser Stadt gegen die Glut des Mittags verwahrt, wenn sie, sag ich, in
die Höhe gezogen, gerollt und gewickelt sind und durch
das geöffnete Fenster zuerst wieder ein kühler Hauch
von draußen heraufweht: dann mach ich mich so unfehl-
bar auf den Weg, als dort über dem schrägen Dach des
Nachbarhauses die Sonne niedergeht. Dann nehm ich
meinen Flurschlüssel und meinen Hausschlüssel, meine
Zigarren, meinen Hut und meinen Stock und – wenn es
sich für einen Mann in meinen Jahren schickte, wahrhaftig, ich würde, während ich die Treppen hinabsteige,
singen – irgendein schönes Volks- und Wanderlied. So

wohl ist mir jedesmal, wenn ich meine Bücher in den Schrank stellen und meine Schreiberei liegenlassen kann, wenn ich, vor der Tür meines Hauses stehend, mir die Frage vorlege: »Wohin nun, mein Freund? Ganz Berlin gehört dir; entscheide, triff deine Wahl!«

Gott sei Dank! – ich bin nicht der heilige Antonius, und niemand, weder der Teufel noch auch ein Engel, will mich in Versuchung führen. Ich bin ein Mann in gesetztem Alter, von bescheidenen Ansprüchen, von zufriedener Gemütsart und konservativer Gesinnung, soweit es sich nämlich um die Spaziergänge handelt; ein wenig träumerisch, hier und da stehenbleibend, wenn ein hübsches Paar vorübergeht oder ein Eichhörnchen über den Pfad schlüpft, ein wenig nachdenklich und manchmal sentimental; sonst aber ohne Harm, und meine Vergnügungen sind von der unschuldigen Art.

Ich schlage gleich den Fußweg mir gegenüber ein, er führt mich mitten in den Tiergarten hinein, und ich verschwinde hinter seinem Gebüsch wie hinter einer Kulisse. Diesen Weg geht niemand; hier bin ich allein. Die andern lieben die Sonne, die Helligkeit, die breite Straße, den Lärm der Promenade, den Luxus der Toiletten, Equipagen, Pferde, Reiter und Reiterinnen; ich liebe den Schatten, die Dämmerung, den schmalen Heckenweg, die Stille, die Einsamkeit, ich kenne jeglichen Baum in dieser Gegend, und ich meine, daß er auch mich kennen müsse, so vielmals in den vielen Jahren haben wir einander schon gesehen, Winter und Sommer, bei gutem Wetter und bei schlechtem. Ich war noch ein Student, da ging ich hier schon, und Freunde gingen mit mir, die jetzt – Gott weiß wo in der Welt sind. Hier, am Goldfischteich, wie manchmal haben wir gesessen und die liebreizende Göttin angeschaut, die der Liebe, mit dem wehmütigen Zug im Antlitz, der es noch holder macht; mit jenem schmerzlichen Lächeln um die »schöngereimten« Lippen, als wolle auch sie fragen: »Und nachher?« Sie steht noch immer da, die holde Schwester der Medicäerin, und lächelt noch immer wie vor zwanzig und dreißig Jahren – Eis und Schnee, Regen und Sonne, Frost und Blüten sind über ihrem zierlichen Haupte dahingezogen. Die Götter werden nicht alt, und um ihre Füße, wie damals, spielen die Kinder, und auf den Bänken, unter Rosen, sitzen Liebende, welche den Anbruch der Sommernacht erwarten, und vorüber, Arm in Arm, gehen ein paar Studenten, von denen einer vielleicht in wiederum dreißig Jahren hier ähnliche Betrachtungen anstellt.

Nun kreuz ich die Charlottenburger Chaussee, auf der damals in weiten Zwischenräumen ein Omnibus und ein Kremser sich zeigte und auf der heut das unaufhörliche Hin und Her und Geklingel zweier Pferdebahnen ist. Rechts durch das Brandenburger Tor, dessen Viergespann im sonnigen Äther funkelt, blick ich in die Stadt, auf den Pariser Platz und unter die Linden, wo der Dunst des Tages und das Licht der untergehenden Sonne jenen eigentümlichen Rosaschimmer weben, der noch lange an den Häusern zu haften scheint und die stolzen Fronten, bis tief hinein, wie die Gipfel eines Berges färbt. Gerade vor mir steht die Siegessäule – von allen Siegesdenkmalen Berlins, wenn nicht das künstlerisch untadelhafteste, so doch dasjenige, welches am meisten uns gehört – uns, den Lebenden, *unsere* Säule, »la colonne«, die Säule von Berlin, wie die des Vendômeplatzes die Säule von Paris. Jetzt, wo der Purpur des Abends über sie strömt, glüht die Schlachtenjungfrau dort oben vom Scheitel bis zur Zehe; der Helm lodert, die Standarte blitzt, das eiserne Kreuz strahlt, und ihr Lorbeerkranz blüht wie von hineingeflochtenen Feuerlilien, während die flammenden Flügel sich weit spannen, als bedürfe es nur des leisesten Anstoßes, und der Fuß hebt sich von der Kugel, und sie wird aufs neue fliegen – gegen Westen – gegen Osten ... wer weiß es? Und wer durch die Siegesallee geht, dem flimmert es vor den Augen von Gold und Farben, von Erz und Marmor, bis er – fast geblendet – beim Näherkommen über dem funkelnden Unterbau von poliertem Granit und in dem dreifachen Gürtel vergoldeter Kanonen die Trophäen dreier Feldzüge unterscheidet. Dreimal haben diese Kanonen gedonnert und in sechs Jahren der Welt im allgemeinen und diesem Königsplatz insbesondere ein anderes Aussehen gegeben – bunte Siegesmosaiken, wo früher nichts oder, ärger als das Nichts, wo Sand und Wüstenei war, metallene Reliefs, eine ganze Walhalla von Heldengestalten im preußischen Waffenrock. Leben von unserm Leben, Blut von unserm Blut. Und sammetne Rasenflächen ringsumher, so weich und grün, so sanft beschienen von der Abendsonne, Teppichbeete mit Blumen und Pflanzen in brennendem Rot und ernstem Braun und lichtem Blau, blühendes Gebüsch, zwei Springbrunnen – hier Raczinsky,* dort Kroll, vor mir das aristokratische Quartier, das Generalstabsgebäude, wo Moltke wohnt, das Palais des Herzogs von Ratibor, die Bismarck-, die Moltkestraße, das Oktogon des Panoramas von Gravelotte und St.-Privat – und im Hintergrunde die stille, dämmernde Masse des Tiergartens.

Unter dem Torbogen von Kroll werden schon die frühen Lämpchen angezündet, welche mit ihrem matten Licht wie gelbe Punkte auf dem Goldgrund des Abendhimmels stehen. Sie werden heller, je mehr der Tag verblaßt; Kroll am Abend gehört den Fremden, und nur am Sommermorgen, in den frühen Stunden von sechs bis

* Im Frühling 1884 ist das allen Berlinern so wohlbekannte kleine Palais niedergerissen worden, und auf dem weiten Terrain erheben sich jetzt schon (August 1885) die Grundmauern des Reichstagsgebäudes, zu welchem hier am 9. Juni 1882 in feierlicher Weise der Grundstein gelegt ward.

acht, gehört er uns, den Berlinern. Dann wird hier Brunnen getrunken – eine sehr ernste Affäre bei Krolls. Dann lustwandelt hier unter den Bäumen eine bedächtige Schar von Männern und Frauen, mit Bechern in den Händen oder mit Henkelgläsern, in welchen Karlsbader Sprudel dampft oder Marienbader Kreuzbrunnen perlt; da und dort auf dem Tische steht noch von gestern ein Bierseidel, an den Bäumen prangen große rote Zettel: »Theodor Wachtel in den Hugenotten« – dazwischen kleinere weiße: »Sherry-Cobbler« und »Erdbeer-Bowle«, und hinten an der Mauer sitzt ein langes Plakat. In den Beeten stehen die Blechtulpen und die Blechpelargonien und ein Storch von Blech, und über uns die weißen Glaskuppeln blinzeln, als ob sie sich den Schlaf noch nicht aus den Augen gewischt hätten, während wir unablässig und nüchtern auf und ab promenieren mit der gesetzten Miene von Kurgästen, die alle paar Minuten die Uhr herausziehen und an nichts denken als an den guten Kaffee, der sie erwartet, wenn sie ihr Werk getan.

Aber es ist Abend, und andere gute Dinge stehen uns bevor. Kommt nur, folgt mir; wir gelangen, wenn auch auf Umwegen, schon ans Ziel. Ich bin nicht einer von denen, die sogleich, nachdem sie vor die Türe getreten, sich wieder setzen müssen und nach dem Kellner rufen. Ich liebe die Ordnung; alles zu seiner Zeit. Ich habe gesagt, daß ich konservativ sei; doch ich ehre die Verfassung und lasse mich nicht abbringen, weder nach rechts noch nach links, von meinem verfassungsmäßigen Spaziergang. Hier denn ist eine Allee von uralten Bäumen, Eichen und Linden, schon dunkel, da das scheidende Sonnenlicht das hundertjährige Laubdach kaum noch durchdringt. Dieses ist die Zeltenallee, vormals die Kurfürstenallee geheißen; und hier gingen die Großväter unserer Väter, wenn sie des Abends nach den Zelten wollten. Ehrbare Männer waren es, mit dreieckigen Hüten, mit Zopf und Perücke, mit langen Rohrstäben in den Händen und mit einem bedachtsamen Schritt, wie Männer, welche Zeit haben und ihre Würde kennen. Wenn sie miteinander redeten, so sprachen sie, wie gute Bürger, von ihrem Könige, Friedrich dem Großen, der damals schon ein alter Herr war und in Sanssouci residierte; waren sie Gelehrte, so sprachen sie von Voltaire und der Enzyklopädie, waren sie Kaufleute, so sprachen sie von der Königlichen Generaltobaksadministration, vom Zucker- und Kaffeezoll, von der Seehandlungscompagnie und dem letzten großen Wechselgeschäft der Herren David Splittgerbers selige Erben. Bedächtig schritten sie dahin, nach einem großen Platz an der Spree, welcher der Kurfürstenplatz oder der Zirkel genannt ward. Auf der Seite nach der Spree war den ganzen Sommer hindurch eine Anzahl Hütten und Zelte aufgeschlagen, woselbst allerhand Erfrischungen verkauft wurden. Der gegenüberstehende Zirkel – ich zitiere hier den wackern Friedrich Nicolai, Buchhändler auf der Stechbahn, der mit seinen Freunden Gotthold Ephraim Lessing und Moses Mendelssohn an dieser Stelle wohl manch einen Sommerabend auf und ab gegangen –, der gegenüberstehende Zirkel ist mit einer doppelten Allee von sehr hohen Ulmen und Eichen eingefaßt und der Hauptsammelplatz aller Spazierenden, welche teils unter den Alleen hin und her wandeln, teils auf den Bänken ausruhen. An schönen Sommernachmittagen, sonderlich des Sonntags und Feiertags, pflegten hier einige Tausende zu Fuße, zu Pferde und zu Wagen zusammenzukommen, wobei öfters, auf Befehl des Gouverneurs, die Musikkorps der in Berlin in Garnison liegenden Infanterie- und Artillerieregimenter an die anliegenden Büsche verteilt wurden, welches zusammen ein sehr reizendes Schauspiel machte. »La place des Tentes au parc«, wie Chodowiecki denselben (1772) dargestellt, galt für die »première promenade de Berlin«. Sie war es hauptsächlich während der späteren Zeit Friedrichs des Großen und blieb es bis ans Ende des Jahrhunderts. Selbst die Mitglieder der königlichen Familie – so referiert W. Mila, der sich (geboren 1764) des glänzenden Anblicks noch aus seiner Jugend erinnert – und Personen vom ersten Range mischten sich unter den bunten Haufen. In vergoldeten, schön verzierten Phaetons, in eleganten, von allen Seiten mit Glasscheiben versehenen Kutschen oder in sogenannten Wurstwagen, an deren Schlägen Pagen und Heiducken standen, fuhren die Prinzessinnen die Hauptallee entlang. Ein Mann von der Französischen Kolonie namens Mourier war der erste, der hier im Jahre 1760 ein Zelt aufschlug, in welchem er Kaffee und sonstige Getränke und Erfrischungen feilbot; zum Schilde hatte er eine goldene Gans mit der sinnreichen Inschrift: »Monnoi (mon oie) fait tout«. Aus den Kreisen der Französischen Kolonie, welche sich damals noch bei weitem nicht vollständig germanisiert hatte, ging etwas wie ein Atem des französischen »esprit« über Berlin, welcher sich bis in den kleinsten Dingen zeigte und vielleicht in seinen letzten Nachwirkungen nicht ohne Einfluß geblieben ist auf den Berliner »Witz«. Dem Beispiele dieses betriebsamen Mannes folgten zwei andere Schenkwirte, gleichfalls Franzosen, Dortu und Thomassin bauten ihre Zelte an den Ufern der Spree und hatten einen guten und vergnügten Sommer davon. Im Winter wurden diese beweglichen Dinger zusammengeschlagen und in die Stadt gebracht, um, sobald der neue Lenz kam und die Hecken und Wiesen hierherum wieder grün wurden, fröhlich aufzuerstehen – echte Nomadenzelte in dem Sandmeer von Berlin, und der Fleck, auf dem sie standen, mit Wasser und Wald und geputzten Menschenkindern, eine der lieblichsten Oasen. Denn man brauchte nicht hundert Schritte weit zu gehen, so war man knietief im Sande. Sand war der Exerzierplatz, heute der Königsplatz mit der Säule, Sand war des Königs Holzplatz, heute die Alsenstraße, Sand war auch Seegers Holzplatz, heute die Roon- und die Hindersinstraße. Gegenüber auf der rechten Spreeseite war noch mehr Sand, welchen seit den Tagen Friedrichs I. französische Gärtner und Landbauer im Schweiße ihres Angesichts urbar zu machen trachteten, ohne sonderlich weit damit zu gelangen, weshalb sie es, mit der ihrer Nation eigenen Finesse, die sich in Kümmernissen durch einen guten Witz schadlos hält, la terre maudite nannten oder la terre de Moab, das Moabiterland, heute Moabit, das Land Borsigs, der Fabriken und der Parks, das Land des Eisens und des Reichtums, ein sprechendes Exempel von dem, was man aus Sand machen kann, wenn man es nur recht anfängt und sich die Mühe nicht verdrießen läßt. Freilich hat es hundert Jahre gedauert, ehe der kärgliche und widerspenstige Boden nachgab; und nach den Franzosen mußten unter Friedrich dem Großen westfälische Leute graben und pflügen und Hecken pflanzen, hart arbeitende, schwer auftretende Bauern, an welche noch, mitten in dem ganz modernen Moabit, zwischen den stattlichen Gebäuden unseres Jahrhunderts, ein altes, kleines, aus Lehm gebautes Haus erinnert, mit einem altmodischen Schild, das in altmodischer Schrift die Worte trägt: »Pumpernikkel-Bäckerei«. Wer damals aus der »terre maudite« kam, »über die Furt am Jordan (vulgo Spree), die nach Moabit führet«, und bei den Zelten ausstieg, der mochte glauben, im Gelobten Lande zu sein. »Milch gab sie, da er Wasser forderte, und Butter brachte sie dar in einer herrlichen Schale.« Des zum Gedächtnis, sagt mein Gewährsmann, ist den dort an der nämlichen Stelle noch befindlichen vier Kaffeehäusern die Benennung von *Zelten* geblieben, selbst als diese Zelte sich zuerst in Hütten und am Ende in große massive Gebäude verwandelten, »wovon Nr. 1 und 2 sogar große Säle haben, aus denen man an Sommertagen angenehme grüne Wiesen, jenseits der Spree, überschauet« – Wiesen, die Spuren und Zeugnisse des vereinten Fleißes von Franzosen und Westfalen, die nun auch längst wieder verschwunden sind, seitdem die Güterschuppen und Lagerhäuser des Lehrter Bahnhofes hier bis ans Ufer reichen, seitdem hier Holzplätze und Kohlenplätze sind, zwischen denen nur noch einsam da und dort eine Silberpappel emporragt. Statt des Geruches von Heu ist hier der Geruch von Pech und Teer und allerlei Schiffsgerät, und wo die Sensen gedengelt wurden, ist jetzt das Pfeifen und Stoßen und Stöhnen der Lokomotive – dem goldenen Zeitalter ist das eiserne gefolgt, in dem wir leben, das Zeitalter der Maschinen- und Massenarbeit; und doch, wer möchte leugnen, daß es seine Poesie hat, so gut wie jedes andere, nur daß uns das rechte Wort dafür oder der rechte Mann noch fehlt, der deutlich ausspräche, was wir nur undeutlich empfinden?

Adolf Menzel mit dem durchdringenden Blick unter den buschigen Brauen und der nervigen Faust hat es vollbracht; er hat in seinen »Modernen Cyclopen«, jetzt in unserer Nationalgalerie, eine solche Werkstatt gemalt, bei deren Feuerschein sich gleichsam die soziale Tiefe auftut und ihre dämonisch arbeitenden Kräfte sichtbar werden. Seinen Spuren ist Paul Meyerheim gefolgt in den Panneau auf Kupfer, welche die Marmorhalle des Borsigschen Parkes schmücken: die Geschichte der Lokomotive von dem Moment, wo das Eisen aus den Gruben des schlesischen Gebirges steigt, bis zu jenem, wo der fertige Koloß verladen wird auf einen transatlantischen Dampfer im Hafen von Hamburg. Menzel, wiewohl mit einer Fülle von Phantasie, ist doch nicht etwa phantastisch, wiewohl ein Meister der Farbe, doch kein

In den Zelten

Schönmaler, eher ein Häßlichmaler. Seine Menschen auf diesem Bilde sind wirklich aus dem Eisenwalzwerk und der Maschinenbauanstalt. Ein geheimer Schauer ergreift uns, wenn wir sie betrachten: In ihnen steht unsere Zukunft vor uns. Ein Gleiches ist der Dichtung bis jetzt nicht gelungen; sie ringt um den ungeheuren Inhalt des modernen Lebens, aber sie hat ihn noch nicht gepackt. Und doch, welcher Roman könnte großartiger sein oder belehrender und erhebender, wäre mehr wert, erzählt zu werden, als derjenige Borsigs, welcher als ein armer Zimmermannssohn in Breslau geboren ward und als ein einfacher Arbeiter nach Berlin kam, um ein Mann zu werden, nach welchem ganze Stadtteile sich benennen; ein Herrscher, aber ein solcher, der im Volke wurzelt, dessen Kraft aus dem Volke stammt und der sie ihm tausendfach wieder zurückgegeben hat.

Er war ein Mann von Genius und, wie jeder Schöpfer, von tiefem Gemüt; er konnte sich an dem Aufblühen einer Blume, dem Fortkommen eines Bäumchens in seinem Garten freuen, und bei seinen Arbeitern hieß er »Vater Borsig«. In der älteren Generation derselben ist sein Andenken noch unverwischt, obwohl er nun bald dreißig Jahre tot ist. Meister sind da bei den Schmieden und den Formern, die jung unter ihm waren und die heute noch von ihm sprechen wie von einem Lebenden. Andere, die bei der Arbeit Invaliden geworden, haben Ruheposten erhalten, und alle hängen an dem Hause mit einer Art von Familiensinn. Unter solchen Einflüssen wächst das jüngere Geschlecht der Arbeiter heran, und hier wenigstens scheint kein Boden zu sein für den sozialen Unfrieden, wo der Geist Borsigs gleichsam noch persönlich fortwirkt, und sein Beispiel zeigt, was jeder auf dem Wege redlicher Arbeit zu erreichen vermag.

Einst, als ganz junger Mensch, war er auf Veranlassung Beuths aus dem königlichen Gewerbe-Institut fortgewiesen worden, weil er keinen Sinn für Chemie habe. Dafür stellte Borsig siebenzehn Jahre später (1842) auf der ersten Berliner Industrie-Ausstellung eine Lokomotive aus, der er den Namen »Beuth« gegeben; und neben den Medaillons von Humboldt und Schinkel, von Rauch und Stüler, welche die dem Borsigschen Park zugekehrte Front des Verwaltungsgebäudes schmücken, ist auch dasjenige des unvergeßlichen Förderers des preußischen Gewerbefleißes und der Berliner Industrie. So dankte Borsig dem, der nicht eben rühmlich an ihm gehandelt, aber dadurch providentiell für ihn geworden war. Ein Maschinenbauer sollte er sein, und ein Maschinenbauer war er zehn Jahre lang (1826 bis 1836) in der Egellsschen Eisengießerei, dem einen von den drei Privatetablissements dieser Art im damaligen Berlin. In harter Arbeit erwarb er sich ein kleines Vermögen, ich glaube fünftausend Taler in zehn Jahren, kaufte sich ein Grundstück vor dem Oranienburger Tor, wo heute die Chausseestraße ist, und errichtete daselbst ein eigenes Hüttengebäude. Hier baute Borsig seine erste Lokomotive; die erste, die jemals auf deutschem Boden gebaut worden ist. Am 24. Juni 1841 wurde sie fertig. Die ganze Nacht war gearbeitet worden, und die ganze Nacht durch hatte Borsig – wie dessen Biograph, Hermann Vogt, erzählt – unter seinen Arbeitern gestanden, voller Aufregung, voller Zweifel, ungewiß, ob sein Werk gelungen. Endlich dämmerte der Morgen, ein Sonntagmorgen, und die Maschine wurde geheizt. Es war vier Uhr früh. Langsam erwärmte sich der Kessel, das Wasser begann zu sieden, der Dampf stieg auf, die Zylinder arbeiteten, die Kolbenstangen reckten, die Achsen bewegten, die Kurbel drehte sich, die Räder rollten – und »sie geht!« rief Borsig seinen Ingenieuren zu. Mit diesen zwei Worten war seine Zukunft entschieden, in ihnen lag Ruhm und Reichtum, lag seine Lebensaufgabe: nämlich, den deut-

Borsig-Werke in Moabit um 1876

schen Lokomotivbau von der Arbeit und selbst dem Material des Auslandes frei zu machen. Denn bis dahin wurden die fertigen Lokomotiven und lange noch ward das Schmiedeeisen aus England bezogen.

Nur noch fünfzehn Jahre waren Borsig vergönnt, aber sie reichten hin. Wo sein erstes Hüttengebäude stand und seine erste Lokomotive ging, erhebt sich auf dem ehemals freien Feld jetzt, in einer neuen Stadtgegend, die sich weit gegen Norden erstreckt, und inmitten einer Arbeiterbevölkerung, die nach vielen Tausenden zählt, aus einem Walde von Schornsteinen jener ungeheure Komplex von Werkstätten und Hallen, in denen seitdem an die viertausend Lokomotiven gebaut worden sind, aus dem Eisen und dem Stahl, die in den eigenen Werkstätten von Moabit geschmiedet und gegossen, mit dem Erz und der Kohle, die aus den eigenen Gruben in Schlesien gewonnen werden.

Borsig starb im besten Mannesalter nach kaum vollendetem fünfzigsten Lebensjahr, und er ruht auf dem Dorotheenstädtischen Kirchhof, gerade gegenüber seiner Maschinenbauwerkstatt in der Chausseestraße. Sein Sohn, der Erbe seiner fürstlichen Besitzungen, ward nicht einmal so alt wie der Vater; er starb vor fünf Jahren, als eben das schöne Palais an der Ecke der Voß- und Wilhelmstraße fertig geworden, welches heute noch leer steht. Still auch ist es in dem Park von Moabit, und in dem Landhause wohnen zwei Witwen. Aber ein hübscher Knabe, der Sohn des letzten Besitzers, tummelt sich auf dem Rasen, und er läuft mir mutwillig voran zu den Sehenswürdigkeiten des Gartens, welcher mit großer Liberalität jedem Besucher offensteht.

Oftmals auf meinem Abendgang komm ich hierher zu dem nunmehr wohl etwas vereinsamten Sitz eines Fürsten der Industrie; zu den weiten Rasenflächen mit den schönen Baumgruppen, durch welche der Abendhimmel schimmert. Am Tore steht der Portier mit der goldgeränderten Mütze. Dann erscheint das stilvolle, geräumige, jedoch nichts weniger als auffallende Herrenhaus, die Hinterfront ganz in Grün versteckt. Dann das Palmenhaus mit den wunderbaren Farrenbäumen aus dem südlichen Amerika, den edel geformten Palmen aus Indien und Ceylon; eine Treppe, deren Stufen von Granit, führt zu Felswänden hinan, mit kriechendem Moos bekleidet, und zwischen den Tropenpflanzen Figuren von weißem Marmor, gelblich leuchtend von dem Strahl der Abendsonne, der sich weiterhin in dem feuchten Grün verliert. Kandelaber hängen von oben herab – wie feenhaft muß es hier sein an Ballabenden, wenn Musik aus dem Innern schallt und der bunte Glanz des Festes mit der stillen Schönheit der Pflanzenwelt sich vereint! Dann das Orchideenhaus, vor welchem die Marmorbüsten der beiden Borsig, Vater und Sohn, unter niederhängendem Gezweig stehen. Dann die Marmorhalle mit den Bildern von Paul Meyerheim – überall Pracht und Marmor und Farben, aber nichts Prahlerisches, was den Blick oder die Empfindung verletzen könnte. Dann das Haus der Victoria Regia und nebenan das Wasser mit der blühenden Victoria Nymphäa, blaßrot, dunkelrot, blau, märchenhaft auf den breiten grünen Blättern schwimmend, während zahllose Goldfische sich umhertummeln. Und mir wird, als erlebt ich selber ein Märchen – aber ein ganz modernes –, indem unaufhörlich in diese Herrlichkeit und Stille von Grün und Blumen das Schnaufen und Stampfen der Maschinen hereindröhnt, die Stimmen der Arbeit, von Guß- und Puddelöfen, von Walz- und Hammerwerken, welche, Park und Haus umgeben, bis an das Ufer der Spree reichen. Hier stößt der Eisenhammer an den Park, sein gewaltiger Schornstein steht da wie der Turm einer Burg, und Park und Fabrik gehen ineinander über. Hier befindet sich auch das Verwaltungsgebäude, von welchem ich oben schon gesprochen; und hier, wo sich jeden Mittag Hunderte von Arbeitern in einem hohen Saal, an reinlichen Tischen zu einer guten, billigen Mahlzeit niedersetzen, kann man sehen, wie Borsig für seine Leute gesorgt hat. Aber dazu muß man einen Umweg durch den Hof machen; denn der Saal steht nicht zur Schau wie die Palmen und Orchideen. Hier steigt man auch zu einer Terrasse mit dem Blick auf die Spree, die Schiffe, die Lessingbrücke, die Stadtbahn, den Tiergarten; und hier, den dumpfen Lärm, den das gleichmäßige Ausstoßen des Dampfes verursacht, zur einen und zur andern Seite die Ruhe, den frischen Geruch des Grüns und den Glanz des Abendhimmels – hier sitze ich gern und lausche und suche nach dem Wort, das ich nicht finden kann …

Vergoldet nicht dieselbe Sonne, die Sonne Homers, die Rauchwolken, welche schwarz und dicht aus dem Riesenschlote des Eisenwerks emporsteigen und, in malerische Bildungen aufgelöst, in wunderbare Farben getaucht, sich fern am abendlichen Himmel verlieren? Sind es nicht herkulische Gestalten, die mit den Eisenstangen und den Lederschürzen vor dem Schmiedefeuer und dem Amboß stehen, wenn die Esse sprüht, wenn die Flamme knistert, wenn der schmelzende Stahl herausfließt wie Wasserbäche, wenn Blöcke weißglühenden Erzes von mächtigen Hebeln, wie von Geisterhänden bewegt, dem Willen dieser Menschen gehorchen, sich heben, durch die Luft fahren, sich senken und der Dampfhammer mit einer Wucht von fünftausend Pfund diese feuersprühende Masse platt drückt wie – man verzeihe mir den Vergleich, aber ich finde keinen andern – einen Schweizer Käse? Ist es nicht eine Phantastik, wie im Reiche der Erdgeister, wenn ein goldner Funkenregen umherprasselt, in welchen die niedergehende

Sonne von außen nur ganz blaß, in langen Strahlen hineinscheint? Oder sind es nicht liebliche Landschaften, hier ein Stück Wiese mit der bläulichen Straßenferne, dort ein Stück Wasser mit rötlich angeglühten Segeln, welche man durch die Bögen der Stadtbahn erblickt, wie in einen Rahmen gesetzt; und ist sie selber nicht ein Werk, welches an Kühnheit der Konzeption und Großartigkeit der Ausführung sich wohl messen darf mit jedem altrömischen Viadukt, dessen Trümmer wir heute noch ehrfurchtsvoll anstaunen? Ja, mag im Laufe der Zeiten – in Hunderten, nein in Tausenden von Jahren – jener Neuseeländer Macaulay's, nachdem er in der ungeheuren Einsamkeit seinen Stand genommen hat auf einem zerbrochenen Bogen von London-Bridge, um zu zeichnen die Ruinen von St. Paul's – mag er nicht auch hierherkommen nach Berlin, um auf den Steinresten dessen, was einst die Stadtbahn gewesen, elegische Betrachtungen anzustellen über die Größe, den Verfall und die Vergänglichkeit aller Dinge?

Kommt, ihr kleinen zierlichen Figuren, wie ihr vor mir steht auf dem Bilde von Chodowiecki, dem verfeinerten Hogarth Berlins – ihr Püppchen, so zart und gebrechlich wie aus der Meißener Porzellanfabrik – Frauen in langen, schleppenden Gewändern, mit hoher Frisur und Puder darin, Männer in gestickten Röcken, mit Band und Haarbeutel, mit dem Hut unter dem Arme und dem Degen an der Seite, höfliche Männer, die sich unaufhörlich verneigen und galante Reden im Munde führen und den Damen die Cour machen. Rings ein Kichern und gedämpftes Lachen und anmutiges Geplauder unter den Bäumen des Tiergartens, welche diesen Salon im Freien mit ihrem Laubdach beschirmen. Eine Gruppe sitzt um einen Tisch: Ein sehr korpulenter alter Herr mit rundem Bauch und jovialem Gesicht erzählt seinen schönen Zuhörerinnen offenbar eine lustige Geschichte; ein sehr dünner junger Herr, der vielleicht eben »Die neue Héloëse« gelesen hat und in zwei Jahren gewiß »Werthers Leiden« lesen wird, lehnt melancholisch an dem Stamm einer Linde. Zwei junge Damen, Hand in Hand, stehen ihm gegenüber; zwei andere junge Damen, gleichfalls Hand in Hand, enteilen über den Rasen. In den Zelten aber ist ein lustiges Treiben. Da kommen und gehen die Menschen und die Wagen, und M. Mourier, unter dem Zeichen der goldenen Gans, und M. Thomassin und M. Dortu machen ihnen die Honneurs. Fern über die Spree zieht träumerisch ein Schifflein, und eine Diana mit ihrem Hunde von weißem Stein schimmert durch das verschleiernde Grün.

Etliche Jahre nachdem Chodowiecki sein Blatt gestochen, kam ein Fremder hierher, ein Anonymus, allem Anschein nach aus sächsischen Landen, ein Mann von Empfindung und beweglichem Temperament, der von dem Berliner Leben damaliger Zeit außerordentlich entzückt war und es in seinen »Bemerkungen eines Reisenden« (Altenburg, 1779) ein wenig in der Manier Sternes beschrieben hat. In Gesellschaft eines Predigers besucht er die Zelte – »die Zelter«, wie er sie nennt – »oder besser die Hütten, denn nur selten steht ein aufgeschlagenes Zelt da, und der Saal, welcher errichtet ist, hat die Form eines Zeltes und ist von Holz«. Hier nimmt der Reisende Platz mit seinem geistlichen Freund. »Wundern Sie sich nicht«, ruft er aus, »daß Prediger die Hütten besuchen. Man ist in Berlin nicht mehr so weit in der Weltkenntnis zurück, daß man es einem Geistlichen verargen solte«, et cetera. Die beiden beginnen damit, ihre langen Pfeifen anzustecken; denn damals, in der glücklichen Zeit, rauchte man noch »lang«, und nicht nur zu Haus. Wenn man ausging, trug man in der einen Hand den Stock oder den Regenschirm, in der andern die lange Pfeife – so war der Berliner vor hundert Jahren. »Die Aussicht von hinten zu ist majestätisch und prächtig«, sagt unser Reisender, der aber, als Weltmann und echtes Kind seines Jahrhunderts, mehr dem Spruche Popes huldigt: »The proper study of mankind is man« und demgemäß sich sogleich der Betrachtung des Anblicks *vor* den Zelten zuwendet. »Unter Tangelhütten sitzen an vielen Tischen allerlei Berliner aus allen Ständen. Schon die Mannigfaltigkeit der Röcke ist aufmunternd. Unter den Hütten, wo ich mich befand, pflegt sich der edlere Teil der Einwohner Berlins zu versammeln, weiter hin ist schon ein Abfall, und ganz am Ende sitzt Krethi und Plethi.« Es scheint, daß Messieurs Mourier, Thomassin und Dortu mittlerweile Konkurrenz bekommen und daß die bevorzugten Zelte damals die des Herrn Grüneberg waren. »Ich schildere Ihnen bloß die Grünebergschen Hütten«, fährt der Reisende fort. »Mitten unter den Tischen steht eine große Säule, an welcher einige Lampen hängen« – zur Bequemlichkeit für die Gäste, die sich daran ihre Tabakspfeifen anzünden. »Die Tische sind fast allemal besetzt. Beiläufig muß ich erwähnen, daß es Berliner gibt, die alle Tage, bis in den spätesten Herbst, den Tiergarten und die Grünebergschen Hütten besuchen. Die Gesellschaft ist buntscheckig genug. Eine Partie trinkt Kaffee, die andere Tee, eine dritte Bier und eine vierte, die vielleicht die Schwindsucht hat oder gern stark werden will, Wasser und Milch. Hier sitzt eine Familie, die den festlichen Geburtstag ihres vierjährigen Kindes begeht. Alt und jung, von eingeschrumpften Großtanten bis zum Jungen, dem zu Ehren diese Feier angestellt ist, herunter. Solchen Szenen mag ich gern beiwohnen. Der gutmütigen Mutter sah man die Freude, die das Herz in die Höhe schwellte, an, und der vor Wonne über den klugen Jungen entzückte Vater wallete mit seiner Pfeife voll wohlriechenden Knasters unter seinen Freunden herum.« Aber kaum drei Schritte von diesem Bild ehrbaren Glückes entfernt sitzt »eine Partie äußerst empfindsamer junger Herren«, duftend von Eau de Levante, Eau de la Sultane, Eau sans pareil, und wie diese »galanten Wasser« alle heißen mögen; Petitmaîtres, deren Anzug »dem neuesten Geschmack von Paris« entspricht, mit kurzem Chemisett, die oberen sechs Knöpfe aufgeknöpft, »damit das feine, zierlich ausgenähete Jabot und die offene weiße Brust sogleich in die Augen fallen möchten. Denn«, bemerkt unser Gewährsmann in Parenthese, »man trägt die Oberhemden vorn offen, um dem schönen Geschlecht seine Ergebenheit zu bezeugen.« Ihr Gespräch, mit französischen Brocken, einem mon dieu! einem ma foi! einem je m'en demande pardon bestreut, »gleich dem Zucker auf einer Mandel- oder Wienertorte«, betraf größtenteils die »Aktricen«, – »O Madame Nouseul!« sagte der eine ächzend ... Ein leichter Hauch von Frivolität liegt über dieser Epoche der Empfindsamkeit, für welche die »Sentimental Journey« nicht weniger typisch ist als »Werthers Leiden«, nur daß freilich nicht Mr. Yoricks Humor, sondern erst der Pistolenschuß Jerusalems dem Ding ein Ende machte.

Der »Zirkel« – heute der große Sandplatz vor den Zelten – ward in jenen Zeiten von der Mode begünstigt und aufgesucht von allem, was elegant war in Berlin. Hier spielte der bunte Jahrmarkt des Lebens. Hier fand man die Schönheiten der Stadt, die Toiletten, den Reichtum, den Geist, den Witz und die Torheit derselben. Hier war ein Abglanz des Hofes. Neun Alleen zweigten von dem Zirkel ab, zu Ehren der neun Kurfürsten des Heiligen Römischen Reiches Deutscher Nation. Selbiges Reich ist gestorben, aber die neun Alleen sind noch da; und mögen sie lange noch mit ihren Eichen und Buchen und Kastanien und Ahornbäumen freudig wehen und rauschen zu Ehren des anderen Reiches, des neuen Rei-

ches, dessen goldene Viktoria vom Königsplatz herüber-
grüßt zum alten Kurfürstenplatz.

Nicht weit davon ist der Großfürstenplatz, neuerdings
aus seiner langen Verwahrlosung wieder hergestellt, mit
saftig grünem Rasen, Blattpflanzen, Springbrunnen und
hübschen Sandsteinfiguren, welche die vier Flüsse
Rhein, Weser, Elbe und Oder mit den Attributen der
Schiffahrt und des Fischfangs, des Acker- und des Wein-
baus darstellen – lauter Beschäftigungen, deren Bild zu
sehen dem bürgerlichen Herzen wohltut. Im übrigen
war dieser Platz zu einer eigenen Art von Berühmtheit
gelangt durch einen Vorfall, über welchen die Bücher jener Zeit weitläufig berichten. Er ward nach einem russischen Großfürsten genannt, welchem der Prinz Heinrich, Bruder Friedrichs des Großen, allhier ein glänzendes Fest gab. Es scheint, daß die Berliner des
18. Jahrhunderts nicht weniger neugierig und schaulustig
waren als ihre Nachkommen, die Berliner des 19. Jahrhunderts; und wie nun mehrere Tausende von ihnen
versammelt waren, »mitunter im elegantesten Kostüm«,
da brach plötzlich ein heftiger Gewitterregen auf sie herunter, und das weitere kann man sich denken. Dieses
wichtige Ereignis notiert die Berliner Chronika zur Ver-
herrlichung des Großfürstenplatzes; es ist das einzige,
was sie von ihm zu sagen hat. Er führt noch immer seinen alten Namen; aber nur wenige wissen von dem
Großfürsten und seinem Feste, von dem verwaschenen
Puder, den ausgelöschten Schönheitsmalen, den goldbetreßten Röcken und seidenen Strümpfen derer, die es zu
sehen kamen, und dem unauslöschlichen Gelächter derer, die sich zu Hause gehalten hatten und trocken geblieben waren. Weisheit und Narrheit – wieviel bleibt
davon? – »Es ist alles eins über hundert Jahr«, sagt das
Volkslied.

Gerne geh ich diesen Weg am Ufer der Spree, welcher in alten Zeiten der Poetensteig hieß. Poetisch mutet er mich noch heut an, wenn ich bedenke, welche würdigen und gravitätischen Männer ihn vor mir gegangen sein mögen. Wer weiß, ob nicht Ramler hier manche seiner Oden skandiert hat, wie zum Beispiel jene »An die Stadt Berlin«:

Sei mir gegrüßt, Augusta, meine Krone!
Die Städte Deutschlands bücken sich!
Es hören meinen Stolz Belt, Donau, Wolga, Rhone
Und weichen hinter mich!

Oder wenn er, Friedrichs gedenkend, ausruft:

Eilt, ihn in Erz den Enkeln aufzustellen!
Eilt, einen Tempel ihm zu weihn
Am Rande meines Stroms! Ich brenne, seine Schwellen
Mit Blumen zu bestreun.

Jetzt freilich bietet sich mir ein anderes Bild. Es ist die Stunde, wo die Fabriken Feierabend machen und die Fabrikarbeiter heimkehren, jeder mit seinem Blechkesselchen in der Hand. Nur noch vereinzelt dröhnt der Schlag der Hämmer herüber vom jenseitigen Ufer, wo der Nachtdienst beginnt; denn in diesen Fabriken der Eisen- und Maschinenbauindustrie, wo die großen Feuer immer in Brand gehalten werden müssen, sind die Arbeiter in zwei Schichten geteilt, eine Tages- und eine Nachtschicht, die einander ablösen; und mit dem Rauch, wie er aus dem Schornstein steigt, mischt sich, bei eintretender Dunkelheit sichtbar, die rötliche Flamme. Noch bewegen sich zwischen den schwerbefrachteten Fahrzeugen, welche von je zwei Schiffern mit mächtigen Stangen mühsam von der Stelle geschoben werden, die leichten Kähne. Denn das Wasserfahren steckt dem Berliner im Blute; die jungen Männer und die Mädchen, sie verstehen beide das Ruder kräftig zu handhaben, das

Steuer geschickt zu lenken – sie sind die echten Nachkommen der Fischer, welche sich zuerst in den Sümpfen von Kölln angesiedelt haben. Kein größeres Vergnügen für diese Menschen, als am Sonntag das Boot loszubinden und hinauszufahren und zu singen: »Das Schiff streicht durch die Wellen«, oder »Auf, Matrosen, die Anker gelichtet«. Von einem hohen Mastbaum am Ufer weht die dreifarbige Flagge der deutschen Marine, und am Landungsplatz steht ein Mann, den Bart geschoren nach Art der Seefahrer, mit einem blauen Rock und dem Zeichen des Ankers auf den metallenen Knöpfen. Er ist der Kapitän und vermietet die Kähne. Ringsumher liegt Schiffsgerät, stehen Fischkästen, hängen Netze und Körbe. Kähne, die ausgebessert werden sollen, sind ans Land gezogen; während die mobile Flotille festgemacht im Hafen ruht – Boot neben Boot, eins neben dem andern, grün angestrichen und sauber geputzt. Weiter zurück die großen Wasseromnibusse mit den grotesken Schiffsfiguren am Schnabel, mit roten und gelben Türkenköpfen – mit einem Dach versehen, wie die beste venezianische Gondel. Sie fahren von den Zelten nach Moabit und von Moabit nach den Zelten, zehn Pfennige die Person. Ein gar lustiges, kleines Hafenbild, immer bunt und belebt. Frauen sind da, welche Salzbrezeln feilbieten. Der Wurstkessel dampft. »Schöne Warme! Schöne Kirschen!« Ein kleines Mädchen, ein »Dreikäsehoch«, wie man zu sagen pflegt, kommt mit Zündhölzchen. »Ick habe ja noch keen Handjeld verdient – jeben Sie mir doch Handjeld, ja, lieber Herr?« ruft sie schmeichelnd. Indessen haben sich auch die Zelte bevölkert, eines nach dem andern hat sich mit Menschen gefüllt, und da, wo die feinen Herren und die feinen Damen des vorigen Jahrhunderts so zierlich miteinander konversiert haben, fahren die Droschken im Rondell auf.

Jenseits desselben pflegt es um diese Zeit stille zu werden. Eine der anmutigsten Spreelandschaften liegt vor mir: mit dem dichten Massiv des Tiergartens auf dem linken, dem Kirchturm und den Schornsteinen und Baumgruppen von Moabit auf dem rechten Ufer und dem breiten, stillen Fluß dazwischen, hell vom Glanze des Westens. Langsam herüber zieht der Rauch unter dem Abendhimmel, vom Abendrot durchleuchtet und mit den Wolken, dem grünen Ufer und den gelblichen Bögen der Stadtbahn sich spiegelnd in der schillernden Flut. Bei der Eisenbahnbrücke hält ein Fischerboot. Zwei Männer stehen darin aufrecht in hohen Wasserstiefeln, Körbe auswerfend und wieder heraufziehend, so daß das schwarze Gewässer daran heruntertropft: sie fangen Aale und bewegen den Kahn an einer eisernen Kette quer durch den Fluß. Weiter hinauf, unter einer alten Weide, steht eine Wäscherin. Die Weiden an der Spree sind die herrlichsten, die man sehen kann; einige breit und mächtig, andere hexenhaft verbogen, geben sie mit ihrem feingefiederten, graugrünen Laub und vielverästelten Gezweig der Landschaft zugleich etwas Phantastisches und Schwermütiges, zumal in der Abenddämmerung. Die Ligusterhecke, den Rasen und das niederhängende Gebüsch nährt die Feuchtigkeit des Wassers, und indem man dem Laufe der Spree folgt, verliert sich mehr und mehr der Charakter der Stadt. Zuletzt gelangt man an eine Stelle, wo sie ganz aufzuhören scheint, und man erblickt das offene Land; aber freilich schon im Kampfe mit der Stadt, die langsam, langsam, aber auch wie das Verhängnis unaufhaltsam aus der Ferne heranschreitet. Schon liegen hohe Backsteinhaufen aufgetürmt, schon ist der weiche Boden von Räderspuren durchfurcht, schon steigen, wie Skelette, Baugerüste dort aus der Erde, während hier noch am Ufer zwei Kinder Futter für ihre Ziege schneiden und ein

Mann mit einer Leiter über die Brücke kommt, um die Petroleumlämpchen anzuzünden.

Mit heiserm Klange vom Bellevueschlosse schlägt es acht. Wenn man seine gelbe Steinmasse, verwittert und vereinsamt und doch noch zeugend von einer gewissen altmodischen Hoheit, seine doppelte Reihe weiß verhängter Fenster in diesem Zwielicht, von Baumwipfeln umragt und in der Umgebung seines Parkes erblickt, so macht das Schloß fast einen geisterhaften Eindruck. Große Schicksale hat es niemals gehabt; aber die Geschichte eines Gebäudes, wenn man sie getreulich erzählt, ist interessant wie die Geschichte eines Menschenlebens, auch wenn ihm und manchmal weil ihm das Außerordentliche fehlt. Ein Mann hat hier gewohnt, ein Jugendgenosse und Freund Friedrichs des Großen, welcher es reichlich erfahren, was Fürstengunst bedeutet; ein tüchtiger, aber bescheidener Mann, der viel für andere, wenig für sich getan und dessen Name daher so gut wie vergessen ist. Warum hat man noch niemals daran gedacht, dem Andenken Knobelsdorffs ein Monument im Tiergarten zu widmen, der bis dahin nur ein Jagdrevier war und durch ihn erst ein Park geworden ist? Es ist nicht sein einziges Verdienst, aber doch dasjenige, welches uns Berliner am nächsten angeht. Er war 1697 geboren, nahm Kriegsdienste und stieg bis zum Hauptmann; 1730 nahm er seinen Abschied, um sich ganz auf die Malerei und Baukunst zu legen, sagt Nicolai von ihm in seinen »Nachrichten von Künstlern unter König Friedrich II.«. Dieser ernannte ihn zum Oberaufseher aller königlichen Gebäude. »Er erbaute das Opernhaus, den neuen Flügel des Schlosses zu Charlottenburg, das Schloß zu Zerbst. Er zierte das Schloß zu Potsdam aufs neue aus und baute die marmorne Treppe im Hauptgebäude. Den Lustgarten zu Potsdam richtete er ein, so wie er ist. Er gab das Schloß Sanssouci an ... Den Tier-

garten vor Berlin hat er unnachahmlich schön angeord-
net ... Er starb 1753.« – »Ein sehr verständiger, kenntnis-
reicher Mann«, sagt von ihm Carlyle, in dessen »Geschichte Friedrichs II.« wir diesem Knobelsdorff öfter
begegnen, zuerst in Bayreuth, bei der Markgräfin Wil-
helmine, der Lieblingsschwester des Königs, dann in
Rheinsberg, dessen Ausbau er gleichfalls unternommen;
»ein Mann von ernstem Aussehen, ernst, jedoch wohl-
wollend und voll ehrlichen Scharfsinnes, das echte Bild
gesunden Verstandes« – lange der Vertraute Friedrichs,
und nicht nur in Kunstsachen. »Der König hat ihm die
Mittel verschafft, um in Italien zum Künstler zu reifen«,
sagt Ernst Curtius in seiner (1878) zur Feier des Jahres-
tages Friedrichs II. in der Berliner Akademie gehaltenen Rede, »und gab ihm dann eine Stellung, welche mit
derjenigen verglichen werden kann, die Phidias unter
Perikles hatte; denn es war Knobelsdorffs Aufgabe, die
umfassenden und immer neuen Gedanken des Staats-
oberhaupts für die Ausstattung der Residenzen mit
Schlössern, Theatern, Staatsgebäuden, Denkmälern und
Gartenanlagen technisch zu verarbeiten und ihre Ausführung an oberster Stelle zu leiten.« Aber mit diesen
überwältigend Großen ist auf die Dauer kein Verhältnis
möglich; in ihrer einsamen Höhe verlieren sie die Schät-
zung der Persönlichkeiten, ihr Wille duldet keinen anderen, ihre Größe drückt alle nieder, und wer das Gefühl
seiner Freiheit und Würde nicht völlig hinzugeben vermag, verfällt in Ungnade. Superioren Naturen dieser Art
genügt es nicht, auf dem ihnen zugewiesenen Gebiete
die Ersten, ja die Einzigen zu sein: Sie wollen alles wissen, auf allen Gebieten, und wehe dem, der Widerspruch erhebt! Das ist die bedenkliche Seite des von
Carlyle verkündeten Heroenkultus. »Knobelsdorff«, so
drückt Curtius es aus, »blieb das Martyrium nicht er-
spart, welches den Baumeistern genialer Fürsten bei

dem hellsten Glanz von Ehren und Macht einem dunkeln Schatten gleich zu folgen pflegt. Friedrich war auch auf diesem Felde voller Selbstherrscher … Auch in der Geschmacksrichtung traten Gegensätze ein. Knobelsdorffs Ideal war eine Einfachheit des Stils, der Ernst einer hohen Kunst, die dem König zu kalt und zu kahl erschien. Von dem deutschen Edelmann, der mit Freimut seine Kunst vertrat, wandte sich der königliche Bauherr andren Architekten zu, welche auf jeden Einfall geschmeidiger eingingen.« Es kam zum Bruch zwischen ihm und Knobelsdorff, welcher fortan in der Zurückgezogenheit lebte, sich hauptsächlich mit der Malerei beschäftigend.

Noch steht der Flügel des Bellevueschlosses, den er gebaut und in welchem er gewohnt hat. Es ist derjenige, der sich dem Wasser zukehrt. Nach der Neuschöpfung des Tiergartens hatte Knobelsdorff sich diesen Platz am Wiesenufer der Spree, welcher bis dahin einem Müller gehört, zur Erbauung eines Landhauses gewählt. Neben demselben legte er einen Wirtschaftshof an, der lange noch als »Knobelsdorffs Meierei« bekannt war. Hierher, aus seinem Stadthaus in der Kronenstraße, das er sich selbst gebaut (an der Stelle, wo heute Nr. 29 steht), kam er immer, sobald es Sommer ward; hier, mit dem Blick gegen Norden und auf die Spree, standen seine Staffeleien, und hier, in der ganz von Grün umgebenen, mit künstlerischem Geschmack ausgestatteten Villa, verlebte er seine letzten Jahre, dankbar, ohne Bitterkeit dessen gedenkend, der ihn verstoßen. »Ich fühle die letzten Augenblicke meines Lebens herannahen«, schrieb er an ihn, wenige Tage vor seinem Tode, »und nütze eine Pause meiner Schmerzen, um den Gefühlen der Dankbarkeit Worte zu geben, von denen ich für all das Gute und alle die Wohltaten durchdrungen bin, mit welchen Ew. Majestät mich während meines Lebens überhäuft haben.« Aber auch der große König blieb edleren Regungen nicht verschlossen einem Toten gegenüber, der ihm während einer langen und bedeutenden Tätigkeit im Leben so nahegestanden. »Wir beklagen die Verstimmung, welche ein so schönes und seltenes Vertrauen löste zu einer Zeit, da Knobelsdorff in der vollen Kraft seines Schaffens stand«, – so schließt in seiner milden Weise der Historiker Griechenlands seine Bemerkungen über das Verhältnis des Königs zu dem Künstler, welcher »an den Denkmälern Roms mit feinem Sinne das Griechische herausgefühlt, ehe noch die attischen Denkmäler durch Stuart wiederentdeckt waren.« Wenige seiner Zeitgenossen mögen ihn ganz gewürdigt haben; und es muß daher, »wenn von dem die Rede ist, was König Friedrich für die bildenden Künste getan hat, ihm immer als ein besonderes Verdienst nachgerühmt werden, daß er diesen Mann erkannt, ihn ausgebildet und ihm Gelegenheit gegeben hat, Werke zu schaffen, welche als die edelsten Baudenkmäler seiner Zeit noch heute ein Stolz unserer Stadt sind ...' Dem Herzen des Königs aber macht es Ehre, daß er in der Totenspende zu sühnen suchte, was er in dem Verhalten zu seinem Jugendfreunde etwa versehen hat.« An einem 24. Januar, 128 Jahre früher, ward in diesen Räumen und an derselben Stelle, wo Curtius das Lob Friedrichs sprach, der »éloge« auf Knobelsdorff verlesen, und der Verfasser war Friedrich. »Er war geboren zum Maler«, hieß es darin, »und zu einem großen Architekten, und es offenbarte sich in ihm das Wesen des Genius, welcher die mit ihm Begabten durch die Macht einer unwiderstehlichen Neigung antreibt, ihm zu folgen und ihnen zeigt, wozu sie geschaffen sind.« Bestattet liegt er im Deutschen Dom auf dem Gendarmenmarkt, und am Friedrichsdenkmal Unter den Linden, auf eine der Erztafeln, welche die Namen der großen Männer der friderizianischen

Zeit tragen, hat man, im Gefühle der Gerechtigkeit und gewiß im Sinne des Königs, auch den Namen des Freiherrn Georg Wenzeslaus von Knobelsdorff geschrieben.

Nach Knobelsdorffs Tode gingen Landhaus und Meierei in andern Besitz über; zuerst hatte sie ein Gastwirt, dann ein Kommerzienrat Schneider, dann ein Hofrat Bertram. Zur Zeit, wo Nicolai schrieb (1779), hieß sie die Bertramsche Meierei, und im Jahre 1785 kaufte sie Prinz Ferdinand, der jüngste Bruder des Königs. Er hatte bis dahin in Friedrichsfelde residiert, dessen Schloß, Park und Pertinenzien, gegenwärtig im Besitz der Familie von Treskow, der Prinz im Jahre 1762 von der Herzogin von Anhalt-Bernburg erworben. Prinz Ferdinand »richtete seine Hofhaltung in Friedrichsfelde nach dem Muster seines Bruders Heinrich in Rheinsberg ein«, heißt es in der »Geschichte des Dorfes Friedrichsfelde« von Brecht; er legte Grotten, Tempel, Statuen, auch eine Fasanerie an und bildete sich aus den Invaliden seines in Ruppin garnisonierenden Regiments eine Leibwache. Armer Prinz, mit drei solchen Brüdern: dem großen Friedrich, dem Prinzen August Wilhelm, Vater Friedrich Wilhelms II., und dem berühmten Prinzen Heinrich! »Sein ganzes Leben liegt im Schatten seiner Brüder«, sagt sehr hübsch von ihm George Hesekiel in seiner Beschreibung von »Preußens Königlichen Schlössern«. Dieser Prinz baute Bellevue, dessen ältesten Teil das ehemals von Knobelsdorffsche Landhaus bildet und dessen Park er vergrößerte, indem er den das Schloß umgebenden Teil des Tiergartens hinzunahm, so wie wir alles heute noch sehen. Der Bruder Friedrichs lebte noch (seit 1802 in Rheinsberg), als dessen Staat und Heer schon zusammengebrochen war; er überlebte seinen genialen Sohn, den Prinzen Louis Ferdinand, der bei Saalfeld fiel, und starb, ein Dreiundachtzigjähriger, ein Vergessener und Verschollener, im Jahre 1813. Sein

Nachfolger in Bellevue ward sein Sohn, Prinz August, nach der Schlacht bei Jena der Kriegsgefangene Napoleons, aber nachmals in den Feldzügen von 13 und 14 einer von den Rächern seines Geschlechtes und seines Vaterlandes, ein echt hohenzollernscher Held. Eine Siegestrophäe, die große, schwarze Kanone auf steinernem Postament im Schloßhof, und ein neueres Denkmal im Schloßgarten erinnern noch an ihn. Es ist dies eine Pyramide mit Adlern und Fahnen und dem Ausblick auf den großen Stern, wo die Pferdebahnwagen von Charlottenburg und dem Zoologischen Garten einander begegnen; aber denjenigen, der hier in der Abenddämmerung steht, vermag das Trappeln und Klingeln da draußen kaum aus seinen Träumen zu wecken, als ob die Schatten der Vergangenheit, die sich mit den Schatten der Nacht vermischen, die Wirklichkeit wären und die Welt, die vorüberstürmt, die roten und grünen Lichter, die man hin- und herfliegen sieht, das Unwirkliche. Man kommt sich wie verzaubert vor in diesem alten Garten; und indem man sich tiefer in denselben verliert, wird immer stärker das Rauschen des Nachtwindes in den Linden und Ebereschen, immer schwächer das Rollen der Wagen. Heimlich flüstert es in den Blättern und Zweigen, weite Wiesenflächen, aus denen die lauliche Brise den starken Geruch von Kräutern herüberträgt, dehnen sich vor uns aus; Palmengewächse klirren in der leisen Bewegung der Luft, und Schilfpflanzen neigen und biegen sich graziös und heben sich wieder empor in der eintretenden Stille. Man glaubt tausend Meilen weit von Berlin zu sein. Man hört das Murmeln eines Baches und geht über ein Brückchen. Man steht vor einem runden Pavillon mit Kuppeldach und Säulen. Er ist verschlossen. Alles totenstill. Der Kronleuchter hängt vom Plafond herab. In der Mitte steht ein Marmortisch. Die Sofas sind mit weißem Linnen überzogen, die Wände mit Fresken bemalt. Wann ist hier das letzte Fest gefeiert worden, und wo sind die Gäste, die hier versammelt waren? Mir ist, als schwebe sanfte Musik durch diesen dämmrigen Raum, ein Nachklang jener, welche Prinz Louis Ferdinand geliebt. Mir ist, als klinge silbernes Lachen an mein Ohr, wie jenes, durch welches Madame Récamier einst den Sieger von Kulm bezaubert. Wie viele Stimmen werden wach vor diesem Pavillon in der lieblichen Augustnacht! Einige erzählen mir von dem letzten Bourbon, der nach der Julirevolution hier in dem Schlosse Rast machte auf seiner Flucht von Schottland nach Böhmen; andere vom Prinzen Waldemar, dem kühnen Indienfahrer, der, von Tatendurst getrieben, die Weiden und die Spree und die beschauliche Ruhe von Bellevue mit den Palmen und dem Ganges und dem Abenteuer und der Schlacht im fernen Osten vertauschte, der unter dem Rotkreuzbanner der britischen Löwen und Leoparden gegen aufrührerische Scheiks kämpfte und frühe starb. Und endlich – ein Wintertag war's, der 27. Februar 1881, ein kalter, klarer nordischer Wintertag, da zog aus diesem nämlichen alten Schloß eine junge Prinzessin; und durch Triumphbögen auf dem kleinen Stern und durch Menschenwogen auf der Charlottenburger Chaussee, die nackten Bäume bis oben hinauf mit kleinen Jungen bevölkert, die in den Zweigen hingen und »hurra!« schrien, durch spalierbildende Gewerke, die berittene Schlächterzunft – wie das ihr Recht – voran, bewegte sich ein reichvergoldeter Galawagen, der Dienst getan haben mochte schon unter Friedrich Wilhelm I., und Reiter umher und Fahnen, ein unabsehbarer Zug unter dem mattblauen Winterhimmel mit nur etwas Sonne – und plötzlich, indem die einzelnen Trupps mit ihrer Musik vorübergingen, eine bekannte Weise ... eine Melodie, wie aus ferner Kinderzeit, aber versöhnend an diesem Tag und an dieser

Stelle – ein ganzes Drama der Weltgeschichte im Sinne
der ewigen Gerechtigkeit abschließend –

Schleswig-Holstein, meerumschlungen,
Deutscher Sitte hohe Wacht,
Wahre treu, was schwer errungen,
Bis ein schönrer Morgen tagt.
Schleswig-Holstein, stammverwandt,
Wanke nicht, mein Vaterland!

Und wie der Zug nun vorüber, stürzen Tausende in die
freigewordenen Alleen – mit Schemeln, auf denen sie
stundenlang geduldig gesessen, mit Fußsäcken, welche
sie gegen die Kälte geschützt, mit allen Arten von Fuhrwerken kommen sie hinterher – Karren der Marktleute,
die heut als Equipagen benutzt werden, Schnaps- und
Fouragekarren, von zwei Männern gezogen, ein Ehepaar
mit einem Waschkorb zwischen sich, in welchem ein
Kind liegt – die Gamins steigen von den Bäumen herab,
und der Jubel beginnt; denn der Berliner, wenn er gleich
ein Frondeur ist und fortschrittlich wählt, hält doch treu
zu seinem Königshaus, dessen Festtage auch die seinen
sind. Fern aber, unter der stolzen Säulenhalle des Brandenburger Tores verklingt das alte Lied von 1848:

Gott ist stark auch in den Schwachen,
Wenn sie gläubig ihm vertraun;
Zage nimmer, und dein Nachen
Wird trotz Sturm den Hafen schaun.
Schleswig-Holstein, stammverwandt,
Harre aus, mein Vaterland ...

Gott segne deinen Eintritt in die preußische Königs-
stadt, du Tochter Schleswig-Holsteins – einst, im Laufe
der Jahre, Deutschlands Kaiserin!
So flüstert und rauscht es unablässig in den Zweigen,
während ich noch immer vor dem Pavillon im Schloßgar-

ten von Bellevue stehe. Kaum ein Mensch ist in der Nähe – nur hier und da noch, in den langen Baumgängen, ein Einsamer, gleich mir. Aus dem Dämmerlicht, mir gegenüber, hebt sich eine zackige Giebelfront mit Spitzbogenfenstern, bis zur halben Höhe mit den herrlichsten Fuchsien in Scharlach und Lila bedeckt; auf einer Steinplatte stehen die Worte: »Inventé et dessiné par Gilly fils«. Es ist Friedrich, Sohn des alten Oberbaurats David Gilly, der Geniale, Frühgestorbene (1800, im Alter von 29 Jahren). In der Kunstgeschichte wird er immer genannt werden als Lehrer Schinkels und Bahnbrecher der klassischen Richtung, welche sich nachmals unter seinem Schüler so glänzend entfaltete; jedoch ich wüßte nicht, daß von ihm selbst in Berlin noch etwas zu sehen wäre, außer dem wunderschönen, von der alten Münze nach der neuen übertragenen Sandsteinfries, welcher obendrein noch ziemlich allgemein, in den Handbüchern (auch von Baedeker) Schadow zugeschrieben wird. Dieser hat den Fries allerdings ausgeführt; aber »erfunden und gezeichnet« hat ihn Gilly, ganz wie diesen Bau des Bellevuegartens; und seltsam berührt es, seinem Namen hier auf Knobelsdorffschem Gebiet zu begegnen – dem Namen des halb Vergeßnen auf dem Gebiet des lang Verkannten. – Der strohgedeckte Bau, gegenwärtig von dem Obergärtner und seiner Familie bewohnt, war ehedem eine Meierei – die Meierei der Prinzessin Louise, Schwester des Prinzen August; »Métairie de Louise« liest man noch in altmodischer Schrift auf einer Tafel über der offenen, von wildem Wein umrankten Halle, in welcher die Prinzessin zu lustwandeln liebte. Grundriß und Pläne bewahrt die Gartendirektion, und alles wird sorgfältig im alten Stand erhalten. Über dieser Idylle mitten in einem fürstlichen Park, der weiten Wiese, dem steingepflasterten Hof mit Brunnen und Holzstaket, dem Gebäude selber, einstöckig, ländlich,

Oranienburger Tor

mit Strohdach und – einer gotischen Fassade, weht noch immer der echte Hauch des 18. Jahrhunderts und der etwas gekünstelten Naturschwärmerei Jean Jacques Rousseaus. Ringsum ausgebreitet liegt die blaugrüne Tiergartentiefe. Vom großen Stern – einer Anlage Knobelsdorffs – zweigen zwei besonders mächtige Alleen ab, die eine zur Erinnerung an den verschwundenen Hofjäger, die Hofjägerallee; die andere die Fasanerie-Allee, zur Erinnerung an die verschwundene sogenannte »Fasanerie bei Charlottenburg«, welche auf Befehl Friedrich Wilhelms IV. 1842 nach Charlottenhof bei Potsdam verlegt ward, während auf dem freigewordenen Terrain seit dem angegebenen Jahre sich der Zoologische Garten zu entwickeln begann.

Wie es hier aussah, als unser Jahrhundert noch in den Zwanzigen war, schildert gar anmutig Karl Gutzkow in seinem liebenswürdigen Buche »Aus der Knabenzeit«. Der Tiergarten war damals noch wildverworren, sumpfiggrün. »Hinter dem früheren Venusbassin, späteren prosaischeren Karpfen-, dann Goldfischteich, linker Hand vom Wege wucherte es von Schafgarben, Winden, Farrenkräutern, Schierling und Wolfsmilch. Es war die volle Vegetation des Sumpfes. Eidechsen huschten unter den hohen Gräsern dahin. Rechts hatte man den Blick nach dem Schloß Bellevue, das sogar Delille besungen hat, und der viel bewunderten bronzenen Kanone, welche Prinz August (ein berühmter Held auch in der Prusse galante) eigenhändig von den Franzosen erobert haben soll. Nun kam das freundliche ›Rondeel‹, das mit einigen finger- und nasenlosen Steinfiguren geziert war und vom Volke: ›die Puppen‹ (hochdeutsch: ›die Puppen‹) genannt wurde, sonst aber schon zu Knobelsdorffs Zeiten poetischer der ›große Stern‹ hieß. Rings geschnittene Hecken. Die Grenze Bellevues bezeichnete ein erhöhter chinesischer Pavillon, im Volke ›Regenschirm‹

genannt.« Dieser Platz aber wurde von dem damaligen Berlin als so weit entlegen angesehen, daß »bis in die Puppen« ein Ausdruck für etwas sehr Entferntes, sogar Extravagantes wurde und als solcher – siehe Büchmann »Geflügelte Worte« – sich erhalten hat, nachdem die »Puppen« selber längst zu ihren Vätern und Müttern versammelt worden sind.

Ein fashionabler Platz war damals der »Hofjäger«, welchen die Älteren der gegenwärtigen Generation noch gekannt und mit seinen weiten Wald- und Wiesengründen unter ihrem Blick gleichsam haben hinschwinden sehen, bis Häuser und Straßen daraus geworden – das Schicksal, welches Moritzhof und Albrechtshof und noch so manche »Kaffeestation« des älteren Berlins mit ihm geteilt haben. Hier, auf der Landseite des Tiergartens, und in den Zelten, auf der Wasserseite desselben, war man sicher, zu der Zeit, wo Gutzkow noch als Knabe in den Feldern schwärmte und E. T. A. Hoffmann seine »Serapions-Brüder« schrieb, in den Nachmittagsstunden stets eine auserlesene Gesellschaft zu finden. Namentlich die Zelte scheint der Verfasser der wundersamen »Phantasiestücke in Callots Manier« geliebt zu haben. Zwei seiner Novellen läßt er hier beginnen, aus deren einer – »Fragment aus dem Leben dreier Freunde« – hervorgeht, daß man damals noch »hinten heraus auf dem Platz am Wasser« sitzen konnte, wo jetzt nur altes Gerümpel liegt und Hühner in unzähligen Scharen spazierengehen; während die andre – »Ritter Gluck« – mit einer anschaulichen Schilderung des Anblicks eröffnet, wie er sich dem Beschauer in jenen Jahren bot. »Bald sind alle Plätze bei Klaus und Weber besetzt; der Mohrrübenkaffee dampft, die Elegants zünden ihre Zigarros an, man spricht, man streitet über Krieg und Frieden, über die Schuhe der Madame Bethmann et cetera ... Dicht an dem Geländer, welches den Weberschen Bezirk von der

Siegesallee im Tiergarten

Heerstraße trennt, stehen mehrere kleine runde Tische und Gartenstühle; hier atmet man freie Luft, beobachtet die Kommenden und Gehenden ... da setze ich mich hin. Immer bunter und bunter wogt die Masse der Spaziergänger bei mir vorüber, aber nichts stört mich ... Nur das verwünschte Trio eines höchst niederträchtigen Walzers reißt mich aus der Traumwelt ...«

Die Zigarre hatte in dem Berlin der zwanziger Jahre die Pfeife verdrängt, welche hier in den Zelten einstmals so tapfer gedampft. Aber man sagte nicht: »*die* Zigarre«, sondern: »*der* Zigarro«. Man ist versucht, wenn man das Wort heute liest, an Stroh zu denken, was ja denn auch zu dem Mohrrübenkaffee trefflich passen würde. Doch der Maler Eduard Lassen sagt in einer anderen von Hoffmanns Novellen – »Die Brautnacht« – daß »er für die Güte und Brennbarkeit der Zigarren einstehe, ungeachtet er sie nicht direkt von Hamburg bekomme, sondern aus einem Laden in der Friedrichsstraße erkauft habe«. Ein »Glimmstengel oder Tabaksröhrlein, wie die Puristen den Zigarro benannt haben wollen«, vermittelt »an einem schönen Sommerabende« die Bekanntschaft zwischen dem jungen Maler und dem Kommissionsrat Herrn Melchior Voßwinkel; und da besagter Kommissionsrat eine Tochter besitzt, welche die »Jugend, Anmut, der Liebreiz selbst« ist, so kann man sich das Weitere denken.

Das Orchester, welches dem auch in musikalischen Dingen so feinfühligen Dichter nicht wenig Schmerzen bereitet hat – mag er sich noch so weit weg setzen, immer hört er »die kreischende Oberstimme der Violine und Flöte und des Fagotts schnarrenden Grundbaß ... sie gehen auf und ab, fest aneinanderhaltend in Oktaven, die das Ohr zerschneiden« –, dieses Orchester befand sich im »Zirkel«, dem ehemaligen »Kurfürstenplatz«, wo man fünfzig Jahre früher die Perücken und

den Puder, die Reifröcke und die zierlichen Hacken-
schuhe gesehen hatte und wo fünfzig Jahre später der
Berliner Droschkenkutscher seinen Stand nahm. Die
Musik verstummte erst und die Estrade ward abgebrochen infolge der Ereignisse des Jahres 1848, als jene sich
in eine Rednerbühne verwandelt hatte. Wer hätte nicht
von den berühmten Volksversammlungen in den Zelten
gehört oder gelesen, den ersten, welche jemals in Berlin
abgehalten worden sind? Ein Augenzeuge – Robert
Springer, in »Berlins Straßen etc. im Jahre 1848« – schildert sie folgendermaßen: »Die verdeckten Orchester-
sitze in der Mitte wurden zur Tribüne benutzt, der freie
runde Platz war mit Tausenden von Zuhörern angefüllt
und von Marketenderbuden umgrenzt, in den Zelträu-
men saßen diejenigen, welche die Volksredner lieber
von fern und Bier und Kaffee in der Nähe prüften, vom
Brandenburger Tor her rollten zahlreiche Droschken,
auf der nahen Spree rollten die lustigen Gondeln nach
Moabit, dessen Auen man jenseits erblickte, die Fenster
des Schlosses Bellevue blinkten im Sonnenschein durch
die schattigen Alleen des Tiergartens, von ferne ge-
wahrte man die grüne Schloßkuppel und die Kirchturm-
spitze von Charlottenburg.«

Das waren die Frühlingstage der Freiheit. Aber es
wurde bald wieder dunkel und blieb dunkel eine lange
Zeit, und weit von hier, an dem entgegengesetzten Ende
der immer ungeheurer sich ausdehnenden Stadt, auf
dem Hügel im Friedrichshain, unter den Trauerweiden,
haben wir die Gräber gesehen, welche den Karneval der
Zelte beschlossen.

Hier aber auch, an den Wassern der Spree, blühte bis
zuletzt die blaue Blume der Romantik; hier, in einer unterdes anders gewordenen Welt, hauchte sie sterbend
ihren letzten Duft aus. Hier, in einem Hause »hinter den
Zelten«, das nunmehr längst verschwunden ist, haben

Achim von Arnim und Bettina gelebt. Hier, den Traum ihrer Jugend noch einmal träumend, dichtete die seltsame, geniale Frau »Goethes Briefwechsel mit einem Kinde«; hier in dem großen Saale stand das von ihr erdachte, mit Hilfe Wichmanns und Steinhäusers im Modell ausgeführte Denkmal Goethes mit dem Genius an seinen Knien, der in die Saiten seiner Leier greift, und hier (1859), neben dem Monumente, stand auch ihr Sarg, ehe er nach Wiepersdorf, der Besitzung der Arnims, geführt wurde. »Die Ihrigen waren alle vorausgegangen, um ihn dort in Empfang zu nehmen«, erzählt Hermann Grimm in der rührend schönen Lebensskizze, welche der neuen Ausgabe des »Briefwechsels mit einem Kinde« vorangeht. »Ich war ganz allein im großen Saale. Es lag da ein Haufen Lorbeerkränze und lange Laubgewinde, die ich um den Sarg nagelte.«

Und nun ist es wirklich Nacht geworden, eine weiche, warme, duftige Sommernacht. Sterne stehen am Himmel, Lichter irren am Ufer, Feuer ist auf dem Wasser: ein Floß treibt noch langsam vorüber, mit einer kleinen Hütte für den Flößer, und dieser kocht sich über einem Scheit brennenden Holzes sein Nachtessen. Schwäne, die ihr Nest suchen, schwimmen voran und umher; über Moabit steht schon das Blau der Sommernacht, und auf der Stadtbahn, in schöner Kurve, gleitet ein erleuchteter Zug dahin. Im Hintergrunde liegt die Stadt, wie mit Lichterkränzen behängt, und durch die Bucht, welche die Spree hier bildet, fährt ein müder Dampfer nach dem Ankerplatz unter dem Lehrter Bahnhof. Schwarz und schweigend zur Rechten des Wanderers steht der Tiergarten.

Aber in den Zelten leuchtet und summt es von Hunderten froher Zecher, unbekümmert darum, wer vor ihnen hier gewesen. Wie man diese Wirtschaften mit ihren großen Gärten noch immer »Zelte« nennt, so bezeichnet man sie auch noch immer nach ihrer Nummer und sagt: Zelt Nr. I., Nr. II., Nr. III., Nr. IV. Aber sie waren nicht immer so gefüllt, wie wir sie heute sehen. Ihre Schicksale wechselten, die Mode wandte sich von ihnen ab, und das Jahr 1848 bezeichnet ihren vollständigen Niedergang. Lange waren und blieben sie verödet; sie sahen verfallen aus und wurden, wenn überhaupt, nur noch von den unteren Volksklassen besucht. Ihr Wiederaufschwung beginnt mit Anfang der siebziger Jahre, wo diese ganze Gegend sich umgestaltet hat und die früher auf der entgegengesetzten Seite des Tiergartens gelegenen Etablissements eines nach dem andern geschlossen worden und verschwunden sind, um neuen Straßen Platz zu machen. Seitdem sind die Zelte wieder in ihr altes Recht eingetreten. Das privilegierte derselben war und ist heute noch das Zelt Nr. II.; es ist das historische Zelt. Es erhebt sich an der Stelle, wo zuerst Mouriers goldne Gans geprangt, alsdann die Grünebergschen Hütten gestanden haben und zuletzt E. T. A. Hoffmann ein täglicher Gast Webers war. Der einstöckige, breite Bau mit seinem schönen Oberlichtsaal, den tiefen Fenstern und der säulengetragenen Arkade macht, unter den alten Tiergartenbäumen, einen angenehmen Eindruck und erinnert an die Schule Schinkels. Hier pflege ich den Beschluß meiner Sommerabend-Wanderung zu machen; ich bin dann gewiß, eine gute Gesellschaft zu finden – einige Freunde von der Literatur, einige vom Theater, welche wohl wissen, daß sie hier auf klassischem Boden sitzen, aber freilich »mit allem Komfort der Neuzeit«. Denn Berlin hat Fortschritte gemacht seit den Tagen E. T. A. Hoffmanns. Wo dieser Mohrrübenkaffee schlürfte, da gibt es jetzt echten Mokka – wenigstens sagt so der Wirt des Zeltes Nr. II. und – »Heinrich, ich sehe Tugend in seinen Blicken«, sagt Falstaff. Wie gut ich mir den dicken Mann hier denken könnte, vor einer Kanne Nürnberger Bieres, umschwärmt von den kleinen, niedlich uniformierten Pagen – »Tiger« in der Sprache Londons, die übrigens niemandem etwas zuleide tun und auch die dünnen Männer freundlich bedienen. In einem Punkt oder in zweien gehorcht man aber auch hier dem althergebrachten, für ganz Berlin gültigen Gesetz: kommt man nämlich am Donnerstag, so hat man »Frikassee vom Huhn«, und kommt man am Freitag, so gibt's ein großes Fischessen mit all den heimatlichen Delikatessen: Aal grün und Aal mariniert, Hechte mit Klößen und Schlei in Dill, Zander mit Butter und Quappen in Bier – denn das Berliner Völkchen weiß zu leben, hängt an der Tradition seiner fischefangenden Väter und denkt vielleicht an solchen Abenden manchmal an das, was die Zeit, gute Fürsten und ein tüchtiges Volk aus diesem Sumpf und Sandhaufen gemacht haben. Dieses ist auch mein Gedanke, während ich mein letztes Glas in Zufriedenheit leere, und er begleitet mich, wenn ich wieder heimwärts wandre durch die Stille der Sommernacht und das Rauschen des Tiergartens.

Die Kreuzberg-Gegend

[...]

(Oktober 1883)

*A*uf dem Grundriß von 1778 war Berlin am Halleschen Tor zu Ende, und auf dem von 1831 führt das, was heute die großmächtige Belle-Alliance-Straße ist, den anspruchslosen Namen »Weg nach Tivoli«. Tivoli war ein berühmtes, nach Pariser Muster im Jahre 1829 angelegtes und genanntes Vergnügungslokal am Kreuzberg, da, wo gegenwärtig die Brauerei gleichen Namens liegt. Aber hier war nicht mehr Berlin, sondern »Umgegend von Berlin«; man fuhr nach Tivoli, wie man heute nach Tegel oder Pichelswerder fährt. Im Jahre 1842 hieß die Straße, welche bis dahin »Weg nach Tivoli« geheißen hatte, die »Tempelhofer Straße«: aber sie war, wie wir dem Buche von Fidicin (»Berlin, historisch und topographisch«, 1843) entnehmen, nur »in der Nähe der Stadt mit Häusern besetzt«. Die eigentliche Bebauung dieser Strecke, welche an Ausdehnung die Friedrichstadt übertrifft, fällt in die Periode von 1866–1875, und die Belle-Alliance-Straße, eine Geschäftsstraße voll regen Verkehrs, länger als die Linden und fast ebenso breit, bildet seitdem den Kern eines neuen Stadtteils mit vorstädtischem Charakter und sehr eigentümlich zusammengesetzter Bevölkerung. Gegen das Tempelhofer Feld ansteigend und zu beiden Seiten flankiert von den mäßigen Terrainerhöhungen, die man sich gefällt, den Tempelhofer Berg und den Kreuzberg zu nennen, macht sie mit ihren Bäumen,

Kasernen, großen Läden und hohen Häusern einen sehr stattlichen Eindruck als die vornehmste dieses Quartiers. Aber man würde nicht vermuten, daß hinter ihr, am östlichen Abhange des Kreuzbergs, eine der reizendsten kleinen Straßen sich versteckt, und, wenn man den Eingang nicht kennt, sie nicht einmal finden. Hier ist nichts mehr von dem Lärm und der Arbeit der volkstümlichen Nachbarschaft. In aristokratischer Einsamkeit herrscht hier beschauliche Ruhe. Zierliche Häuser sind hier in schönen Gärten, ein Teich, auf welchem Schwäne schwimmen, ein kleiner Palast in den reinsten italienischen Formen, auf dessen Freitreppe man sich gern einen Kreis anmutiger Frauen, einen Scaliger, einen Medicäer dächte.

Zehn, zwanzig Schritte bringen uns wieder in die Wirklichkeit zurück, und zwar in eine, die auch ihre Überraschungen hat. Denn diese Vorstadt ist noch weit davon, vollständig ausgebaut zu sein, und hier kann man, wenn ich so sagen darf, Berlin wachsen sehen.

Namentlich die nähere Umgebung des Kreuzberges nach Norden und Westen hin bietet noch solch einen Anblick. Hier sind Trottoirs ohne Straßen und, was noch ärger ist, Straßen ohne Trottoirs, Holzplätze, Kohlenplätze, dann wieder ein einzelnes Haus, ein Baugerüst, ein Bretterzaun und ein Stück Eisenbahn, ganz voll ausrangierter Wagen. Nähert man sich von einer dieser Seiten, etwa unter den alten Pappeln und Häusern der Möckernstraße, dann sieht der Kreuzberg aus wie eine Düne am Meeresstrand, unten ganz weiß, oben spärlich begrünt – man meint, man müßte die Segelstangen vorüberziehender Schiffe erblicken unter dem milden, grauen Abendhimmel. Knaben spielen im Sande, auch ein Reiter auf schwerfällig sich fortbewegendem Rosse ist da und dunkle Vertiefungen und Schluchten. Stark und lau weht der Abendwind und macht die Täuschung noch vollständiger. Rechts ist die Fortsetzung der Kreuzbergstraße und der Sandweg mit den Weidenbäumen, der nach Schöneberg führt. Wie manchmal bin ich ihn gegangen vor vielen Jahren! Aber hier hat sich noch nichts geändert, hier ist alles noch, wie es war. Nur drei Freunde, drei gute Gesellen im Leben, die mit mir gingen, ruhen jetzt dort oben, nicht weit voneinander, auf dem Schöneberger Kirchhof, dessen Mauer sich über dem ansteigenden Felde zeigt. Hier sind auch noch die beiden altmodischen Tanzlokale, in welche beim Vorübergehen hineinzuschauen uns damals so viel Vergnügen machte: »Zum Türmchen« und »Zum alten Türmchen« – letzteres über dem Dach mit einem veritablen, grün angestrichenen Türmchen, das wie ein Taubenschlag aussieht und vielleicht auch einer sein mag. Wieder ist es Sonntagnachmittag. Wieder ist hier die Drehorgel und das Marionettentheater; es wird gekegelt und getrunken. Plötzlich höre ich jemanden rufen: »Naucke!« Ich achte nicht darauf. Da fragt ein zweiter einen dritten: »Haste Naucken nich jesehn?«, und ein vierter sagt: »Wo is Naucke?« Mein Gott, denke ich, wer mag der Mann sein, nach dem alle sich so teilnehmend erkundigen? Wer ist Naucke? Da steht vor dem Eingang »Zum alten Türmchen« ein kleiner Stillvergnügter, der sich fortwährend um sich selber dreht und dazu mit gerührter Stimme singt:

Naucke is nich mehr zu sehn,
Naucke is mich jar zu kleen.

Nun denn, so will ich mich darein ergeben; ich fürchte, mich zu blamieren, wenn ich weiter nach diesem interessanten Unbekannten forsche. Doch ein paar Tage später, beim Stralauer Fischzug und auf dem Erntefest im Schwarzen Adler zu Schöneberg – überall hör ich denselben Namen, überall ist Naucke, oder ist er vielmehr nicht; und ich überzeuge mich nun, daß es sich hier um eine jener Neckereien handelt, die oft so plötzlich, man weiß nicht woher, im Berliner Leben auftauchen. Vielleicht daß bei einer Landpartie eine liebende Gattin ihren Mann verloren hat, der sich des Namens Naucke erfreut. »Naucke!« ruft sie – »wo ist Naucke?« Ihr Schicksal erregt Teilnahme, man hilft ihr suchen, alle Bezirksgenossen schließen sich an – was anfänglich bitterer Ernst gewesen, wird allmählich fröhlicher Scherz, der Ruf wird populär, und lange noch, nachdem, so wollen wir hoffen, Frau Naucke ihren Mann wiedergefunden hat, klingt es durch ganz Berlin bis zum alten Türmchen in der Schöneberger Feldmark: »Wo ist Naucke?«

Von hier aus hat der Rücken des Kreuzbergs ganz den Heidecharakter, das heißt etwas Gras und viel Sand. Das Denkmal, welches früher auch im Sande stand, steht jetzt auf festem Unterbau, mit hohen, zinnengekrönten Mauern. Der Blick auf das unter einem violetten Abendhimmel flach daliegende Berlin imponiert nicht besonders: Man sieht Türme, Kuppeln, viele Häuser; man unterscheidet ganz in der Ferne die gegenüberliegenden Höhenzüge und weit weg links die Spandauer Heide und die Spandauer Forst; aber es gibt kein Bild, man hat nicht den Eindruck einer ungeheuren Stadt, in der Millionen Menschen wohnen. Nach der Seite von Tivoli hin sind viel dichte Laubmassen um den Hügel, und sie erwekken den Wunsch, dieses ganze, jetzt noch ziemlich öde Terrain in den Südpark umgeschaffen zu sehen, den man uns so lange schon verheißen und dem es in der Tat so mannigfache Vorzüge der Bodenformation entgegenbringt. Wer weiß, ein Wanderer, der nach mir kommt, wird ihn finden und beschreiben.

Die Berge von Berlin! Wer wird ernsthaft an sie glauben? Aber sie sind nun einmal da, und sie heißen so, wenn auch ein künftiges Geschlecht sie vielleicht nur noch an der etwas stärkeren Hebung oder Senkung der Straße erkennen mag wie beim Pfefferberg in der Schönhauser Allee. Hier indessen ist noch etwas von der alten Romantik; und wer vom Kreuzberg nieder- und über die Belle-Alliance-Straße hinweg den Tempelhofer Berg hinansteigt, der kann sich in die glückliche Vorzeit versetzt wähnen. Es ist dies auch noch ein rechtschaffener Sandhügel mit allen Attributen eines solchen. Bei jedem Schritte, den man vorwärts tut, sinkt man ein oder rutscht hinunter. Rechts, am Rande des Hügels, ist die berühmte Bock-Brauerei, links ist eine andere Brauerei und ein Hof mit vielen Tonnen, geradeaus ist eine Gruppe von Pappeln, eine Windmühle, eine Fabrik mit ein paar hohen Schornsteinen – und Berlin ist zu Ende. Dieses Haus dort drüben ist das letzte Haus von Berlin.

Aber unermeßlich gegen Südwesten, vom Tempelhofer Revier bis zur Luisenstadt, dehnt sich ein neues Berlin aus; und ich erinnere mich noch, daß ich dort im Sande des Köpenicker Feldes ging, wie ich hier im Sande der Tempelhofer Felder gehe. Jetzt sind überall Straßen – und was für Straßen, und was für ein beständiges Wogen der Menschen in ihnen! Welche Plätze, welche Brücken! Weit und luftig ist hier die Gegend am Johannistisch und am Urban, in dessen Nachbarschaft, auf die »Schlächterwiese« des Cottbuser Feldes – vor elf Jahren, im Sommer 1872, noch ein Rüben- und Kartoffelfeld – in jener Zeit der Wohnungsnot der Exodus der »Obdachlosen« stattfand, die sich hier Hütten bauten. Welch ein Anblick kann phantastischer sein als jetzt, wenn man in diesen neuen Gegenden, am Plan- und Waterloo-Ufer und der prächtigen Bärwaldbrücke vorbei, bis zum Kohlenufer wandelt, bei der einbrechenden Dunkelheit die Feuer der Gasfabriken, unter den alten Baumgruppen, am Wasser und im warmen Dunste des Sommerabends; oder, der Nacht und dem frischen Ostwind entgegen, an einem dunkelblauen Himmel, über einer Fläche, halb noch unbebautes Land und halb schon weißliches Häusermeer, als ob es Bergzüge wären oder Wolkenmassen, den Vollmond aufsteigen zu sehen, groß und golden? Oder sich in das unbekannte Häusergewirr zu verlieren, in dem man sich nur nach der Richtung zu orientieren vermag, in das Dunkel von Straßen, von deren Namen und Existenz man bisher nichts gewußt und die doch alle regelrecht gebaut sind und in denen aus Bierlokalen und »Destillationen« überall das Spiel von Klavieren heraufklingt?

Zwischen den Kolossen mit vier oder fünf Stockwerken und unzähligen Fenstern, so daß man meint, fünfhundert Menschen müßten darin wohnen können, begegnet man hier zuweilen einem kleinen Bijou von Haus, einstöckig, traulich, nur für eine Familie – das Haus, welches ein Fabrikant dieser Gegend sich in der Nähe seiner Fabrik und der Mitte seiner Arbeiter gebaut hat. An einer anderen Stelle sieht man ein übriggebliebenes Häuschen aus einer Bauperiode stehen, wo menschliche Wohnungen hier nur selten in den Gärten und den Feldern waren. Inzwischen sind die Felder und die Gärten verschwunden, das Häuschen hat hohe Nachbarn bekommen, und der Straßendamm ist emporgewachsen; es selber aber hat sich nicht vom Platz gerührt, und wie man nun bei allen anderen Häusern die Treppe hinaufsteigt, so steigt man bei diesem die Treppe hinunter, wenn man hinein will. Ein ähnliches Häuschen gegenüber liegt noch tiefer, seine drei Fenster reichen knapp an den Bürgersteig hinan, und ich kann mir nicht denken, wie die Bewohner desselben es anstellen, um auf die Straße zu sehen. Und dennoch scheinen sie ganz gemütliche Leute zu sein mit hübschen Gardinen an ihren drei Fenstern und Lichtbildern und Blumen davor.

Je weiter man in diesen neuen Gegenden vordringt,

die doch vorzugsweise bestimmt sind, von den weniger bemittelten Einwohnerklassen bewohnt zu werden, desto mehr wird man erstaunt sein, nicht sowohl über die Massenhaftigkeit der Bauten und Anlagen als über ihre Zweckmäßigkeit, Mannigfaltigkeit und Schönheit. Wir alle kennen das normale Berliner Wohnhaus, das aus der Zeit Friedrich Wilhelms III. und Friedrich Wilhelms IV. stammende – nüchtern, ohne Schwung, wie der Staat jener Zeit, auf das Notdürftige beschränkt, unerfreulich, monoton, langweilig und eines ungefähr wie das andere. Kein Wunder, daß dem Fremden, der in unsere Stadt kam, ihre langen Straßen mit den Mietskasernen, nur selten unterbrochen durch ein edleres Bauwerk, nicht besonders wohl gefallen konnten. Das Berliner Wohnhaus vermochte Schinkel nicht zu reformieren. Der Genius eines einzelnen reicht nicht hin, eine Stadt umzugestalten. Dazu müssen andere Kräfte mitwirken. Notabene: und ich spreche nur von dem äußeren Eindruck, ich will hier gar nicht auf das Innere dieser Häuser eingehen, von denen die meisten keine Wasserleitung und keine Badestuben, dagegen allesamt dunkle Schlafzimmer, enge Korridore und das odiöse Berliner Zimmer hatten – eine Erfindung, auf welche die Berliner Baukunst stolz sein durfte, ein Durchgangszimmer, durch welches, auch wenn die Familie bei Tische saß und große Feten gab, die ganze Passage ging, von der Küche bis zur Flurtür. Dieses Haus ist in raschem Verschwinden begriffen: In den inneren Teilen der Stadt wird es Schritt vor Schritt verdrängt durch die luxuriösen Bauten unserer jungen Architektenschule, welche bald ein neues und schöneres Berlin aus dem alten gemacht haben wird; und in dem neuen ist es nie gewesen. Hier, in den Vorstädten und Volksquartieren, wo es sich eben nur um Neuschöpfungen handelt, tritt dieser neue Baustil auch am deutlichsten und großartigsten hervor. Hier, wo nicht Luxusbauten errichtet werden sollten, sondern solche, die ganz ausschließlich auf ihre Ertragsfähigkeit hin berechnet sind, hier konnte der Künstler zeigen und hier hat er in der Tat gezeigt, wie die kolossale Masse von Gebäuden, gegen welche die dreistöckigen Häuser der vorangegangenen Periode klein erscheinen, durch das freie Spiel der Phantasie, durch eine gefällige Behandlung der Form, durch geschmackvolle Dekoration der Fassade, durch eine gewisse Harmonie in der Herstellung der ganzen Straßenfront zu bewältigen und aufzulösen war: unter seiner Hand hat die Mietskaserne sich in den Mietspalast verwandelt. Wohlverstanden, daß ich auch hier nur vom Äußern spreche; denn gegen das Innere mögen sich mannigfache Bedenken nicht unterdrücken lassen. Man wird eingestehen müssen, daß, vom sanitären Standpunkt aus betrachtet, die dumpfen und feuchten Kellerwohnungen, die ja hier nicht mehr gefunden werden, nicht viel gesundheitsschädlicher gewesen sein können als die fünf Stock hoch unter dem Dach gelegenen Logis, zu denen die Bewohner derselben auf steilen Treppen ohne Zahl – wer weiß, wie oft täglich! – hinansteigen müssen.

Jedoch andere Vorzüge haben diese neuen Stadtviertel, welche den älteren fehlen. Sie haben mehr Luft, mehr Licht und mehr Grün. Überall tritt das Bestreben hervor, breite boulevardartige Straßen zu schaffen, Avenuen, in der Mitte mit Bäumen bepflanzt, wie zum Beispiel die York- und Gneisenaustraße, oder mit weiten Rasenplätzen und Gartenanlagen, wie die Bärwaldstraße. Die Häuser dieser Straßen sind immens hoch und dicht bevölkert; aber sie haben Ventilation, sie haben Wasserleitung, sie haben Badestuben – sie haben alles, was an häuslicher Bequemlichkeit sonst nur dem Reichen zugänglich war und was heute, infolge einer vorgeschritteneren Zivilisation, auch den in bescheidneren Verhältnissen Lebenden nicht länger fehlt. Und ist es so gering anzuschlagen, daß auch derjenige von unseren Mitbürgern, der kleine Beamte, der Handwerker, der Arbeitsmann, der in ehrlicher Mühe seinen Unterhalt gewinnt – daß auch er, sag ich, seinen Blick erheben lernt zu dem, was durch schöne Form erfreut – daß es ihm nicht fremd gegenübersteht, sondern wie etwas, an dem er gleichfalls seinen Teil hat? Wird das, was für die Verschönerung der Umgebung geschieht, in der er lebt, nicht zugleich sein Auge bilden und sein Selbstgefühl erhöhen, wie das, was für ihre Verbesserung in anderer Hinsicht getan wird, sein körperliches Wohlbefinden vermehrt. Nicht alle Fragen – leider nicht einmal viele – sind mit der ästhetischen Formel zu beantworten. Aber das moderne Leben hat doch sehr weise getan, daß es, inmitten starker Gegenströmungen, als einen mitwirkenden Faktor der Volkserziehung die Künste wieder herangezogen hat, von welchen der alte Dichter sagt, daß sie die Sitten mildern und Roheit nicht dulden.

So schreitet die Stadt vorwärts, ihre Flut nach allen Seiten hin ergießend, nichts verschonend und durch nichts aufgehalten; und selbst die Stätten des Friedens, deren stille Bewohner kein noch so lauter Zuruf mehr weckt, nicht des Ehrgeizes und nicht der Liebe – die Kirchhöfe Berlins, auch sie sind nur noch Inseln, an deren Ufer die steinerne Brandung anschlägt. Einst, noch vor zwanzig, dreißig Jahren lagen sie weit draußen, einsam in Feld und Heide vor den Toren, wie die neuen Kirchhöfe, welche diese Gemeinden jetzt in der Hasenheide haben; aber in einer so großen Stadt verschlingt das Leben den Tod, und wer weiß, ob nach abermals zwanzig, dreißig Jahren nicht auch um sie das Häusermeer sich geschlossen haben wird wie um jene? Wie weit sollen sie dann wandern, damit die Stadt sie nicht mehr erreichen kann? Oft, an diesen Gräbern, kommt mir der Gedanke, wenn die Toten erwachen, wenn sie die Augen aufschlagen und die Sonne wieder sehen könnten, würden sie sich nicht fremd fühlen in dieser anders gewordenen Welt – würden sie das Leben noch einmal anfangen, den Kampf noch einmal kämpfen mögen oder nicht Heimweh haben und zurückverlangen in ihr Dunkel und Schweigen? Und wenn ich dann von diesen Orten des Schlummers wieder in das Wogen der Menschheit zurückkehre und, wohin ich auch gehen mag in dieser ungeheuren Stadt, immer und überall die Tausende sehe, die einander drängen, stoßen oder ausweichen – wo, frag ich dann wohl, wo werden diese einmal Ruhe finden und wo, wo wird Platz sein für sie alle? Dann, wenn vielleicht durch eine der belebten Straßen ein Leichenwagen kommt, nicht einer von denen, die mit schwarzen Federn geputzt und von zahllosen Equipagen gefolgt sind, sondern ein dürftiger, dessen schwarzes Zeug abgeschabt und grau geworden ist, der über das Steinpflaster rasselt, dessen Kutscher die Pferde zur Eile antreibt und hinter dem nur wenige Leute gehen – was, frag ich mich dann, ist trauriger: einsam in einer solchen Stadt zu leben oder einsam darin zu sterben?

Vielleicht war dieser Mann – doch ich will nicht philosophieren. Wenn es in Berlin etwas gibt, was die Seele zu beruhigen vermag, nicht allein diejenige, die der frische Schmerz hierherführt, sondern ebensosehr die, welche der Betrachtung und des Aufblicks bedarf: so ist es gewiß ein Besuch auf unseren Kirchhöfen. Keine ländlichen Friedhöfe mehr, auf welche die Sonne des Himmels von Morgen bis Abend scheinen kann; und dennoch wieviel Grün, wie viele Blumen, wie viele Bäume – welche Gärten sind es und mit welch rührender Liebe werden sie gepflegt! Ich erinnere mich einer Stelle aus dem »Skizzenbuch« von Washington Irving: »Als ich in Berlin war«, sagt er, »folgte ich dem berühmten Iffland zum Grabe. In der Pracht des Begräbnisses konnte man auch viel wirkliches Gefühl unterscheiden. Mitten in der feierlichen Handlung ward meine Aufmerksamkeit durch ein junges Mädchen angezogen; sie stand auf einem mit frischem Rasen bedeckten Hügel, den sie ängstlich vor den Füßen der vorüberdrängenden Menge beschützte. Es war das Grab ihrer Eltern; und die Gestalt dieser liebenden Tochter erschien mir wie ein Denkmal, ergreifender als das kostbarste Werk der Kunst.«

Zwei Menschenalter sind seitdem vergangen, ein Grab nach dem anderen ist hier aufgeworfen worden und wieder eingesunken, vielleicht auch das, in welchem, zur Seite der Eltern, das junge Mädchen von damals ruht. Aber immer noch, auf der Granitplatte, an der Mauer des Jerusalemer Kirchhofs, strahlt der Name des großen Künstlers, welcher der kleinen Geschichte Washington Irvings ihr Relief und der schönen Handlung einer Namenlosen etwas von seinem Glanze gegeben hat.

Die Begräbnisplätze vor dem Halleschen Tore, die der Jerusalemer und Neuen Kirche, der Dreifaltigkeits- und Halleschen-Tor-Gemeinde, der Herrnhuter und böhmischen Brüdergemeine, bilden einen weiten, zusammenhängenden Komplex zwischen der Belle-Alliance- und der Pionierstraße. Aus der gedrängt vollen Straße tritt man in den gedrängt vollen Kirchhof – gedrängt voll von Gräbern, eines dicht am anderen, so daß man zuerst ganz verwirrt ist bei der Menge. Doch alle sind mit Grün bedeckt, und die Abendsonne scheint über der Mauer herein. Die roten und die blauen Blumen funkeln; und viele schwarz gekleidete Damen mit ihren Kindern sind an den Gräbern. Täglich, zur Sommerzeit, in den Abendstunden, kommen sie hierher; und glaube man nicht, wenn am Sonntagnachmittag die bunte Menge durch die

Belle-Alliance-Straße hinauszieht, fröhlich und unbesorgt an den Kirchhöfen vorbei, daß diese darum nicht auch ihre Besucher hätten. Dann regen sich hier Hunderte von Händen, und manches wunde Herz und manches verweinte Auge findet Trost in dem lieben, traurigen Tun. Wie gleichgültig würden uns diese Menschen sein, wenn wir ihnen draußen begegneten; wir sehen sie an einem Grabe, und wir fühlen uns ihnen verwandt. Die Gemeinden dieser Kirchhöfe gehören zu den angesehensten und vornehmsten von Berlin. Viel von dem, was, weit in die Vergangenheit zurück, den bürgerlichen Stolz, den Reichtum, den Ruhm dieser Stadt ausmachte, liegt hier begraben. Viele Denkmale sind da, mit Namen, welche die Welt nicht vergessen wird. Und dennoch – ihre Blumen und ihr Efeu sind ihr schönster Schmuck. Wenn man von der Belle-Alliance-Straße hereintritt, dann sieht man lange noch durch das Eisengitter das Gewühl der Menschen, und das Rollen der Wagen folgt uns. Aber je weiter man sich entfernt, desto stiller wird es, und am stillsten ist es längs der Baruther Straße. Da schaut nicht eine Kaserne, sondern ein Schulhaus herüber; die Stimmen, die man vernimmt, sind Kinderstimmen, und durch die Straßenöffnungen erblickt man das Weiß und Grün des Tempelhofer Berges.

Einsamer als dieser, der neue Jerusalemer Kirchhof, ist der alte Hallesche, zu welchem man von der Pionierstraße her, durch einen Seitengang, gelangt. Man hat hier eher den Eindruck einer entlegenen Parkpartie, mit Heckenwegen und dunklen Alleen, als den eines Kirchhofs. Weite Strecken von Gräbern sind der Erde gleichgemacht; mit Ausnahme der Erbbegräbnisse, welche dauern, solange der Kirchhof selber dauert, werden alle anderen nach dreißig Jahren wieder umgegraben und aufs neue benutzt. Hier, unter den alten Bäumen, erhebt sich nur noch einzeln da und dort ein Hügel oder ein Denkmal; und zwischen hohem, dunklem Gebüsch, mit einem zerbrochenen Tränenkrug oder einer umgestürzten Sandsteinurne am Wege, wandelt man dahin. Dennoch ist es erquickend zu sehen, wie selbst *diese* Gräber, wo nur noch eine Spur von ihnen ist, auch die ältesten von ihnen, erhalten werden. Freilich, Blumen sind selten auf diesem Kirchhof, von dessen Toten uns nun schon Generationen trennen; diese Zeichen der Liebe fehlen ebenso, wie die Besucher nur noch spärlich hier vertreten sind. Rechts durch das Gitter sieht man den »Gottesacker der Brüdergemeinde«; hier erhebt sich kein Denkmal, und flach auf den Gräbern liegen die Steine als ein Zeichen, daß die darunter im Tode gleich sind, wie sie's im Leben waren. Nach links aber, durch einen Gang bejahrter Ulmen und Ebereschen und dicht mit Efeu bewachsener Pappeln führt der Pfad nach dem Dreifaltigkeitskirchhof – und wie seltsam leuchtet das Rot der Azaleen in dem beginnenden Sommerabenddunkel und von den Gräbern her das Gelb der Sonnenblume – wie feierlich der Himmel darüber, so tief und blau – »so ganz, als wollt er öffnen sich« …

Auf diesem Kirchhof ist es still; man hört die Welt nur wie aus weiter Ferne. Sanfter Abendsonnenschein kommt von Westen herein, und es rauschen die Bäume. Hier an einem Leichenstein lese ich die Worte: »Es ist bestimmt in Gottes Rat« – und es umschwebt mich eine Melodie, als ob sie vorausgesandt sei, mich zu führen, und ich gehe ihr nach, und mir ist wie einem, der im Traume wandelt, und ich stehe vor einem Grabe mit weißem Kreuz und der Inschrift in Goldbuchstaben:

Jacob Ludwig
FELIX MENDELSSOHN BARTHOLDY,
geb. zu Hamburg am 3. Feb. 1809, gest. zu Leipzig
am 4. Nov. 1847.

Ich erinnere mich, ich war noch ein Knabe, als die Trauerkunde vom frühen Hinscheiden Mendelssohn Bartholdys durch Deutschland ging und auch mich in meiner klösterlichen Schulzelle an der Weser erreichte; und ich weiß auch, welch geisterhaften Eindruck – denn damals war die Eisenbahn noch ganz neu – die Schilderung jener nächtlichen Fahrt auf mich machte, als die Leiche des Unvergeßlichen nach Berlin geführt ward, wo er in heimischer Erde ruhen wollte, zur Seite derjenigen, die von Kindheit an ihm die Teuerste gewesen. Nur wenige Monate vor ihm, im Mai 1847, war ihm die Lieblingsschwester gestorben und hier auf dem Dreifaltigkeitskirchhof begraben worden. Zu ihr zog es ihn hin, an die er – der beste der Brüder, der zärtlichste, derjenige, der mit ihr gleichsam nur *ein* geistiges Leben gelebt – doch »mit bitterer Reue« darüber dachte, daß er nicht mehr für ihr Glück getan habe, daß er sie nicht mehr gesehen, nicht mehr bei ihr gewesen sei. Nun wollte er sich nie mehr von ihr trennen – nun wollte er ewig bei ihr sein –, und nun ruhen sie nebeneinander, Grab an Grab. Auf dem ihren erhebt sich eine rote Granitpyramide, daran ihr Name geschrieben ist:

FANNY NATHALIE HENSEL

und, in ihrer eigenen Melodie, die schönen Worte von Eichendorff:

Gedanken gehn und Lieder
Fort bis ins Himmelreich.

Die Noten und die Worte sind kaum noch zu erkennen – denn das Gold auf Leichensteinen hält nicht sehr lang; aber eine Ranke vom Grabe des Bruders schlingt sich um das der Schwester, und neben ihr zur anderen Seite ruht ihr Gemahl, Wilhelm Hensel, der Maler. Zur Seite Mendelssohns liegen sein frühverstorbenes jüngstes Kind, »der kleine Felix«, und seine neunzehnjährige Tochter Felicie Henriette Pauline († 1863). Ein schwarzes Gitter umschließt die Gräber, und dichter Efeu bedeckt sie. Schon färbte sich auf dem in der Mitte, dem hohen, dem, in welchem »stumm schläft der Sänger«, eins und das andere Blatt rot – lau war die Luft und kein Mensch in der Nähe. So still war es, daß man nur das Rauschen des Abendwindes vernahm oder dann und wann noch einen Vogel im Gebüsch und das Niederrieseln des Wassers, wenn die Kirchhofsgärtner kamen, um die Gräber zu begießen.

Nicht weit von diesen Gräbern, auf demselben Kirchhofe, sind drei andere – drei, doch auch sie wie zu einem geschlossen: Varnhagens Grab, Rahels Grab und das Grab der getreuen Dienerin, Dorothea Neuendorf, Rahels Dore. So ganz umwachsen und verhüllt von Efeu sind diese Gräber und Steine, daß es schwer ist, bis zu den Inschriften und Namen zu dringen. Aber als sie nun vor mir standen, welche Fülle von Erinnerungen wurden mit ihnen wach, an das Haus in der Mauerstraße, das heute noch, innen wohl, aber außen kaum verändert, die Französische Straße hinuntersieht. Wie gut kenne ich noch das Eckfenster im ersten Stock, und welch eine glänzende Reihe von Berühmtheiten ging dort an den Blicken des jungen Studenten vorüber! Berühmtheiten der Literatur, Berühmtheiten der Gesellschaft; denn alle, von den Tagen der Romantik bis zu denen des »Atta Troll«, waren einmal durch diesen Salon gewandelt und hatten ihm einen Parfüm der Vergangenheit zurückgelassen, etwas, das nach Staub und welken Blumen roch, wie ein altes Buch, das man aufschlägt. Aber wie berauschend war dieser Duft für uns, die heraufkommende Generation, und wie schwer wird es uns jetzt noch, in einer unterdes so realistisch gewordenen Welt, anders als mit Pietät an diese Letzten einer Periode zu denken, in welcher die Romantik noch nicht tot war, was man auch sagen mochte, sondern dem Throne selber, der Politik, den Angreifern wie den Angegriffenen, der liberalen Opposition und sogar den radikalen Freiheitsbestrebungen ihren schillernden Mantel umwarf. Klug und praktisch sind wir erst viel später geworden, unser äußeres Leben reicher, unser inneres ärmer; jene Zeit aber war durchaus künstlerisch, durchaus literarisch oder belletristisch gestimmt; und ein Abschiedsglanz derselben fiel auf diesen altmodischen, an den Anfang des Jahrhunderts erinnernden Salon, in welchem ich noch einige von den Alten sah – ihn vor allen anderen, den schönen Greis mit dem Silberhaar, dem eisernen Kreuz auf der Brust und »demselben feinen Lächeln«, welches Heine schon bezaubert hatte*, hinter welchem sich aber etwas Scharfes und Ironisches verbarg. Tages über hielt er sich in seinem an den Salon stoßenden, hohen und geräumigen Kabinett, zu welchem nur wenige Zutritt hatten. Hier, an seinem Arbeitstisch, in der Mitte des Zimmers, saß er, jahrelang, horchend auf das Geräusch der Welt, die vertraulichen Worte seiner Freunde aufzeichnend, ihre kleinsten Billetts registrierend und über Personen und Zustände harte Dinge niederschreibend in einer zierlichen Handschrift und dem Geheimratsstil Goethes. Die Wände waren ganz mit Büchern bedeckt, darunter zahlreiche Schachteln und Schächtelchen, sorgfältig etikettiert und nach dem Alphabet geordnet. Aus ihnen sind, nach seinem Tode, jene »Impietäten« ans Licht gekommen, welche vorübergehend einen Schatten auf die große Gestalt Alexander von Humboldts warfen und den Ruhm Varnhagens so sehr getrübt haben, daß man immer noch seinen Namen nur mit einer gewissen Reserve nennt. Aber wenn wir gerecht sein wollen und die damaligen Verhältnisse bedenken, die politischen allge-

* In der Widmung des »Atta Troll«.

meinen und seine besonderen, persönlichen, so werden wir sagen: Dieser Mann hat, zur Zeit von Preußens tiefster Erniedrigung, zu der Zahl derer gehört, welche den Umschwung und Aufschwung vorbereiten halfen; er hat als Soldat in den Befreiungskriegen und als Diplomat in den Staatsgeschäften seine Dienste geleistet – und wie hat man ihm gedankt? Mag Gereiztheit ihm die Feder geführt und Bitterkeit sie getränkt haben – er hat niemals ein Wort geschrieben, in welchem seine Liebe zu Vaterland und Freiheit oder seine Hoffnung auf die Zukunft sich verleugnet; und in meinem Herzen wird die Erinnerung daran leben, wie freundlich, teilnahmsvoll und hilfreich er gegen die Jugend war. – In den Salon kam er nur zu den berühmten Kaffees seiner Nichte, Ludmilla Assing, welche dem Onkel das Haus führte, und bei großen Empfängen. Bei solchen Gelegenheiten sah ich hier den General Pfuel: trotz seiner Jahre noch ein rüstiger Mann, der des Winters in der Spree badete; dann zuweilen Bettina von Arnim, die Wunderliche, die Geniale –

Ach, es ist vielleicht das letzte
Freie Waldlied der Romantik ...

– – – – – –

Nur daß oft moderne Triller
Gaukeln durch den alten Grundton ...

Hier auch in diesem Salon sah ich zuerst Ferdinand Lassalle, damals ein junger Mann, von dem die Welt noch nichts wußte, dessen Bedeutung aber seine näheren Freunde schon voraussahen – keiner mit einer so richtigen Erkenntnis des Charakteristischen in Lassalles Erscheinung, mit einem so divinatorischen, prophetischen Blick für sein Schicksal und sein Ende wie Heinrich Heine. »Herr Lassalle«, so heißt es in dem Einführungsschreiben, welches er ihm an Varnhagen mitgab,

»ist nun einmal so ein ausgeprägter Sohn der neuen Zeit, der nichts von Entsagung und Bescheidenheit wissen will ... Dieses neue Geschlecht will genießen und sich geltend machen im Sichtbaren; wir, die Alten, beugten uns demütig vor dem Unsichtbaren, haschten nach Schattenküssen und blauen Blumengerüchen, entsagten und flennten und waren doch vielfach glücklicher als jene harten Gladiatoren, die so stolz dem Kampftod entgegengehen.«

Rahel war schon zwanzig Jahre tot, als ich in Varnhagens Haus kam. Aber ihr Bild hing an der Wand, ihr Geist wehte noch in diesen Räumen, und Dore lebte noch – wie manchmal hat Dore mir die Türe geöffnet und mich dabei freundlich angelächelt mit dem guten Gesicht aus der alten Zeit. In Dores Armen ist Rahel gestorben. Als in ihrer letzten, schweren Krankheit Dore sie einmal »gnädige Frau« nannte, da rief sie: »Ach was, es hat sich ausgegnädigefraut! Nennt mich Rahel!« Und fünf Tage vor ihrem Tode wandte sie sich an den neben ihrem Bett sitzenden Varnhagen: »Welche Geschichte!« – rief sie mit tiefer Bewegung aus – »eine aus Ägypten und Palästina Geflüchtete bin ich hier und finde Hilfe, Liebe und Pflege von euch! ... Mit erhabenem Entzücken denk ich an diesen meinen Ursprung und diesen ganzen Zusammenhang des Geschickes, durch welches die ältesten Erinnerungen des Menschengeschlechts mit der neuesten Lage der Dinge, die weitesten Zeit- und Raumfernen verbunden sind. Was so lange Zeit meines Lebens mir die größte Schmach, das herbste Leid und Unglück war, eine Jüdin geboren zu sein, um keinen Preis möcht ich das missen.«

So starb sie; und nur durch eine Mauer von ihr getrennt, auf dem alten, jetzt von der Baruther Straße begrenzten Jerusalemer Kirchhof liegt eine andere Jüdin – eine und vielleicht die vorzüglichste von denen, welche dem geistigen Leben Berlins am Ende des vorigen und am Anfang dieses Jahrhunderts die Signatur gaben – die Freundin Schleiermachers und der Schlegel, von dem jugendlichen Börne schwärmerisch geliebt und später, als diese hoffnungslose Flamme verraucht, bis an das Ende seines Lebens aufrichtig verehrt. »Henriette, verw. Hofräthin Herz, geb. de Lemos« heißt es auf ihrem Grabstein. Sie trat erst in reiferen Jahren zum Christentum über, als ihre alte Mutter tot und ihr Gemahl, der Hofrat Marcus Herz, auf dem nunmehr längst geschlossenen jüdischen Friedhof in der Großen Hamburger Straße ruhte. Rahel war, nach dem Bilde, das ich von ihr gesehen, eine Frau mit zwar höchst geistvollen, keineswegs aber regelmäßigen oder anmutigen Zügen; sie hatte vielmehr etwas Starkknochiges, Unweibliches. Henriette Herz dagegen war eine Schönheit, orientalisch, dunkel, von üppigen Formen, mit prachtvollem Haarwuchs, leuchtenden Augen, feinen, schwarzen Brauen, mit einem Anflug griechischer Klassizität im edlen Profil, Stirn, Nase, Mund. Dorothee Therbusch hatte sie als Hebe gemalt; Gottfried Schadow ihre Büste modelliert. Noch kurz vor ihrem Tode, im Jahre 1847, besuchte König Friedrich Wilhelm IV. die dreiundachtzigjährige Greisin in ihrer Sommerwohnung im Tiergarten; sie starb im Genuß eines durch Alexander von Humboldt vermittelten Gnadengehaltes aus der Privatchatulle des Monarchen. Mit ihr ging eine der Letzten dahin aus jenem »geistreichen Berlin«, welches jetzt nur noch in der Sage lebt.

Wenn man, wenige Schritte von diesem Grabe, die Gräber der großen Schauspieler und Schauspielerinnen aus derselben Periode sieht – das von Iffland und der Bethmann, von Fleck, von der Crelinger und dem alten, ewig jungen Gern –, wäre man dann nicht versucht, von der dramatischen Kunst dasselbe zu sagen wie von dem

allgemein geistigen Leben und von der Literatur dasselbe wie von der dramatischen Kunst?

Ja, ich bin nun einmal ein Alter, wenn vielleicht noch
nicht ganz von Jahren, doch in meinen Erinnerungen;
und weit, weit aus der Vergangenheit klingt mir ein
Vers, den ich auf der Schule gelernt habe:

Ich träum als Kind mich zurücke,
Und schüttle mein graues Haupt;
Wie sucht ihr mich heim, ihr Bilder;
Die lang ich vergessen geglaubt –

Die Dämmerung sinkt herab und ich wandre noch immer unter Gräbern – und hier, auf dem Neuen Jerusalemer Kirchhof ist eins – eine Linde steht darüber, und
auf dem Grabsteine, beim schwindenden Lichte des Tages, les ich:

ADELBERT VON CHAMISSO,
geb. 30. Januar 1781; gest. 21. August 1838.
ANTONIE VON CHAMISSO,
geb. Piaste,
geb. 30. Oktober 1800; gest. 21. Mai 1837.

Ein Grab, ein Stein für beide, reich mit Efeu umwunden
und ein Kranz darauf von Lorbeerblättern mit Astern
und weißen Rosen. Er hatte sich mit der Achtzehnjähri-
gen vermählt, die er im Hause Hitzigs aufwachsen sah
und mit der er, da sie noch ein Kind war, gespielt. Sie
starb früh, und er hat sie nur um ein Jahr überlebt; er,
der ein Wandrer, ein Fremder, ein Franzose, zu uns
kam und nach allem, was er an Liebe, Freundschaft und
Ruhm hier gefunden, um nichts bat, als ein Grab in
deutscher Erde:

O deutsche Heimat! –

– – – – – –

Wann müd am Abend seine Augen sinken

Auf deinem Grunde laß den Stein ihn finden,
Darunter er zum Schlaf sein Haupt verberge.

Und noch ein Vers aus ferner Knabenzeit wird in mir
wach, und leise sprechen ihn die Lippen nach:

Du siehst geschäftig bei dem Linnen
Die Alte dort im weißen Haar,
Die rüstigste der Wäscherinnen
Im sechsundsiebenzigsten Jahr ...

Vor nicht langer Zeit, an einem Sommernachmittag im
Jahre 1880, fand in dem Hause Friedrichstraße Nummer 235 eine schöne Feier statt. In diesem Hause hat
Chamisso gelebt. Vorher hatte er in Schöneberg, dicht
beim Botanischen Garten, dessen Kustos er war, eine
kleine Wohnung. Als diese 1822 durch Feuer zerstört
ward, zog er in die Stadt, in dieses Haus der Friedrichstraße, welches er bis zu seinem Tode, 1838, nicht mehr
verließ. Dessen zu pietätvollem Gedenken schmückte
nun der gegenwärtige Besitzer, ein Erzgießer, das Haus
mit einer selbstverfertigten Bronzetafel, welche die be-
treffenden Daten und das wohlgelungene Medaillonpor-
trät des Dichters enthält.* Hinter dem Hof ist ein Garten, jetzt wohl von Mauern eingeschlossen, aber immer
noch mit den alten Kastanien, unter welchen Chamisso
gewandelt, und dem Gartenhäuschen, in welchem er
sinnend, dichtend oft geweilt. Hier, an jenem Junitage,
dem 26., waren seine Söhne, seine Töchter, seine Enkel
versammelt, und von hier führte der freundliche Wirt
uns in die Räume des ersten Stocks, in welchen der Dichter so viele Jahre gelebt. Das Haus ist eines von denen,
wie sie damals zu den vornehmen gehört haben mögen –

* Das Haus ist im März 1884 abgerissen worden, aber auch den inzwischen entstandenen prächtigen Neubau schmückt das Dichterbild mit
der Unterschrift auf Granit: »Hier lebte Chamisso bis zu seinem Tode im
Jahre 1838.«

zweistöckig, mit hohen Fenstern und zu jener Zeit, als es fast noch in den Feldern lag, gewiß auch beschaulich genug. Jetzt, welch eine veränderte Welt! Wo Chamisso damals an jedem Morgen vom Halleschen Tor aus quer durch Wiesen und Kornblumen nach dem Botanischen Garten ging, da sind die kolossalen Güterbahnhöfe der Anhalter und Potsdamer Bahn, und um sein einst ländliches Haus rollt und wogt der Straßenverkehr der Großstadt. Aber dem Wandrer, der des Weges kommt, tut es wohl, das Bild des Dichters zu sehen, wie es mit den ehrwürdig langen Haaren und dem Gesicht voll Anmut, Freundlichkeit und Ernst in das unaufhörliche Treiben der längsten und lärmendsten Straße von Berlin hineinschaut. Und wenn man in den Hof geht, in welchem jetzt Fabrik an Fabrik sich reiht, so erblickt man in dem Nebengebäude rechts ein kleines Fenster. An diesem Fenster war's, wo Chamisso die alte Waschfrau gesehen, der er eines seiner schönsten Lieder gesungen und der er nach Jahren, als sie, von des Alters Last gänzlich niedergedrückt, nicht mehr arbeiten konnte, ein zweites sang, das zur Wohltätigkeit für sie aufrief:

Ihr Fraun und Herrn, Gott lohn es euch zumal,
Er geb euch dieses Weibes Jahre Zahl
Und spät dereinst ein gleiches Sterbekissen!
Denn wohl vor allem, was man Güter heißt,
Sind's diese beiden, die man billig preist:
Ein hohes Alter und ein rein Gewissen.

Die alte Waschfrau hat ihren Dichter überlebt: Noch in demselben Jahre, wo er das zweite Lied für sie gesungen, folgte er seiner vorangegangenen Gattin. Aber ein anderer kam, ein jüngerer – einer, der nun auch schon im Grabe ruht, Franz Dingelstedt; und in herrlichen Terzinen sang er ihm die Totenklage:

Wo habt Ihr mir den Alten hingebettet?
Kommt, führt mich an den eng beschränkten Port,
Darein der Weltumsegler sich gerettet.

Ihr zeigt auf jene dürre Scholle dort,
Wo falbes Herbstlaub rieselnd niederregnet;
Hier ruht er, sagt mir Euer Trauerwort.

O sei, du heilig Dichtergrab, gesegnet;
Du birgst ihn, dem mein Geist viel tausendmal,
Mein sterblich Auge nimmermehr begegnet!
– – – – – –

Noch ein Grab ist hier, auf der entgegengesetzten
Seite des Kirchhofs, nicht weit von einer hohen Pappel,
welche den Weg zu demselben zeigt, ein völlig eingesun-
kenes Grab mit einem ovalen Sandstein, der in nunmehr auch fast erloschenen Zügen die Inschrift trägt:

E. T. W. HOFFMANN*,
geb. Königsberg i. Pr. d. 24. Januar 1774,
gest. zu Berlin d. 25. Juni 1822.
Kammer Gerichts Rath
Ausgezeichnet
im Amte
als Dichter
als Tonkünstler
als Maler.

Der hier ruht, war im Leben ein guter Kamerad Chamissos und der anderen Serapionsbrüder, Hitzigs, Contes-
sas, de la Motte Fouqués – ein liebenswürdiger Gesell-
schafter und geliebt von seinen Freunden –, leichtsin-
nig, leichtlebig, mit dem Herzen eines Kindes, das
keiner Versuchung widerstehen kann, aber genial, eine

* Bekanntlich rührt das »E. T. A. Hoffmann« auf seinen Schriften von
einem Schreibfehler eines seiner ersten Manuskripte her, den er nachmals nicht mehr verbessern wollte.

Künstlernatur mit einer krankhaft feinen Empfindung für die Mißtöne des Lebens und, wenn er vom Dämon besessen war, mit seinen kleinen grauen Gespensteraugen in den Abgründen der Nacht und der Menschenseele lesend wie in einem aufgeschlagenen Zauberbuch, und seinen Zuhörern Geschichten erzählend, daß ihnen die Haare zu Berge standen. Es hängt ein Bild in der Weinstube von Lutter und Wegner in der Charlottenstraße, eine Lithographie, in Farben ausgeführt. Da sehen wir an einem hölzernen, mit grünem Wachstuch überzogenen Tisch, auf welchem Champagnerflaschen stehen, zwei Männer – den einen, mit wunderlich eckigem Gesicht, seltsam nach vorn gezogenem halbrunden Backenbart und aufgesträubtem Haar, wie das einer Katze, das Funken sprüht, sonst aber ganz bedächtig, mit halbgeöffneter Hand und leicht geöffnetem Mund, während der andere, gegenüber, der mit dem scharf und fein umrissenen Profil und den großen dunklen Augen, entsetzt zurückschreckt, so daß er den in seiner Rechten zitternden Champagnerkelch fester hält und mit der Linken sich in das braune Gelock seines Hauptes fährt. Der Erzähler ist E. T. A. Hoffmann und der Zuhörer Ludwig Devrient – auch er, der Kaufmannssohn aus der Brüderstraße, eine große, dämonische Natur – der größte Bühnenkünstler des Jahrhunderts ... Und wie ich hier stehe, unter der Pappel des Jerusalemer Kirchhofs, deren Blätter im Abendwinde wehen, in der Dämmerung, im Zwielicht, wie zwischen Diesseits und Jenseits, da taucht jenes geisterhafte Bild vor mir auf, und ich meine, Tritte zu hören, leise, schlurfende, und den Klang von Glas gegen Glas ... Devrient ist es, der, von Sehnsucht nach dem Freunde gequält, manchmal hierherkommt, in der Nacht, um am Grabe mit dem Toten zu trinken ... Doch auch dieser Schatten gleitet hinab – die Schritte, die ich gehört, kommen von draußen, aus der lebendigen Welt; und die Klänge sind Musik aus dem Sommergarten des Belle-Alliance-Theaters ...

Und hier bin ich wieder auf der Straße. Es ist Abend, und die Lichter werden angezündet. Langsam wende ich meinen Weg der Stadt zu, aus dem Berlin der Vergangenheit in das der Gegenwart und des Augenblicks. Aus dem Dunkel der oberen Friedrichstraße tret ich bei der Kochstraße plötzlich in die Tageshelle der großen Sonnenbrenner, während die spärliche Beleuchtung der einmündenden Seitenstraßen mir gleichsam den Kontrast der alten und der neuen Zeit andeutet, bis von der Leipziger Straße her das elektrische Licht aufschimmert – immer, und wenn man es auch an jedem Abend sieht, aufs neue frappant und überraschend. Die Flut von Licht, von Menschen und Wagen, geräuschlos auf dem spiegelglatten Asphalt dahinrollend, die Pracht der Läden und der Reichtum der Schaufenster umgibt mich – das Berlin unserer Tage, das große, kaiserliche Berlin. Ich aber suche das Haus an der Ecke der Französischen und Charlottenstraße auf, das mit den beiden Säulen und den tiefen Kellern, aus welchen es nach altem Wein riecht. Ich trete in die wohlbekannte Stube, linker Hand, und setze mich an den Tisch in der Ecke, einen schlichten hölzernen Tisch, mit grünem Wachstuch überzogen. Alte Bilder hängen an den Wänden, Bilder von Jenny Lind, von Hamburg vor dem Brande, von der Harburger Brücke, als diese noch von Holz war und Soldaten darüber hinzogen mit Tschakos und Federbüschen; vor allem aber Bilder von Schauspielern und alte Theaterzettel. Um diese frühe Stunde des Abends ist es noch stille hier, und ich sitze ganz allein. Aber nach und nach setzen sich Männer zu mir, einige, die ich gekannt, andre, die ich nicht gekannt habe, jedoch alle mir so vertraut, daß ich wie unter Freunden bin. Dort an der Wand, das dunkle Porträt, wird lebendig – es ist Ludwig Devrient;

das Bild daneben fängt an, mit den kleinen, grauen Gespensteraugen zu zwinkern – es ist E. T. A. Hoffmann. Hier über mir rührt sich ein andres, ein feines, sarkastisches Gesicht und deutet mit jenem Blick, der uns oft zu Tränen gerührt und oft zu unauslöschlichem Gelächter hingerissen, nach einer Inschrift hinter Glas und Rahmen neben dem Ofen – ich lese:

»Gleichgültigkeit gegen den Champagner ist Heuchelei. Stelle Dich nicht kalt, wenn er kalt gestellt wird. THEODOR DÖRING, Kgl. Hofschauspieler.«

Wir sind bei Lutter und Wegner.

Auf denn! wenn noch Tugend in der Welt ist – Wilhelm! Eine Flasche Champagner; und trinken wir auf die Toten – auf die, welche niemals sterben! ...

Die frühen Leute

(Wintermorgen in Berlin. Februar 1886)

*J*a freilich bin ich einer von denen, die frühe Stunden halten – mögen meine Freunde darum nicht weniger gut von mir denken! Ich liebe die späten Gesellschaften nicht; ich bin nicht glücklicher, als wenn ich des Morgens aufstehen kann mit klarem Kopf und erfrischter Lust zu den täglichen Geschäften. Ich mag mir des Abends, wenn andere ehrliche und gesetzte Leute zu Bette gehen, nicht den Frack anziehen, um mich in Säle zu begeben, die von Gas und Hitze strahlen, unter einen Haufen geputzter Herren und Damen, die mir (und meistens auch sich untereinander) gleichgültig oder langweilig sind; mit denen ich Gespräche führen muß, die weder sie noch mich interessieren, bald mit diesem, bald mit jenem, um die Zeit hinzubringen, Gespräche, die keinen Anfang und kein Ende haben. Auch die Musik zwischen elf und zwölf ist mir fatal, und ich glaube, diesen Herren und Damen nicht minder, die den Augenblick nicht erwarten können, bis sie sich, hungrig wie die Wölfe, nach Mitternacht zur Tafel setzen – wenn sich nicht etwa, zum Schrecken aller, ein Büffet auftut, wo die Hand und Gabel jedes gegen jeden erhoben ist – und dann Gott noch mehr als ihren Wirten danken, wenn die Sache zuletzt überstanden – um morgen abend von neuem anzufangen und jeden Abend, drei Monate lang, den ganzen Winter hindurch, sich zu wiederholen.

Wer mich vergnügt sehen will, der muß in eine von den kleinen Wirtsstuben kommen, in denen man an Tischen von unpoliertem Eichenholz sitzt. Die Platten sind so weiß und so rein gescheuert, daß man alle Masern und Adern des ursprünglichen Wuchses darin erkennen kann; und dies allein schon würde hinreichen, mir ein Gefühl des Behagens zu geben. Wenn ich eintrete, pflegt es noch still zu sein; kaum daß hier oder dort, an dem einen Tisch oder dem andern, ein früher Gast sitzt, gleich mir selber. Die Lichter brennen nur halb, und der Kellner, der mich kennt, gibt sich keine Mühe, sie höher zu schrauben. Denn er weiß, daß ich die mittlere Helligkeit und die mittlere Temperatur bevorzuge. Er kennt mich und meine Gewohnheiten und meinen Platz; wir haben uns nicht sehr viel zu sagen und hegen doch die größte Hochachtung voreinander. Er bringt mir meinen Wein und mein Kuvert und meine Zeitung und läßt mich alsdann allein. Oh, wie die Einsamkeit einem wohltut in solch einer gemütlichen Wirtsstube! Sich endlich einmal ganz selber zu gehören – kein überflüssiges Wort sprechen, keine leere Frage beantworten zu müssen, tun und denken zu dürfen, was einem gefällt – oder auch gar nicht zu denken – zu träumen! Und wie vielerlei, wie schön läßt sich träumen vor einem Glase mattgelben jungen Moselweins, in dem die feinen Schaumperlchen auf- und niedersteigen! Von den sonnigen Bergen, an denen er gewachsen, von den lieblichen Tälern und dem vielfach gewundenen Flusse, von den altertümlichen Städtlein an seinen Ufern, ihren hügeligen Straßen, Kirchen, Schlössern und sonstigem Gemäuer – von der Augusta Trevirorum, dem herrlichen Trier, von der Porta Nigra, der Arena, den Kaiserpalästen, in einer Landschaft und unter einem Himmel, die – ich weiß nicht welchen – Zauber südlicher Weichheit atmen, daß sie, vor anderthalbtausend Jahren, den

Römern Constantins die Täuschung der fernen, transalpinen Heimat gaben und heute noch uns, den Nachkommen der Barbaren, Sehnsucht erwecken, unendliche, ungestillte, nach der Stadt, die vor allen andern Städten war und noch immer ist – bis wir ihn auftauchen sehen, aus dem Morgengrau, den gelben Tiber – bis er uns zum ersten Male seine Flut entgegenrollt – mit einem grünen Talkessel und scharf umrissenen Gebirgskamm, mit Zypressen und Pinien und einer weidenden Schafherde und einem Hirten im Ziegenfell, mit dem weiten Blick über die bläulich schimmernde Campagna und dem weißen Aquädukt und dem schwärzlichen Steinhaufen und der mächtigen Kuppel, von der aufgehenden Sonne vergoldet – bis der Zug in die Halle einläuft und der Schaffner, die Türen öffnend, von Wagen zu Wagen ruft: »Roma!« …

Nun, meine Herrschaften, ist es Zeit, daß ich gehe. Denn ich kann auf die Minute berechnen, wie lang ich gebrauche, um von meinem Glase Brauneberger bis nach Rom zu gelangen. Jedesmal, wenn der Zug hält und der Schaffner ruft, ist auch der Moment da, wo das Stübchen sich mit Leuten füllt, die nicht vom Forum oder Kapitol, sondern aus dem Königlichen Schauspielhaus oder Deutschen Theater kommen – braven Leuten, die gewaltigen Hunger und nicht minderen Durst haben und denen ich alles Gute wünsche, so wie es mir vorher zuteil geworden ist. Gemächlich mach ich meinen Heimweg durch die klare Winternacht, und es hat noch nicht elf von meinem Kirchturm geschlagen, ihr könnt euch darauf verlassen, so suche ich mein Lager, in der frohen Erwartung einer guten Nacht und eines guten Morgens.

Aber solch ein Wintermorgen kommt langsam, langsam; und ich bin gar nicht unwillig, wenn ich, von einer Zeit zur andern erwachend, dem Gange der Nacht folgen kann. Wann wird es einmal still, ganz still in einer

Stadt wie Berlin? Der Platz, an dem ich wohne, gehört nicht zu den lauten Gegenden; keine Verkehrsstraße berührt ihn, bei Tage wenig lärmend, verstummt er gänzlich bei Nacht. Nur aus weiter Ferne, ringsumher, wie das Branden des Meeres hinter den Dünen, vernehm ich das Leben der Hauptstadt, das wohl etwas schwächer wird, aber niemals ganz erstirbt. Da läuft noch ein später Eisenbahnzug ein oder aus, und ich höre den Pfiff der Lokomotive, ganz weit und ganz schwach. Das Rollen der Wagen ist zu einem monotonen einschläfernden Geräusch gedämpft, das jetzt sich im Umkreis zu verlieren scheint, jetzt erneut aus demselben hervorbricht – wie das Meer zur Ebbezeit immer weiter zurücktritt und doch immer wieder anschlägt. Es sind die Wagen und Equipagen, in welchen die geputzten Herren und Damen, die sich eben »gesegnete Mahlzeit« gewünscht haben, nach Hause fahren. Manchmal verirrt sich ein solches Gefährt, das mit müdem Gerassel über die Steine holpert, auf unsern Platz; denn wenn abseits der Welt, leben wir doch nicht völlig außer der Welt. Der Wagen hält; ich höre, wie der Kutschenschlag geöffnet wird – oder ich höre vielmehr, wie man sich alle Mühe gibt, ihn zu öffnen, ohne daß er Miene macht, sich zu rühren, ebensowenig wie der Kutscher. Worauf das ganze Bild vor meiner Seele steht: er, der Treffliche, fest in seinen dicken Mantel gewickelt, mit der Fuchsbalgkappe über den Ohren und den pelzgefütterten Stiefeln bis über die Knie – beide unbeweglich, der Kutscher und der Kutschenschlag, als ob die Sache sie nichts anginge – was, im Grunde genommen, doch auch der Fall ist. Es ist, als ob es sie nur interessiere, zu sehen, wie die Nachtgäste sich aus ihrer schwierigen Lage befreien. Und sie müssen es sich wohl gefallen lassen und fertig zu werden suchen, so gut sie können. Denn wir, auf unserm Platze, sind bescheidene Leute; wir fahren nicht erster Klasse, wenn wir eine Droschke zweiter Klasse haben können. Endlich, endlich fliegt der Schlag auf und wieder zu, das Fuhrwerk setzt sich in Bewegung, verliert sich, ich weiß nicht in welcher Richtung, und nun ist es eine Weile still – so still, daß ich das Ticken meiner Wanduhr vom Gange her deutlich vernehmen kann. Trauter Klang – Musik aus der Kinderzeit! Diese Uhr ist so alt – so alt, wie ich denken kann. Sie stand im Elternhaus auf dem Treppenabsatz; ich habe ihr Ticktack schon als Knabe gehört, genau so, wie ich es jetzt höre, hier, in der Winternacht, in Berlin. Ah, wenn sie sprechen wollte, wieviel könnte sie verraten – wieviel erzählen von Dingen, die nur sie gesehen – von schlaflos stürmischen Nächten des Frühlings und der Jugend; von Sommernächten voll vom Rauschen des einsamen Mühlbachs, voll von Düften des Jasmins, voll von leisen Gesängen! … Aber es ist gut, daß ich es jetzt allein bin, der ihre Sprache noch versteht.

Und sie beschämt noch, in ihren alten Tagen, den Kirchturm auf dem Platze, der so viel jünger ist. Denn dieser, mit seiner großen Uhr und seinen vier Zifferblättern, ist ein recht unzuverlässiger Gesell – ich will nichts gegen ihn sagen, beileibe nicht, denn auch ihn habe ich sehr lieb, ich könnte nicht ohne ihn leben, und er würde mir sehr fehlen, besonders in den Nächten, wenn er einmal ganz schwiege – was er übrigens, bei plötzlichem Witterungswechsel, auch manchmal tut. Mag die Turmuhr falsch schlagen, wenn sie nur schlägt! Sie ist für mich die Stimme der Nacht, wobei ich freilich – um der Wahrheit die Ehre zu geben – nicht verschweigen darf, daß sie bei Tage manches Unheil anrichtet. Keiner traut ihr, und alle berufen sich auf sie – der Barbier, wenn er zu spät kommt, die Köchin, wenn sie mit dem Mittagessen nicht fertig wird, das Hausmädchen, wenn sie sonntags von ihrem Ausgang nicht zeitig zurück ist. Aber laßt sie, wir haben alle unsere Fehler – Menschen und Kirchtürme; wir müssen Nachsicht miteinander üben, und darüber schlaf ich in Frieden wieder ein – schlafe, schlafe, bis mich etwas weckt wie der Schlußakkord einer verhallenden Melodie, die sich seltsam mit dem Traumzustand des Erwachens zu vermischen scheint – wahrhaftig, es ist der Kirchturm, von welchem es dreiviertel schlägt! Dreiviertel! Wenn man nur wüßte, was folgen wird! Es ist noch dunkel. Nur ein Schimmer der Gaslaternen stiehlt sich von unten herauf durch die freigelassene Ritze der Jalousien und wirft einen zitternden Lichtstreif an die gegenüberstehende Wand. Ganz vereinzelt und sehr weit entfernt läßt sich das Rollen eines Wagens vernehmen – ist es der letzte der späten Gesellschaften, ist es der erste der frühen Arbeit –, ist dies der Moment, wo das Ende der Nacht und der Anfang des Tages in Berlin einander begegnen? Noch bevor ich die Frage mir beantwortet, bin ich wieder eingeschlafen, und wenn ich, nach einem gesunden und festen Schlaf, in dem mich nichts mehr stört, wieder erwache, schlägt es abermals; und jetzt, auch wenn ich die Schläge nicht zählte, würde ich wissen, daß es sechs Uhr ist – sechs Uhr früh. Denn diese Stunde hat ein ganz eigenes Kolorit des Tones, das sie von allen anderen Stunden des Tages und auch der Nacht unterscheidet. Es ist nicht mehr der vereinzelte Stoß oder Laut, der durch die Stille dringt: Es ist das Erwachen der Hauptstadt, das ich in tausend Zeichen aus der Entfernung vernehme, die Wiederkehr des allgemeinen Lebens, das auch das meine weckt und in Spannung setzt. Diese Stunde möcht ich, könnt ich nicht verschlafen: Es ist, als rausche die Flut näher und näher heran, bis der Augenblick kommt, wo auch ich mich wieder hineinstürzen darf. Oh, diese Verkünder des neuen Tages, mit allem, was er Unbekanntes, Unvorhergesehenes, Überraschendes in sich bergen mag – wie ich sie liebe! Da ist wieder der Pfiff der Lokomotive – jedoch so viel heller, freudiger, hoffnungsreicher; wer weiß, welchen glücklichen Menschen sie heute zur Heimat, zu den Eltern, zur Braut, zur Geliebten bringen wird! Ah, so jung zu sein, wie er – wie er, klopfenden Herzens, dem schnellen Zuge noch vorauszufliegen durch die Winterlandschaft, zum ersehnten Ziele hin ... Und immer neue Laute, nicht mehr in weiten Zwischenräumen auftauchend und wieder dahinsterbend, nein, mit scharfem Akzent einsetzend in die wachsende Bewegung, die von allen Seiten zur Stadt drängt, in ihre Straßen und auf ihre Märkte; und nun auf einmal ein leichtes Wägelchen, das in munterem Tempo herankommt und mit einer Art fröhlichen Allegros über den Platz rennt. Wenn ich das höre, nach dem zuweilen schweren Andante der Nacht, dann ergreift Freude mein Herz – denn es ist der Milchmann, der Milchwagen. Er kommt zwar nur von Schöneberg oder Wilmersdorf – aber er kommt doch vom Lande und bringt uns die gute Milch –, und dem ersten folgt der zweite, und dem zweiten der dritte; und wo sie halten in der Nachbarschaft, diese traulichen Gespanne mit dem mageren Pferdchen und den blechernen Kannen, da wird es lebendig, da geht es hinein und heraus, da wird Feuer angezündet auf dem Herde, da steigt Rauch aus den Schornsteinen, und da fangen die Kaffeemühlen an zu klappern ... Nein, nein, ich bin keiner von denen, die das Leben unerträglich und den folgenden Tag noch langweiliger finden als den vorhergegangenen; ich, im Gegenteil, finde, daß jeder neue Tag die Verheißung von etwas Besserem in sich trägt und daß das Alltägliche das Beste von allem ist; und solange noch der Milchmann und der Milchwagen kommen, bin ich zufrieden.

Jetzt ist sieben Uhr nicht fern; der Wintertag in Berlin beginnt, und seine Boten sind geschäftig, die uns unser leibliches und unser geistiges Brot bringen, die für uns sorgen, die geräuschlos ihre Arbeit tun, halb noch unter dem Schleier der Nacht, damit alles hübsch in der Reihe sei, wenn wir aufstehen. Aber ich muß mich eilen, wenn ich sie noch erblicken will. Denn diese frühen Leute sind pünktliche Leute; sie lassen nicht auf sich warten, aber sie warten auch nicht, und den Tag wollt ich nicht loben, wo wir nicht, jeder von uns den andern, zu genau derselben Zeit an genau derselben Stelle träfen. Der erste von ihnen ist fast eine mythische Figur, nur sichtbar im Zwielicht, wenn die Nächte am längsten und die Tage am kürzesten sind. Dann sehe ich ihn wohl über den Platz schreiten, den Laternenmann, und phlegmatisch eine Flamme nach der andren auslöschen, die schläfrig sind wie vom langen Brennen; und im Halbdunkel mit seinen hohen Häusern und schneebedeckten Dächern liegt dann dieser kleine Ausschnitt der Welt vor mir. Aber im Morgengrau, wie wohl tut diese erste Spur der Helligkeit, die dem Anbruch des Tages vorausgeht – des wirklichen Tages, der unsre Kraft aufs neue herausfordert und uns die Welt gleichsam zum zweiten Male schenkt; und wie köstlich ist der Anhauch der frischen, herben Winterluft, wenn er, Lebenslust und Freudigkeit weckend, uns zuerst entgegenweht und mit all diesen Zeichen und Verkündigungen rings um uns her eine Stimme wie die des Predigers in uns spricht: »Es ist das Licht süße und lieblich die Sonne zu sehen« … »Morjen, Morjen!« schallt es hinüber und herüber. Eine eigene Population bewegt sich in der kleinen Straße. Es ist der Bäckerjunge, der mit dem hohen Korb auf den Schultern daherkommt, und die Zeitungsfrau, welcher ein nicht minder gefüllter Korb am Arme hängt. Der Bäckerjunge trägt schwer an dem Ernste seines Berufs; er unterscheidet sich von allen andern Jünglingen dieser Stadt. Er pfeift nicht, er treibt keinen Unfug –

nichts reizt weder seine Neugier noch seinen Mutwillen, und sein einziges Vergnügen scheint darin zu bestehen, daß er mitten durch die Sperlingsschar geht, welche jetzt, am Tische des Überflusses schwelgend, sich auf einem leeren Droschkenstande niedergelassen hat und die verstreuten Körner aufpickt. Aber die Berliner Sperlinge haben nichts von der Ursprünglichkeit ihrer Natur eingebüßt; sie sind die frechsten, die man sich denken kann, und tun dem Bäckerjungen nicht einmal den Gefallen fortzufliegen. Denn sie kennen seine Gemütsart. Die Zeitungsfrau dagegen ist ein muntres Wesen in gesetzten Jahren, und mit einer Art mütterlichen Wohlgefallens sieht sie auf ihren jungen Freund herab, wenn er ihr, in der mehlbestaubten Kappe und mit dem Geruche frischen Backwerks vor sich her, an den Türen begegnet. Friedlich in ihrem Tragkorb, wie gute Kameraden, schlummern nebeneinander Regierung und Opposition, Freisinn und Reaktion, Kulturkampf und Sozialdemokratie; und mit derselben Liebe trägt sie dies alles umher und schützt es sogar, wenn es regnet oder schneit, mit einem Zipfel ihres braunen Umschlagetuches. Sie hat etwas Mütterliches, wie gesagt, und ist eine Philosophin obendrein. Man muß sie beobachtet haben, wie sie die Hintertreppen hinauf- und heruntersteigt und ihre Blätter vor die verschlossenen Türen wirft – mit einem Gesichtsausdruck, als wollte sie sagen: Schlaft ihr nur! Solange ihr schlaft, hat die Welt Ruhe! Wieviel besser ist es auf Erden, wenn die noch nicht aufgestanden sind, die den vielen Lärm machen; auch der noch nicht, der im Parlamente sich zu rühmen pflegt, daß er am frühesten von allen aufstehe! ...

Der einzige, mit der Autorität und Gewalt des Gesetzes Bekleidete, der um diese Zeit an den Ecken der Straßen auftaucht, ist der Schutzmann. Aber auch er ist jetzt ein gemütlicher Mann gegen das, was er in den späteren

Stunden des Tages vorstellt. Er ist der gute Freund der Portiers, die mit Schneeschippe, Besen, Schaufel und Aschenkasten herauskommen, um den Bürgersteig gangbar zu machen. Sie haben den größten Respekt vor dem Schutzmann, in dessen Zügen alsdann manchmal etwas erscheint wie ein menschliches Lächeln. Davon wissen auch nur wir, die frühen Leute, zu erzählen. Denn wer hätte sonst jemals einen Berliner Schutzmann lächeln sehen?

Indessen bin ich in den Tiergarten hinausgetreten, und die Pracht und Schönheit des Wintermorgens beginnen ihr magisches Spiel. Wie ein Zauberpalast steht er vor mir, dieser unvergleichliche Park. Seine dunklen, hohen Säulen, die Bäume, mit phantastischen Kränzen von Schnee behängt, mit der bläulichen Fernsicht seiner Alleen und dem schimmernden Eisspiegel seiner Seen – mit dem Monde, der groß und golden noch im klaren Äther des Westens schwebt, mit dem feurigen Morgenrot, das den ganzen Osten färbt. Das Eichhörnchen schlüpft über den Weg, die Krähe schwingt sich hoch über die Schneekrone der Kiefer. Hier und dort und immer mehr beleben sich die Pfade, die von den Seitenstraßen nach dem Brandenburger Tor und den Linden, aus dem Innern der Stadt in unsere Vorstadt und von Moabit in die Geschäftsgegenden des Westens führen. Handwerksleute sind es, Schneidermamsellen, Putzmacherinnen und Ladenmädchen; Buchhalter und Kontoristen, tüchtige Männer, die dem Anscheine nach gut geschlafen und gut gefrühstückt haben, mit sich und der Welt in Frieden leben und deren Behagen nichts vergleichbar, wenn sie so des Morgens von Haus kommen, ihre erste Zigarre im Munde. Wie der Duft derselben mir zu Herzen geht, trotzdem ich nicht darauf schwören möchte, daß es 85er Importen sind. Aber er weckt liebliche Vorahnungen nichtsdestoweniger, und ich freue mich jedesmal, wenn ich diesen Männern begegne. Denn sie geben mir, indem sie, wichtig und laut miteinander redend, ihrem Geschäfte zusteuern, an jedem Morgen aufs neue die Zusicherung eines Glücks, das, gleichsam mitteninne zwischen den Bahnen des Ruhms und des Ehrgeizes, der Macht und des Reichtums, von diesen weder berührt noch gestört wird. Hier auch, wo eine Queralle mündet, ist die Stelle, an der ich jahrelang ein merkwürdiges Paar traf – frühe Leute wie wir andern und immer mit dem Glockenschlag. Zuerst, in der Dämmerung, konnte ich sie nicht recht erkennen; ich sah nur, daß sie Arm in Arm gingen, und hörte nur, wie sie beständig miteinander sprachen, als ob sie junge Eheleute wären, die sich unendlich viel zu sagen haben. Aber sie waren in der Tat ein alter Mann und eine alte Frau, die sich zärtlich zu lieben schienen und denen offenbar der Morgenspaziergang so zuträglich war, daß sie mit behenden Schritten dahingingen, immer untergefaßt und immer plaudernd. Philemon und Baucis, dacht ich, wenn sie vorüberkamen, und oftmals blieb ich stehen, um den beiden Alten, Liebenden, nachzuschauen. Aber eines Tages kam er allein, und eines andern Tages blieb auch er aus; und seitdem suche ich im ganzen Tiergarten die beiden verschlungenen Bäume, die einst Philemon und Baucis waren.

Und hier auf einmal, wo der schmale Baumgang nach der breiten Tiergartenstraße sich öffnet, bin ich mitten unter der Jugend, die jetzt, wenige Minuten vor acht, in hellen Haufen zur Schule strömt. Aus dem Morgenrot tritt die Sonne heraus und beleuchtet mit ihrem ersten goldnen Strahl diese fröhliche Schar, die sich wie eine kleine Armee dem gemeinsamen Ziel entgegenbewegt. Und hier unter ihnen, mit so manchem halbvergessenen Wort aus halbvergessenen Büchern, das ich erhasche, werden die alten, glücklichen Erinnerungen wach, von der rosenfingrigen Eos und dem vielgewandten Odysseus – und da, wahrhaftig – es sind die Verwandlungen des Ovid, Buch acht, Vers 616 – es ist die Geschichte von Philemon und Baucis, die der eine Junge dem andern abhört:

> Während um beider Gesicht schon wuchs in die Höhe
>   der Wipfel,
> Wechselten Worte sie noch, so lange sie konnten, und
>   sprachen
> Beide zugleich: »Leb wohl, o Gemahl!«

Es ist gut, daß ich nicht weit mehr von Hause bin. Vom Turme des Kirchturms herab schlägt es acht, und vor der Routine des Tages verblaßt die Poesie der frühen Leute. Die Briefträger machen die erste Runde; die Herren Barbiere sind in vollem Trab; die gelben Wagen des heiligen Stephan, die braunen der Paketgesellschaft, die dunkelgrünen und olivenfarbenen des Magistrats, des Kammergerichts und der Ministerien beginnen ihren Dienst, mit unleidlichem Rasseln sausen die Metzgerwagen um die Ecken herum, und das melodische »Kooft Sand! Sand! Sand!« klingt hinter ihnen her.

Bei diesem Rufe pflegt Berlin sich aus dem Schlafe zu erheben; aber wenn diejenigen, die sich jetzt, noch verdrießlich von dem letzten Souper, die Augen reiben, wenn sie wüßten, welch auserlesene Genüsse diese erste Stunde des Wintertages in sich birgt, vielleicht daß sie's auch einmal versuchten, und wär es auch nur, weil der Morgenkaffee und die Morgenzigarre wahrscheinlich in ganz Berlin niemandem besser schmeckt als uns, den frühen Leuten!

Der Norden Berlins

(Mai 1884)

*U*nter allen Weltgegenden unserer Stadt ist es diese,
von welcher man in den übrigen am wenigsten weiß;
woraus indessen noch nicht folgt, daß die Bewohner derselben recht haben, wenn sie den Norden als das »Stief-
kind« Berlins darzustellen lieben. Ein Blick auf den Plan
genügt, um zu zeigen, daß das Areal dieses Stadtteils
umfangreicher ist als das irgendeines anderen in Berlin;
und ein zweiter Blick an Ort und Stelle selbst wird uns
zeigen, daß auch hier Magistrat und Stadtverordnete die
guten Väter sind, welche keinen Unterschied machen in
der Sorgfalt und Liebe für die jüngeren oder älteren
Sprößlinge.

Wohl ist dieses ungeheure Terrain noch weit davon
entfernt, mit Häusern bedeckt zu sein, und das meiste,
was vorhanden, neuer Anbau, nicht älter als das Jahr
1861. Gewaltige Lücken gähnen noch dazwischen, offenes Feld, Heide; Straßen, kaum in den ersten Anfängen
bezeichnet. Nach allen Richtungen gelangt man bald ins
Freie, wo sich nur noch in beträchtlichen Abständen
voneinander, hier oder dort, ein Haus erhebt, dessen Zusammenhang mit Berlin durch den allgemeinen Bau-
charakter oder das Straßenpflaster oder die Stränge der
Pferdebahn angedeutet wird. Aber eines Tages wird der
leere Raum ausgefüllt, Feld und Heide werden verschwunden sein unter einer kompakten Häuser- und

Straßenmasse; denn auch im Norden drängt die Bautätigkeit unaufhörlich vorwärts, er ist der Sitz einiger unserer wichtigsten Industrien: die Gegend, wenn nicht ausschließlich, so doch vorwiegend der Arbeiterbevölkerung, wo sie am dichtesten beisammen ist und wo man sie am besten in der Nähe sehen kann, bei der Arbeit sowohl als in den Feierabendstunden – ein Stadtteil, sehr verschieden nicht nur von dem opulenteren Zentrum und Westen, sondern auch von dem besser bewohnten, gewerbereichen Osten und Süden – ein Stadtteil obendrein, in welchem man stärker als irgendwo sonst in Berlin den frischen Mörtel- und Kalkgeruch des Werdenden hat und selbst die gewohnten Erscheinungen unter einem Lichte sieht, welches ganz neue Seiten derselben und des Lebens in Berlin überhaupt hervorhebt.

Der Norden von Berlin wird nach der Stadtseite hin durch die Straßenzüge begrenzt, welche sich vom Oranienburger Tore bis zum Prenzlauer erstrecken. Oranienburger Tor, Hamburger Tor, Rosenthaler Tor, Schönhauser Tor, Prenzlauer Tor – dies alles ist Norden von Berlin. Die Namen der Tore sind geblieben, obwohl diese selbst gefallen. Aber es ist noch nicht lange her – und man kann an den Bezeichnungen leicht ermessen, wie lange –, da war Berlin zu Ende, wo jetzt Elsässer und Lothringer Straße breit und prächtig wie Avenuen sich ausdehnen und damals schmale Pfade, mit allem Abfall der Nachbarschaft bedeckt, hinter einer trübseligen Stadtmauer die Kommunikation vermittelten. Sie hießen auch nicht Straßen, sondern »Kommunikationen« und gingen um die ganze Stadt herum; es gab eine Kommunikation am Potsdamer und am Anhalter Tor, wie hier eine Kommunikation am Rosenthaler und am Prenzlauer Tor, und ihr Aussehen war überall dasselbe.

Seltsame Erinnerungen werden in demjenigen wach, welcher zu der Zeit, als Omnibusse nur selten und Pferdebahnen noch gar nicht waren in Berlin, in diese fernen Gegenden wanderte; als an der Stelle, wo stolz über ihrem Treppenbau die Nationalgalerie sich jetzt erhebt, eine verwitterte Rotunde stand mit der halb herabgebröckelten Inschrift: »Königliches Gesundheitsgeschirr«; als auf dem Hackeschen Markte Verkaufsbuden und Metzgerscharren und an der Peripherie der Stadt, hier im Norden, dicht hinter der Linienstraße, die Mauern und die Tore waren und jenseits derselben nur noch einzelne Straßenfragmente, Chausseen und Kirchhöfe. Dies alles mochte wohl noch aussehen, wie es vor hundert Jahren ausgesehen hatte – ein Rest des alten, zum Teil noch friderizianischen Berlins, dessen äußerste Straße, nach Norden hin, die Linienstraße war, die Grenzlinie, die Zirkumvallation der damaligen Spandauer- und Georgen- oder, wie sie seit Preußens erstem Könige (1705) hieß, der Königsvorstadt. –

Hier, zwischen Hamburger und Rosenthaler Tor, lag nur noch eine Art von Arbeiterkolonie, das sogenannte Neu-Vogtland für die bei den vielen königlichen Bauten beschäftigten Maurer und Zimmerleute aus Sachsen und dem Vogtland, welche während des Sommers in Berlin waren und mit dem Winter in ihre Heimat zurückzukehren pflegten. Der Name des Vogtlandes hat sich noch lange für diese Gegend erhalten und mag erst allmählich, mit der völligen Neugestaltung derselben, abgekommen sein; aber ältere Bewohner wissen noch wohl, was er zu bedeuten hatte. Das Vogtland war eine verrufene Stätte der Armut und des Elends, in welche niemand sich gern hinauswagte. Ein Pamphlet vom Ende des vorigen Jahrhunderts (»Schattenriß von Berlin, 1788«) beschreibt es als »eine Vorstadt vor dem Rosenthaler Tore, die den größeren Diebesbanden von jeher zum

Schlupfwinkel gedient hat«; und eine Beschreibung Berlins vom Ende der zwanziger Jahre (»Berlin, wie es ist«, Leipzig 1827) nennt das Vogtland »den eigentlichen Sitz, gleichsam das Hauptquartier des Pöbels ... Geht man durch eine der drei Straßen dieser Vorstadt, so sehen aus jedem Fenster eine Menge zerlumpter, schmutziger Gestalten.« Der ehemaligen Bevölkerung von Bauhandwerkern war hier ein hungerndes Proletariat von Webern, Wollspinnern und Tagelöhnern gefolgt, welche, von der übrigen Welt gemieden, dies Quartier gleichsam für sich allein hatten. Man scheute sich fast, davon zu sprechen; aber tief war der Eindruck, als zu Beginn der vierziger Jahre Bettina von Arnim in »Dies Buch gehört dem König« ihre herzzerreißenden Schilderungen aus dem Vogtlande veröffentlichte. Sie war dort gewesen, die tapfere, kleine Frau mit dem menschenfreundlichen Herzen, hatte das Vertrauen der Leute sich erworben und die Geschichte ihres Jammers sich erzählen lassen; in den vergilbten Blättern, wenn man sie heute liest, ist noch immer der Geruch von ungesunden, dumpfen Stuben und von Lumpen. So hab auch ich Ende der fünfziger Jahre das Vogtland noch gesehen – kahl, trostlos, ein Bild, um einem im Traume den Atem zu benehmen – die großen traurigen Familienhäuser, in welchen viele Hunderte dieser Armen zusammengepfercht waren, und die nicht minder traurigen kleinen, einstöckigen Häuser, deren Fenster und Dach den Erdboden fast berührten und durch deren Türen man hinunterstieg wie in einen Keller. Einzelne derselben kann man noch heute dort finden, zwischen den modernen, hohen, palastähnlichen Gebäuden, welche den Platz des alten Vogtlandes bedecken, seitdem im Jahre 1872 die Stadtmauer abgebrochen und die Tore niedergerissen worden sind.

In dieser jüngsten Vorstadt von Berlin, welche wirklich in ihrer jetzigen Erscheinung nicht viel über zwanzig Jahre zählt, steht in einem sehr merkwürdigen Gegensatz die benachbarte Linienstraßengegend, über welcher, an einigen Stellen, noch der Hauch des Alten und Altertümlichen liegt. Das beherrschende Bauwerk derselben ist die Sophienkirche, seltsam, barock, im Geschmacke Friedrichs I., nach dessen dritter Gemahlin Sophie Luise sie genannt ist. Diese Kirche liegt noch inmitten eines unserer volkreichsten Quartiere, von ihrem Friedhof umgeben wie in einem Garten – alte, hohe Bäume sind rings um sie her und wohlerhaltene Gräber mit Blumen und Efeu, mit Gittern und wunderlich altmodischen Denkmälern, über welchen der Turm, gleichfalls im prunkhaften Zopfstil des vorigen Jahrhunderts emporragt. Hier ruhen – oder hier ruhten – Ramler und die Karschin; denn nur noch ihre Gedenktafeln an der Sakristeiwand sind erhalten. Hier ist Zelter begraben, Goethes Zelter. Es ist ein Stück achtzehntes Jahrhundert, eingehegt und eingefriedigt mit seinen alten Grabhügeln und dichtem Grün zwischen einigen der Hauptverkehrsadern des heutigen Berlins und dem stattlichen Gebäude des Handwerkervereins in der Sophienstraße schräg gegenüber. Wer diesen weltentlegenen, der Gegenwart wie entrückten Winkel von Berlin in der rechten Stimmung sehen will, der sollte hierherkommen, wenn »des Tages Stimmen schweigen« oder zu verhallen beginnen. Ich sah ihn in der Abenddämmerung, als der Mond eben über die Kirchhofswipfel heraufkam und die Gräber und Grabsteine silbern zu beleuchten anfing, während von den Straßen her das entfernte Geräusch des heimwärts ebbenden Lebens scholl und auf dem einsamen, vom ersten Mondenstrahl berührten Pfad eine junge Diakonissin in weißem Kopftuch und schwarzem Gewande zu der von Lichtern hellen Sakristei ging.

Es war, mitten in diesem großen, tumultuösen Berlin, wie ein leiser, sanfter Nachhall von Matthissons und Grays Kirchhofselegien – »far from the maddening crowd«.

Die Linienstraße dagegen möcht ich meinen Lesern lieber an einem freundlichen Frühlingsnachmittage zeigen, wenn, etwa nach einem gelinden Regen, sich ein leichter Wind aufgemacht hat, der den dicht aneinandergereihten Häusern Kühlung und in die Höfe dahinter gute Luft bringt. Denn dies ist eine sehr belebte Straße, die Grenze zwischen dem zentralen Berlin und dem Norden, recht ansehnlich in ihrem oberen Teile bis zum Koppenplatz, mit hübschen Wohngebäuden, Fabriken, Magazinen und hier und dort einem beladenen Frachtwagen vor den Türen. Vom Koppenplatz ab nimmt sie den Charakter des Kleinhandels und des Kleingewerbes an: mit all den starken Gerüchen und lauten Stimmen, die damit verbunden sind; aber auch mit manch einem übriggebliebenen Zuge des Kleinlebens, für welchen man im großstädtischen Straßengewühl weder den Raum noch den Humor mehr hat. Der Leiermann zum Beispiel, der Proskribierte, den sonst allerwärts das Plakat abweist: »Hier darf nicht musiziert und gebettelt werden« – in diesen Volksquartieren ist er immer noch eine beliebte Figur. Man kennt ihn, den Invaliden, an seinen Krücken, mit der Frau hinter sich, die seinen Leierkasten trägt; und man freut sich, wenn er kommt. Denn nach den Mühseligkeiten, der Last und Hitze des Tages ist er der Verkünder und Bote der nahenden Feierstunde. Wenn er gegen Abend erscheint, bringt er gleichsam die Ahnung dessen mit, was weitab von diesen Hinterhäusern und Höfen zu liegen scheint; und während sich da und dort ein Fenster öffnet und eine kleine Münze herabfällt, hat sich auch flugs schon um ihn herum eine Runde von Kindern gebildet, die nach den Rhythmen zu tanzen anfängt. Die Kinder sind die Tyrannen dieser Gegenden. Sie sind überall, und sie sind einem überall im Wege, schreiend, laufend, tanzend und springend. Es sind ihrer so viele! Aber sie haben auch so guten Mutterwitz! Da steht ein kleines, naseweises Ding mit langen, gelben Zöpfen mitten auf dem Trottoir, und ihre Gespielinnen, Hand in Hand, im Kreise um sie her.

»Was spielt ihr denn da, Kinder?«

»Ringel-Ringel-Rosenkranz!«

Ich kann mich nicht enthalten, dem hübschen, muntern Mädchen über das gelbe Haar zu streichen.

»Bitte, bitte«, ruft sie, »nich anfassen.«

»Et färbt ab«, ruft eine andere mutwillig, und alle lachen. Dann schließen sie die Kette wieder, und jauchzend um die mit den gelben Zöpfen herumspringend, singen sie:

Ringel-Ringel-Rosenkranz,
Setz ein Töppken Wasser an,
Morgen wolln wir waschen.
Jroße Wäsche, kleene Wäsche;
Wenn der Hahn wird krejen,
Schlagen wir'n uf'n Brejen –

Mit diesen kleinen wehrhaften Berlinerinnen ist nicht zu spaßen, wie man sieht.

Der Koppenplatz, nach einem verdienten Bürger Berlins vom Anfange des vorigen Jahrhunderts genannt und ungefähr auf der Mitte der Linienstraße gelegen, hat eine lange, nicht eben heitere Geschichte. Wie an so vielen anderen Plätzen Berlins wandeln wir auch hier auf Gräbern – und auf was für Gräbern! An der Mauer eines der letzten Häuser des Koppenplatzes, da, wo dieser in die Große Hamburger Straße mündet, erhebt sich, über zwei Stufen, ein bescheidener Säulenbau, dessen Hinterwand auf einer schwarzen Marmortafel in schon verwitterten Goldlettern die Inschrift trägt: »Herr Christian Koppe, Ratsverwandter und Stadthauptmann zu Berlin, widmete diesen Platz und dessen Umgebung im Jahre 1705 als Ruhestätte den Armen und Waisen, in deren Mitte er selbst mit den Seinigen ruhen wollte und ruht. Sein Andenken ehrt dankbar die Stadt Berlin. 1855.« Dieses Denkmal, mitten in dem Gewühl von Menschen und dem betäubenden Gerassel von Karren und Wagen, welches statt der früheren Einsamkeit und Öde jetzt hier herrscht, bezeichnet die Stelle, wo einhundertfünfzig Jahre lang das Armenhaus und Hospital gestanden hatte, nach welchem, bis Ende der dreißiger Jahre, die heutige Auguststraße »Hospitalstraße« hieß. Ringsumher lag der Armenkirchhof, der, nachdem bereits zuvor auf dem von der Armendirektion angewiesenen Baugrund die heutige Kleine Hamburger und Kleine Auguststraße entstanden waren, um die gleiche Zeit, in den fünfziger Jahren, in den Koppenplatz verwandelt und durch Abbruch des Hospitals in direkte Verbindung mit der Auguststraße gebracht ward.

Auf dem Fidicins Buch über Berlin beigegebenen Plane vom Jahre 1842 ist der Koppenplatz noch als »Armen-Kirchhof« mit Kreuzen bezeichnet, und auch das verrufene »Türmchen« war noch da, jenes Armenhaus und Hospital, dessen Hausvater der Totengräber war und dessen Leichen zur Sektion an die Anatomie abgeliefert werden mußten. Dieser dunkel-mysteriöse Platz spielt in Gutzkows Buch »Aus der Knabenzeit« eine Rolle. Als der Knabe schon zur Schule ging, verführte ihn eines Tages ein Kamerad, zum Rosenthaler Tor hinauszuwandern. »Die Gegend war entlegen genug. Das Vogtland hatte den übelsten Ruf. Auf dem Wege dorthin lag ein niedriges altes Haus mit einem Türmchen ... das in geheimnisvoller Wechselbeziehung zu dem westlichen Quadratflügel der Akademie* stand. Zwischen dem Türmchen und der Akademie ging in stillem Abenddunkel ein polternder, dumpfhallender Karren. Da bringen sie schon wieder einen! sagte der Vater, wenn unterm Fenster um die neunte Stunde das Rollen des schauerlichen Wagens erklang. Dann war es ein Selbstmörder oder ein Hospitalit, der zur Anatomie vom Türmchen geliefert wurde oder von der Anatomie schon geöffnet, zerschnitten und stückweise wieder zurück zum Türmchen gefahren wurde, um dort sein Grab zu finden.« Es waren traurige Gräber, »hie und da mit dünnem, verbranntem Rasen bedeckt, doch alle namenlos, ohne Kreuze, ohne den Schatten eines Baumes, den Schmuck einer Blume«.

Heute bietet der Platz einen anderen, fröhlicheren Anblick. Die Gräber und das Türmchen sind verschwunden; dafür sind Blumenbeete und Promenadenwege da und Bänke, auf welchen die Arbeiter ausruhen, wenn sie auf ihrem Heimwege hier vorüberkommen, und Kinder und kleine und große Häuser ringsum und der spitze Turm und das Kreuz der Sophienkirche, welche über den Häusern hereinschaut, und viel freundliches Grün von Gebüsch und Bäumen, welches weit in die Linienstraße, hinauf und herunter, gesehen wird. Und welch ein farbenreiches Bild neuesten Berliner Lebens, wenn man auf den Platz vor dem Rosenthaler Tore hinaustritt – desjenigen Lebens, welches überall in dieser großen Stadt pulsiert, nirgends aber, zu gewissen Stunden des Tages, stärker, intensiver als hier. In Frühlingsabendsonne getaucht, liegt dieser weite Platz, in wel-

* In diesem Flügel der Akademie, nach der Charlottenstraße, befand sich damals die Anatomie, dicht daneben war und ist heute noch der Königliche Marstall; und hier, in diesem Teile des Gebäudes, an der Ecke der Universitätsstraße, gegenwärtig mit einer von der Stadt gewidmeten Gedenktafel bezeichnet, ward Gutzkow geboren, dessen Vater erster Bereiter des Prinzen Wilhelm, des jetzigen Kaisers, war.

chen fünf Straßen münden. Rechts und links öffnen sich die Lothringer und die Elsässer Straße, zwischen oder hinter deren hohen, schönen Gebäuden kaum noch ein Überbleibsel der alten Kommunikation, Schuppen, Schornstein oder nackte Brandmauer, sichtbar ist, in der Mitte boulevardartig mit Bäumen bepflanzt, die hier, in der Breite des Bodens und freien Zirkulation der Luft, vortrefflich gedeihen. Und welches Durcheinander von Pferdebahnwagen, Omnibussen und Menschen! Denn dies ist die Stunde, wo die Fabriken schließen und die Arbeiter heimkehren; und wenn man um diese Zeit in die Linienstraße hinein, etwa bis zur Gollnowstraße gehen wollte, so würde man es, bei der Enge dieser Straßen und ihrem schmalen Trottoir, oft schwer genug finden, überhaupt vorwärts zu kommen. Denn die ganze Schar der Arbeiter wälzt sich hier in dichter Masse dem Wandernden entgegen. Sie kommen vom Nordosten der Stadt und ziehen alle gegen Norden. Hier aber spaltet sich der Strom, und ein Arm desselben, in immer noch starkem Volumen, geht zum Schönhauser Tor, der andere zum Rosenthaler. Tausende ziehen an uns vorüber, zumeist Männer, jeder mit seinem Blechkesselchen in der Hand, viele von ihnen bleich, hager, leidend; doch auch Frauen darunter, solche, die hier meistens in der Textilindustrie und Konfektionsbranche beschäftigt sind, Blumenmacherinnen, manche frischere, hübsche Erscheinung unter ihnen, Putzmacherinnen, Schneiderinnen, einige von ihnen ganz modisch gekleidet und alle sauber. An den Straßenecken stehen an diesen Frühlingsabenden Kinder, welche ihnen Flieder verkaufen, den Busch für fünf Pfennige; und hinter ihnen her fahren kleine, niedrige Wagen mit einer Frau darin, die einen braunen, breiten Strohhut trägt wie die Marktfrauen, und einem Mann voran, in hohen Tönen beständig etwas rufend, was für den Uneingeweihten erst allmählich verständlich wird: »Bücklinge kauft! Bücklinge kauft, kauft, kauft!« Dieser Wagen bringt den kleinen Leuten die Leckerbissen zu ihrem Abendbrot: Radieschen, Rettiche, Grünzeug, Heringe, Flundern und vor allem Bücklinge, die große Frühlingsdelikatesse dieser Gegenden.

Die Haupt- und Geschäftsstraße, der Basar des Nordens, ist die Brunnenstraße, namentlich in ihrem unteren und ältesten Teil, etwa bis zur Veteranenstraße. Hier ist Laden an Laden, und am Abend, wenn die Lichter funkeln, blitzt und schimmert es hinter den Fenstern, vor denen auf beiden Seiten eine kauf- und schaulustige, wenig verwöhnte Menge hin und her wogt. Hier sind auch die großen sogenannten »Waren-Abzahlungs-Geschäfte«, welche durch ganze Stockwerke reichen und in denen man – auf Borg! – *alles* haben kann, von einem Hemdenknopf angefangen bis zu kompletten Ausstattungen und Hauseinrichtungen. Ob das System für den Arbeiter das richtige, ja nur überhaupt ein empfehlenswertes sei, vermag ich nicht zu sagen; es wird viel von der Anwendung im einzelnen Fall abhängen. Mein Vorhaben, ein solches Etablissement kennenzulernen, »Berlins größtes, feinstes und reellstes«, wie es sich auf seinen massenhaft zur Verteilung kommenden gelben Zetteln nannte, ward durch ebenden Mann vereitelt, der sie verteilte. »Ach, Sie jehen ja da nich hin«, sagte er, indem er mich von oben bis unten mit einem Blicke voll Verachtung und Mißtrauen musterte. Doch sei schon hier bemerkt, daß mir von seiten unserer Arbeiter, so häufig ich auch auf diesen Wanderungen mit ihnen zusammengetroffen bin, niemals unfreundlich oder nur unhöflich begegnet worden. Wenn man sie um Auskunft fragt, so bleiben sie stehen auf den Straßen oder erheben sich von ihren Sitzen. Rußig und müde, wie sie sind, rücken sie zusammen und machen Platz auf den Bänken – was die feineren Herren im Tiergarten und in den

Pferdebahnwagen *nicht* regelmäßig tun, nicht einmal vor Damen. – Man kann sich getrost unter diese Leute setzen und ein Gespräch mit ihnen anknüpfen, sie werden immer ruhig und vernünftig antworten. Nur muß man freilich vermeiden, ihnen aufzufallen, und sich nicht die Miene geben, sie beobachten zu wollen. »Wech da mit de Ojen«, rief mir ein bestaubter Bursche von einem Arbeitswagen herunter, als ich mir die Lorgnette aufsetzte, um ihn anzusehen; doch er war bald wieder versöhnt, als ich das Ärgernis entfernte, und setzte gutmütig hinzu: »Na, wenn's weiter nischt is!« Und ein andermal, oben am Humboldthain, als dieselbe Lorgnette an einem Baume hängenblieb, ohne daß ich's wahrgenommen, kamen zwei junge Arbeiter raschen Schrittes auf dem einsamen Wege hinter mir her, bückten sich zur Erde, suchten, reichten mir, noch bevor ich Zeit gefunden, ein Wort zu sagen, das abgebrochene Stück und entfernten sich hierauf, zufrieden mit meinem Danke.

[...]

Einsamer war es hier vor so viel Jahren, als man auf »Wollanks Weinberg« noch zwischen Gärten und Hekken wanderte; mannigfach waren die Attraktionen dieses weitentlegenen Bezirks und unter ihnen nicht die geringste für uns das Vorstädtische Theater der Mutter Gräbert. Wer weiß jetzt noch von dieser einst so populären Figur und wer noch von ihrem Theater, welches unter dem Namen »Germania-Theater« eine Weile gegen den Wind und das Wetter weiterkämpfte, bis es heut, an diesem Frühlingsnachmittag, als ein vollständiges Wrack vor mir liegt – eine Ruine, von der morgen nichts mehr zu sehen sein wird. Und ich hab es doch in seiner Glorie gekannt, in jenen besseren Tagen, wo noch nicht mehr als vier oder fünf Theaterzettel an den Anschlagssäulen erschienen und der schönste von allen der der Mutter Gräbert auf dunkelrotem Papier. Gespielt ward in ihrem

Theater wöchentlich nur viermal, und es mußte schon hoch kommen, wenn es ein Stück bei ihr über zwei oder drei Vorstellungen hinausbringen wollte. Denn die Bewohner von »Wollanks Weinberg« verlangten beständig Novitäten; sie gingen jede Woche viermal ins Theater, und viermal jede Woche wollten sie ein neues Stück sehen. Dieses anspruchsvolle Publikum war kein geringes: Es waren die reichgewordenen Schenkwirte, Bierbrauer, Schlächtermeister und Professionisten überhaupt, die sich hier auf dieser gesunden und luftigen Höhe zur Ruhe gesetzt hatten, mit behäbigen Frauen und gebildeten Töchtern, die mit Passion ihre »Mühlbach« lasen. Diese Leute – deren Nachkommen jetzt Gott weiß in welcher »feinen Gegend« des Westens von Berlin wohnen, Equipagen halten, Diners geben und das Opernhaus besuchen – betrachteten das Vorstädtische Theater als *ihr* Theater, und Mutter Gräbert war die Frau, die ihr Jahrhundert verstand – die echte Theaterprinzipalin; man wird ihresgleichen nicht wiedersehen! Es hatte einmal auch einen Vater Gräbert gegeben, und er hatte sogar das Theater gegründet; aber selbst für uns, die jüngere Generation, war er schon eine mythische Person geworden, und um seinen Namen, wie um den des Gründers von Rom, hatten sich ganze Sagenkreise gebildet.

Seine Laufbahn begann in den Weißbierstuben Berlins, wo er komische Lieder sang und possenhafte Gedichte vortrug. Nach einiger Zeit hatte er sich so viel zusammengesungen, daß er ein Liebhabertheater vor dem Rosenthaler Tor erst mietweise, dann käuflich erwerben konnte; das Glück begünstigte ihn, das Geschäft blühte, und demnächst errichtete er das größere Theater auf dem Platze, wo das der Liebhaber gestanden. – Ein patriarchalisch-ökonomisches Verhältnis herrschte; Mutter Gräbert sorgte für die Küche des Etablissements und Vater Gräbert für das Weißbier und die Bühne. Er machte das Repertoire, leitete die Proben, engagierte die Mitglieder. Er war ein eifriger Widersacher der Tantieme; seine Ausgabe für ein neues Stück betrug in der Regel einen – Silbergroschen. Denn die meisten seiner Novitäten bezog er aus der Leihbibliothek in der Großen Hamburger Straße. Sollte aber einmal in außergewöhnlichen Fällen ein Originalstück aufgeführt werden, so löhnte Vater Gräbert den Dichter mit zehn Talern Courant ab, wenn eine Mordtat darin vorkam, und mit fünf Talern, wenn dies nicht der Fall war. Auch das Honorar, welches er seinen Künstlern bewilligte, hielt sich durchaus im Preiscourant der alten Haupt- und Staatsaktionen: Einige bekamen nichts, andere acht Taler monatlich; die höchste Gage, die er zahlte, betrug fünfundzwanzig Taler. Durch solch weise Maßregeln entfaltete sich das Kunstinstitut vor dem Rosenthaler Tor zu einem ungeahnten Flor, und manch hübsches Talent, das diesen Ursprung später verleugnete, stieg aus seinem Podium empor. Am besten aber stand sich Vater Gräbert selbst; er kaufte das Grundstück neben seinem Musentempel, machte einen schönen Garten daraus, baute ein Sommertheater hinein und bewirtete in jedem Jahre zu des Königs Geburtstag fünfzig Invaliden, die er am Ende des Gastmahls noch mit einem Taler beschenkte. Als nun aber Vater Gräbert nach so rühmlichem Leben sein Stündlein nahen fühlte, da ging er nicht etwa in sich wie wir anderen Sünder insgemein, sondern er fing an – Austern zu essen. Da konnte man ihn an jedem Morgen in der langen Vorderstube seines Etablissements sitzen sehen, Rollen austeilend, den Speisezettel entwerfend, seufzend über die Nichtigkeit des Daseins und – sechs Dutzend Austern vor sich. Es liegen keine genauen Berichte darüber vor, wie lange und wieviel Austern er gegessen; aber das Mittel mußte probat oder, als er es zu gebrauchen anfing, sein Ende noch nicht so nahe gewesen sein. Denn in der Wehmut seines Herzens baute er aus den Austernschalen Tempel und Altäre zum Schmucke seines Gartens auf; und wenn auch die undankbare Nachwelt so grausam war, die frommen Denkmale dieses Erzvaters zu zerstören, so hatte sich doch wenigstens eine von diesen Muschelgrotten, groß genug für eine büßende Magdalene oder zwei, mit einem Kreuz auf dem Dach und einem Kreuz an der Tür, erhalten, und ich selbst habe sie oft genug bewundert, wenn ich mit den übrigen Besuchern des Theaters zwischen einem Akt und dem anderen hinauskam in den Garten. Wie dem nun auch sei – endlich mußte Vater Gräbert den Schauplatz so vieler Freuden, Gastmahle und Triumphe verlassen; und einem Modus in seinem Testamente gemäß, wurde er in einer Mitternacht unter Sang und Klang bei Fackelschein begraben.

Das Erbteil dieses ausgezeichneten Mannes fiel seiner Frau zu. Sie hatte sich bis dahin nicht bemerklich gemacht, still und sittsam vielmehr zwischen den Schmortöpfen des Untergeschosses gewaltet. Wie denn aber der Krieg sich seine Feldherren selbst erzieht und die Not es ist, welche groß und erfinderisch macht: so stieg nun auf einmal das Aschenbrödel von Wollanks Weinberg aus der Tiefe herauf – den Kochlöffel und die Weißbierflasche in der einen, den Zügel des Thespiskarrens in der andern Hand, und der Ruhm von Mutter Gräbert fing an, denjenigen des Vaters Gräbert zu verdunkeln. Eine rüstige Matrone mit aufgeschürzten Ärmeln und hochrotem Gesicht, so habe ich sie noch gekannt und gesehen, gleich vornan in der ersten Stube hinter dem Schanktisch, in der ernsten Ausübung ihrer dreifachen Pflicht begriffen – in die Küche hinunter kommandierend, die Kellner kontrollierend und nur dann und wann einmal verschwindend, um auf der Bühne Ordnung zu machen.

Lang, lang ist's her! – Neben dem ausgebrannten Nationaltheater, auf dessen altem Grund hinter Bretterverschlägen schon Neubauten emporwachsen – aber Mietskasernen, keine Musentempel mehr, denn die Musen, so scheint es, fliehen diese Gegend, welche sie doch einst so sehr geliebt! –, neben diesem Wirrwarr von Steinen und Gerüsten steht noch das ehrwürdige Haus der Mutter Gräbert; aber in welchem Zustand? An den beiden Pfosten der geschlossenen Eingangstür kleben die halbabgerissenen, halb vom Regen verwaschenen blauen, grünen und roten Zettel des »Germania-Theaters«, und darüber erhebt sich ein ominöses Brett, an welchem die Worte stehen: »Hier sind Baustellen und Gebäude auf Abbruch zu verkaufen.« Und ein roter Strahl der Frühlingsabendsonne färbt die Kastanien im Garten, welche jetzt noch einmal blühen, wie sie geblüht haben in unserer fröhlichen Jugend – aber zwischen Kalkgruben, aufgewühlten Erdmassen, frischem Mauerwerk und einem fast ganz schon zerstörten Gebäude im Hintergrund, über dessen einzig noch stehender Wand ich beim schwindenden Tageslicht die Goldinschrift erkenne: »Laetitia 1845.«* – und das ist das Ende von Mutter Gräbert.

Von der Zionskirche her aber läuten die Glocken; sie läuten das Pfingstfest ein, und überall in den Straßen ist ein rühriges Treiben und der liebliche Duft von Maien. Ich glaube nicht, daß man auf dem Lande sich so lebhaft mit dem Feste freut, »das da feiern Wald und Heide«, oder vielmehr diese Freude so lebhaft ausdrückt wie in der Stadt und vornehmlich der unsren, als ob der zurückgehaltene Natursinn der Stadtkinder nur eine Gelegenheit suche, um überzuquellen. Man weiß, wie dann nicht nur Haus und Hof mit frischen Maien bekränzt werden, sondern auch Flaschenbierwagen und Milchwa-

* Jetzt erhebt sich an dieser Stelle schon eine große Fabrik (1885).

gen, Arbeitswagen und Droschken, die kleinen Läden und die Keller; und hier, auf Wollanks Weinberg und wo sonst in Berlin gebaut wird, rauschen und wehen die grünen Büsche bis hinauf in die höchsten Spitzen der Baugerüste, ja sogar in den Steinhaufen, mit denen die Straßen gepflastert werden, stecken diese Zeichen des nahenden Pfingstfestes. Indessen kommen uns viele Frauen entgegen, alle beladen mit Maien, mit Kalmusstauden, mit schweren Körben und mancherlei Paketen, sie steigen vom Arkona-Platz herab, wo heute Markt ist und sie zum Fest eingekauft haben. Die großen Märkte in diesen Gegenden sind die Sonnabendmärkte, und sie werden am Nachmittag und Abend abgehalten, damit der Arbeiter auf seinem Heimwege sie benutzen kann. Ich entsinne mich noch aus früheren Jahren des Samstagabendmarktes auf dem Pappelplatz, einem kleinen Dreieck von Platz vor der Berg- und Ackerstraße, bunt von Lichtern und gedrängt voll von Menschen und Buden. Aber mit der wachsenden Ausdehnung und der zunehmenden Bevölkerung dieses Stadtteils ward der Pappelplatz allmählich zu klein befunden und der Markt von der alten Stelle nach dem neuentstandenen Arkona-Platz verlegt, einem geräumigen, luftigen Square, viel schöner und größer als jener – er mag im Umfang ungefähr dem Gendarmenmarkt gleichen –, mit hohen, neuen Häusern im Geviert und einer stattlichen Gemeindeschule, die sogar einen Turm hat als monumentalen Abschluß. Trotzdem scheinen die Marktfrauen mit der Veränderung nicht sehr zufrieden. Eine von ihnen, eine Gemüsefrau, bei der ich mich erkundigte, wie das Geschäft hier oben gehe, klagte, daß es auf dem Pappelplatz besser gewesen. Da seien die Arbeiter gekommen und hätten gekauft, mit dem Wochenlohn in der Tasche; hier herauf aber, »auf den Berg«, möchten sie nicht steigen. Dennoch bietet der Markt auf dem freien, schönen

Lustgarten und Schloßfreiheit

Platz, zumal an diesem Pfingstsonnabend, ein sehr anziehendes Schauspiel mit der bunten Menge, die sich zwischen den Buden und Zelten auf und ab drängt, mit all den guten Sachen, die darin aufgehäuft sind, mit dem Geruch von frischem Kuchen – Napfkuchen in allen Formaten und Weißbrot vom Gesundbrunnen bergehoch übereinandergetürmt –, mit dem Abendlicht und dem Geläute der Glocken, welches unablässig von der Zionskirche herüberklingt. Wagen, hoch mit Maien beladen, stehen in den einmündenden Straßen, und Kalmusbüschel sind auf allen Tischen und in allen Händen – denn ohne diese Pflanze, welche lange schon an unsren Sümpfen und Gewässern wild wuchert, kann der kleine Mann in Berlin sich Pfingsten nicht wohl denken. Er stellt die Blätter in einem Wasserglas ans Fester seines Zimmers, das sie mit ihrem schwachen Aroma erfüllen, und aus der Wurzel macht sein Junge sich Flöten, deren schnarrender Ton um diese Zeit als die eigentliche Pfingstmusik an allen Ecken und Enden von Berlin gehört wird.

Unabsehbare lange Straßen ziehen sich von hier hinaus ins Freie.

Die Straßen waren vor vierzig, fünfzig Jahren noch wirkliche Landstraßen, auf denen der gesamte Personen- und Güterverkehr der damaligen Zeit sich bewegte; Chausseen, auf welchen Frachtwagen und Postkutschen fuhren, durch das Hamburger Tor nach den mecklenburgischen Landen und Hamburg, durch das Rosenthaler und Schönhauser Tor nach Pommern und Stettin, durch das Prenzlauer Tor nach Stralsund, durch das Landsberger Tor nach Ostpreußen und so weiter. Dergleichen Chausseen oder Alleen gab es damals in allen Richtungen von Berlin.

In dem rascher vorwärtsgeschrittenen Westen, wo die

Potsdamer Straße noch 1831 »Chaussee nach Potsdam«, und im Süden, wo die Belle-Alliance-Straße noch 1842 »Weg nach Tempelhof« hieß, sind die Bezeichnungen verschwunden, während sie sich hier auf dem etwas länger zurückgebliebenen Strich erhalten haben, von der Chausseestraße im Norden bis zur Prenzlauer Chaussee und Landsberger Allee im Nordosten. Und nicht nur der Name, sondern auch, je weiter man kommt, ein gewisses ländliches Ansehen, welches sich zuletzt zu einer Art ländlicher Einsamkeit steigert. Denn wiewohl jetzt Häuser stehen und fortwährend gebaut werden, wo vor nicht langer Zeit Gärten und Felder waren, so haben diese Straßen doch meist ihre natürliche Breite beibehalten, welche in der Schönhauser Allee so beträchtlich ist, daß man an manchen Stellen kaum noch von der einen Seite nach der anderen hinübersehen kann und auf diese Weise gar nicht mehr das Gefühl hat, in einer Straße zu sein. Dichte Gruppen alter, schöner Kastanien stehen noch in der Kastanienallee, welche von der Zionskirche hierherführt, und sie geben, zumal in der Blütezeit, mit ihrem Grün und Silber der endlos langen Straße einen freundlichen, traut anheimelnden Charakter. Seitenstraßen zweigen sich von diesem Plateau langsam bergab zur Schönhauser Allee, der großen Kommunikationsader des Ostens mit dem Norden, wie es die Brunnenstraße die des Zentrums und die Chausseestraße die des Westens ist. Kreuzt man die Schönhauser Allee, welche mit der beständigen Bewegung von Menschen und Wagen einen äußerst lebendigen Eindruck macht, so befindet man sich in einer stillen, noch wenig bebauten, mit vielen offenen, nur von Bretterzäunen umschlossenen Straße, der Pappelallee, das Ende derselben bezeichnet das Ende der Stadt überhaupt. Auf dem Wege dorthin sieht man eine Mauer mit einem Schilde darüber, welches besagt, daß dies der Kirchhof der freireligiösen Gemeinde. Klein, wie diese Gemeinde sein mag*, ist auch ihr Kirchhof der kleinste, den ich in Berlin gesehen habe. Die Mitglieder derselben gehören zumeist dem Stande der kleinen Gewerbetreibenden und Arbeiter an; und bescheiden wie der Saal, in dem sie sich zur gemeinsamen Andacht versammeln, ist auch der Kirchhof, auf dem sie begraben werden. Aber er ist äußerst saubergehalten, liegt schon fast ganz im Freien, und auch auf seine Gräber scheint diese Sonne des Pfingstvorabends freundlich, friedlich hernieder. Auf der Straße vor demselben ist es ganz einsam und still, bis auf die Kinder, die mit nackten Füßen auf dem holprigen Steinpflaster herumspielen. Doch auch hier noch, an der äußersten Grenze Berlins, hat man die ganz bestimmte Empfindung der Sicherheit, welche die Zusammengehörigkeit mit einem großen Ganzen gibt. Zwar einen Schutzmann habe ich hier – und auf meinem ganzen Wege – nicht gesehen, und mich verlangte auch nicht nach ihm. Aber dafür sah ich – erstens – einen Sprengwagen mit dem Bären, dem Wappenbilde der Stadt Berlin, welcher hier, in dieser entlegenen, armen Straße, so gut für Reinlichkeit sorgt wie in irgendeiner der vornehmsten des Tiergartenviertels; und zweitens sah ich, als fast das letzte Haus, eine Gemeindeschule – eines jener stattlichen Gebäude, die sich überall in diesen Volksquartieren wie die festen Burgen guter Gesittung erheben und den für eine Weile von allen Banden der gewohnten Umgebung abgelösten Wandrer mit einem wundersam frohen Vorgefühl der Zukunft erfüllen.

Immer schon, indem man diese Straße hinangeht, hat man vor sich einen weißlich dämmernden Streifen mit dem Blau des Himmels darüber; und hier endlich ist kein Berlin mehr – kein Haus mehr, so weit der Blick

* Wenn ich den Verwaltungsbericht 1877–81 (I, 97) richtig verstanden habe, so zählte sie 1880: 1173 Mitglieder gegen 710 im Jahre 1875.

reicht, nur eine Windmühle und sandiger Hügel. Hier sind wir im Freien. Vor uns liegt die Heinersdorfer Gemarkung. Der Geruch des Kornfeldes ist in der Luft, und die Spitzen der Halme, vom Abendwinde geschaukelt, schimmern rötlich in der untergehenden Sonne. Weit hinüber dehnt sich der Abendhimmel, weit und blau, nur an den Rändern dunstig von der Atmosphäre der Stadt, in welcher ein und eine Viertelmillion Menschen atmen und arbeiten, von deren ungeheurer, stundenweiter Ausdehnung man aber hier oben nichts sehen kann. Man sieht nur das Nächste, das nächste Haus, die nächste Straße, die Windmühle, den Sandhügel – und eine Lerche schwirrt über den Feldern und singt, wie ich sie habe singen hören, einst, auf den Hügeln meiner Heimat, am Vorabend des Pfingstfestes ...

Kehrt man nun von hier in die Schönhauser Allee zurück, so mag sie einem wohl mit ihren Gärten und Villen und Häusern und Pferdebahnen und Omnibussen wie eine Stätte alter Kultur erscheinen. Hier ist alles bepflanzt und bebaut – nur der Platz an der »einsamen Pappel«, ganz oben, ist noch, wie er war, solange Menschen sich erinnern können. Hier, auf dem freien Felde, ging es einst stürmisch her in den Volksversammlungen des Jahres 1848, welche die »einsame Pappel« berühmt gemacht haben. Aber jetzt ist es auch dort still. Auf dem spärlichen Graswuchs lagert hier und dort ein Arbeiter, der seine Zeitung liest oder sein Abendbrot verzehrt oder sich zum Schlaf ausgestreckt hat; ein paar Kinder tummeln sich an den sandigen Abhängen, ein paar Spaziergänger kommen über den kaum erkennbaren Pfad, und in der Mitte, schon im Schatten, steht sie selber, die Pappel – der einzige Baum weit und breit – und am Rande des Feldes glühend rot der Ball der untergehenden Sonne.

Berliner Zentralmarkthalle

Wenn man nun weiter zum Schönhauser Tor abwärts geht, so gerät man in ein dichtes Volksgewühl. Von rechts und von links funkeln die Lichter und schallt Musik aus den Gärten der großen Brauereien, welche von dem behäbigen Mittelstand der benachbarten Gegend besucht werden. Die eigentlich populären Vergnügungslokale, wo man unglaublich viel für wenig Geld zu sehen und zu hören bekommt und welche gleichfalls hier an der Einmündung der Kastanienallee in die Schönhauser Allee liegen, sind heute noch dunkel. Aber in hellstem Glanze werden sie morgen strahlen; denn mit dem ersten Pfingsttag und einem Frühkonzert eröffnen sie ihre »Saison«. Dann werden Puhlmanns Garten, die Neue Walhalla und der Berliner Prater mit Tausenden gefüllt sein. Im Hintergrunde steht ein kleines Theater, auf welchem unter freiem Himmel abwechselnd sentimentale Sängerinnen und Tanzkünstler sich produzieren, Komödien und Zauberpossen aufgeführt werden, von denen jedoch nicht der dritte Teil der bis an den äußersten Rand gedrängt stehenden oder sitzenden Zuschauer ein Wort verstehen oder einen Ton erhaschen mag, wie gespannt sie auch lauschen. Gleichzeitig ist vorn in einem Saal am Eingang »Ball«; wird geschossen, gewürfelt, »gewogen«, die »Kraftprobe« gemacht und Billard gespielt; werden an einem Tische »belegte Stullen« und Würste verkauft, an zwei Büffets Bier, »die Weiße« und der »Gilka« geschenkt und Garten und Tische mit abgerissenem Papier bedeckt, da die meisten dieser Gäste sich ihre Mahlzeiten selber mitbringen. Und sie müssen sich für diese Gelegenheiten ganz gehörig verproviantieren; denn solch ein Vergnügen dauert lang. Es kommt noch der Luftballon, eine »Zaubersoiree«, die Illumination und das Feuerwerk, verbunden mit einem Militärkonzert, welches in früheren Jahren die Schlacht bei Leipzig darzustellen pflegte, jetzt aber, mit vielfachem Kanonendonner, gewöhnlich die von Sedan aufführt. Schon bedecken die roten, grünen, gelben und blauen Zettel mit einem Programm, welches an die fünfzig Nummern zählt, die Pforten dieser Musentempel extra muros; und mit Befriedigung entnehme ich einem jeden von ihnen, daß allhier, unter so viel Zerstreuungen, doch noch immer »Familien Kaffee kochen können«. Aber in die Form und Fassung dieses altehrwürdigen Ausdrucks ist ein gewisses Schwanken gekommen. »Hier können Familien Kaffee kochen« – so hieß es früher, und das war deutlich, das konnte man verstehen; diese fünf Worte hatten etwas Monumentales: Sie waren wie ein Paragraph der Verfassung, involvierten alle Möglichkeiten und schlossen jede Willkür aus. Was soll ich nun davon denken, daß es gleich auf dem ersten dieser Zettel heißt: »Hier können Familien an Wochentagen Kaffee kochen«. Nur an Wochentagen? – Das nimmt der Sache den halben Wert; und es beruhigt mich keineswegs, daß die beiden folgenden Zettel wieder einzulenken scheinen, indem sie sagen: »An allen Tagen können Familien Kaffee kochen«, und »Familien können zu jeder Tageszeit Kaffee kochen«, oder der vierte gar: »Den geehrten Damen ist die Kaffeeküche geöffnet«. Ah, ces Dames! – Diese »geehrten Damen« und noch mehr die höflichen Wirte machen mir bange; und ich muß gestehen, daß es mir, ein paar Tage später, als die Familien und der Kaffee bereits in vollem Gange waren, eine ordentliche Erleichterung gewährte, Zeuge zu sein, wie der höfliche Wirt Nr. 4 einen harmlosen Jüngling, der nichts Böses getan, außer daß er einen Blumentopf in den Armen hielt und sich, um besser nach der Bühne hin sehen zu können, ein wenig auf die Fußspitzen hob, nach alter guter Väter Sitte an dem Kragen nahm und aus dem Lokale warf. Dieser Zug von Gemütlichkeit rührte mein Herz und rettete meinen Glauben an die Zukunft; denn ein grober

Wirt und die kaffeekochenden Familien, die gehören nun einmal zusammen im Berliner Volksleben und werden nur miteinander daraus verschwinden.

Wir befinden uns in einem Übergangsstadium, Straßen, Häuser und Menschen; und von dem Alten wird bald wenig genug mehr zu sehen sein, besonders in diesen Gegenden. Hier zum Beispiel, an der Ecke der Acker- und Elisabethkirchstraße, welch letztere damals, vor etwa zwanzig Jahren, noch gar nicht existierte, war ein kleiner Zigarrenladen, in welchem ich eine der merkwürdigsten Bekanntschaften meines Lebens machte. Der Eigentümer des Ladens, Herr Queva mit Namen, fabrizierte und verkaufte nämlich nicht nur Zigarren, sondern auch Gedichte, und beides, Zigarren und Gedichte, hing an einem Bindfaden aufgereiht vor seinem Schaufenster. »Eigenes Fabrikat« stand mit großen Buchstaben in weißer Farbe daran geschrieben. Herr Queva verfertigte seine Gedichte nicht gerade auf Bestellung; aber er besaß ein feines Ohr für die jeweilige Stimmung und richtete sich darnach ein, behandelte die Ausschreitungen der Mode, die Putzsucht der Köchinnen, die Krinolinen, die Figuren auf der Schloßbrücke, kurz, die Fragen der Zeit, mischte sich wohl auch in Politik, namentlich die äußere, da mit der inneren damals nicht viel zu machen war. Er war ein Herr in mittleren Jahren, von untersetzter Statur, ein schwarzer Bart umrahmte sein Gesicht, und ich erinnere mich, daß er immer gestickte Pantoffeln trug. So stand er hinter seinem Ladentisch, wenn ich an den Mittwochnachmittagen hierherkam, um ein Viertelstündchen mit ihm zu plaudern und von seinen inzwischen erschienenen neuen Gedichten zu kaufen. Denn diese schienen mir besser als seine Zigarren, weswegen ich mich ihm auch immer nur als ein Liebhaber der Poesie, niemals aber als ein Raucher von Profession zu erkennen gab. Einige seiner Verse sind mir noch im Gedächtnis, wie zum Beispiel die gelegentlich unserer Mobilmachung von 1859 entstandenen, in welchen er den Kaiser der Franzosen folgendermaßen harangiert:

Det Du uff Preußen 'nen Gieper hast, det jlooben wir
    Dir schon;
Wir wollen Dir aber nich als Gast, Du oller
    Kronensohn.

Und dennoch hat der Volkspoet der Ackerstraße, wie mir aus einer seiner späteren Effusionen hervorgeht, es erlebt, den also von ihm Besungenen als Gast auf der Wilhelmshöhe zu begrüßen. Ja, es ist wie ein Traum, wenn man auf dieses Vierteljahrhundert zurückblickt! Wohl steht noch das Haus an der Ecke, und ich erkenne den Laden, das Fenster und in den alten, halbverwischten Buchstaben das »eigene Fabrikat« – aber ach! – der Dichter und die Gedichte sind verschwunden, und nur die Zigarren sind geblieben und hohe Gebäudemassen ringsumher.* Die Acker- und die Gartenstraße, die damals hier, am Pappelplatz, ein Ende hatten, sind ins Grenzenlose hinausgewachsen, bis hinauf nach dem Humboldthain, mit neuen Straßensystemen zwischen sich, die jetzt zwei ganze Stadtteile, den »Wedding« und das »Spandauer Revier außerhalb« bilden. Prachtvoll erhebt sich in ihrer Mitte der Stettiner Bahnhof, und an ihrem Rande brausen unaufhörlich die Züge der Ringbahn, deren eiserne Stränge die Stadt umgürten. Arbei-

* Nach der ersten Veröffentlichung obiger Skizze (»Deutsche Rundschau«, April 1885) schrieb mir ein freundlicher Leser der genannten Zeitschrift: »Queva, von dem man nach Ihrer Schilderung annehmen sollte, daß er nicht mehr unter den Lebenden weile, verkauft zwar keine Zigarren mehr, dichtet aber nach wie vor« (»unter Assistenz seiner Tochter«, wie ein zweiter Korrespondent hinzufügt). »Die neuesten in Berlin gesungenen Leierkastenlieder haben ihn zum Verfasser.« Von dieser erfreulichen Tatsache, die mir übrigens nicht ganz unbekannt war, sei hier mit gebührendem Danke Notiz genommen.

ter mit ihren Kindern auf den Armen stehen vor den Türen, und aus den Fenstern schauen Mann und Frau gar einträchtiglich auf die Bewegung in den Straßen und den Abendhimmel, der sich weit und golden gegen Westen spannt. Freilich, mehr Poesie war in der Welt, als Mutter Gräbert noch lebte und Herr Queva noch sang, da, wo jetzt Fabriken sind, hin- und hergehende Lokomotiven, hohe Häuser, Rauch und Lärm. Aber etwas ist die Prosa doch auch wert; und mitten unter diesen Fabriken und gleichsam umbrandet von der großen Arbeiterströmung steht ein schöner, äußerst solider Ziegelbau, durch einen stillen Hof vor den allzu lauten Stimmen der Straße geschützt und von Grün und Gartenanlagen gar freundlich umgeben. Es ist das Humboldt-Gymnasium, welches seit nunmehr zehn Jahren besteht – eine Stätte der Wissenschaft und eine Huldigung für sie, hier auf dem Boden der mechanischen Arbeit im äußersten Norden von Berlin. Es war eine verdienstliche Tat unserer Stadtverwaltung, dies Haus gerade in dieser Gegend zu begründen; und ich erinnere mich noch des ersten Direktors, des feinen, liebenswürdigen, leider allzu früh verstorbenen Schottmüller, mit welchem Vertrauen und Mut er an seine Kulturarbeit ging, als das Gymnasium nur erst in den untersten Klassen eröffnet werden konnte. Wenn er jetzt noch lebte, würde er sehen, wie die Anstalt floriert und es sowohl an Schülerzahl wie an glücklichen Resultaten mit den andern Gymnasien der Hauptstadt aufnimmt.

In der Bergstraße war es auch, wo ich durch eine Fülle frischen Grüns überrascht ward, dessen ich mich aus den früheren Jahren nicht entsann; und auf einmal, durch eine Pforte hereintretend, befand ich mich in einer außerordentlich belebten, gartenartigen Anlage. Dies ist der alte Sophienkirchhof, der in den dreißiger Jahren noch benutzt ward. Der ursprünglich älteste war der, den

ich meinen Lesern bereits gezeigt habe, in der Sophienstraße, welche gegen Ende des vorigen Jahrhunderts
noch Kirchhofsgasse hieß. Hierauf ward der Kirchhof in
die damals noch unbebaute Gegend vor das Hamburger
Tor verlegt, zwischen die gegenwärtige Berg- und Gartenstraße, und vor etwa fünfzig Jahren geschlossen,
nachdem man den neuen Sophienkirchhof noch weiter
hinaufgerückt, über den heutigen Pappelplatz hinaus.
Was mich immer und immer wieder auf diese Berliner
Kirchhöfe zieht, das sind die Bilder und Erinnerungen
der alten Tage. Wieviel irdische Größe, wieviel Ruhm
und wieviel Unglück ruhen hier beisammen! Jeder
Kirchhof dieser großen Stadt ist voll von Schatten, die
wieder lebendig werden, wenn man ihre Namen nennt.
Hier ist das Grab von Charlotte Stieglitz, und auf dem
Kreuze desselben sind die Worte: »Wir werden uns wiedersehen, freier, gelöster!« – die letzten, mit denen sie,
das junge, blühende Weib, ihr Leben opferte, wähnend,
daß ein großer Schmerz allein ihren zurückbleibenden
Gemahl zu großen dichterischen Taten wecken könne –
den Unglücklichen, der nun neben ihr ruht, *ohne* die
große dichterische Tat, die sie von ihm geträumt! ...
Hier, auf dem neuen Sophienkirchhof, ist auch das Grab
Lortzings, und wer auf dem mehr als bescheidenen
Denkstein diesen Namen liest, dem mag das Herz wohl
übergehen in dankbarer Erinnerung an die vielen lieblichen, erquickenden Melodien, deren Schöpfer er war,
und in Wehmut über das Schicksal dieses wahrhaft spon-
tanen Talents, welches im kleinen Genre so groß war! Er
hat es nicht erleben sollen, der nach unstetem Wandern
kaum achtundvierzigjährig und im Elend starb, seine
Werke mit dem königlichen Glanz unseres Opernhauses
aufgeführt zu sehen, wo sie mitten zwischen den Banali-
täten des Tages und der gespreizten Unnatur den unbe-
fangenen Hörer anmuten wie die Wald- und Quellenfri-

sche der echten Natur, so voll von reiner Heiterkeit und
so frei von jeder Spur des mühsam Gemachten – so
ganz, wie von selbst geworden!

Deutsch war sein Lied, und deutsch sein Leid,
Sein Leben Kampf mit Not und Neid.
Das Leid flieht diesen Friedensort,
Der Kampf ist aus, das Lied tönt fort.

Mittlerweile hat der Magistrat dem ehemaligen alten
Sophienkirchhof seine jetzige freundliche Gestalt gegeben, und derjenige, dem die Nachbarschaft dankbar dafür sein muß, war ein früherer Berliner Bürger, der im
August 1877 zu Dessau verstorbene Rentier Heyse, der
die Stadt Berlin zur Erbin seines großen, über eine Viertelmillion Mark betragenden Vermögens einsetzte. Er
überließ dem Ermessen des Magistrats die Verwendung
der Zinsen »zur Förderung alles dessen, was für die bedürftigen, aber fleißigen, talentvollen Bewohner der
Stadt nützlich ist«. Er wünschte auch, daß ein Teil des
Einkommens »zur Verschönerung der Stadt, zur Be-
pflanzung mit Bäumen« verwandt werde. Dann fuhr er
fort: »Insbesondere empfehle ich die Überschüsse als
Beitrag, wenn es sich ereignen sollte, daß geschlossene
Begräbnisplätze zu Erholungsplätzen für alt und jung
eingerichtet werden sollten … Es wäre eine Wohltat für
die Bewohner und ein Schmuck für die Stadt, wenn die
in und um die Stadt noch bestehenden schattigen Begräbnisplätze den Nachkommen für spätere Zeiten zu
Erholungsplätzen erhalten würden … Die Liebe zu meiner Vaterstadt führt mich zu dieser Betrachtung.«
Im Sinne des guten Mannes wurde demgemäß der alte
Sophienkirchhof in eine Stätte der Erholung für diesen
Stadtteil verwandelt, der an solchen Plätzen bisher besonders arm gewesen war. In dem Berliner Wohnungsanzeiger wird er noch immer als »Kirchhof« aufge-

führt, aber die Leute dieser Gegend nennen ihn »Spielplatz«. Er nimmt noch den ganzen Raum zwischen Berg- und Gartenstraße ein, nach welcher sich ein zweiter Ausgang öffnet, und hat seinen eigenen, vom Magistrat bestellten Aufseher, der des Abends die beiden Pforten verschließt. Von den Gräbern ist keine Spur mehr, aber noch stehen und rauschen die hohen, alten Bäume, und auf den Bänken, die sich hier reichlich vorfinden, oder auf Schemeln, hölzernen Stühlen und Rohrsesselchen, die sie sich selber mitgebracht haben, sitzen hier in der Abendkühle die Bewohner der angrenzenden Straßen, alte und junge Ehepaare traulich beisammen, und die Kinder jagen sich auf dem Rasen, während durch das Grün der Gebüsche die großen Feuer der anstoßenden Hoppeschen Maschinenfabrik leuchten. Für den Wanderer, der hierherkommt, ist es ein erfreuender Anblick, zu sehen, wie für das heranwachsende Geschlecht überall in dieser Stadt gesorgt ist; und nachdem er vielleicht vor einer Stunde dem Spiele der Jugend im Tiergarten zugeschaut, nun auch hier in diesem dichtbevölkerten Quartier, unter Fabriken und Schornsteinen, Scharen fröhlicher Kinder zu begegnen, weniger elegant und nach der Mode gekleidet als jene, Proletarierkinder, aber doch auch mit ihrem bescheidenen Anteil an frischer Luft und belebendem Grün und ebenso glücklich in ihrer harmlosen Lust, wenn es gleich Gräber sind, auf denen sie spielen.

Endlich bietet sich mir auch in der Ackerstraße noch ein Anblick, welcher allein genügen würde, den ungeheuern Abstand von einst und jetzt darzutun oder gewissermaßen in einem Bilde zu zeigen: Ich meine die Meyerschen Familienhäuser, welche den Platz einnehmen, wo früher die Baracken des Vogtlandes gestanden haben. Auch damals gab es hier schon »Familienhäuser«. Aber wie es darin ausgesehen, das ist in dem Buche Bettinas von Arnim beschrieben: »Am leichtesten übersieht man einen Teil der Armengesellschaft in den sogenannten Familienhäusern. Sie sind in viele kleine Stuben abgeteilt, von welchen jede einer Familie zum Erwerb, zum Schlafen und Küche dient. In 400 Gemächern wohnen 2500 Menschen ... Der Vater webet zu Bett und Hemden und Hosen und Jacke das Zeug und wirkt Strümpfe, doch hat er selber kein Hemd. Barfuß geht er und in Lumpen gehüllt. Die Kinder gehen nackt, sie wärmen sich eines am andern auf dem Lager von Stroh und zittern vor Frost ... Kreuzweis wird durch die Stube ein Seil gespannt, in jeder Ecke haust eine Familie; wo die Seile sich kreuzen, steht ein Bett für den noch Ärmeren, den sie gemeinschaftlich pflegen ...« Wenn man mit solchen Zuständen die gegenwärtigen Familienhäuser vergleicht, dann begreift man, welche Fortschritte wir seitdem gemacht haben. Kolossal in ihrem Umfange, geben sie dem Verhältnis sichtbaren Ausdruck, in welchem mit sparsamster Ausnutzung des vorhandenen Raumes zugleich für das häusliche Wohlbefinden und die sanitäre Zukömmlichkeit großer, dicht zusammen wohnender Menschenmengen gesorgt werden kann. Dem Erbauer oder Begründer mag das Beispiel der Peabody-Buildings in London vorgeschwebt haben, soweit System und Einrichtung in Frage kommen. Denn von Wohltätigkeit ist hier keine Rede; diese Familienhäuser sind Mietshäuser mit etwa fünfhundert Einwohnern. Sie gleichen einer kleinen Stadt, wimmelnd von Menschen und mit jeder Art von Hantierung. Die Front des Hauptgebäudes mit zwei mächtigen Portalen flankiert die Akkerstraße; dahinter öffnen sich fünf Höfe, jeder mit zwei vierstöckigen Quergebäuden, durch welche ein gewölbter Durchgang führt, mit zwei Seiteneingängen für die Häuser selbst. In den Höfen herrscht das Leben einer Straße; Kinder spielen fröhlich umher, Werkstätten von jeglicher Beschaffenheit sind in vollem Betrieb, und Frauen, welche Grünkram und Obst feilhalten, sitzen an den Ecken. Den Hintergrund des letzten Hofes bildet eine Badeanstalt mit einer großen Uhr, welche die Zeit in diesem Gebäudekomplex regelt, und vorn, am Straßenportal, hängt eine fast die ganze Wand bedeckende Tafel mit den Namen der Einwohner, daneben allerlei sonstige Benachrichtigungen über die nächste Postexpedition, die nächste Polizeistation und so weiter und das Hausreglement. Ich muß sagen, daß dies alles einen guten Eindruck machte, wie ich bei Zwielicht die Höfe durchschritt, in welchen so viele Hunderte dicht zusammen leben und dennoch einander nicht im Wege sind. Die Luft in den angemessen geräumigen Höfen war nicht schlecht, und als ich sie verließ, fingen eben die Gaslaternen an, ihr reichliches Licht in denselben zu verbreiten.

»Von hier, vom unheimlichen Vogtland, der damaligen Höhle des Pauperismus«, erzählt Gutzkow in seinem Buch »Aus der Knabenzeit«, »zogen sich einsame, endlos scheinende Sandflächen bis nach Tegel hin ... Da lag der Gesundbrunnen und eine Saharawüste, die man den Wedding nennt und auf dessen tief im Sande angelegten Laufgräben, Schanzen, kleinen Belagerungsforts die Artillerie zu exerzieren pflegte.«

Sehen wir uns heute diese Gegend an. – Was ihr die Signatur gibt, das sind die großen Fabriken; sie voran, die Borsigsche und nebenan die Eggelssche, die Schule unsrer großen Maschinenbauer aus den dreißiger Jahren des Jahrhunderts, aus welcher auch Borsig hervorging. Es sind dies nebst der inzwischen eingegangenen Freundschen die ältesten unsrer Fabriken; diejenigen, in welchen die jetzt so hochentwickelte Maschinenbau- und Eisenindustrie von Berlin ihren Anfang nahm. Ein

Wald von Schornsteinen dehnt sich dahinter aus und wird immer dichter, je mehr dem Norden zu. Denn die Richtung der Zeit geht in diese noch wenig bebauten Lagen, wo Grund und Boden billiger und die Kohlen und das Eisen, durch die dorthin führenden Bahnen, näher sind. Aber immer noch ist die Borsigsche Maschinenbau-Anstalt, da, wo ehemals das Oranienburger Tor war, gleich am Eingang der Chausseestraße, mit ihrem Turm, ihren Arkaden und den Emblemen und Figuren der Arbeit über ihrem Portal, das Wahrzeichen dieser Gegend – weithin sichtbar, wenn man die Friedrichstraße heraufkommt.*

Es ist ein wunderlieblicher Sonntagsmorgen im Juni – der erste Juni, der erste Pfingsttag.

Heute hat die Chausseestraße ein sonntägliches Aussehen, und nur hier und dort über einem Schornstein kräuselt noch ein leichtes Wölkchen in die wolkenlose, blaue Luft. In den tiefen Höfen, wo die Berge von Steinkohlen lagern, ist alles still, und in den Vorgärten, wo selbst hier, zwischen Rauch und Ruß und Zink- und Eisenguß, der Frühling emporgekommen ist, flimmert das junge Laub in der Sonne, vermischt mit Flieder, dieser holden, genügsamen Blüte, die den Boden von Berlin liebt und um diese Zeit des Jahres ihren Duft durch alle Straßen sendet.

Auch der Pferdebahnwagen, in dem ich fahre, hat

* Die Eggelssche Anstalt ist unterdessen schon verschwunden; aber auch die Borsigsche hat dem Druck der ungünstigen Konjunkturen nicht länger zu widerstehen vermocht. Als ich zum letzten Male, in der Mittagsstunde, vor dem Eingangstore stand, strömten nicht mehr die Scharen der Arbeiter heraus wie sonst, nur noch einzeln kam ein Mann oder eine Frau; stille geworden war es an dieser Stätte vormals so gewaltiger menschlicher Tätigkeit, und nicht lange mehr, so werden auch hier die Feuer erloschen, wird das ganze Terrain mit Häusern und Hinterhäusern dicht bedeckt und der Name der Borsigstraße alles sein, was an eine für die Entwicklung der Industrie in Berlin so wichtige Epoche erinnert. (Anmerkung vom 4. Februar 1887)

heut ein anderes Aussehen und ein anderes Publikum als gewöhnlich. Nicht nur festtäglich sind die Leute gekleidet, es liegt auch in ihrem Benehmen etwas Ruhiges und Feierliches, was gegen den Wochentagslärm und Geschäftshabitus, der hier sonst gemeiniglich herrscht, sehr wohltuend absticht. Bejahrte Männer oder Frauen, von ihren Töchtern liebevoll unterstützt, kommen in den Wagen; viele haben Blumen in der Hand, mehrere noch das schöngebundene, wohlerhaltene Gesangbuch.

Am Ende der Fahrt, aus der Häusermasse, ragt plötzlich der Turm einer neuen Kirche empor, der Dankeskirche auf dem Weddingplatz.

Hier war einst ein weites, von der Panke bewässertes, mit Weidengebüsch umgebenes Heideland, von den Umwohnern das Weidicht, Wedding und in den alten Urkunden »up dem Wedig« genannt. Noch im 13. Jahrhundert stand hier ein Dorf, von welchem aber nichts geblieben als ein Hof oder eine Meierei, ein sogenanntes Vorwerk, welches an der heutigen Reinickendorfer Straße lag und lang im Besitz der Krone war. Unter dem Großen Kurfürsten ward es von seiner Gemahlin, der wirtschaftlichen Dorothea, als Schäferei benützt, unter Friedrich dem Großen aber in Erbpacht gegeben, während zugleich der Anbau des umliegenden, in Parzellen ausgeteilten Heidelandes begann. Indessen ging es langsam damit vorwärts. Ältere Berliner mögen sich der endlosen Chaussee wohl noch erinnern, auf der sie wenigstens einmal im Sommer nach Tegel hinausfuhren. Es war kein großes Vergnügen auf der staubigen Landstraße, immer in der Sonne, bis das schattige Grün des Dörfleins und Parkes erreicht war. Aber der Berliner war es damals nicht besser gewöhnt. Die Chaussee führte mitten durch den Wedding und gab uns, die sonst niemals hierhergekommen wären, Gelegenheit, diese Gegend in ihrem fast noch ursprünglichen Zustande zu sehen. Als zu Beginn des Jahrhunderts diese »Kunststraße« angelegt ward, da waren auf der ganzen Strecke von der Panke ab vier Wohnhäuser und außerdem nur Windmühlen, welche damals wie jetzt, immer weiter hinausgedrängt, das Ende von Berlin bezeichneten. Nach diesen Mühlen ward die Straße später genannt, Müllerstraße, heute wohlgepflastert, mit zwei Pferdebahnen und mit Häusern auf beiden Seiten, wenn auch noch in zuweilen ziemlich weiten Abständen. Im Jahre 1801 aber, als die Stadt den größeren Teil des Wedding erwarb, während der sogenannte »kleine Wedding« noch in Privatbesitz blieb, zählte das ganze Gebiet nicht mehr als 150 Bewohner; und es bestand aus Sandwüsten, Sümpfen, Luchen und Fennen, hin und wieder von einem Stück spärlicher Fichtenwaldung unterbrochen. Um es urbar zu machen, verpachtete der Magistrat die Ländereien in größeren und kleineren Parzellen an sogenannte »Kolonisten«, die ihre Arbeit vortrefflich taten. Auch der Wedding, wie so mancher andere Stadtteil des gegenwärtigen Berlins, der heut in voller Herrlichkeit prangt, war, wie dieses ganze Berlin, einst aus solch unscheinbaren Anfängen hervorgegangen; nur daß dieser jüngste von unseren Stadtteilen die Kennzeichen seiner Entstehung noch am deutlichsten zeigt und gleichsam vor unseren Augen den Prozeß in allen seinen wesentlichen Zügen noch einmal wiederholte, durch welche dieser unwirtliche Boden in eine der glänzendsten Städte der Welt verwandelt ward. Als die Stadt Berlin im Jahre 1817 von dem letzten Erbpächter Vorwerk und Ländereien unter gleichzeitiger Ablösung der Erbpacht erwarb, waren nicht mehr als siebenundzwanzig Kolonistenstellen vorhanden. Aber schon im Jahre 1820 hatte sich die Zahl derselben auf mehrere Hundert erhöht, 1823 zählte der Wedding 160 Wohnhäuser und 1146 Einwohner, vier Jahre später 226 Wohnhäuser, 16 Fabriken und Mühlen,

2217 Einwohner, und im Jahre 1842 beschreibt Fidicin den Wedding als »eine ziemlich weitläufige Kolonie, welche sich von der Chausseestraße bis zum Gesundbrunnen hinzieht und in mehr als 350 Grundstücken mit 3700 Einwohnern besteht«. So weit ab von Berlin war der Wedding damals, daß noch zu Fidicins Zeiten der seit Bebauung der Bergstraße hierher versetzte Galgen stand, das Hochgericht, an welchen noch immer die Namen der Hoch- und der Gerichtsstraße erinnern. Aber wenn auch über ein weites Terrain verstreut und sehr entfernt noch von einer eigentlichen Konzentration, hatte doch inzwischen schon der Keim eines Gemeindelebens sich zu entwickeln begonnen. Das erste, was der Magistrat von Berlin für die neue Schöpfung tat, war der Bau eines Schulhauses, welches der nachmaligen Schulstraße den Namen gab, anfänglich nur *ein* Klassenzimmer und *eine* Lehrerwohnung enthielt und am 15. Oktober 1821 mit fünf Knaben und sechs Mädchen eröffnet ward. Vierzehn Jahre später, 1835, kam die Kirche – die schöne kleine Nazarethkirche, welche König Friedrich Wilhelm III. nach Schinkelschem Entwurfe bauen ließ. Nun steigerte sich von Jahrzehnt zu Jahrzehnt die Bevölkerungsziffer der Kolonie, neue Straßen entstanden, die vorhandenen dehnten sich aus, und endlich, im Jahre 1861, ward der Wedding in den Stadtbezirk von Berlin inkorporiert. Nicht lange, so genügte die kleine Kirche nicht mehr, und eine zweite größere, die Dankeskirche, wuchs empor, mit einer neuen Gemeinde, zu welcher die Parochie der Nazareth-Kirche 4100 Seelen abzweigte.*

Dies ist in allgemeinen Umrissen die Geschichte des Wedding, der, zur Zeit seiner Inkorporation 10716 Ein-

* Viele von den hier angeführten Daten verdanke ich der inhaltreichen kleinen Schrift »Geschichte der Nazareth-Gemeinde auf dem Wedding zu Berlin«, welche zur Feier ihres fünfzigjährigen Bestehens der gegenwärtige Pfarrer derselben, Herr L. Diestelkamp, veröffentlicht hat.

wohner zählend, heute noch immer unser am schwächsten bebautes und am dünnsten bevölkertes Terrain ist, aber doch, in Anbetracht der kurzen Zeit seit seiner Umwandlung aus Acker- und Heideland in Wohngebäude sowie seiner nichts weniger als begünstigten Lage, die größten Fortschritte von allen Stadtteilen aufweist.

Wenn der Wedding, wie der ganze Norden Berlins überhaupt, vorwiegend von den weniger bemittelten Klassen, Arbeitern und kleinen Leuten bewohnt wird, so folgt doch nicht daraus, daß dies ausschließlich der Fall sei. Freilich stand der Wedding lange im Ruf, eine Ablagerung des Berliner Gesindels zu sein, und nicht ohne Grund, da wegen der billigen Mieten und der größeren Entfernung von der Berliner Contrôle viel zweifelhaftes Element sich gerade hierher zog in das noch nicht völlig geordnete Gemeindewesen. Aber diese Zustände haben sich längst reguliert, und wir dürfen dem um das innere, geistige Leben seiner Parochie sowie namentlich durch Errichtung einer Arbeiterkolonie innerhalb derselben sehr verdienten Pfarrer wohl glauben, wenn er (in der zitierten Schrift Seite 21) sagt: »Wer aber einmal in hiesiger Gegend ansässig geworden, merkt bald, daß es sich recht gut hier wohnt, daß die hiesige Bevölkerung eine überaus friedliche und angenehme und das Vorurteil mancher Bewohner feinerer Viertel, als ob man hier nicht sicher wohnen könne, ganz unbegründet ist.« Gleichwie in den übrigen Teilen des Nordens haben auch hier viele Fabrikherren sich in der Nähe ihrer Fabriken zierliche Villen in schönen Gärten gebaut; und in nicht wenigen dieser hübschen Häuser, welche die gute Luft des fast noch offenen Landes haben, wohnen Beamte, Lehrer und kleinere Rentiers.

Als ich zuletzt auf dem Weddingplatz war, im Jahre 1879, da war alles noch Sand ringsum, ein freudloser Anblick. Jetzt präsentiert er sich schon ganz anders, er hat die geschlossene quadratische Form, ist fast so groß wie der Dönhoffplatz, und in der Mitte auf einer Erderhöhung steht die Dankeskirche. Man weiß, daß diese Kirche zur dankbaren Erinnerung an die zweimalige providentielle Errettung unseres Kaisers von den Attentaten des Jahres 1878 aus freiwilligen Beiträgen erbaut und am 3. Januar 1884 eingeweiht worden ist. Bei einer Dankeskirche, welche dem Andenken des ersten deutschen Kaisers im wiedererstandenen Deutschen Reich gewidmet sein soll, erschien es dem Erbauer, August Orth, angemessen, in den Formen an die Traditionen unserer deutschen Kaiserzeit anzuknüpfen: Er wählte demgemäß den romanischen Stil unter Mitbenutzung der Konstruktionen der späteren Gewölbebauten. Aus gelben Verblendsteinen und Terrakotten aufgeführt, macht das von allen Seiten freistehende Gotteshaus mit seinen hohen, hellen Fenstern, seiner Kuppel und seinem schlank aufstrebenden Turm einen lichtvollen, erhebenden Eindruck; doppelt so, weil es hier steht, der Mittelpunkt eines neuen Gemeindelebens und zugleich das erste monumentale Bauwerk von einem jetzt schon großen historischen Charakter in dieser Gegend, die vor wenigen Jahren noch Einöde war, einzig bewohnt von kleinen Pächtern, Ackersleuten und Schäfern, welche keine Geschichte hatten und nichts als leicht verwischbare Spuren gelassen haben.

Freilich steht die Kirche noch kahl auf ihrem steinigen Hügel, und der Platz selbst ist baumlos. Aber auch hier wird die Stadt gewiß für den Schmuck des Grüns sorgen, welches viel dazu beitragen dürfte, diese bis jetzt ziemlich monotone Fläche freundlich zu beleben und der Kirche den rechten Hintergrund zu geben. Es ist hier eben alles noch in einem merkwürdigen Mittelzustand begriffen, halb Dorf, halb Stadt, und wenn man weiter hinauskommt, halb Feldweg, halb Straße. Niedrige Häuser aus den Kolonistentagen, manche mehr Hütten als Häuser, mit Fenstern, die die Erde berühren, und einem steilen Dach darüber, wechseln mit großen kasernenartigen Gebäuden, die den Stempel der ersten städtischen Bebauung tragen; dann wieder lange, kahle, halbverfallene Gartenmauern mit irgendeinem verwitterten Haus dahinter, das in seiner völligen Einsamkeit wie verwunschen aussieht, und auf einmal Baugerüste mit Konstruktionen darin emporwachsend, von der allermodernsten Form. Aber das Werdende, Ringende freut das Auge; man hat auch hier das Gefühl, mitten in einer mächtigen Entwicklung zu sein, und dazu tönt in vollen Strömen Orgel und Choral aus der Dankeskirche, während die Sonne hoch steht über dem Platz, auf welchen kein anderer Schatten fällt als nur der verkürzte des Turmes.

Von hier führt die Müllerstraße weiter bis hinaus nach dem Dorf und Schlößchen der Humboldt, nach Tegel, die alte Tegeler Chaussee, schnurgerade, unabsehbar, sie selber die Fortsetzung der Chausseestraße und beide zusammen fast doppelt so lang als die bis jetzt längste Straße von Berlin, die große Friedrichstraße vom Belle-Alliance-Platz bis zum Oranienburger Tor. Wenn einst die Müllerstraße fertig bebaut ist, wird man in *einer* Linie, die nur an zwei Stellen, dem Belle-Alliance-Platz und dem Oranienburger Tor, in einem stumpfen Winkel leicht von der Geraden abweicht, den ganzen Weg vom Kreuzberg bis Tegel, das heißt vom südlichsten bis zum nördlichsten Punkte Berlins, drei Stunden lang unter nichts als Häusern wandern.

Einstweilen jedoch ist die Müllerstraße nur erst streckenweise bebaut, links sind Fabriken, rechts sind Gärten; dann kommt wieder eine Reihe Häuser, zwischen denen sich gleichfalls noch großenteils unbebaute Straßen abzweigen, dann wieder offnes Land, so daß man meint, hier sei die Stadt am Ende, bis sie nach einiger Zeit abermals beginnt. Viel Grün ist hier und alles gut gehalten. An der Ecke der Gerichtsstraße, die, vom Humboldthain herabkommend, hier in die Müllerstraße mündet, ist eine schöne, umfangreiche Anlage, Ruheplatz genannt, mit Rasenplätzen, Bosquets und schattigen Bäumen, unter welchen die Kinder spielen und alte Männer in sonntäglichem Behagen mit der langen Pfeife sitzen. Etwas weiter, ebenfalls auf einem Platze mit Rasen, Beeten und Büschen, an denen der Flieder in voller Blüte steht, die Nazarethkirche; der Schlußchoral tönt in den stillen Mittag hinaus, und die Kinder halten ein in ihren Spielen. Nun öffnen sich die Türen des bescheidenen Gotteshauses, das nicht einmal einen Turm hat, und die Andächtigen kommen heraus, meist Frauen und Mädchen, aber auch manch ein ernster, an Mühsal gewöhnter Mann, den kleinen Sohn an der Hand führend – manch einer, den die Mütze, die er trägt, als zum Arbeiterstande gehörend kennzeichnet; alle sehr einfach, jedoch dem Festtag angemessen gekleidet, die Frauen in wenig auffälligen Farben.

Von hier ab hören die Häuser fast ganz auf, und man hat zu beiden Seiten die Landschaft: zur Linken das Grün und den dunklen Waldstreifen der Jungfernheide, zur Rechten die Sandhügel der Reinickendorfer Gemarkung. Hier sind nur noch Kirchhöfe; der nächste der Begräbnisplatz der Charité. Die Königliche Charité, wie man weiß, ist die große Heilanstalt Berlins, welche schon von Friedrich Wilhelm I. angelegt, doch erst seit Friedrich dem Großen und später zu der gegenwärtigen Ausdehnung erweitert worden. In ihr werden durchschnittlich 1450 unbemittelte Kranke gepflegt, die meisten davon städtische Kranke. Der Begräbnisplatz dieser Anstalt sowie der Universitätsklinik ist der Charitékirchhof; hier werden alle diejenigen Verstorbenen bestattet, welche noch Angehörige haben. Eine bestimmte Zahl der übrigen Leichen muß zu Unterrichtszwecken zur Anatomie geliefert werden. Jedoch setzt die betreffende Verordnung (welche schon aus dem Jahre 1718 stammt) ausdrücklich fest, daß dies nur mit den Leichen solcher Personen geschehen dürfe, welche jeden Familienanhalts hierselbst entbehren: »notorisch ganz verkommener Personen, um die sich niemand kümmert«. Doppelt Unglückliche! Fremd, arm, verkommen und ohne Familie! Zwar schwebt jener unheimliche Schrecken, welchen uns Gutzkow in seinen Erinnerungen »Aus der Knabenzeit« schildert, nicht mehr um den bei nächtlicher Weile dahinrasselnden Wagen. Aber wie sehr hat die Ziffer derer, die mit demselben befördert werden, sich mit der zunehmenden Einwohnerzahl Berlins vermehrt! Für den Charitékirchhof fehlen mir die genaueren Angaben. Aber auf den beiden anderen großen Armenkirchhöfen Berlins, dem in der Gerichts- und dem in der Friedenstraße, war das Verhältnis in den sechzehn Jahren von 1861 bis 1876 bereits 18 827 zu 4101; und in den fünf Jahren von 1877 bis 1881 sogar 10 427 zu 1366. So rapide mit der Größe wächst auch die Armut und das Elend. Diese sogenannten »Anatomieleichen«, die Särge mit Körperteilen aus der Anatomie, finden an einer abgesonderten Stelle des Armenkirchhofs ihren Platz, und sie sind es, welche den Armenkirchhöfen etwas so unsäglich Trauriges geben. Einen solchen Armenkirchhof, den in der Friedenstraße – vor dem Landsberger Tor – habe ich früher bereits einmal geschildert. Aber viel hat sich seitdem auch hier zum Bessern geändert: Im Jahre 1879 wurde der eine, im Jahre 1881 der andere der beiden städtischen Armenkirchhöfe geschlossen und ein großer Gemeindefriedhof im Osten der Stadt, bei Friedrichsfelde, eröffnet, nicht nur für die Armen allein, sondern als Begräbnisplatz für jeden, der hier zu ruhen wünscht, und zwar für Mitglieder aller Konfessionen. Noch ist es ein weiter, mühseliger Weg, der aus Berlin hierherführt. Die Stadt verliert sich hinter dem Wanderer, der durch die Frankfurter Allee kommt, die Häuser treten in immer größeren Abständen auseinander, bis sie fast unmerklich in die Vororte Lichtenberg und Friedrichsberg übergehen – halb städtisch, halb dörflich gebaut, und nun das flache Land ringsum, dürftige Felder zu beiden Seiten, leicht ansteigend, mit einer Straße, durch die man tief im Sande watet, und einer doppelten Reihe uralter Linden mit knorrigen Stämmen und spärlichem Laube. Nun kreuzt die Bahn den Weg, und nun erst zweigt sich eine steingepflasterte Straße ab, die zu der mäßigen Höhe leitet. Hier stehen wir vor einem efeuumrankten Gittertor, über welchem ein einfaches Kreuz sich erhebt und darunter die Inschrift: »Gemeindefriedhof für Berlin«. Tritt man durch eine der angelehnten Türen, so ist man aus der Sandwüste, die Berlin umgibt, wie in einen Garten versetzt, mit Bosquets und Ruhebänken und weiten Wiesenflächen. Vor einer Stunde noch mitten in dem dichten Gewühl von Berlin, umgibt uns hier Einsamkeit und vollkommene Stille, Blumenduft und Geruch des frischen Grüns. Auch hier ist den Armen nicht mehr gegeben als ihre Nummer, ihre zweieinhalb Fuß Erde und je zwischen zwei Horizontalreihen ein Gang von zwei Fuß Breite; doch eine sorglich gepflegte Rasendecke breitet sich über jedes Karree von Gräbern hin, das man wohl einen »Totenacker« nennen darf, und die melancholische, echt märkische, leicht hügelige Landschaft mit dem unermeßlichen Gewölbe des Himmels darüber bildet den für das Gemüt beruhigenden Abschluß. Es ist ein schöner Sieg der Humanität, daß der Arme fortan nicht auch im Tode noch gekennzeichnet sein soll; und manchem von uns, der mitten im Kampfe steht – manchem, der seinen Gott im Herzen trägt und in jedem

Menschen seinen Bruder sieht, wird es wohltun zu denken, daß es wenigstens *eine* sichtbare Stätte gibt, an welcher jene großen Probleme der sozialen und religiösen Unterschiede, die das Leben nicht zu lösen vermag, zum Austrag gebracht worden sind; und daß auch er, wenn er will, seinen Ruheplatz sich da wählen kann, wo der Arme neben dem Reichen und der Bekenner der einen Kirche neben dem Bekenner der anderen schläft. Allerdings ist das Verhältnis zur Zeit noch ein höchst ungleiches: auf 2782 Armenleichen kamen in den drei Jahren von 1881 bis 1883 erst 18 bezahlte Gräber.* Aber ein Anfang ist doch gemacht; und es verringert den Wert und die Bedeutung desselben keineswegs, daß er vorläufig den Armen allein zugute kommt. Unserer Stadt, die durch großartige Stiftungen, Krankenhäuser und Asyle so viel für die lebenden Armen getan, war es wohl würdig, dies für die toten Armen zu tun, denen eine frühere Zeit – »die gute, alte Zeit«, wie man zu sagen pflegte – nichts zu gewähren imstande war als »einen Sarg und ein Grab« und sonst Einöde ringsumher. Der Berliner Gemeindefriedhof darf unter den jüngeren Schöpfungen Berlins eine der wohltätigsten genannt werden und wird eine der folgenreichsten sein; angelegt nach dem Muster des allgemeinen Hamburger Friedhofs, welcher auch für die gesamte Bürgerschaft ohne Unterschied der Stände und des religiösen Bekenntnisses bestimmt ist, gewährt er schon jetzt einen wohltuenden Anblick und wird, unter Leitung eines Gartendirektors, in nicht ferner Zukunft ebenso wie jener einem öffentlichen Park ähnlich sehen.

Auch der Charitékirchhof ist nicht ganz so trostlos

---

* Bei meinem letzten Besuch (August 1885) ruhten hier schon 11 000 Arme, während die Gräber mit Kränzen und Denkmälern sich noch zählen ließen. Doch auch ein begüterter Bürger der Stadt hatte sich eben ein Erbbegräbnis hier oben erworben.

mehr, wie man sich ehemals einen Armenkirchhof dachte. Zwar gleich vornan ist wieder jener von langem Gras und Gestrüpp überwucherte Platz der Unbekannten, Namenlosen und Vergessenen, deren öde Sandhaufen nicht sobald aufgeschüttet sind, als sie auch schon wieder zusammenfallen. Aber weiterhin und längs der Mauern sind andere Gräber, die gerade darum das Herz so besonders rühren, weil sie zugleich Zeugen der Armut und der Liebe sind. Manch ein altes Mütterchen hab ich hier an einem frischen Hügel knien und ihn mit Efeupflänzchen bestecken sehen. Frauen und Kinder sind auch hier geschäftig, und nicht gänzlich fehlt es in dieser warmen Mittagsstunde dem Kirchhof an Besuchern. Viele der Gräber haben ihren kleinen Gedenkstein, dem man es wohl ansehen kann, daß er mit schweren Opfern beschafft worden ist; oder jene noch wohlfeilere Porzellantafel in Form eines aufgeschlagenen Buches, auf dessen beiden Blättern hier der Name des Entschlafenen und dort ein Bibelspruch, eine trostreiche Strophe geschrieben ist – kurzer Trost, den der Regen bald ausgelöscht haben wird! Wieder andere haben als einziges Zeichen einen schmalen, schwarzen Stab, auf welchem in weißer Schrift eine Nummer und ein Name stehen. Aber selbst diese Gräber sind in Grün gehüllt; die Blumen, die darüber leuchten, geben Kunde davon, daß der Toten, die darin ruhen, von den Überlebenden gedacht wird, und bereiten darauf vor, daß es traurigere Gräber gibt als selbst die der Armen.

Der anstoßende Kirchhof der Philippi-Gemeinde ist einer der vornehmeren der Stadt, vortrefflich gepflegt und mit stattlichen Denkmälern jeder Art geschmückt. Schon einmal, an einem trüben Novembermorgen vor bald acht Jahren, war ich auf diesem Kirchhof in einer damals noch gänzlich menschenleeren Gegend. Freies

Feld war um uns, dampfend von der Feuchtigkeit des winterlichen Tages, ein schwerer Himmel und nacktes Gezweig, von welchem der Nebel herabtroff. Eine lange Reihe von Trauerkutschen hielt vor dem Eingange des Kirchhofs, und in dem zahlreichen Gefolge der Leidtragenden fehlte kaum einer von den Koryphäen der Literatur und des Theaters: den wir der Erde zurückgaben, der, auf dessen Sarg mit schmerzlichem Fahrewohl die Scholle gelben Sandes niederrollte, war der Dichter des »Narziß«. Um die Mitte der fünfziger Jahre war er von einem Abend zum andern Morgen plötzlich ein berühmter Mann geworden – Ruhm des Theaterdichters, wie gleichst du dem Rausche, der auch nicht länger währt als vom Abend zum Morgen und mitunter einen bitteren Nachgeschmack hinterläßt. In den langen Jahren nachher hatte Brachvogel nichts mehr zu schaffen vermocht, was jenem ersten Erfolge gleichkam, und wiewohl noch im besten Alter, ging er doch von uns, ein halb schon Vergessener.

Das Grab, das ich heute suche unter der goldenen Helle des Pfingstmittags, ist das eines Mannes, dessen Namen bedeutungsvoll mit meiner frühesten Jugend zusammenhing. Er war, am Anfange des Jahrhunderts, in demselben Städtchen geboren worden wie ich. Er war der Schulkamerad meines Vaters gewesen. Er war früh fortgewandert aus der Heimat, war in Kassel und Italien gewesen und hatte sich zuletzt in Berlin niedergelassen. Dies alles beschäftigte die Phantasie des Knaben wundersam, dem Kassel, die Hauptstadt Hessens, wie etwas Fernes, fast Unerreichbares vorschwebte, dem Italien von den Nebeln und Schatten der römischen Königsgeschichte erfüllt schien und der vor Berlin – Furcht hatte. Denn Berlin war damals nicht wie heute der Attraktionspunkt für die strebsame deutsche Jugend; es stieß mehr ab, als es anzog, und es gehörte Mut dazu, das Vorurteil zu überwinden. Eines Tages fand ich den Namen dieses Mannes in Brockhaus' Konversationslexikon: »Zahn, Wilhelm, Architekt und Ornamentenmaler, geb. 21. August zu Rodenberg in Hessen« und so weiter. Es war wie eine Offenbarung für mich, den Namen dieses Mannes und dieses Städtchens gedruckt zu sehen – als ob der Strahl von etwas bisher Ungeahntem, Fremdem und Unbekanntem über meinen Weg fiele ...

Zwanzig Jahre später sah ich ihn zuerst in Berlin, einen freundlichen, schmunzelnden alten Herrn, das obere Knopfloch seines Rockes mit dem Bändchen des Roten Adlerordens geziert, eine von den typischen Figuren des alten Berlins. Denn er war in der langen Zeit vollständig zum Berliner geworden und erfreute sich hier einer geachteten Stellung. Seine Nachbildungen der Pompejanischen Wandmalereien hatten ihm frühe schon die Aufmerksamkeit Goethes gewonnen, welcher über die zehn ersten Hefte seiner »Ornamente und Gemälde aus Pompeji, Herculanum und Stabiä« einen sehr eingehenden und warm anerkennenden Aufsatz in den »Wiener Jahrbüchern« (1830) schrieb. Mit diesem Hauptwerk war der Professor bis an sein Ende beschäftigt, und Italien und Goethe blieben die großen Erinnerungen seines Lebens. Er sprach von Goethe wie von einem, der noch gegenwärtig ist, und ging niemals in Gesellschaften, ohne zweierlei bei sich zu tragen: eine große Rolle seiner Pompejanischen Wandbilder und eine Lithographie des letzten an ihn gerichteten Briefes von Goethe. Die Gesellschaften damals waren noch weniger turbulent, gedrängt und hastig, als sie heute sind: Man nahm sich die Zeit, Bilder anzusehen, Briefe zu lesen und ein gemütliches Gespräch zu führen. Dabei war mein Landsmann keineswegs unempfindlich gegen die bescheidenen Freuden der Tafel und besonders dankbar für jeden guten Risotto, für jede Schüssel Makkaroni und jede Flasche Chianti – Dinge übrigens, die man damals auch noch nicht so leicht Unter den Linden haben konnte wie gegenwärtig. So lebte der Alternde harmlos und zufrieden, und so sah ich ihn zuletzt am 21. August 1871, seinem siebenzigsten Geburtstag: Heiter grüßend und lächelnd fuhr er mir in der Viktoriastraße vorüber, und am 22. war er tot. Daß er gestorben, erfuhr ich – wie das in Berlin ja so manchmal geschieht – erst aus der Zeitung, nachdem er schon begraben war. Von den vielen, die dem schlichten, wohlwollenden Künstler im Leben nahegestanden, hatten sich zu seinem Begräbnis sehr wenige nur eingefunden – ich glaube, nicht mehr als acht oder neun Personen. »Der Himmel weinte seine Tränen«, hieß es in dem Zeitungsbericht über seine Bestattung, »als der einfache Sarg in die Gruft gesenkt wurde. Aber als der Prediger in klarer und verständlicher Rede die Verdienste des Mannes hervorhob, der nun so still und schmucklos bestattet wurde, da brach die Sonne aus dem düstern Gewölk wieder hervor und bestrahlte den Sarg in lichtem Glanze.«

Ich malte mir aus, welchen Eindruck es auf mich machen würde, das, was ich einst im Konversationslexikon gelesen, nunmehr auf seinem Grabstein wiederzusehen. Aber es war jetzt, nach mehr als dreizehn Jahren, nicht leicht, auf dem großen, inzwischen so beträchtlich angewachsenen Kirchhofe das Grab zu finden. Der Totengräber, welcher unter der grünen Veranda seines Häuschens am Eingange des Kirchhofes stand, hatte nie von einem solchen Manne gehört, obwohl ich ihm sagte, daß dieser zu seiner Zeit ein Professor und ansehnlicher Mann in Berlin gewesen, auch viele Orden gehabt und beim hochseligen König in besonderer Gunst gestanden habe. Wie sich herausstellte, hatte das Begräbnis noch unter dem Amtsvorgänger stattgehabt, und ich dachte darüber nach, was es mit dem Ruhm zu bedeuten habe, der nicht einmal von einem Totengräber bis zum andern reicht, alas, poor Yorick! ... Er holte hierauf sein Totenbuch heraus, sozusagen das Adreßbuch des Kirchhofs. Denn hier hat jedes Grab seine Nummer, wie jedes Haus in einer Straße. Wir blätterten dreizehn Jahre zurück – und oh, wie ward mir seltsam zumute, als ich so mit dem Finger über ganze Jahrgänge von Toten dahinfuhr und an die traurige Frage des Hamlet dachte: »How long will a man lie i' the earth ere he rot?« – und an die noch traurigere Antwort des Totengräbers, der bei Shakespeare ein »Clown« ist. Endlich, hier stand es – »Wilhelm Zahn, Professor« –, und nun sagte der Totengräber: »Kommen Sie«, und führte mich den langen Sandweg hinab, unter einer dichten Allee, durch welche man ins Freie hinaussieht, auf die gelblich sandigen Ausläufer der Wurzel- oder Rehberge. Dann bogen wir seitwärts ab, in die Reihen der schmal zusammengedrängten Gräber, an einem Brunnen vorbei, tief hinein zu einer entlegenen Stelle, wo die Denkmäler aufhörten und selbst die bescheidensten Kreuze nur noch selten waren. »Hier herum muß es sein«, sagte der Totengräber. Dann zog er aus einem der Gräber ein Stäbchen, um sich nach der darauf befindlichen übrigens kaum noch erkennbaren Ziffer zu orientieren – ich glaube, es war 120 –, zählte an den folgenden Gräbern weiter und sagte zuletzt: »Dies ist es« – auf einen kleinen zusammengeschrumpften Hügel deutend, der traurig dalag zwischen seinen anderen stillen Nachbarn – ohne jeglichen Schmuck, ohne Stein, ohne Namen – nichts, nichts, nichts als eine Nummer – nur ein mitleidiges Fliederbüschchen stand auf dem grasüberwucherten Hügel und ließ seine blassen Blüten traurig niederhängen ... Und dies war die Ruhestätte meines Landsmannes; das Grab desjenigen, der mir den ersten Begriff des Ruhmes gegeben und später, wenn ich ihn in Goethes Schriften und

Gesprächen mit Eckermann erwähnt fand, mich noch mit einer leisen Bewunderung erfüllte – der einzige von den mir persönlich Bekannten, auf welchem das große Auge Goethes teilnehmend geruht ...

Hier, wo die neuen Häuser von Berlin erst gleichsam von ferne heranrücken, sind einige von den alten, gemütlichen Weißbiergärten geblieben, wie man auf unserer Seite der Stadt sie nur noch selten antrifft. Leute verkehren hier von anständigem Äußeren und gesetztem Alter, Handwerker in wohlgebürsteten Röcken und mit hohen Zylinderhüten, die sie nur am Sonntage tragen – einige mit ihren Frauen, in ruhiger Unterhaltung an den runden Tischen unter den blühenden Ahornbäumen. Ach, wie tut es wohl, wenn man wieder einmal den großen und unlösbaren Fragen hoffnungslos gegenübergestanden, diese Leute miteinander sprechen zu hören von ihren kleinen häuslichen Geschäften, von ihren kleinen Freuden und kleinen Leiden, wie jetzt alles in die Höhe gegangen, die Preise teurer, die Ware geringer geworden – alle der Reihe nach wissen Wunderdinge zu erzählen, wie sonst Lebensmittel und Wohnungsmiete so gut wie gar nichts gekostet hätten und die Kleidungsstücke so dauerhaft waren, daß gar kein »Vergang« an ihnen gewesen. Ob denn heutigen Tages wohl in ganz Berlin noch ein solcher Hut zu haben wäre wie der da, der seine zwanzig Jahre gehalten? Worauf der ehrsame Meister den beregten Gegenstand zur großen Befriedigung aller Anwesenden vorzeigt und die Runde machen läßt. »Ja«, sagt die Frau Meisterin, »den hat er sich gekauft, als wir getraut wurden«, und der Meister, indem er den Hut mit dem Ärmel glattstreicht: »Den will ich auch wohl noch tragen, wenn unser Marthchen Hochzeit macht.« Und nun eine lange Geschichte von Marthchen – wie brav sie sich in der Schule gehalten, wie zufrieden die Herrschaft mit ihr sei, bei der sie jetzt dient, und wie gut die Aussichten ihres Unteroffiziers, in kurzem ein Schutzmann zu werden und so weiter. – Alles umständlich erwogen und oftmals wiederholt. Es ist ja Pfingsten heut, und in stillem, sonntäglichem Behagen sitzt es sich hier gut, so weit da draußen ...

[...]

Im Herzen von Berlin

(April bis August 1886)

Tief drin in Alt-Berlin ist eine kleine Straße, die Papenstraße, und in dieser Straße ein kleines Haus mit einer weißen Laterne, die mir beide sehr lieb sind, das Haus und die Straße. Die letztere erinnert mich auf eine angenehme Weise an die Pfaffen, welche vormals, in der katholischen Zeit und als man noch platt in Berlin sprach, hierselbst gewohnt und der ganzen Gegend sicherlich ein behäbiges Ansehen verliehen haben; als der Bischof von Lebus Hof hielt in der Bischofstraße, der von Brandenburg in der Klosterstraße, der Abt von Lehnin in der Heiligengeiststraße und der Bischof von Havelberg in ebendieser Papenstraße selbst. Diese Prälaten, obzwar sie nun lange schon in Gott ruhen und eine Nachfolge nicht gefunden, haben doch den Straßen, die noch immer nach ihnen heißen, und den benachbarten, die gleichsam im Bann und Frieden der Marienkirche liegen, etwas hinterlassen, was mitten im Geräusch und Gewühl und trotz der Veränderungen der Gegenwart die gesegneten Tage zurückruft, wo das Leben allhier gemächlich ging, wo man hinlänglich Muße hatte, dem Herrn zu dienen, sein Lob in Hora, Messe und Vesper zu verkünden und dazwischen ihm dankbar zu sein für alles Gute, was er der bedürftigen Kreatur an Speis und Trank beschert.

Dies ist es auch, was mir an dem kleinen Haus in der

kleinen Straße so wohl gefällt. Es ist einstöckig und altmodisch. Vor seiner stets geöffneten Bogentür hält gemeiniglich ein Frachtwagen, hoch mit Säcken beladen, denen man, auch wo man es nicht wissen sollte, doch ansieht, daß sie etwas Kräftiges enthalten; in seinem ausgetretenen Flur, in einer Art beständigen Halbdunkels bewegen sich Gestalten, die, mit ihrer ledernen Schürze und wohlgenährten Person von allen menschlichen Wesen am meisten Brauknechten gleichen; und aus dem engen Höfchen kommt ein Malzgeruch, der alles, was man riechen kann, an Lieblichkeit übertrifft. Damit der Leser es wisse: dies ist die Mälzerei des berühmten Patzenhoferschen Brauhauses, das einst in bescheidener Vorzeit, als es seine Paläste draußen am Friedrichshain noch nicht hatte, sich mit solchen Baulichkeiten begnügte an einer Stelle, welche die Traditionen einer priesterlichen Vergangenheit glücklich vereint mit der Erinnerung an Berlins erste und älteste Brauerei. Denn das Andenken an diese aus dem 15. oder 16. Jahrhundert lebt in dem Namen der hier einmündenden Brauhausgasse fort. Klassisch ist der Boden und urgemütlich das Kneipchen, das sich in besagtem Hause zu rechter Hand und ebener Erde dicht bei den Säcken und Pferden und Brauknechten in traulichem Nachbarverhältnis eingenistet hat. Man mag kommen, wann man will, im Sommer oder Winter, ja selbst am hellen Mittag, so brennt Licht in diesem langen, niedrigen Zimmer mit den tiefen Fenstern, und das ist es, was ihm in meinen Augen so sehr zur Empfehlung gereicht; man kann sich immer Gott weiß was einbilden, wenn man sich hier zu seinem Glase niederläßt, und braucht sich nicht vor den fleißigen Menschen zu schämen, die draußen auf der Straße hin- und herrennen. Außerdem stehen hohe Vorsätze vor den Fenstern. Kommt man aber zur Winterszeit hierher, so brennen nicht nur die Lichter, sondern in dem eisernen Ofen in der Ecke prasselt ein gehöriges Feuer, das seinen rötlichen Schein weithin über den Fußboden wirft; und wär es nur deshalb, um dieser Zeichen echter Gastfreundschaft willen, so käm ich gerne hierher, obwohl ich eine tüchtige Wegstrecke von nicht viel weniger als einer Stunde zu machen habe, bis ich angelangt bin. Gemütliche Leute verkehren hier – kleine Beamte, vornehmlich des Magistrats, Buchhalter, Kontoristen und Prokuristen der umgebenden Geschäftsgegend, Industrielle der mittleren Ordnung, Advokatenschreiber und sonstige Gelehrte – lauter brave Männer, die hier entweder Mittag halten oder sich zum Mittage vorbereiten, indem sie der rastlos dahinstürmenden Welt ein rühmliches Exempel geben, daß der gute Mensch, sofern er nur will, auch in Berlin und mitten am Tage, wenn das Leben in voller Bewegung ist, immer noch Zeit hat, seinen Frühschoppen zu trinken, eine Hand im Solo zu nehmen, einen kleinen Skat zu spielen oder die Zeche auszuwürfeln. Wenn ich die Knöchel rasseln und fallen höre, während die Mittwintersonne gelblich durch die Scheiben hereinscheint und mit dem Schimmer der Gasflammen sich mischt, dann überkommt mich ein Gefühl der Dankbarkeit, daß es in diesem Jammertal solch traulicher Winkel noch gibt; und mir wird ganz pfäffisch wohl zumut, als ob ich nicht in der Papenstraße zu Berlin säße, sondern in irgendeinem Klosterhof zu München oder Regensburg, deren Heilige ja längst auch die Patrone der großen Brauhäuser geworden sind. Kein Glühlicht, keine Butzenscheiben und allerlei Zierat von Zinn und Schalen und Krügen bringt mich hier in den seltsamen Widerspruch einer künstlich hervorgerufenen Stimmung; und nichts ist hier stilvoll als der Kellner alten Berliner Schlages, der weder eine germanische Jacke trägt noch eine modische weiße Krawatte, sondern am Frack seiner Väter festhält und an große Trinkgelder nicht gewöhnt ist. Indessen beginnt es am Stammtisch stiller zu werden; das Knöcheln verstummt allmählich, die Karten ruhen, einer nach dem andern von den Gästen erhebt sich – »Mahlzeit, meine Herren!« ruft es bald hier, bald dort, das Zimmer wird leer, und in dröhnenden Klängen vom Rathausturme schlägt es eins.

Und nun nach der Idylle die Elegie. Lieber Leser, gib dir keine Mühe, dies Fleckchen irdischen Vergnügens aufzusuchen. Bis du dich in Bewegung gesetzt haben wirst, ist es nicht mehr; ich habe dir's geschildert, wie es in den letzten Tagen seines Daseins war. Wenn du hinkommst, wird die halbe Papenstraße verschwunden, niedergerissen, ein Schutthaufen sein; und wenn du nach ein oder zwei Jahren wiederkehrst, wird wahrscheinlich ein »Prachtbau« stehen, wo das einstöckige Haus mit der weißen Laterne stand, und im Erdgeschoß, an Stelle des unscheinbaren Kneipchens, vielleicht ein »altdeutsches« Bierhaus sein mit elektrischer Beleuchtung und allem, was sonst noch dazugehört.

Aber fürchtet darum nicht, daß ich nun in Klagen ausbrechen und auf den Trümmern des Kleinen Jüdenhofes sitzen werde, wie der Prophet Jeremias auf denen von Jerusalem. Ein Stück bis an das Mittelalter reichender Reminiszenzen ist hier hingegangen, das einzige, welches wir in Berlin hatten; aber es ist kein Jubel darum bei den Heiden, noch großer Jammer bei den Christen oder bei den Juden, welch letztere zumal nicht viel Erbauliches hier erlebten, wo man sie im Kleinen Jüdenhof zusammenpferchte und auf dem Neuen Markt verbrannte. Wenn man liest, was in Rom vernichtet und zerstört wird, so kann man sich über das trösten, was wir in Berlin auf Nimmerwiedersehn verlieren. Wie ein Reinigungswerk ist die Demolierungsarbeit der Kaiser-Wilhelm-Straße durch die schmutzigsten und verrufensten Quartiere von Alt-Berlin mitten durch gegangen und hat sie niedergelegt. Und zum ersten Male jetzt wehte die Luft des Himmels herein, schien die Sonne herab in Gassen und Gäßchen, die vom Unrat der Jahrhunderte starrten und durch Jahrhunderte von den dicht angrenzenden Straßen getrennt zu sein schienen. Da ist nicht viel zu lamentieren. Aber mit dem, was niemand bedauert, wurde doch auch manches zum Untergange verurteilt, was ein pietätvolles Herz weniger leicht preisgeben mochte – so mancher Straßendurchblick, der uns ein letztes Bild gab von dem alten, ehemaligen Berlin – so mancher malerische Winkel, auf den man plötzlich stieß, wie auf den übriggebliebenen Rest einer versunkenen Welt – so manches Haus mit historischem Charakter, welches in unsrer, an Anknüpfungspunkten solcher Art nicht sonderlich reichen Stadt doppelt wertvoll und doppelt unersetzlich war. Wenn man vor vier, fünf Jahren in diesen Teil des rechten Spreeufers kam, so konnte man sich sagen, daß er fast unberührt noch so sei, wie Lessing und Mendelssohn, Ramler und Nicolai denselben gesehen, mit den Häusern, in denen sie gewohnt, und den schmalen Fußsteigen, auf denen sie gegangen. Seitdem ist, beim Alexanderplatz angefangen, eins nach dem andern davon abgebröckelt; und die Kaiser-Wilhelm-Straße mit ihren gewaltigen Bauprojekten hat ihm den Rest gegeben. Nicht zu Zwecken der Verschönerung allein, wie wohl in den meisten übrigen Fällen, hat man hier aufgeräumt und neugeschaffen: sondern es *mußte* geschehen, wenn dem ungeheuern Wachstum Berlin die freie Zirkulation und Entfaltung gesichert, wenn dem immer stärker anschwellenden Strome seines Verkehrs der Weg gewiesen werden solle. Der erste Faktor in dieser Umgestaltung der Königstadt war die Stadtbahn, und ihr zweiter ist die Kaiser-Wilhelm-Straße.

Von den großartigen Baudenkmälern unsrer Epoche wird, wenn sie vollendet, diese Straße das großartigste sein, in den Augen späterer Geschlechter vielleicht lange noch das erkennbare Zeichen für das Berlin Kaiser Wilhelms, dessen Namen sie trägt. Umgeben von den ehrwürdigen Erinnerungen an den Großen Kurfürsten und den imposanten Architekturen, mit denen Preußens Könige nacheinander ihre Residenz geschmückt, wird sie fast unabsehbar, in glänzender Linie die Linden bis an die Grenzen der Königstadt fortsetzen, den Pariser Platz in beinahe gerader Richtung mit dem Alexanderplatz verbinden und eine Straßenflucht darstellen, wie kaum eine zweite Hauptstadt Europas aufzuweisen hat – mit dem Grün des Tiergartens, durchschimmernd durch die Säulenhalle des Brandenburger Tors, dem Grün der Linden am Anfang, dem Grün des Lustgartens, ernst überragt von den Werken Nehrings und Schlüters, in der Mitte, und nun, mit kühnem Satz das Wasser überbrückend, das Wasser der Spree, sich Bahn brechend in das jenseitige Berlin hinein, und diesen ältesten Teil unserer Stadt, von jeher Sitz der bürgerlichen Arbeit und der bürgerlichen Verwaltung, mit einem Widerschein gleichsam dessen erfüllend, was schön und charakteristisch ist an unsern Königsbauten: mit verzierten Giebeln und Erkern und breiten, kronentragenden Kuppeln, mit kunstvoll verschnörkelten, flachgewölbten Fenstern und Portalen, mit breiten, umgitterten Balkonen und reich ornamentierten Fassaden.

Es werden auch Paläste sein, aber solche des Handels und der Industrie – große Läden, Magazine, Warenlager im Erdgeschoß und ersten Stock und darüber Wohnungen in bequemer Lage. Man konnte nicht eine Luxusstraße bauen wollen in dieser Gegend; die Kaiser-Wilhelm-Straße sollte vor allem einem Bedürfnis dienen: Es sollte durch sie der ungeheuer gesteigerte Verkehr des neuen, mächtig angewachsenen Berlins mit dem Mittelpunkte des alten entlastet werden. Zur Bewältigung desselben gab es bisher nur zwei Zugänge: den gänzlich ungenügenden des Mühlendamms und den auch längst nicht mehr ausreichenden der Königstraße. Die Linden sind zehnmal und einige von unsern Gürtelstraßen über elfmal so breit als diese Straße, die wichtigste Durchfahrt der Königstadt und eine der wichtigsten in Berlin überhaupt; in der Tat, so schmal ist sie, daß an einigen Strecken derselben für die Stunden, wo die Flut des Mittags sich durch sie wälzt und aus den einmündenden Straßen immer neue Nahrung von Fußgängern, Droschken, Omnibussen und Pferdebahnwagen empfängt, der Güterverkehr ganz eingestellt werden mußte. Die Notwendigkeit gebot, einen dritten Eingang zu schaffen, welcher den Anforderungen der Gegenwart und den Voraussetzungen der Zukunft mehr entspräche: Und dies war die Kaiser-Wilhelm-Straße.

Aber sie hatte nicht diese Bestimmung allein.

Der Gedanke der Kaiser-Wilhelm-Straße tauchte gleichzeitig mit dem Beginn der baulichen Umgestaltung Berlins unmittelbar nach dem Kriege von 1870/71 auf – ein Beweis, wie naheliegend er war; aber es dauerte nicht viel weniger als vierzehn Jahre, bevor man ernsthaft an die Ausführung gehen konnte – ein Beweis, welche Schwierigkeiten derselben entgegenstanden. In diesen vierzehn Jahren war Berlin eine neue Stadt geworden; es hatte sich nach Osten und Westen, nach Süden und Norden fast gleichmäßig ausgedehnt, und überall war für die Bewegung einer um das Doppelte vermehrten Einwohnerzahl Raum gemacht; Straßen waren erweitert, Straßen waren durchbrochen worden, und die neuen Vorstadtgebiete wetteiferten in der Zweckmäßigkeit ihrer Anlagen, in allem, was die Gesundheit der Bevölkerung und die Leichtigkeit der Zirkulation bedingt, mit den bevorzugtesten Teilen der Stadt und übertrafen sie noch.

Unberührt von diesem Wandel, der sich vor unsern Augen vollzog, bis wir uns daran gewöhnt hatten wie an das Alltägliche, blieb nur der innerste Kern unserer Stadt, der zugleich ihr ältester ist – Alt-Berlin oder die Königstadt. Ihre Gäßchen und Höfe waren noch so finster und feucht, so schmutzig, höhlenartig und, mitten in einer dezenten Umgebung, von einer solch unsaubern Gesellschaft bewohnt wie vor dreihundert Jahren; und ihre Hauptstraßen, die keinen geringen Teil des Reichtums von Berlin repräsentieren, hatten ein kleinstädtisches Ansehen wie vor hundert Jahren. Alles, die Namen und die Zustände selbst, erinnerte hier an die Vergangenheit. Die Königstraße war nicht breiter als zu der Zeit, wo durch dieselbe Preußens erster König seinen triumphalen Einzug gehalten; die Neue Friedrichstraße nicht viel anders, als sie, mit ihren Nebenstraßen im Spandauer Viertel, aus den Händen von Friedrichs des Großen Baumeistern hervorgegangen war. Dazwischen lag ein Stück Mittelalter, so räucherig wie nur irgendeines – das einzige, welches sich in Berlin erhalten, kein besonders glänzendes oder erfreuliches, welches als Muster hätte dienen, keins, auf welches man seiner historischen Assoziationen oder gegenwärtigen Gestalt halber sich etwas hätte einbilden können. Aber trotzdem, wenn man sich in diese Straßenlabyrinthe begab, übersprudelnd von Leben, wenn nicht ganz so malerisch wie das Ghetto von Rom; wenn man nicht weit von der Stelle, wo das Patrizierhaus der Blankenfelde noch steht und das der Zehlendorf und Ryke gestanden hat, jenen geheimnisvollen, unnahbaren Hintergrund sich erheben sah – denn wer, dem sein guter Name oder nur sein guter Rock lieb war, hätte den Kleinen Jüdenhof mit seinen Dependenzen der Schmalen und der Ka landsgasse oder die Königsmauer, solange sie noch in ihrer Sünden Blüte stand, betreten mögen? –, trotzdem, sag ich, wenn man dies alles zusammennahm, hatte man hier, mitten in diesem völlig modernen oder modernisierten Berlin, was man in dieser Stärke sonst an keinem Punkte desselben haben konnte: das Gefühl eines anderen Jahrhunderts. Man sah es nicht an einem einzelnen Gebäude, man war durchaus von ihm umgeben. Das war es, was die Königstadt in ihrem bisherigen Zustand dem gelegentlichen Wanderer so überaus anziehend, in jeder andern Hinsicht aber ihre Umgestaltung von Grund aus so dringend wünschenswert machte. Die Steine selber, schwarz von Alter und triefend von Nässe, schienen zu rufen: Luft! Licht!

Wo jetzt, als das beherrschende Gebäude dieses innersten Kerns von Berlin, die Zentralmarkthalle steht und mit einem Leben erfüllt ist und einer Sicherheit arbeitet, als ob sie hier, ich weiß nicht, wie viele Jahre oder Jahrzehnte gestanden hätte, da war vor kurzer Zeit noch ein wirrer Knäuel von engen Durchgängen und schmutzigen Straßen, in welche, wie gesagt, weder bei Tag noch bei Nacht ein anständiger Mensch sich gerne wagte. Das Wunder ist nicht, daß alles hier jetzt so sauber aussieht und so hübsch ordnungsmäßig vonstatten geht, sondern daß Sauberkeit und Ordnung so rasch und präzis wie mit einem Zauberschlag aus dem Chaos von Trümmerschutt und Steingeröll emporstiegen, welches wir hier seit dem ersten Beginn von Abbruch und Wiederaufbau – beides immer Hand in Hand – erblickten. Am 3. Mai des Jahres 1886, eine Stunde nach Mitternacht, sollte das Mirakel geschehen, und es geschah; und als wir am andern Morgen in die vom Frühlingssonnenschein durchleuchtete Halle traten, da schwammen die Fische so vergnügt in ihren Kübeln, hingen die großen Braten so verlockend an ihren Krampen, entsandten die

Blumen und die Käse so lieblichen Duft, standen die trefflichen Marktweiber, deren Bekanntschaft wir unter den historischen Regenschirmen des Ancien régime gemacht, so würdevoll in ihrem neuen Palast und rollten obenhin die Stadtbahnzüge mit so majestätischem Donner, daß wir demutsvoll die Augen niederschlugen und im Herzen dem Magistrat von Berlin Lob sangen, der dies alles so herrlich vollbracht. Nur eine Barrikade von vielen hundert übereinandergetürmten Rohrstühlen und Holztischen, ein ganzes Arsenal von Messern, Gabeln und landesüblichen Bierseideln in einer Ecke der obern Galerie zeugte noch davon, daß besagter Magistrat nebst allen Stadtverordneten und Bezirksvorstehern von Berlin in der vergangenen Nacht hier gezecht, um das große Werk seiner Bestimmung würdig zu übergeben, bis gegen eins, mit der letzten Minute der Geisterstunde, der entfesselte Strom der Arbeit, der hochbepackten Lastwagen und des ungeheuren, tobenden Zuschauermobs von Berlin in die Halle sich ergoß, der Festlichkeit ein jähes Ende bereitend und die schmausenden Väter gleichsam hinwegschwemmend – ein modernes Nacht- und Phantasiestück in der Manier von E. T. A. Hoffmann, der diese Szene zu sehen geliebt haben würde, wie er ja auch die Gegend zwischen Marien- und Nikolaikirche gut genug gekannt und in seiner Spukgeschichte von der »Brautwahl« vortrefflich geschildert hat.

Dieses indessen, das stürmische Intermezzo, mit welchem Berlin von seiner Markthalle Besitz ergriff, war das einzige Stück, das im Programme nicht vorgesehen; seitdem geht alles seinen gemessenen, geschäftsmäßigen Gang, und nichts mehr erinnert weder an die E. T. A. Hoffmannschen Geister noch an die Kalandsbrüder und sonstigen Ehrenmänner, die einst hier hausten. Es ist alles wie fortgefegt, als ob es niemals gewesen. Haben wir selbst doch Mühe, den Zustand der Dinge, die wir vor wenigen Jahren, ja vor wenigen Monaten noch leibhaftig gesehen, uns zu vergegenwärtigen, den Zug und die Richtung der Straßen, in denen wir so oft gewandert, die Häuser, vor denen wir sinnend so manchmal haltgemacht. Es ist alles weg und dahin; und so kurz ist das menschliche Gedächtnis, daß wir in abermals zehn Jahren nur noch in den Büchern lesen werden, wie es hier ehedem gewesen. Und da der Magistrat, der doch sonst für alles sorgt, nicht dafür gesorgt hat, das, was hier nunmehr verschwunden ist, im Bilde zu verewigen, so will ich wenigstens einige Züge desselben festhalten. Schön waren Jüdenhof und Königsmauer und Kalandsgasse nicht – das weiß Gott; und rühmlich auch war ihre Geschichte nicht: Der Galgen und der Scheiterhaufen spielen eine beträchtliche Rolle darin, und was mit Blut begann, endete mit Unrat und dem lichtscheuen Gewerbe. Dennoch war dieses innerste Stück unserer Stadt ein Teil ihrer selbst, und zwar ein sehr charakteristisches – der einzige und letzte, wiewohl in Schmutz verkommene Rest des Mittelalters – et haec olim meminisse juvabit. Darum hab ich, von dem Moment an, wo das Urteil dieser Gegend gesprochen war, meine Schritte mit Vorliebe derselben zugewandt, bin immer und immer wieder zu ihr zurückgekehrt, habe sie, wie ein unglücklich Liebender, bald in weitem Bogen umkreist, bald, um bei ihren argwöhnischen Bewohnern keinen Verdacht zu erregen, mich durch ihre Gäßlein geschlichen; habe sie in jedem Stadium ihrer unaufhaltsam vorschreitenden Veränderung, bis von allem (einschließlich der gemütlichen Kneipe in der Papenstraße) so gut wie nichts mehr da war, besucht und will nun, was ich nach einer jeden solchen Wanderung mir aufzeichnete und aufschrieb, hier in gedrängtem Auszuge mitteilen. Der Berliner wird sich mit mir auf alles das gern noch einmal besinnen; und wer kein Berliner ist, daraus vielleicht eine Vorstellung gewinnen von dieser merkwürdigen Phase des Berliner Lebens, in welcher das Heute vom Gestern durch einen so tiefen Abgrund getrennt wird, daß nur die Phantasie noch ausreicht, um eine Brücke hinüberzuschlagen. Scheint mir selber doch, indem ich in meiner Erinnerung um kaum zwei Jahre zurückgehe, als ob ich in eine ferne Vergangenheit wandern müßte!

Denn als ich am Abend des 7. Juli 1884 hier ging, da war in ihrer ganzen Länge die Burgstraße noch intakt, da stand noch die alte Militärakademie, welche Friedrich der Große begründet, und gegenüber die alte Schloßapotheke mit ihren gotischen Giebeln und alten Bäumen, und auch die Cavalier- oder Sechserbrücke war noch da, von Fußgängern belebt, die gerade keine Kavaliere waren, aber auch keine Sechser mehr zu zahlen brauchten. Die Heiligegeistgasse, die heute mit den stolzen Gebäuden der Berliner Kaufmannschaft und dem stolzeren Namen der St.-Wolfgangs-Straße prunkt, prangte damals noch mit nichts als ihrer angestammten Baufälligkeit, kaum angenagt von der beginnenden Zerstörung; und das Joachimsthalsche Gymnasium an der Ecke der Heiligegeiststraße, wiewohl Lehrer und Schüler es längst verlassen und in seinen öden Klassenzimmern und Hörsälen sich allerlei Fabrikanten und Handwerksleute niedergelassen hatten, erinnerte doch mit seinem ehrwürdigen Grau noch immer an den Professor der Mathematik und schönen Künste, Sulzer, und die Nachbarschaft von Ramler und Lessing.

[...]

Frühling und Sommer sind vergangen, und es ist Herbst geworden in Berlin. Wie lieb ich ihn, wenn er mit seinen klaren blauen Tagen und seinem sanften Sonnenscheine naht; wenn der wilde Wein vor meinem Fenster sich purpurn färbt und die Laubmasse des Tiergartens in bunter Pracht zu schillern beginnt – wenn man auch in dieser großen Stadt den Abschiedsblick der Natur empfindet, der so schön und so wehmütig ist, und manchmal schon von Norden her am Nachmittag hoch über unsern Häuptern eine Schar Wandervögel, unsere Sommergäste, dahinziehen sieht und, ihnen mit dem Auge folgend, Träume träumt, die auf keine Erfüllung mehr zu rechnen haben. Und an einem solchen Nachmittage bin ich gern einsam und suche die Gegenden unsrer Stadt auf, in denen ich meinen Gedanken nachhängen kann. Im Gewühl ihrer Straßen verläßt mich dieses stille Herbstgefühl nicht, wenn, langsam und unbemerkt, ein welkes Blatt vor mir auf das Steinpflaster niedertaumelt und ein Streifen Abendlicht die Fronten der hohen Häuser vergoldet, bis wo sie sich im aufsteigenden Dufte der Dämmerung verlieren. Mir übertönt er nicht, dieser Lärm, das Rollen der Wagen, und der hastige Schritt der Menschen, die feierliche Stimme, die vom Werden und Vergehen spricht; ich höre sie überall, hier, in der nimmer rastenden Stadt, wie ich sie einst draußen gehört habe auf der Heide, wo das große Schweigen nur unterbrochen und begleitet wird von dem Murmeln der Quelle, dem Rauschen des Windes und dem Abendliede der Lerche. Mich stört das Werk von Menschenhand nicht: nur um so nachdrücklicher predigt es mir die große Lehre; mich verletzt nicht Eitelkeit, und mich reizt nicht der Triumph eines Tages. Ich habe mein Los mit der Allgemeinheit geworfen und mir nur das Recht vorbehalten, zuweilen nachdenklich stehenzubleiben – mir ist in dieser gewaltigen Stadt mit ihren Hundert- und abermal Hunderttausenden so wohl wie in der Heimat. Was ich dort, vom Berge herab im Anschauen der Abendlandschaft erfahre, das wiederholt sich hier für mich noch täglich. Daß der einzelne nur im beseligenden Gefühle des Ganzen Erfüllung findet und daß es dort die gebundene Natur, hier die rege

Fülle des menschlichen Lebens ist, macht dies Gefühl nur stärker, nicht anders. Es ist kein Traum mehr, es ist die Wirklichkeit ergreifender oder erhebender Schicksale, eine lange Kette von Wandlungen, Untergängen und Neubildungen, und indem ich ihnen weit hinaus in die Jahrhunderte folge von dem beschränkten Platz, an dem ich stehe, werd ich ein Teil der Geschichte selber, verkehre mit den Personen und den Dingen, die vor mir gewesen, und kehre bereichert zu denen zurück, die mit mir sind.

Unter solchen Betrachtungen hab ich heute meinen Weg nach dem Schloßplatz und Lustgarten zurückgelegt, der unter der Herbstabendbeleuchtung doppelt reizvoll erschien, alles wie von einem rosigen Schimmer umsponnen. Da stand auch sie noch, die altersgraue Schloßapotheke, aber von ihren Bewohnern schon verlassen und nichts von der gewohnten Tätigkeit mehr darin zu sehen. Verödet hob sie sich hinter dem weißen Bretterzaun, der sie – wie wenn er unsrem Blicke das melancholische Werk der Vernichtung entziehen wolle – rings umgibt. Die alten Bäume, welche den anheimelnden Bau, die fromme Stiftung Katharinas, so lange beschattet, rauschten noch, das Laub vom frühen Herbste schon etwas vergilbt; und hier an einem Bäumchen, einem Ebereschenbäumchen, glühten die roten Beeren. Mehrere Fenster waren aufgebrochen, andre verhängt, und über das ganze Gebäude zog sich jenes Grau von Baustaub, welches so traurig stimmt, wenn ein ehrwürdiger, liebgewordener Anblick darunter verschwinden soll. Hinter der Apotheke, nach dem Wasser zu, waren die Nebengebäude niedergelegt, so daß ich den Hauptbau in seiner ganzen Gestalt, mit Erkern und Giebeln und steinernem Zierat noch einmal sehen konnte – wer weiß, zum letzten Mal; und um Grün und Bauschutt und Trümmerhaufen spielte das Licht der

Abendsonne. Noch einmal ging ich über die Sechserbrücke, die nun auch bald nicht mehr sein wird, und gedachte der schönen Mondscheinabende, in denen ich
dieses Stück Gotik in Berlin gern gesehen, wenn das
freundliche Licht aus den hohen Gewölben so magisch
eigentümlich in die Schatten unter den Bäumen fiel –
und als ich vorwärts blickte, nach der Burgstraße hin, da
war keine Kriegsakademie mehr, keine Kleine Burgstraße
mehr, kein Durchgangsbogen mehr, keine Heiligegeistgasse mehr – nur noch Ruinen und Brettergerüste und
Baukarren, die sich hin- und herbewegten, und Maurer,
die mit Spitzaxt und Brecheisen arbeiteten.

Zwölf Wochen nachher, ein Tag spät im November
1885; kalter Nebel in der Luft, Reif in den Bäumen, die
sich weißlich gegen das dunklere Gemäuer des Schlosses
abheben. Gleich vorn an der Burgstraße, nach der Königstraße hin, eine Holztafel mit der Inschrift in großen
Buchstaben: »Für Wagen gesperrt« – keine Cavalier-
brücke mehr, keine Schloßapotheke mehr, nur noch ein
Mauerrest, wo sie gestanden. Auch kein Joachimsthalsches Gymnasium mehr; wo ehemals die alten Straßen
und Häuser waren, wandelt man streckenweit zwischen
Bauzäunen, hinter denen die Grundmauern neuer Gebäude, den Anfangspunkt der Kaiser-Wilhelm-Straße be-
zeichnend, emporwachsen. An der Stelle des Joachims-
thalschen Gymnasiums erhebt sich in stattlicher Höhe,
fast schon vollendet, die neue Warenbörse – Handel
und Wandel überall, die Warenbörse, wo Sulzer, die
Fondsbörse, wo Ramler war; und dies Gäßchen, in welches Lessing ehemals von seinem Fenster aus hineinge-
blickt, jetzt zwischen beiden Börsen und mit dem Namen »St.-Wolfgangs-Straße« geschmückt, welchen ich
heute zum erstenmal auf dem blauen Schild an der Ecke
sehe. Verschwunden ist das ganze Straßenkarree, wel-

ches einst von der Kleinen Burg- bis zur Heiligegeistgasse reichte; jedoch auch das, was hier herum in der alten Gegend noch steht, erscheint so bedroht; auf Schritt
und Tritt sieht man sich so von Häuserruinen und Bret-
tergeländen umschränkt, daß man sich ordentlich freut,
wenn man noch einem der gewohnten Anblicke begegnet – wer weiß, ob nicht auch ihm zum letztenmal? So
das Haus Nr. 68 in der Spandauer Straße – das Haus der
Mendelssohn. Da steht es noch, wie es gestanden hat vor
hundert Jahren; der Baum freilich, unter welchem vor
der Türe der gute Mann oftmals sinnend und sorgend in
seinen letzten Jahren gesessen, ist nicht mehr da. Doch
das Haus mit seinen vier Fenstern Front, seinen zwei bescheidenen Stockwerken und dem Dachkämmerchen
darüber, der Schauplatz eines äußerlich stillen, aber an
inneren Kämpfen reichen und trotzdem glücklichen Lebens, ist noch unverändert. Dieses Haus, heute gleichfalls am Rande des Abgrundes, der es wahrscheinlich
verschlingen wird, nur noch zwei Häuser von dem Stra-
ßendurchbruch entfernt, sieht heute wohl mit seinen
braunen, stark verwitterten Wänden ein wenig herunter-
gekommen aus gegen das, was es in meiner eigenen Erinnerung noch war; im Erdgeschoß ist ein Barbierladen,
die Haustür steht offen, der Flur ist ausgetreten und die
Gedenktafel über der Tür: »Hier lebte und wirkte Un-
sterbliches Moses Mendelssohn etc.« fast unleserlich geworden. Aber zu seiner Zeit muß es ein freundliches
Haus gewesen sein, durchleuchtet von der Sonne des Fa-
milienglücks, der Nächstenliebe, der Gastlichkeit; ausgezeichnet durch den Besuch vieler erlauchter Geister und
für immer geweiht durch die Gegenwart eines großen
und edlen Menschen. Dieses Haus sah die jungen Humboldts zu den Füßen Mendelssohns. Sein vornehmster
Schmuck aber war eine Büste Lessings; sie stand über
dem Sofa in Mendelssohns Studierstube, deren beide

Fenster, eine Treppe hoch, man heute noch erkennt. »Lessings Büste war das erste«, schreibt Elise Reimarus an Jacobi (1783), »was beim Hereintreten mir in die Augen fiel.« Unter ihr, drei Jahre später, saß Mendelssohn, als er den Tod nahen fühlte, und unter ihr ist er gestorben. Guter, frommer, bescheidener Mann! Er war von einer rührenden, einer unsagbaren Bescheidenheit; er, den Goethe »einen unserer würdigsten Männer« genannt hat, nennt sich gegen Michaelis einen Juden, »dessen zeitliche Umstände es erfordern, niemandem, außer sehr wenigen Freunden für etwas mehr als einen Buchhalter bekannt zu sein«. Er stotterte und war bucklig. »Eine leutselige leuchtende Seele im durchdringenden Auge und einer äsopischen Hülle«, so beschreibt ihn Lavater; ein Mensch, »der durch seine Gestalt und sein Gesicht das roheste Herz zum Mitleiden bewegen konnte«, so Professor Kraus in Königsberg. Man hatte Gelegenheit, Bild und Büste dieses seltenen Mannes in der historischen Abteilung der Berliner Jubiläums-Kunstausstellung (1886) nebeneinander zu sehen und zu studieren. Das Bild war von Graff, dem Maler Lessings und aller andren damaligen Berühmtheiten, die Marmorbüste von Tassaert. Letztere, welche Mendelssohn in seinen späteren Jahren darstellt, zeigt einen höchst ausdrucksvollen Kopf, in welchem die Natur selber der formenden Hand des Bildhauers gleichsam vorgearbeitet hat, eine stark ausgebildete Stirn mit vorspringenden Stirnknochen und eine prononcierte, jedoch nicht unedel gebaute Nase, lebhafte Augen, die noch aus dem Stein zu sprechen scheinen, einen halb geöffneten Mund, welcher dem ernsten Gesicht einen Schimmer, nicht mehr, von Freundlichkeit und Lächeln gibt, tiefe Falten auf den Wangen, drei Furchen über der Nase, wie eingegraben in die Wölbung der hohen, klaren Stirn, und nichts, was an den Juden erinnert, als ein Spitzbärtchen unter dem vorstehenden Kinn. Das Ölgemälde gibt uns den jüngeren Mann, das volle Haar und Bärtchen sind tiefdunkel, die braunen Augen haben einen lichten Glanz, und das ganze Gesicht hat die Farbe der Reife; hier ist der Mund geschlossen, und die Lippen sind aufgeworfen. – »Der klarste und heiterste Kopf, den ich beinah auf einem menschlichen Rumpfe gesehen«, wie Herder es gesagt; und dennoch liegt etwas Wehmütiges in diesem Antlitz, was Herder nicht gesehen, und wenn er es gesehen, vielleicht nicht verstanden hat...

Nicht weit von diesem Bilde Mendelssohns, in einem andren Saale der historischen Abteilung, hing das seines Enkels, das Porträt Felix Mendelssohn-Bartholdys. Sind die Züge des einen in denen des anderen wiederzuerkennen? Sie sind feiner, die Formen zierlicher, spiritueller, wenn ich so sagen darf, sowohl Mund und Nase; doch das Feuer des geistvoll sprühenden Auges und die breite, schön gewölbte Stirn sind die des Großvaters. Aber welch ein weiter Weg zwischen diesem Moses, der das gelobte Land nur von ferne sah, und jenem Felix, der es betreten! Welch ein Weg von dem kleinen Haus in der Spandauer zu dem palastartigen in der Leipziger Straße Nr. 3, in welchem Felix Mendelssohn-Bartholdy seine beneidenswerte Jugend verlebte. Noch immer, aber nur in Mondscheinmitternächten, wenn das elektrische Licht der Leipziger Straße verglimmt ist, klingt und singt es um dieses Haus und diesen Garten, unter dessen Bäumen Felix Mendelssohn-Bartholdy die Ouvertüre zum Sommernachtstraum komponiert hat und in welchem eine alte Eibe steht, der älteste Baum in Berlin – und dann kommen Puck und die Elfen, Oberon und Titania wohl noch einmal, um die lieben Stätten zu besuchen, und rings um die alte Eibe herum beginnt der Ringelreihn, und in jenen unendlich süßen, neckischen Zaubertönen schallt es weit hinaus in die Stille:

Bunte Schlangen, zweigezüngt!
Igel, Molche, fort von hier!

Und ein zweiter Elfe fällt ein:

Schwarzer Käfer, uns umgebt
Nicht mit Summen! Macht Euch fort!
Spinnen, die ihr künstlich webt,
Webt an einem andern Ort.

Was hilft euch, arme Kinder der Luft, ihr Libellen der
Nacht, die grausige, noch dazu sehr anzügliche Be-
schwörungsformel? Ihr werdet hier nie wieder eine Heimat finden in diesem Haus und Garten, vordem euer
Eigentum, und ein Glück noch, daß der dicke Portier
schläft, der sonst immer in der goldverbrämten Livree
vor der Türe Wache hält. Der würde euch schön jagen
mit eurem Gesang! Denn daß ihr's nur wißt, ihr Elfen,
dieser euer alter Aufenthalt ist jetzt das Hohe Herrenhaus*, in welchem am 13. April 1886 durch Annahme
der Koppschen Amendements der Kulturkampf geschlossen ward. Ihr schüttelt euch, ihr wendet euch ab.
Glaubt aber nicht, ihr Elfen, daß es mir um den Kulturkampf leid sei; fürwahr ich bin froh, daß wieder Frieden
auf Erden ist und den Menschen ein Wohlgefallen. Aber
euer muß ich gedenken, sooft ich dieses Haus sehe; und
euer hab ich auch gedacht an jenem 15. Juli des Jahres
1870, als hier, vor versammeltem Norddeutschen Reichs-
tag, Bismarck mit leiser, aber fester Stimme die Kriegser-
klärung gegen Frankreich verlas. Und nun flieht, ihr Elfen, flieht, flieht! Für euch ist wirklich kein Platz mehr
in Berlin.

Noch immer, wenn man durch die Nebengassen der
Spandauer Straße, namentlich aber durch den Teil der

* Seit 1852, in welchem Jahre das ehemalige Sitzungsgebäude des Herrenhauses in der Oberwallstraße abbrannte.

Klosterstraße geht, welcher bis ans Ende des vorigen Jahrhunderts das »Geckhol« hieß, wird man, wie sonst nirgends in Berlin, ein Überwiegen des jüdischen Elementes gewahr. Hier herum wohnten die Juden, als sie zuerst wieder ein Heim fanden in Berlin. Das Geckhol war nicht ganz das Paradies, aber es war auch nicht mehr das Ghetto. Von hier aus verbreiteten sie sich in die angrenzenden Straßen und gaben ihnen den Charakter, den sie bis auf den heutigen Tag bewahrt haben. Gestalten begegnen noch da wie aus einer vergangenen Zeit, Greise mit gefurchtem Angesicht und tief herabhängendem, weißem, zweizipfligem Bart, mit kaftanartigem Gewand und schwarzem Käppchen unter dem abgetragenen Hut; aber auch gesetzte Männer in guten Tuchröcken und behaglichen Verhältnissen, feine Köpfe, denen man es ansieht, daß sie sich nicht nur auf den Talmud, sondern ebensowohl auf ihr Geschäft verstehen, und ein junger Nachwuchs, das Erbe der Alten mit einem gewissen neu hinzugekommenen Zuge verbindend, der, von allem, was ich kenne, der »Salomonischen Weisheit« auf dem berühmten Bilde von Knaus am meisten gleicht.

Das Geckhol war ehemals eine Sackgasse, dicht an der Stadtmauer und dem Kleinen Jüdenhof; der Name (Geck halt!) bezeichnete mit jener dem Mittelalter eignen plastischen Kraft des Ausdrucks, was anderwärts in unsrer Stadt »Bullenwinkel« hieß und sonst auch in norddeutschen Städten »Burstah« (Bauer steh! bleib stehen, denn da geht es nicht weiter) oder »Kehrwieder« genannt ward, wie einer von den malerischen Punkten in dem nun gleichfalls verschwundenen Gassengewirr von Hamburgs Hafen.

Man erkennt ihn noch in seiner Gestalt, diesen sich verengenden Streifen der Klosterstraße, welcher sich jetzt nach der Neuen Friedrichstraße öffnet; man er-

Friedrich-/Ecke Elsasser Straße

kennt ihn aber auch aus seiner Einwohnerschaft, die sich vornehmlich, wie die der ganzen Nachbarschaft, aus dem mittleren und orthodoxeren Teile der jüdischen Bevölkerung von Berlin zusammensetzt. Hier sind jüdische Garküchen und jüdische Cafés – ein »Koscher Grand-Restaurant« und ein »Koscher Frühstückslokal mit französischem Billard« – hier hängen zur Herbstzeit fette Gänse heraus und das ganze Jahr durch magere Hühner; hier lebt noch das Andenken des seligen Frank, eines Mannes, berühmt wegen seines guten Mittagstisches, seiner zivilen Preise und unerhörten Grobheit. Jeder richtige Berliner, welchen Glaubens er auch sei, kennt das geflügelte Wort: »Gorkensalat ist auch Kompott«, ohne vielleicht zu wissen, daß es vom seligen Frank aus der Heiligegeistgasse stammt. Überall an den Läden sieht man hebräische Inschriften; an einem »Rasier-, Frisier- und Haarschneidecabinet« in der Rosenstraße zum Beispiel unter dem deutschen Firmenschild in den besten hebräischen Lettern von rechts nach links die Worte: »Hier wird gezwikkt« (denn ein »ck« gibt es im hebräischen Alphabet nicht, und die frommen Juden lassen sich auch heute noch nicht mit dem Messer rasieren, sondern nur mit der Schere zwicken). Hier sind hebräische Buchläden, deren Schaufenster die Lithographien berühmter Rabbinen in Käppchen und Ornat füllen, und Geschäfte, in denen man alle zum jüdischen Gottesdienst gebräuchlichen Gegenstände erhält. Hier endlich, in der Heidereitergasse, steht die älteste Synagoge, die vom Jahre 1714, »die alte« genannt, im Gegensatz zu der »neuen« in der Oranienburger Straße, der Synagoge der Reformgemeinde, hoch über ihrem Portal in Lettern von Erz das Wort des Propheten, Ezech. XI, 16: »Ja, ich habe sie fernweg unter die Heiden lassen treiben«; und hier, der jüdischen Mädchenschule gegenüber, aus welcher um die Mittagszeit die kleinen Töchter Israels nicht minder laut und lustig herausspringen als ihre christlichen Altersgenossinnen aus irgendeiner andren Gemeindeschule von Berlin, liest man über der Tür eines ziemlich unscheinbaren Hauses die Inschrift: »Lasset die Kindlein zu mir kommen und wehret ihnen nicht. Ev. Marc. X, 15.« – Und wer also, zwischen dem Alten und dem Neuen Testament, dieses enge Gäßchen durchwandelt, der mag vielleicht jener Kirche des römischen Ghettos, der Santa Maria del Pianto, sich erinnern, die mit ihrem funkelnden Kreuz die hoch beim Palaste der Cenci, dem Marcellustheater und Bogen der Octavia gelegene Synagoge noch überragt und ihr in einem hebräischen Bibelvers – einem seltenen Schmuck an einer römischen Kirche! – die ganze Verstocktheit der Juden entgegenhält. Hier aber in Berlin ist es so nicht gemeint. Das kleine Haus in der Heidereitergasse, das Vereinshaus für Innere Mission, ist zugleich eine Kleinkinderbewahranstalt; friedlich und freundlich schaut der Prophet zum Evangelisten hinüber, die beide ja desselben Stammes sind, und ich glaube nicht, daß sie – wenigstens *sie* nicht – etwas dagegen hätten, wenn die Kinder von hüben und drüben miteinander spielen wollten.

Der Synagoge in der Heidereitergasse sieht man ihr Alter nicht an; nichts Spinnenwebartiges, Finsteres oder Staubiges ist in ihr. Neuerdings restauriert, glänzen ihre Wände von Weiß, der Sonnenschein dringt durch bunte Scheiben, und schön getäfelt ist die Decke. Doch der Gottesdienst bewegt sich in den alten strengen Formen; hinter kostbaren Vorhängen, wie Heine sie geschildert, birgt sich das Allerheiligste, darüber die Gesetzestafeln mit zwei vergoldeten Löwen als Schildhaltern und die siebenarmigen Leuchter davor, gleich den Leuchtern des Tempels von Jerusalem auf dem Triumphbogen des Titus über dem Forum von Rom; und Gesänge hört man hier, uralte, vor tausend Jahren gedichtet an den Ufern

Jüdenhof

des Ebro, Melodien, meist in Moll, jener Tonart der Sehnsucht und Klage, nur selten durchblitzt von einem Aufschrei der Lust, aber immer kraus und phantastisch durchflochten von den Reminiszenzen der Länder, welche dies Wandervolk auf seinem Fluge gestreift.

Von nun ab jedoch geht die große Wandlung des 18. Jahrhunderts mit ihm vor, und mehr als irgendeine andere wird auch für die Juden Berlin die Stadt der Aufklärung. Sie haben hier spät eine Heimat gefunden, und lange noch bleiben sie Fremde, gänzlich außerhalb des eben mächtig erwachenden geistigen und politischen Lebens der Nation. Aber mit überraschendem Verständnis und der ihnen eigenen Gabe der Anpassung treten sie sogleich in diese Bewegung ein, als der Führer sich gefunden. Dieser Führer war Moses Mendelssohn, der Freund Lessings und der warme Bewunderer Friedrichs – er, der, glücklicher als der Dichter der »Minna von Barnhelm«, seinem großen König einmal Angesicht in Angesicht gegenübergestanden. Die Juden haben ein Gebet, welches sie verrichten beim Anblick eines gekrönten Hauptes, wie wenn gleichsam der Abglanz Gottes auf ihm ruhe. Von diesem Abglanz etwas fiel auch auf die Juden von Berlin, seitdem, an einem Samstagmorgen, Moses Mendelssohn die königlichen Gemächer von Sanssouci betreten. Ein neues, starkes Gefühl erwacht in ihnen, die bis hierher nur die Liebe zu ihrem Gott und zu ihrer Familie gekannt: die Liebe zum Vaterlande. Wir sehen sie geistig wachsen und sich entfalten unter dem ersten Sonnenschein, der ihnen zuteil wird, nachdem sie, ungezählte Geschlechter lang, in der Dunkelheit und Enge geweilt. Wir sehen einzelne von ihnen mehr in den Vordergrund der Öffentlichkeit hinaustreten, in das politische Leben eingreifend und mit einer Art offiziellen oder offiziösen Charakters bekleidet, wie jenen Veitel Ephraim, dessen Andenken und Name frei-

lich nicht über jedem Zweifel erhaben sind. Seine Münzunternehmungen sind bekannt; bekannt auch, daß der
ehrliche Moses Mendelssohn sich indigniert von dem
Glaubensgenossen abwandte, der sich durch solche Spe-
kulation bereichert. »Schlecht Geld ist es ohnedies«,
schrieb (2. Oktober 1762) Lessing an Madame Nicolai,
»herzlich schlecht, so schlecht, daß man sich ein Gewissen daraus machen muß, seine alten Schulden damit zu
bezahlen.« Dennoch ist der Mann vielleicht nicht ganz
so schlimm wie sein Ruf; was er tat, das tat er zumeist im
Auftrag und immer mit Wissen und Willen des Königs,
der den größeren Gewinn aus dieser ephraimitischen
Münzverschlechterung zog; und was man dem König
verzieh, dafür sollte man den Juden nicht verantwortlich
machen. Es war die moderne Gestalt des Hofbankiers,
der in einem früheren Jahrhundert Hofjude gewesen,
wie der unglückliche Lippold, der in einem ähnlichen
Vertrauensverhältnis zu Joachim II. gestanden und des-
wegen – verbrannt wurde. Diesem dagegen, Veitel
Ephraim, ging es sehr wohl auf Erden und in Berlin.
Er hatte neben seiner »Silberraffinerie«, gewaltigen
Schmelzwerken, in denen an die tausend Menschen arbeiteten, einen prachtvollen Garten am Schiffbauerdamm, in welchem sechs Kolossalstatuen von Schlüter
standen: Merkur, Juno, Bacchus, Flora, Leda, Venus, ursprünglich bestimmt, die Balustrade des königlichen
Schlosses zu schmücken, und ein schönes Landhaus im
Barockstil, welches von einer riesigen Platane beschattet
ward. Alle diese Herrlichkeit ist lange dahin, seitdem die
vormals ländliche Gegend des Schiffbauerdamms sich
mit den Häusern der Friedrich-Wilhelm-Stadt bedeckt
hat; wo der Garten Ephraims war, ist jetzt ein Stätte-
platz, zwischen dessen aufgestapelten Ziegelsteinen,
Kalk und Holz man vor einigen Jahren noch das wunderlich geformte Dach des Gartenhauses einsam und verlo-

Oranienburger Straße

ren hervorragen sehen konnte, wenn man mit einem Zuge der Stadtbahn daran vorüberfuhr.

Völlig erhalten dagegen und noch immer eine Sehenswürdigkeit im alten Berlin ist das Palais, welches Ephraim sich an der Poststraßen- und Mühlendamm-Ecke durch den Oberbaudirektor Diterichs (1762) aufführen ließ. Lange hieß es »das Ephraimsche Haus« und wird heute noch von alten Berlinern so genannt. Ein Rokokobau von mächtigem Umfang, die Front in schöngebildetem Halbbogen die Ecke nach beiden Seiten abrundend, der mit feinem Gitterwerk aus Schmiedeeisen und zierlichen Gruppen aus Sandstein reich geschmückte Balkon von acht Säulen, mächtigen Monolithen, getragen, welche, ein Geschenk Friedrichs, von dem während des siebenjährigen Krieges zerstörten Gräflich Brühlschen Schlosse zu Pförten herrühren sollen. In dem geräumigen, hochgewölbten Flur erblickt man eine stattlich breite Treppe mit einem gleichfalls höchst kunstvoll gearbeiteten Eisengitter. Er war ein Mann von Geschmack, dieser Ephraim, und der zu leben wußte. Seine Gemäldesammlung, in welcher sich ein Salvator Rosa, ein Caravaggio, ein Domenichino, zwei Poussins befanden, machte dem Kunstsinn Ephraims Ehre. Jetzt bildet sein ehemaliges Palais eine Abteilung des Polizeipräsidiums, mit dem Büro für das Paß- und Fremdenwesen, für Gesindeangelegenheiten, für verlorene und gefundene Gegenstände; jetzt steht der Berliner Schutzmann im Hausflur, und vor der Türe spielt sich manch eine ergreifende Szene Berliner Lebens ab – eine Dame ganz in Schwarz, heftig schluchzend und das Taschentuch gegen die Augen gepreßt, sitzt in einer Droschke. Was mag sie verloren, wonach hier gefragt haben und welcher Bescheid ihr geworden sein? Anders vor hundert Jahren, als an diesem Säulenportal die Equipagen vornehmer Herrschaften hielten, einmal auch die Friedrichs des Großen – ein Besuch, der den beglückten Ephraim teuer zu stehen kam. Denn der König, erstaunt über die Pracht dieses Hauses, legte dem Eigentümer desselben sofort eine starke Kontribution zugunsten – ich habe vergessen, welchen militärischen Instituts in Potsdam auf; es war einer von den kleinen »praktischen Scherzen«, in welchen der Alte Fritz auch so groß war. – Die Hinterseite des Gebäudes ist der Spree zugekehrt, und durch einen Torbogen desselben gelangt man in einen der originellsten Winkel und an einen der hübschesten Ansichtspunkte von Berlin. Hier sind die Dammühlen, neue, massive Werke jetzt, zwischen denen aber hier und dort eine verwitterte Wand des alten Mühlendamms noch hervorlugt. Wie manchmal an einem Sommertage, Mittag oder Abend, bin ich hierhergekommen, um in einer von den Einbuchten der Brücke zu stehen beim Klappern der Mühlen und Rauschen der Wasser, welches einen gar eigentümlich ländlichen Eindruck macht, hier, mitten in der Altstadt von Berlin, der Geruch von Mehl vermischt mit dem Geruch von frisch gemähtem Gras, von Heu, Korn und sonstigen Zerealien; denn hier, neben den Mühlen, sind mehrere große Produktenhandlungen, vor deren Einfahrten man hochbeladene Wagen sehen kann, wie vor den Scheunen der Landleute. Kehrt man sich aber um, so hat man ein überraschendes Bild: im Vordergrund das Wasser der Spree, welches hier ungewöhnlich erregt mit Schaum und Wellen unter der Brücke hervorstrudelt, um dann in breitem Strome ruhig nach der Kurfürstenbrücke weiterzufließen, Böte, Fischbehälter, Kästen, Netzhaken und Körbe leise schaukelnd auf der schillernden Flut; links ein paar Fabriken und das giebelverzierte Gemäuer des alten Marstalls; rechts, überragt von den beiden Türmen der Nikolaikirche, die Häuser der Poststraße, manche von ihnen sehr alt, mit Tonnengewölben und steinernen

Die Synagoge in der Oranienburger Straße

Kreuzbögen an der Decke, dicht aneinandergedrängt, mit wildem Wein bewachsen, von Baumwipfeln umlaubt, mit Gärten bis an das Wasser; und weit hinten im violetten Licht die graue Masse des Schlosses mit weiß verhängten Fenstern und auf der Langen Brücke, wie losgelöst vom Postament, mit seinen dunklen, kräftigen Umrissen in den goldnen Abendhimmel gezeichnet, das Reiterbild des Großen Kurfürsten, zu dessen Füßen sich, von der untergehenden Sonne bestrahlt, Wagen und Menschen unaufhörlich hin und her bewegen. So daß, alles zusammengenommen, Veitel Ephraim sich eine gute Stelle für sein Haus ausgesucht, wenn er – wie ich vermute – nicht nur ein Auge für die Schönheiten der Kunst und Natur, sondern auch Sinn für die Schönheiten unserer Stadt gehabt hat. Sein Neffe und eine Zeitlang Kontorist in seinem Geschäfte war jener Ephraim Kuh aus Breslau, welchen Berthold Auerbach zum Helden seines Romans »Dichter und Kaufmann« gemacht hat; und unter dem Namen Ebers und Eberty haben seine Nachkommen hohe, sowohl literarische als städtische Ehren gewonnen.

Welch ein ungeheurer Umschwung in weniger als einem Menschenalter! Als Mendelssohn, ein Knabe von vierzehn Jahren, in Berlin einwanderte, ward ein Mitglied der israelitischen Gemeinde (man sagt, ein Vorfahr des Herrn von Bleichröder) aus derselben ausgestoßen, weil ein deutsches Buch in seinen Taschen gefunden worden; und dreißig Jahre später stand in Mendelssohns Kontor Klopstocks »Messias« neben dem Neuen Testament in Luthers Übersetzung.

Schon die zweite Generation jener Berliner Juden des 18. Jahrhunderts beginnt die freien Höhen hinanzuklimmen, auf denen das, was der Mensch glaubt oder nicht glaubt, keine Scheidewand mehr ist; das Vorurteil auf der einen und der anderen Seite scheint in den niederen

Schichten zurückzubleiben. Die feineren und bevorzugteren Naturen unter ihnen wissen sich bald eine Stellung in der Berliner Welt zu verschaffen, und ein nicht unwesentlicher Einfluß auf die Entwicklung derselben in den siebenziger und achtziger Jahren des vorigen Jahrhunderts geht von jüdischen Häusern aus. Zu den besten und geachtetsten unter denselben gehörte das von Daniel Itzig, der lange Vorsteher der jüdischen Gemeinde von Berlin war und seit 1765 ein schönes, vom Baron Verzenobre (1734) nach dem Modell des Hôtel de Soubise in Paris erbautes Palais an der Burgstraßenecke besaß, auch dieses mit den kostbarsten Gemälden geschmückt. Sein Sohn Isaak Daniel, nachmals Ober-Hofbauquartier- und Chausseebau-Inspektor, war unter den Zuhörern der »Morgenstunden« bei Mendelssohn, und von seinen zahlreichen, durch Schönheit und Talent namentlich für die Musik ausgezeichneten Töchtern heiratete eine den vortrefflichen, philosophisch gebildeten David Friedländer, und zwei andere wurden die Baroninnen Eskeles und Arnstein in Wien. Es fehlte damals in Berlin durchaus an einem gesellschaftlichen Mittelpunkte; nicht einmal der Hof bildete im heutigen Sinne des Wortes einen solchen. Der erste, welcher, wenn auch unter höchst bescheidenen Verhältnissen, »ein Haus« machte, war Moses Mendelssohn: philosophische Symposien, bei welchen den Gästen die Rosinen und Mandeln zugezählt wurden. Wer die Memoiren der Henriette Herz kennt, der weiß, wie frugal es überhaupt in all diesen geselligen Zusammenkünften herging. Aber eine neue Erscheinung verlieh denselben ihren vornehmlichen Reiz: Es waren die schönen und geistreichen Jüdinnen von jenem eigenartigen, ganz spezifisch berlinischen Typus, der seitdem und mit ihnen ausgestorben zu sein scheint. Sie waren von einer umfassenden Bildung und aufrichtigen Teilnahme für die höch-

Der Neidkopf in der Heiligengeiststrasse.
(Uraltes Berlin.)

Heiligegeiststraße mit Neidkopf

sten geistigen Interessen, fähig, ihnen zu folgen, und ernst, die würdigen Genossinnen bedeutender Männer – so die Tochter Mendelssohns, Dorothea, die Gemahlin Friedrich Schlegels und die Mutter Philipp Veits; so Rahel, die Gemahlin Varnhagens von Ense, so vor allem Henriette selber, die Gemahlin des trefflichen Hofrats Marcus Herz, eines der angesehensten Ärzte jener Zeit, der es sich aber zum höheren Ruhme schätzte, der Schüler Kants zu sein. Diese Frauen schufen in der damaligen Öde, welche dem Tode Friedrichs voranging und nachfolgte, jene Kreise, welche so wichtig geworden sind nicht nur für die Gesellschaft, sondern auch für die Literatur und das öffentliche Leben; Vereinigungen, in welchen die kühn aufstrebenden Männer und Jünglinge um die Wende des vorigen Jahrhunderts die Anregung suchten und fanden, die ihnen sonst überall in Berlin versagt geblieben wäre. Der junge Alexander von Humboldt datierte seine in hebräischen Lettern an Henriette Herz aus Tegel geschriebenen Briefe: »Schloß Langeweile«; und in einem Schreiben an dieselbe, in welchem er ihr einen jüdischen Freund empfiehlt, nennt Jean Paul Berlin »die hohe Schule seiner Glaubensgenossen«. Diese Kreise hegten und verbreiteten zuerst das, was man den Goethe-Kultus genannt hat; aus ihnen ging das Morgenrot der Romantik auf, und ihre späten Nachklänge konnten Börnes und Heines Anfänge noch erreichen. Die Macht dieser Frauen bestand in dem Zauber ihrer Persönlichkeit, stark genug, um alle Unterschiede des Ranges zu verwischen. Die jüngeren Elemente der höheren und höchsten Stände fühlten sich unwiderstehlich von ihnen angezogen. Mischehen, außer den bereits genannten, waren nicht selten in jenen Tagen. Marianne Meyer, Tochter eines jüdischen Kaufmanns, ward in morganatischer Ehe die Gemahlin des damaligen österreichischen Gesandten, des Fürsten Reuß, nach dessen

Tode der Kaiser sie zur Frau von Eybenberg machte; und ihre Schwester heiratete einen Herrn von Grotthuis. Welch eine Schar illustrer Namen, wenn wir nur an den Salon der Frau Henriette Herz denken, dieser schönsten, gütigsten und sympathischsten all jener Geistreichen, die, wie Scherer von ihr gesagt hat, »Klarheit und Reinheit um sich verbreitet« und vor deren Porträt in der historischen Abteilung unserer Jubiläumsausstellung wir gerne haltgemacht haben, versunken in die Betrachtung ihrer großen dunklen Augen, ihrer weichen Lockenfülle und ihres unsagbar lieblichen Gesichtes. Und um sie gruppiert oder einer nach dem andern an ihr vorübergehend die Schlegel, Karl Philipp Moritz, Mirabeau, Gentz, Frau von Genlis, die Humboldt, Jean Paul, Prinz Louis Ferdinand, Frau von Staël und zuletzt noch Schiller und Goethe. So weit, so groß war der geistige Horizont dieser seltenen Frau, welche von sich sagen konnte, »sie habe den glänzenden Stern Goethes auf- und untergehen sehen«. Und da war noch einer, der fast jeden Abend den weiten Weg von der damals noch so gut wie unbebauten Chausseestraße (zu der Zeit: Oranienburger Chaussee) nach der Neuen Friedrichstraße zurücklegte, mit einem brennenden Laternchen eingehakt in ein Knopfloch seines Rockes; denn damals gab es auf der Strecke noch keine Straßenbeleuchtung in Berlin. Der Mann war Prediger an der Charité und sein Name – Schleiermacher.

Die Zeiten sind vergangen und die Häuser verschwunden. Verschwunden ist das Haus der Herz; verschwunden auch, infolge des Durchbruchs der Kaiser-Wilhelm- und der Erweiterung der Neuen Friedrichstraße, das Haus der Beer, in welchem Michel Beer und Meyerbeer geboren worden sind und in ihrer Jugend gewohnt haben. Verschwunden ist das Haus der Veit und der Ries, der beiden vornehmsten jener ersten Wiener

Das Ephraimsche Haus in der Poststraße 16

Einwanderer unter dem Großen Kurfürsten. Einsam nur noch, zwischen all diesen Ruinen, steht das Haus der Mendelssohn, aus welchem so viel Licht hervorgegangen ist und in welchem, lange bevor Mendelssohn es besaß und mehrere Jahre bevor sie sich kennenlernten, Lessing gewohnt hat. Es war damals, was es heute wieder ist, ein Mietshaus, in welchem die Vögel aus- und einflogen; hier, während seines ersten Berliner Aufenthalts (1748–1851), lebte Lessing zusammen mit seinem Vetter Mylius, dem Freigeist, und hier auch haben wir es zu suchen, sein stilles Zimmer: »Das nie der Neid besucht und spät der Sonne Schimmer« …

Wunderbare Fügung, daß hier in demselben Hause, wo der jugendliche Lessing, zum erstenmal angeregt durch die bis dahin ihm fremde Umgebung, sein Lustspiel »Die Juden« verfaßte, der Mann leben und sterben sollte, dessen Bild ihm vorschwebte bei seinem edelsten und reifsten Werke – »Nathan der Weise«.

Fortan kann man sie sich nicht mehr getrennt vorstellen diese beiden, ihn, den großen Dichter und Kämpfer, und den andern, den sanften, zurückhaltenden, von der Natur selber stiefmütterlich behandelten Juden. Man dachte bald nach seinem Tod ernstlich daran, ihm ein Denkmal zu errichten, welches – man wird staunen, wenn man es heute hört – auf dem Opernhausplatz stehen sollte. Welch eine Figur würde der arme Weltweise dort auf dem unterdes zum Mittelpunkte des eleganten und modischen Berlins gewordenen und der militärischen Glorie Preußens gewidmeten Platze spielen, zu unser aller Betrübnis! Ein Komitee bildete sich, und eine Gedächtnisfeier wurde veranstaltet, für welche Ramler eine Kantate dichtete. Der Plan kam dennoch nicht zur Ausführung, und wir können, ganz abgesehen von dem Platze, sagen: glücklicherweise. Wenn Denkmäler einen Sinn haben, wenn sie, mit einiger Aussicht von der

Nachwelt anerkannt zu werden, der Ausdruck der öffentlichen Meinung und nicht nur das Zeichen persönlicher Begünstigung sein sollen, so war Mendelssohn kein Mann dafür. Nicht einmal sein Name, was allerdings weniger begreiflich ist, hat an dem Friedrichsdenkmal eine Stelle gefunden. Aber in dem Standbilde, welches nicht weit von dem Standbilde Goethes im Tiergarten Lessing erhalten soll, wird auch das Andenken Mendelssohns mit geehrt werden. Ich weiß nicht, da bis jetzt Entwürfe nicht vorliegen, ob an eine direkte Beziehung auf Mendelssohn in irgendeiner Weise gedacht ist.* Es würde dies nach meiner Ansicht sehr schön, sehr passend und ein Akt später Gerechtigkeit sein; obwohl es dessen nicht einmal bedürfte, damit auf diesem Boden von Berlin der Anblick Lessings auch *den* vergegenwärtige, der niemals ein Denkmal haben wird, außer dem im Herzen seiner Glaubensgenossen. Für sie jedoch hat auch der Name Lessings eine tiefere, viel mehr noch als bloß literarische Bedeutung. Die Juden, und namentlich die der strengeren Observanz, blicken von allen deutschen Schriftstellern auf ihn mit einem Gefühle der Dankbarkeit, welches sich nur zu wohl erklärt. In den Studierstuben ihrer Rabbinen und Schriftgelehrten sieht man neben dem Bilde Mendelssohns das Bild Lessings; und wenn ein frommer Jude das Theater besucht, so wird es gewiß eines von Lessings Dramen sein, das er sich aus-

* Das, was mir hier vorgeschwebt, ist unterdessen an dreien der Konkurrenzentwürfe zum Ausdruck gekommen: an dem von Otto Lessing (Büsten von Kleist, Nicolai und Mendelssohn in Nischen am Sockel), Börmel (Kant und Mendelssohn in ganzer Figur sitzend, links und rechts unter dem Sockel), Eberlein (Mendelssohn und Nicolai, Reliefporträts); und es ist demnach gegründete Hoffnung vorhanden, daß der mit der Ausführung des Denkmals betraute Künstler, Otto Lessing, der Urgroßneffe Gotthold Ephraims, den oben ausgesprochenen Gedanken verwirklichen werde. (Notiz vom 29. Januar 1887, dem Tag, an welchem das Komitee für Errichtung eines Lessing-Denkmals in Berlin seine Entscheidung getroffen.)

wählt. So ist es heute, so war es schon vor hundert und mehr Jahren, wo ein gewisser stud. theol. Joh. Gottfr. Kirsch aus Leipzig (d. d. 19. November 1767) an Lessing schreibt, daß er in die erste Vorstellung der »Minna von Barnhelm« geraten, ohne zu wissen, was aufgeführt werde. »Gleich bei meiner Ankunft im Parterre aber«, schreibt er, »finde ich eine Bank voll Juden. Ha! dachte ich, ohnfehlbar wird heut ein Stück von Herrn Lessing gemacht.«

Die Kunde daher, daß Lessing ein Denkmal in Berlin gesetzt werden solle, ging wie ein Lauffeuer durch die gesamte jüdische Welt und bewegte sie bis tief in den Orient hinein. Reichlich strömten gerade von dieser Seite die Beiträge herbei; sie kamen aus Rußland und der Türkei, sie kamen sogar aus Asien. Sie alle kannten Lessing und schätzten ihn hoch als den Freund Moses Mendelssohns und den Dichter des »Nathan«.

An Mendelssohn selber aber erinnert in Berlin kein sichtbares Zeichen mehr als sein Haus und sein Grab.

Unter dem grauen Novemberhimmel stehe ich vor einem beträchtlichen Gebäude der Großen Hamburger Straße, dessen Glocke ich nicht ohne ein gewisses Zagen berühre. Das Haus ist die Jüdische Alter-Versorgungsanstalt, das daneben die Jüdische Knabenschule, und beide zusammen begrenzen den ältesten, nunmehr schon lange geschlossenen Jüdischen Friedhof, welcher ein weites, offenes Terrain zwischen den benachbarten Quartieren der Großen Hamburger und Rosenthaler Straße bildet und gegen Norden an den gleichfalls längst geschlossenen alten Sophienkirchhof stößt – dort sind von literarischen Zeitgenossen Ramler und die Karschin, hier ist Moses Mendelssohn bestattet worden.

Zögernd nur, wie ich sie gezogen, meldet die Glocke mich im Innern an; undeutlich durch das Wagengerassel, das in diesen Straßen nicht aufzuhören scheint, vernehme ich nahende Schritte, die Tür wird mir von einer freundlichen Dame geöffnet, und noch bevor ich den Friedhof betrete, mache ich die Bekanntschaft ihres Oheims, des Herrn Friedhofsinspektors Landshuth. Der Herr Inspektor ist ein Mann von neunundsechzig Jahren und das Bild eines anspruchslosen jüdischen Gelehrten. Die Fenster seines Studierzimmers gehen nach dem Friedhof; die eine Wand ist ganz mit Büchern und Schriften bedeckt, an der anderen hängen zahlreiche größere und kleinere Porträts jüdischer Berühmtheiten, den Ehrenplatz in der Mitte nebeneinander haben Lessing und Mendelssohn. Namentlich mit dem letzteren hat der Herr Inspektor sich viel beschäftigt; er ist noch einer von denen, die fest an den Mendelssohnschen Ideen hängen, und er zeigte mir einen Kasten, der voll von teilweise noch ungedrucktem Material zur Geschichte Mendelssohns ist. Hier, mitten in Berlin, in einer seiner bevölkertsten Gegenden, lebt dieser Mann, wie weit von ihm geschieden, ein Leben der Vergangenheit. Er lebt mit seinen Toten, und seine Toten leben mit ihm; er lebt mit ihnen wie in einer großen Familie, ist vertraut mit jedem Grabstein, hat viele von den ältesten überhaupt erst wieder aufgerichtet, deren Inschriften entziffert, manche ganz neu wiederhergestellt und hält sie alle in musterhafter Ordnung. Er kennt genau die Geschichte jedes einzelnen dieser unzähligen Toten, von denen nichts mehr ist als ein eingesunkener Hügel und ein Name, die vielfachen Familienverzweigungen bis auf den heutigen Tag, ihre ehemaligen Wohnstätten und deren Veränderungen im Laufe der Zeit. Auf diesem Friedhofe ruhen die Väter der jetzigen jüdischen Gemeinde von Berlin, sie, die vor zweihundert Jahren aus Wien kamen; die Vorfahren aller gegenwärtigen Größen jüdischen Ursprungs und unter ihnen nicht wenige, deren Nachkommen, ihrem jüdischen Ursprung entfremdet, hohe Stellungen im Staat und in der Beamtenwelt einnehmen. Aber für den Herrn Inspektor gehören sie noch immer zur Familie, und mit derselben Liebe und Pflege hegt er ihr Gedächtnis.

Er gibt mir das Geleit bis an den Eingang des Friedhofs; denn der Boden ist feucht und die Luft zu rauh für den würdigen Greis.* Und nun bin ich allein unter diesen Toten. Der älteste Grabstein ist von 1672, der zweite von 1675, und bis zum Jahre 1827, wo der neue, nunmehr auch geschlossene Friedhof vor dem Schönhauser Tor angelegt wurde, war dieser die einzige Begräbnisstätte der Gemeinde. Gegen zwölftausend Tote ruhen auf ihm. Die Juden haben einen schönen Ausdruck für einen Friedhof; sie nennen ihn den »guten Ort« – und er war es wohl jahrhundertelang für sie, der Ort, aus welchem sie nicht mehr vertrieben werden konnten. Ein jüdischer Friedhof, wenn er nicht etwa jene Art schauerlicher Romantik wie der Prager hat, bietet dem fremden Besucher wenig Anziehendes. Es ist nur die düstre Seite des Todes, die er zeigt; er verhüllt nichts durch freundlichen, zu den Sinnen sprechenden und sie beruhigenden Schmuck. Aber was die Pietät für die Gestorbenen betrifft, so möchte ich wohl in Berlin vergeblich einen andern Friedhof suchen, wo man ihr Andenken über zwei Jahrhunderte hinaus in gleicher Weise liebevoll erhalten hat. Mehr als dreitausend von den alten Grabsteinen sind ermittelt, renoviert und zum Teil wieder aufgerichtet worden. Die tiefe Melancholie des Herbsttages ruht auf dieser stillen Stätte voll aufrecht stehender Steine, mit kahlen Bäumen dazwischen und welkem Laub, aufgehäuft über den eingesunkenen Gräbern. Ringsum ist

* »Sie müssen wiederkommen«, sagte mir beim Abschied der biedre Alte, »wenn die Gräber grün sind und die Fliederbäume blühen«, und ich versprach es ihm. Aber ich kann das einmal Versäumte nun nicht mehr nachholen: Am Mittwoch, 23. März 1887, ist auch er zu seinen Vätern versammelt worden.

der Friedhof von einer Mauer und von Häusern eingeschlossen, durch den Nebel herein schaut der hohe
Turm der Sophienkirche, und dumpf, mit den Geräu-
schen aus den umgebenden Gebäuden, mischt sich der
Lärm der Stadt. Vorn an der Mauer, wo früher der Eingang gewesen, sind die Gräber der Rabbinen und dann,
in einer großen Gruppe zusammen, die der ersten Ein-
wandrer aus Wien. Viele von diesen Grabsteinen sind
sehr zierlich ausgehauen, mit Säulenknäufen und Blu-
mengewinden – dem spärlichen Zierat, welchen das jüdische Ritual den Toten gestattet. Hier und dort sieht
man die segnend zusammengefügten Hände der Prie-
ster, die Gießkanne der Leviten. Auch der Löwe findet
sich, um anzudeuten, daß der Name des hier Bestatteten
Jehudah gewesen – denn Jehudah heißt Löwe. Zahlreich
sind die Gedenktafeln, welche von Urenkeln bis zur ach-
ten Generation ihren Vorfahren gewidmet worden; und
ganz am Ende gelangt man auf ein weites Stück, von Rasen bedeckt, wo nur noch einzelne, schon halb in die
Erde gesunkene Steine stehen; dann wieder eine dich-
tere Reihe von Gräbern, versteckt unter Baum- und
Buschwerk, zuletzt nur noch eines hier und dort – und
nun auf einmal wieder die Stadt, aus der Ferne die Klin-
gel der Pferdebahn und über meinem Haupte dahinflie-
gend eine Schar Raben …

Ein Grab aber hebt von allen Gräbern sich leuchtend
ab – es ist von einem Gitter umschlossen, mit Efeu bewachsen, und auf dem Grabstein steht oben in hebrä-
ischer Schrift, unten in goldenen deutschen Lettern:

MOSES MENDELSSOHN,
geb. zu Dessau den 6. September 1729,
gest. zu Berlin den 4. Januar 1786.

Er ruht nicht weit von Rabbi Fraenkel, seinem ersten,
geliebten Lehrer, dem er aus der Heimat hierher nach

Berlin gefolgt ist, nicht weit von Bernhard, der sein großmütiger Brotherr gewesen, und nicht weit von jenem merkwürdigen Abraham Rechenmeister, welchen Lessing als Derwisch im »Nathan« verewigt hat.

Noch einer hat in dem erinnerungsreichen Hause Spandauer Straße Nr. 68 gewohnt, nach Lessing und vor Mendelssohn, ein mittlerer Mann in dieser Beziehung wie in so mancher andern: Friedrich Nicolai. Wir wissen, daß er mit Lessing im Februar 1755 und durch Lessing, nicht lange danach, mit Mendelssohn bekannt wurde: »Die innigste Freundschaft verband mich bald mit beiden, und sie hat bis zum Tode dieser großen Männer fortgedauert.« Wer solcher Freundschaft für wert gehalten worden, muß ihrer wohl auch wert gewesen sein. Ich habe niemals leiden können, wenn man ihn geringschätzig behandelt hat, wie das zu seinen Lebzeiten und nachher der Fall gewesen ist. In meinen Augen hat Nicolai das große Verdienst, ein Berliner zu sein. Alle anderen, Lessing und Mendelssohn, Sulzer und Ramler, waren Fremde, die mehr oder weniger zu Berlinern geworden sind. Er aber war der richtige, der geborene Berliner, und mit ihm trat diese Spezies zum erstenmal in die deutsche Literatur ein. Ich will nicht sagen, daß es dieser Spezies auf dem literarischen Gebiete besser erging als auf dem der gemeinen Wirklichkeit zumal: Man mochte den Berliner nicht, und ein wenig hat er es wohl verschuldet durch seine Manier, über alles sein Urteil zu sprechen, auch über das, was er nicht versteht, und nichts für gut zu befinden, was nicht irgendwie die Marke von Berlin trägt. Im Grunde genommen ist dies eine Tugend; denn wer anders, wenn nicht der Berliner, hätte diese Sandscholle lieben und loben sollen? Wer anders aber auch hätte das aus ihr gemacht, was sie nun wirklich, von aller Welt anerkannt, geworden ist? Das ist es eben, daß die Fehler des Berliners obenauf liegen; um seine guten Eigenschaften kennenzulernen, muß man sich schon die Mühe geben, etwas tiefer zu gehen. Der Berliner, das hat er gezeigt, ist kein Mann, um die sogenannten moralischen Eroberungen zu machen; er muß mit der Faust dreinschlagen, und dann erst, wenn er hat, was er will und was ihm zukommt, wird er liebenswürdig. Er war ein großer Räsoneur, dieser Nicolai, der mit Gott und der Welt anband, er ließ sich nicht imponieren und nicht einschüchtern. Aber der Freund, den er sich erkoren, und die Sache, der er sich gewidmet, die konnten auf ihn rechnen. Er war ein Mann von gewaltiger Arbeitskraft, ein braver, rechtschaffener Charakter und ein trefflicher Bürger. Heute noch, auch wenn er sonst weiter nichts getan und geleistet hätte, würde das Andenken dieses guten Mannes unter uns fortleben wie das so manchen andern Berliners, durch eine milde Stiftung, die sogenannte Nicolaische Stiftung, mit einem Fonds von 9 000 Mark, aus welchem unter gewissen Bedingungen an würdige und verarmte Bürger von Berlin Darlehen gegeben werden. Man tut ihm unrecht, wenn man, sowie sein Name genannt wird, gleich oder nur an die komische Figur in der Walpurgisnacht des »Faust«, an die Xenien und Invektiven, an die göttliche Grobheit Goethes, die er durch seine »Freuden des jungen Werthers« reichlich verdient hat, oder an das boshafte Wort Schillers denkt, das er nicht verdient hat: daß er nämlich zur Aufklärung der Deutschen »mit Lessing und Moses« mitgewirkt, indem er ihnen »die Lichter geschneuzt«.

Es ist ein eigen Ding um den Enthusiasmus der Berliner. Wenn in seinen späteren Jahren Friedrich der Große durch die Straßen seiner Hauptstadt ritt, dann blieben die Leute nicht stehn, um ihm Bücklinge zu machen. Aber die Straßenjungen liefen hinter und vor seinem Grauschimmel her, standen kopf oder schlugen Purzelbäume, und Mützen und Hüte flogen in die Luft unter dem Rufe: »De olle Fritz, de olle Fritz!« Und der Alte Fritz wird gedacht haben: »So sind meine Berliner« und zufrieden gewesen sein.

Nicht als ob Nicolai der Blick für das Große gefehlt habe. Lessing verstand er, Goethe verstand er nicht. Er hatte kein Verständnis für das reine Schönheitsideal, für das Kunstwerk als solches, welches sich selbst Zweck ist. Es mußte noch irgendeinen Zweck außerdem haben, die Leute aufklären, Vorurteile bekämpfen und so weiter. Darum war Lessing sein Mann. Wie dieser besaß auch Nicolai keinen Sinn für die Natur. »Mehr als hundert Male bin ich mit ihm«, erzählt Goeckingk, »in seinem schönen Garten in der Blumenstraße spazierengegangen, ohne daß er auf die Gewächse und Blumen nur einen Blick warf. Für sich allein hat er vielleicht niemals einen Gang darin gemacht. Er zog es vor, in seinem Zimmer zu lesen und zu schreiben.«

Wenn er schrieb, so schrieb er immer mit einer Tendenz. Er predigte gute Moral und eine vernünftige Gottesfurcht in dem Roman »Sebaldus Nothanker«; er wollte auf rationale Weise belehren in seiner »Beschreibung einer Reise durch Deutschland und die Schweiz«. Seine Bücher wurden ihrer Zeit gern gelesen und haben vielen Nutzen gestiftet in jenen Tagen der überhandnehmenden Sentimentalität und Frömmelei. Seine »Beschreibung der Königlichen Residenzstädte Berlin und Potsdam« ist heute noch unentbehrlich für jeden, der sich ein Bild unserer Stadt vor hundert Jahren machen will – ein trockenes, nüchternes Buch, aber eins, das ich in seinen zwei Lederbänden mit der verblaßten Goldpressung nicht missen möchte.

Die Schriftstellerei Nicolais ist nicht die Hauptsache, weder für ihn, noch darf sie's für uns sein, wenn wir ihn richtig beurteilen wollen. »Sooft ich auch über mein literarisches Leben nachgedacht habe«, sagt er, »fand ich doch immer, daß mich Ambition, Sucht zu glänzen, oder gar die Einbildung, bei der Nachwelt Ruhm zu haben, nie im geringsten trieb.« Nichts lag ihm ferner als Eitelkeit. Man muß wohl Respekt vor diesem schlichten, einfach bürgerlichen Manne bekommen, welcher, der häufige Tischgenoß der damaligen Staatsminister Hertzberg, Zedlitz, Schrötter etc., jede Auszeichnung, die man ihm anbot, standhaft ablehnte, der selbst von dem Doktortitel, den ihm die philosophische Fakultät zu Helmstedt verliehen, niemals Gebrauch gemacht hat und, wiewohl Mitglied der Akademie der Wissenschaften, dennoch nichts anderes war und sein wollte als der *Verlagsbuchhändler Friedrich Nicolai*.

Eines Buchhändlers Sohn, war auch er zum Buchhandel bestimmt. Die Handlung stammte vom Großvater mütterlicherseits, Gottfried Zimmermann, Bürgermeister zu Wittenberg, der 1703 eine Filiale seines Geschäfts in Berlin etabliert hatte und dieselbe seinem bisherigen Gehilfen Christoph Gottlieb Nicolai abtrat, als dieser 1713 sein Schwiegersohn geworden war. Letzterer siedelte nunmehr nach Berlin über, und hier, im Herzen unserer Stadt, in der Poststraße Nr. 4, dem alten Kurfürstenhause, ward Friedrich Nicolai, das jüngste seiner Kinder, 1733 geboren. Mit ungenügenden Schulkenntnissen, denn er hatte das Joachimsthalsche Gymnasium zu Berlin und hierauf das Hallesche Waisenhaus nur bis zu seinem vierzehnten Jahre besucht, kam der Knabe nach Frankfurt an der Oder in die Lehre, kehrte 1751 ins Elternhaus zurück und ward 1752, nach dem Tode des Vaters, Teilhaber des Geschäfts. Während seiner Lehrzeit in Frankfurt an der Oder hatte er mit energischer Besiegung unzähliger Schwierigkeiten an seiner Fortbildung gearbeitet. »Ich sparte ziemlich lange das Frühstück (täglich 3 Pfennig) und einige andere kleine Ausgaben, um mir Öl zu einer Lampe zu kaufen, damit ich im Winter in meiner, obwohl kalten Kammer die Morgen und Abende zum Studieren anwenden könnte.« Auf diese Weise las er mit Hilfe von Wörterbüchern und in der Ursprache den Homer, Herodot, Plutarch, Sallust und verschrieb sich aus England ein Exemplar von Miltons Werken im Original. Seine erste Schrift, 1753, war eine »Untersuchung, ob Milton sein verlorenes Paradies aus lateinischen Schriftstellern ausgeschrieben habe« – für den Zwanzigjährigen ein hübscher Anfang, der wenigstens soviel zeigt, daß es ihm an Dreistigkeit nicht fehlte. Seine literarische Neigung wird stärker, er schreibt 1755 »Briefe über den jetzigen Zustand der schönen Wissenschaften in Deutschland«, wird mit Lessing und Mendelssohn bekannt, begründet die »Bibliothek der schönen Wissenschaften« (mit »ungefähr« 1 Taler 16 Groschen Honorarium für den gedruckten Bogen) und benutzt die Auseinandersetzung der Nicolaischen Erben, um sich vom Geschäft zurückzuziehen und ganz der Literatur zu widmen. Jetzt, von 1757 bis 1759, sechs Jahre nach Lessing und ebenso viele vor Mendelssohn, lebt er in dem klassischen Hause Spandauer Straße Nr. 68 zwar »sehr frugal und von einem mäßigen Einkommen« (denn mit 1 Taler 16 Groschen »Honorarium« kann man freilich keine großen Sprünge machen), aber dennoch von seinen Freunden der »Esquire« genannt, »der von seinen Geldern lebt«. Wie muß es *ihnen* erst ergangen sein, namentlich Lessing, der niemals ein geregeltes Einkommen und immer Schulden hatte! Mittlerweile stirbt Friedrich Nicolais ältester Bruder, und nun übernimmt er selber die Handlung wieder, um sie bis an sein Lebensende, zweiundfünfzig Jahre lang, nicht mehr aus den Händen zu geben.

Er hat sie zu einer stattlichen Höhe gebracht und ist ein reicher Mann dabei geworden. Der Buchhandel war zu Nicolais Zeit numerisch nicht sehr stark in Berlin vertreten: Es gab fünfzehn Buchhandlungen (zwölf deutsche, drei französische) mit einem Personal von sechzehn Handlungsdienern und fünf Lehrlingen oder »Jungen«, zusammen sechsunddreißig Mann. Das war der ganze Buchhandel von Berlin. Aber es waren tüchtige Männer darunter: A. Haude und J. C. Spener an der Schloßfreiheit, Inhaber der »Königlichen und der Akademie der Wissenschaften privilegierten Buchhandlung«, die ihr Privileg bis 1614 zurückdatierten; Voß, der Begründer der nach ihm benannten Buchhandlung, unter dem Rathaus an der Königstraße, mit einem Privileg (durch den alten Rüdiger) von 1693; ferner der bekannte Unger und August Mylius, der rechtmäßige Verleger von Goethes »Stella« und »Claudine von Villa Bella«, der an Merck schrieb, er würde »für einen proportionierlichen Preis« den Dr. Faust noch lieber verlegt haben – was wir ihm wohl glauben mögen. Ein weniger rühmliches Mitglied der Zunft war Christian Friedrich Himburg, der sich nicht damit begnügte, Goethes einzelne Dichtungen frisch, wie sie herauskamen, nachzudrucken, sondern sie sogleich sammelte und als »Goethens Schriften« verkaufte. Die beiden obengenannten Schauspiele waren daher *fast gleichzeitig* (1776) im Myliusschen Original und Himburgschen Nachdruck zu haben, wobei letzterer noch soviel besseren Absatz fand als ersteres, daß das Original liegenblieb und der Nachdruck in drei Jahren drei Auflagen erlebte. Himburg erbot sich dafür, dem Verfasser, wenn er es verlangte, »etwas Berliner Porzellan zu senden«. Goethe antwortete nicht, rächte sich aber im stillen durch einige Verse, welche dem Namen Himburgs eine nicht gerade beneidenswerte Unsterblichkeit sichern.

Mühlendamm mit Fischerbrücke

Unter den alten und soliden Firmen, welche teils (wie die Vossische, die Haude- und Spenersche, die Ungersche, letztere wenigstens als Druckerei) heute noch fortbestehen, teils (wie die Myliussche) erst jüngst eingegangen sind, nahm »Friedrich Nicolai, Buchhändler auf der Stechbahn« eine hervorragende Stellung ein. Er war ohne Zweifel kraft eigner Initiative der einflußreichste Buchhändler Berlins; und er war es vornehmlich durch seine verlegerische Tätigkeit. »Wenn die Buchhändler zu Berlin«, schreibt ein nicht gerade wohlwollender, aber scharfblickender Beobachter der damaligen Zustände, »ganz allein von ihrem Debit in dieser sonst großen Residenzstadt leben sollten, so würden sie sehr bald zu Grunde gehen. Ihre Hauptsorge ist also, sich gute Verlagsartikel anzuschaffen.« Und dafür war Nicolai der Mann. Der 1. Januar 1759 ist der Tag, an welchem er das Geschäft selbständig übernimmt; und am 4. Januar erscheint das erste Stück der »Briefe, die neueste Literatur betreffend« in den ersten sechs Teilen, bis November 1760 fast ganz das Werk Lessings. Über seinen Laden stellt Nicolai den Homerkopf; und unter demselben Zeichen – einem Homerkopf auf dem Titelblatt – beginnen auch die »Literaturbriefe« ihre sieghafte Laufbahn. Als Gleim in seinem »Tempel der Freundschaft« das Bild Nicolais aufhing, schrieb er darunter: »Wegen seines Kampfs mit bösen Geistern.« Und diesen Kampf hat er tapfer fortgesetzt, auch als Lessing zuerst nach Schlesien ins Hauptquartier und alsdann nach Hamburg ans Theater ging. Die »Literaturbriefe« hörten 1765 auf zu erscheinen; aber sofort, noch in demselben Jahr, ist die »Allgemeine Deutsche Bibliothek« zur Stelle, die, wenn sie nichts mehr von Lessingschem Geist und Feuer in sich hatte, dennoch eine Macht war und mit ihren 268 Bänden und 800 Mitarbeitern auf eine vierzigjährige, gemeinnützige Wirksamkeit zurückblicken konnte, als sie in unserem eigenen Jahrhundert, 1805, geschlossen ward.

Nicolai war eine nüchterne Natur auch darin, daß er sich keinen Illusionen hingab, weder über den Wert seiner Verlagsartikel noch über das Publikum, das sie kaufen sollte. »Ich sehe die Notwendigkeit«, schrieb er an Lessing, »wenn ich die Unternehmungen meiner Handlung im Ganzen überlege, streng als Kaufmann zu denken; aber es wäre für meinen Verstand und mein Herz ein großes Unglück, wenn ich immer so denken wollte.« Weshalb er sich denn auch hin und wieder den Luxus erlaubte, Schriften zu drucken, die keinen besonderen Absatz verhießen, wie zum Beispiel seines Freundes Lessing »Briefe antiquarischen Inhalts« und »Über die Ahnenbilder der Römer«. Es ist spaßhaft zu sehen, wie dieser Schlaukopf, welcher doch wahrlich seinen Lessing liebte, sich dreht und windet, sobald es sich um dergleichen schwerverkäufliche Ware handelt, und mag sie den Stempel der Klassizität auch gleich mit auf die Welt bringen. »Ein *Läufer* (wie es die Buchhändler nennen) können die *Antiquarischen Briefe* niemals werden«, schreibt er einmal; und ein andermal: »Was Ihr Werk *von den Ahnenbildern* betrifft, so würde ich, wenn es Ihnen an einem Verleger fehlen könnte, sogleich den Verlag übernehmen; denn dieses wäre die geringste Probe meiner Freundschaft. Da es Ihnen aber vermutlich an einem Verleger gar nicht fehlen kann, so wäre es mir lieber, wenn Sie es einem anderen gäben.« Zu seinem und seines Verlages Ruhme blieb es aber dabei: die beiden Schriften erschienen bei Nicolai, welcher sich gleichsam vor sich selbst mit der Betrachtung tröstet: »Inzwischen ich, der ich das besondere Glück habe, daß in meinem Verlage viel schlechte Bücher, die gut abgehen, befindlich sind, ich denke dann, sie werden ja wohl noch ein Tracktätchen von zwölf Lessingischen Bogen übertragen können.« Er ist taktvoll genug, von den guten Büchern, die schlecht abgehen, nicht zu sprechen; aber also war es damals und also – leider! ist es heute noch. »Ahnenbilder sind eben nicht die Götzen, von denen man Reichtum erbitten muß!« Er hatte, was das betrifft, solidere Quellen der Einnahme in jenen zahllosen Bänden und Bändchen, die heute, wo sie nicht längst Makulatur geworden, die hinteren Reihen unserer öffentlichen Bibliotheken zieren, zu ihrer Zeit aber den Vorzug hatten, gekauft zu werden und ihn, in allen Ehren, zu einem vermögenden Manne zu machen.

Sechs Jahre waren seit Lessings und ein Jahr seit Mendelssohns Tode vergangen, als Nicolai, damals ein Vierundfünfziger (1787), das Haus in der Brüderstraße Nr. 13 erwarb, welches heute noch auf einem Stein über der Tür in Bronzebuchstaben die alte Inschrift hat:

NICOLAI,
BUCHHANDLUNG.

Auch dieses Haus steht auf den Fundamenten jenes ehemaligen Konventes der Dominikaner, welches in dieser ganzen Gegend seine Spuren zurückgelassen hat; es war von dem Minister von Kniphausen (1730) erbaut und zum Zwecke großer Gastereien und Festlichkeiten eingerichtet worden. Nach diesem besaß es der ebenso hochherzige als unglückliche Kaufmann Gotzkowsky, der – man darf es sagen – an seinem Patriotismus, und zwar unter dem Großen Friedrich, in schwerer Zeit zugrunde gegangen ist. Seine Vaterstadt, nicht sich vermochte er zu retten. Der Nachfolger Gotzkowskys war Nicolai. Was würden die Freunde gesagt haben, wenn sie den »Esquire« der Spandauer Straße noch hätten in der Brüderstraße sehen können!

Denn die Brüderstraße, heute noch mit ihrem engen Zugang, ihrer unregelmäßigen Form und dem Turme der Petrikirche im Hintergrund eine der traulichsten im alten Berlin, war damals eine der vornehmsten unserer Stadt überhaupt. Die ganze Gegend bis an den Mühlendamm zeigte diesen Charakter, und sogar dieser selbst – wer sollte es für möglich halten! – war damals ein fashionabler Platz. Wo jetzt alte Kleider zum Verkauf und zweifelhafte Fräcke zum Verleihen unter den Steinbögen aushängen, welche, vom aufgehäuften Schmutz fast unkenntlich gemacht, die Porträtköpfe des Großen Kurfürsten und Friedrichs I. zeigen*, waren noch in den ersten Dezennien unseres Jahrhunderts glänzende Läden und kostbare Magazine, welche für die ersten und elegantesten in Berlin galten, unter ihnen die renommierte Seidenwarenhandlung von »König und Herzog«; feine Damen drängten sich hier wie jetzt bei Gerson und Heese, die Schaufenster waren belagert von Neugierigen, und unter ihnen stand oftmals ein Knabe von zehn oder elf Jahren – der Enkel Nicolais, Gustav Parthey, der nachmals ein berühmter Archäologe geworden ist und in seinen reizvollen »Jugenderinnerungen« uns manchen ansprechenden Zug aus seines Großvaters Zeit und Haus bewahrt hat.**

Einige von den großen Wechselgeschäften haben ihre

* Wer in diesen Tagen nach dem Mühlendamm ginge, der würde freilich unter dem grauen Winterhimmel nur noch Trümmer sehn, die eine Seite, mit dem Blick auf das Wasser, schon ganz freigelegt, auf der andern das beginnende Werk der Zerstörung, und aus dem Bauschutt der niedersinkenden Bögen und Arkaden hier und dort einen letzten einsam aufragenden Pfeiler mit der alten, wohlbekannten Inschrift: »Hier werden die höchsten Preise für getragene Kleidungsstücke gezahlt«, oder: »Erstes Verleihinstitut für Leibröcke und Kellnerjacken.« Anmerkung vom 9. Febr. 1887.

** Jugenderinnerungen von Gustav Parthey. Handschrift für Freunde. Zwei Teile. »Bene qui latuit bene vixit.« Ohne Jahreszahl, doch trägt das Vorwort das Datum: »März 1871«. – Ein Jahr später, 1872, starb der hochverdiente Mann, der gleich seinem Großvater Buchhändler und Mitglied der Akademie gewesen war, zu Rom und liegt dort auf dem protestantischen Kirchhof an der Pyramide des Cestius begraben.

Das Nicolai-Haus in der Brüderstraße 13

Stätte behauptet; vor allem das Schicklersche, von jenem Splittgerber abstammend, der bei Friedrich dem Großen in so hohen Gnaden stand, daß dieser ihm sein Porträt verehrte, dasselbe, welches in der historischen Abteilung der Jubiläums-Kunstausstellung zu sehen war: »Geschenk Sr. Majestät des Königs Friedrich II. von Preußen an den Kaufmann David Splittgerber in Berlin (Eigentum der Firma Gebrüder Schickler in Berlin)«. Wie doch solch ein lebendiges Werk der Vergangenheit alles ringsum lebendig macht und Heut und Einst in einen Zusammenhang bringt, als ob nichts dazwischenläge – nicht die vielen Jahre und die vielen Gräber. Noch immer ist das Kontor in dem schönen Hause, von Gerlach im Jahre 1734 erbaut, Gertraudenstraße Nr. 16 hinter der Petrikirche, wo Nicolai es gesehen und beschrieben hat – so still und ruhig an der lärmenden Straße, daß man es für einen Palast und nicht für ein Bankhaus halten würde, wenn man nicht durch die hohen Fenster des Parterre die grünen Lampen und die Schreibtische sähe. Doch auch das kaum minder alte Geschäft von Anhalt und Wagener ist noch in demselben Hause, Brüderstraße Nr. 5, bis vor fünfundzwanzig Jahren berühmt durch die Gemäldesammlung, welche seitdem, dank der edlen Liberalität ihres letzten Besitzers, des Konsuls Wagener, den Grundstock unserer Nationalgalerie bildet.

Mehr aber noch als gegenwärtig war zu Nicolais Zeit die Brüderstraße die Straße des Luxus, der Moden und der Fremden. Hier, an der Ecke nach der Stechbahn hin, Nr. 19, war das Haus der Devrient, das Geburtshaus Ludwig Devrients, damals ein Galanteriewarenladen, in welchem es so verschiedene Gegenstände gab, wie zum Beispiel eine Anzeige in der »Vossischen Zeitung« vom 3. Dezember 1768 besagt: »Bei Kaufmann Devrient, unter der Stechbahn, an der Ecke der Brüderstraße, sind fertige Pelzenveloppen, wie auch ökonomische Lampen um einen billigen Preis zu haben.« Hier aber auch waren die beiden ersten Gasthöfe des damaligen Berlins, der »König von England« und dicht daneben die »Stadt Paris«, in welcher Graf Mirabeau kurz vor dem Tode Friedrichs des Großen wohnte. Lessing schon hat sie gekannt und eines derselben vor Augen gehabt, als er die Handlung seiner »Minna von Barnhelm« in das Wirtshaus »Zum König von Spanien« verlegte. Ein junger Lübecker Weinhändler, der im Winter des Jahres 1776 eine Reise nach Berlin unternahm und in der »Stadt Paris« abstieg, hat in seinem Tagebuch darüber folgendes verzeichnet: »Das Hôtel, die Stadt Paris, das vornehmste und größte, was damals Berlin hatte, war ein palaisartiges Gebäude, nach dem Hofe mit zwei Flügeln und einem Quergebäude für Wagen und Pferde ... Es war schon sechs Uhr am Abend, als wir anlangten, und keines dieser weiten, sechzehn Fuß hohen Zimmer fanden wir geheizt ... Mit einem Male vernehme ich auf der Gasse vor unserem Logis eine Janitscharenmusik. Gleich darauf kommt ein Hautboist ins Zimmer und fordert dieser Musik wegen eine Belohnung: sie hätten es sich zur Pflicht gemacht, wenn vornehme Herrschaften in Berlin einträfen, daß sie diesen sogleich zum Vergnügen ein Ständchen brächten.« Jetzt freilich werden die Fremden in Berlin nicht mehr mit Musik empfangen, aber die »Kontributionen«, über welche der junge Lübecker sich beklagt, mögen darum nicht geringer geworden sein. »Sollte dieses also fortgehen, dachte ich, so wird deine Kasse bald geleert sein.« – Hier endlich, in der Brüderstraße, war der Maurersche Weinkeller Lessingschen Andenkens, und diesem gerade gegenüber stand das Haus Friedrich Nicolais.

Nicolai hatte das großmächtige Ministerhotel zu einem bequemen Bürgerhaus umbauen lassen, und zwar

Mühlendamm mit Nikolaikirche und Sparkassengebäude

durch Zelter – auch dieser in seiner Art ein Berliner Typus, kein Berliner Kind wie Nicolai, jedoch nicht weit davon aus Petzow bei Potsdam – ein Maurermeister seines Zeichens, der sein Handwerk mit unverdrossenem Fleiß ausübte, daneben aber mit einem so großen Talente für die Musik begabt, daß er schon damals ein beliebter Liederkomponist war und im Jahre 1800; nach seines Lehrers Fasch Tode, Direktor der Singakademie wurde. Wer hätte nicht seine Freude an dieser derben, breitschultrigen Gestalt, diesem märkischen Orpheus, dem Goethe mit dem brüderlichen »Du« sein ganzes Herz gab und der dem Buchhändler Nicolai sein Haus baute? Aus einem einzigen Speisesaale wurden vierzehn verschiedene Piecen gemacht; dennoch blieben drei Säle übrig; für die Bibliothek, für die Musikaufführungen und für die Geselligkeit. Nicolai machte freilich nicht in dem Sinn »ein Haus« wie Mendelssohn; dafür aber gab es statt der zugezählten Mandeln und Rosinen opulente Mittags- und Abendschmäuse und einen Kreis vergnügter Gäste rings um die Tafel, unter denen die Literatur regelmäßig durch Ramler, Goeckingk, die Karschin, Engel vertreten war und neben dem künftigen Direktor der Singakademie, Zelter, der Direktor der Akademie der Künste, Chodowiecki, der treffliche Maler mit dem vollen, jovialen Gesicht und den verschmitzt lächelnden Augen, selten fehlte. Denn wenn Nicolai hart arbeitete, so wollte er auch etwas davon haben; und wie sämtliche Bücher seiner Bibliothek eine von Chodowiecki gezeichnete und gestochene Vignette trugen: ein kleiner Genius hält ein großes Buch, in dem ein anderer Genius buchstabiert: »Friderici Nicolai et amicorum«, so mußten die Freunde sich alle Woche wenigstens einmal in seinem gastlichen Hause versammeln, um mit ihm gut zu essen und zu trinken und fröhlich zu sein. Er war eine höchst gesellige Natur und bis zuletzt Mitglied jenes Montagsklubs, der im Jahre 1749 gegründet ward und, soweit meine Nachrichten reichen, im Jahre 1870 noch existierte. Ursprünglich nur aus acht Personen bestehend, hatte dieser Klub sich allmählich zu einer Gesellschaft erweitert, welche die vorzüglichsten Gelehrten, Musiker, Künstler und Beamten Berlins umschloß, unter diesen auch Wöllner, bevor er Staatsminister und fromm geworden, ein Mitarbeiter der »Allgemeinen Deutschen Bibliothek«, der er nachmals in den Jahren des Religions- und Zensurediktes das Leben so sauer machte, daß sie, bis zur Aufhebung dieser Edikte bei der Thronbesteigung Friedrich Wilhelms III., sich zur Emigration nach Hamburg entschließen mußte. Sulzer und Ramler hatten dem Klub seit seinem Beginn angehört; Lessing war 1752, Nicolai 1756 hinzugetreten. Er hat sie alle überlebt, die Genossen seiner Jugend; mit einer neuen Generation beging er das fünfzigjährige Stiftungsfest des Klubs, und nachdem im Jahre 1804 der Begründer desselben, der biedere Schweizer Schultheß als Pfarrer in Mönchaltorf bei Zürich verstorben war, ward Nicolai sein Senior. Bis in sein höchstes Alter besuchte er den Klub, dessen Lokal damals in der Mohrenstraße war; und in dem »Ehe- und Hauskalender«, welchen die Freundinnen und Freunde des Nicolaischen Paares zur Feier der silbernen Hochzeit überreichten, fand sich unter »Montag« ein für allemal die Bemerkung: »Der Montag ist das ganze Jahr des Herrn Nicolai großer Klub.«

Der Lebensabend dieses braven Mannes war nicht so freundlich, wie man es ihm wohl gegönnt hätte. Das Bild vor jenem Kalender zeigt ihn noch behaglich in seinem Lehnstuhl, eine Zeitung in der Hand, einen Globus neben sich, inmitten der Seinen. Aber wer lange lebt, muß sich darein ergeben, viel zu verlieren. Es starb die vortreffliche Gattin, »mich erdrückt die Last des herben

Kummers«, schrieb er damals an Ramler; aber es starben ihm auch, eines nach dem andern, alle seine Kinder, Töchter und Söhne, in ihrem besten Alter; und obwohl nun der Schwiegersohn Parthey mit den Enkeln zu dem Alleinstehenden zog, so war es doch nicht mehr das alte Haus, das alte, durch Geselligkeit und Musik verschönte Leben. Stille geworden war es in diesen Sälen, durch welche nur noch die Schatten von ehedem wandelten; nicht einmal das heranwachsende Geschlecht durfte sie mit seinem Jubel erfüllen. Denn das Unglück des Vaterlandes erstickte bald die Stimme kindlicher Lust, wie es den Blick des Greises verdüsterte, der den fremden Eroberer, umgeben von seinen Marschällen, dort drüben im Schlosse der Könige von Preußen Hof halten sah. Die Tage der tiefsten Erniedrigung, nicht die der Erhebung und Befreiung sollte er erleben, dieser Alte, der den Großen Friedrich noch als Kronprinzen in seines Vaters Laden gesehen hatte. Trotzdem blieb er ungebeugt und, wiewohl von körperlichen Gebrechen heimgesucht, rastlos tätig. Er war nicht angenehm, der alte Nicolai, wie sein Enkel Parthey ihn schildert, eher mürrisch und schweigsam; aber dennoch einer der populärsten Bürger Berlins und selbst den jüngeren, einer ganz anderen Richtung angehörigen Literaten als der Jugendfreund Lessings verehrungswürdig. Er hatte sich, zur Schonung seiner Augen, ganz mit Grün umgeben. Die Stube war grün tapeziert, Sofa und Stühle grün überzogen, er trug einen grünen Schlafrock, hatte des Abends einen grünen Lichtschirm, und sogar die Wand eines Nachbarhauses, die bisher weiß gewesen, mußte grün angestrichen werden. So saß der hohe Siebenziger lange noch an seinem Schreibtisch in seinem Studierzimmer im ersten Stock, hinten heraus gegen Süden, mit dem Blick in den kleinen Garten; mit den 268 Bänden der »Allgemeinen Deutschen Bibliothek« vor sich, mit den Bildnissen aller berühmten Zeitgenossen, von Rabener bis auf Alexander von Humboldt an den Wänden, mit zwei Bücherschränken zu beiden Seiten und einem kleinen tafelförmigen Klavier, auf welchem er manchmal Choräle spielte; und so ungefähr habe ich alles noch gesehen, und selbst das alte Klavier gab mir, ich vermag es nicht zu schildern, welchen schwachen, klagenden Laut der Vergangenheit, als ich an einem schönen Sommertage von der gegenwärtigen Bewohnerin dieser Räume, Frau Veronica Parthey, der Urenkelin Nicolais, freundlich darin empfangen ward.

Nicolais gibt es nicht mehr in Berlin; aber eine junge Generation der Partheys, aufwachsend an der zeitgeheiligten Stätte, verheißt diesem echten Berliner Bürgergeschlecht noch eine lange Dauer. Auch der Buchhandel floriert noch in diesem Hause, der Nicolaische Verlag und das Nicolaische Sortiment. In den letzten Jahren Friedrich Nicolais war Johannes Ritter, der ältere Bruder des berühmten Geographen Karl Ritter, Disponent des Geschäftes und blieb es lange noch, als es nach Nicolais Tod in die Hände seines Schwiegersohnes, des Hofrats Parthey, übergegangen war. Von diesem erhielt es 1825 sein Sohn Gustav, der 1858 das Sortiment und 1866 den Verlag veräußerte. Seitdem sind beide getrennt, aber noch immer in dem Hause der Brüderstraße Nr. 13, und zwar in den identischen Räumen: das Sortiment (Borstell & Reimarus) mit seinem großartigen Lesezirkel von 500 000 Bänden gleich vorn linker Hand, der Verlag (R. Stricker) mit seinen vortrefflichen Werken, namentlich pädagogischer Richtung, hinten im Hof.

Zweistöckig, mit stattlicher Front, in seiner Verbindung von Geschäftshaus und Wohnhaus macht es auf den Eintretenden noch ganz den Eindruck der guten alten Zeit, wo man Platz hatte, sich mit einiger Bequem-

lichkeit zu bewegen. Eine breite Holztreppe mit ge-
schnitztem Geländer führt von dem Flur in die oberen
Etagen. Der Hof ist geräumig, mit den Galerien um den
ersten und zweiten Stock, welche Zelter gebaut hat. In
der Mitte des Hofes ist ein kleines Beet mit einem
Bäumchen darin; und um die Fenster des Kontors rankt
Weinlaub. Hier ist es kühl und angenehm, auch an den
heißen Sommertagen, als ob ein Hauch des vorigen Jahrhunderts uns anwehe; man fühlt sich weit entfernt von
dem heutigen Berlin. Aus dem Fenster sieht man in den
Garten, in welchem Linden stehen und ein alter Nuß-
baum, welchen Nicolai noch gepflanzt. An der Wand
über dem Sofa hängt sein Porträt, ein Pastellbild, welches ihn mit wohlwollendem Gesicht, hoher, zurücktre-
tender Stirn und weißem Haare zeigt, in der Tracht vom
Ende des achtzehnten Jahrhunderts: blauem Frack mit
übergeschlagener weißer Weste. Verlagsartikel des alten
Herrn, viele davon jetzt Unikate, kamen zum Vorschein
aus entlegenen Gewölben, und alles vereinigte sich, mir
ihn, seine Zeit und Zeitgenossen nahezubringen, wie in
einem schönen Sommertagstraum.

In dieser Stimmung besuchte ich seine ehemalige
Wohnung im ersten Stock; ich ging die Holztreppe
hinan, in deren Stufen leichte Eindrücke anzudeuten
scheinen, daß hier eine Generation nach der andern auf-
und abgestiegen. Ein eigner Reiz und Zauber webt um
solch alte Wohnungen. Es weht ein sanfter Blumenge-
ruch in ihnen, wie von Waldmeisterkränzen, die lange
ihren Duft noch behalten, auch wenn sie schon verwelkt
sind. Die weißlackierten Türen, der Tritt vor dem Fenster, die altmodischen Möbel, die mancherlei kleinen
Andenken, Porzellan und Bücher und Bilder und das
Halbdunkel, das in allen diesen hohen Räumen herrscht,
sie geben zusammen uns das Bild und Gefühl der Wirklichkeit, aber einer weit entrückten. Frau Veronica Par-

they war meine gütige, geduldige Führerin. Im Vorzimmer hängen Familienporträts, zwei von Nicolai, ferner das seiner Gemahlin, seiner Freundin Elisa von der Recke, die so gut wie zur Familie gehörte, beide von Graff gemalt. Sie haben etwas, was an die Frauenporträts von Sir Joshua Reynolds erinnert. Die beiden Porträts, welche Nicolai, das eine als Dreißig-, das andere als Fünfzigjährigen darstellen, haben ganz die charakteristische Bildung des Kopfes, die sich in dem Bilde des Greises unten im Kontor wiederholt: die zurücktretende Stirn und das vorspringende Kinn; man kann die Tatkraft, ja Hartnäckigkeit aus dem Gesichte dieses Mannes lesen, das im übrigen voll von Güte ist. Auch eine Kopie der Schadowschen, wenn ich nicht irre, für die Königliche Bibliothek angefertigten Büste befindet sich in diesem Zimmer. Zu jedem Bild an der Wand, jedem Buch auf dem Tische (darunter auch jener »Fünfundzwanzigjährige Ehe- und Hauskalender«) gab Frau Parthey mir den wünschenswerten Kommentar. Sie geleitete mich durch einen langen Gang, wo einst die Bibliothek Nicolais aufgestellt war und eine alte Uhr noch mit demselben Ticktack und Silberklang, den einst vor hundert Jahren Nicolai und die Seinen gehört haben, die verrinnenden Stunden zählt. Aus dem Gang gelangt man in das Arbeitszimmer Nicolais, das noch ganz erhalten ist, wie er es verlassen hat, mit den Bänden und Büchern, den Mappen und Folianten, dem Schreibtisch, dem Spinett und einem Kasten, in welchem das Brautgewand seiner Gattin aufbewahrt wird. Bis hier herauf reichen die Baumwipfel des Gartens, und es ist ein gar liebliches Rauschen in dieser Einsamkeit, wenn der Sommerwind sie bewegt. Auf einer kleinen Treppe steigt oder klettert man zu den oberen Räumen, in welchen ich noch die ganze Bibliothek Nicolais beisammen sah, die seit kurzem (Februar 1886) von der Hamburger

Stadtbibliothek erworben worden ist und nun dort, in den hohen luftigen Sälen des Johanneums, einen würdigen Platz gefunden hat. Das Hamburg des vorigen Jahrhunderts hat sich um Lessing so verdient gemacht, daß ich, vor allen andern Städten, dieser unsern Nicolai gönne, wenn wir ihn denn einmal nicht behalten konnten. Mir aber wird es eine liebe Erinnerung sein, diese zahllosen Reihen von Büchern, alle in gelbes Papier gebunden, mit den Titeln auf dem Rücken von Nicolais eigner Hand und mit dem »Friderici Nicolai et amicorum« auf der Innenseite des Deckels, noch in den Dachkämmerchen von Nicolais Haus in der Brüderstraße Nr. 13 gesehen zu haben.

Nicht sehr weit davon entfernt, etwas mehr gegen Süden, ist die Alte Jakobstraße; bis Ende des siebenzehnten Jahrhunderts noch eine Landstraße, die von dem Rixdorfer Damm nach den Chausseen von Tempelhof und Schöneberg führte, spät erst bebaut, ist sie wesentlich eine Straße des achtzehnten Jahrhunderts, und zwar vom Ende desselben. Erst 1780 erhielt sie ihren heutigen Namen. Unter den Neubauten, die jetzt auch hier überall emporschießen und den Charakter dieser Straße bald genug verwischt haben werden, findet sich doch noch manch altes, niedriges Haus mit den Zieraten eines längst veränderten Geschmacks; und fast an ihrem östlichen Ende liegt die Luisenstadtkirche, gebaut im Jahre 1794. Es ist ein einfaches, schmuckloses Gotteshaus, klein und bescheiden, weiß getüncht, mit einem Glokkenturm an der Vorderseite, der das schräge Dach nicht viel überragt. An das rings umgitterte Kirchlein stößt der alte Kirchhof, welcher aber seit dreißig und mehr Jahren als solcher nicht mehr benutzt wird. Er ist jetzt ein Spielplatz für die Kinder und eine Art von Familienpark für alle Angehörigen dieser Parochie, mit alten schattigen Bäumen und Rasenplätzen, mit Ruhebänken und sauber gehaltenen Kieswegen, widerhallend, wenn man gegen Abend kommt, von fröhlichem Getümmel, in welches zuweilen von der Kirche her die Orgel schallt. Am Pförtchen, durch welches man hereintritt, steht ein Gemeindediener, welcher auch Fremde gern hereinläßt, wenn sie es wünschen. Jedes Gemeindemitglied aber hat, wie seinen eigenen Schlüssel, auch seinen eigenen Tisch, Bank oder Stühle auf diesem ehemaligen Gottesacker; und ein jedes dieser Möbel ist in Abwesenheit des Besitzers entweder an den dahinter stehenden Baum festgebunden oder zierlich angekettet und mit einem Schloß versehen. Auch kleine verschlossene Kommoden finden sich in diesen sommerlichen Familiensitzen; und manche sind mit einem Staket eingefaßt oder von einer Laube überdacht. Nur noch selten sieht man hier oder dort eine vereinzelte efeubedeckte Grabstätte oder eine Graburne oder ein rostig gewordenes schwarzes Kreuz, dessen Inschrift schwer zu entziffern ist. Hier nun kann man an schönen Sommerabenden die Familienväter, ehrbare Handwerksmeister der Nachbarschaft, mit den Ihrigen sitzen sehen unter den Ahorn- und Kastanienbäumen an sauber gedeckten Tischen, auf welchen der mitgebrachte Mundvorrat appetitlich ausgebreitet wird und ein Fläschlein Bier oder zweie nicht fehlen; und hier verzehren sie, fröhlich und guter Dinge, unter Gottes freiem Himmel ihr Abendbrot auf einem Stück Grund und Boden, in welchem ihre Vorfahren ruhen und über welchem hin ihre Kinder sich jagen, mit den Vögeln in den Zweigen um die Wette jauchzend, bis um halb neun das Glöckchen des Gemeindedieners das Zeichen zum Aufbruch gibt.

Auf diesem Kirchhof war einst das Grab Friedrich Nicolais. Es ist nun ebensowenig mehr zu finden wie eins der andern. Aber an der Kirche, vorn, wenn man von der Straße kommt, unter den hohen Fenstern, rechts von der

Tür, ist ein schwarzes Eisentäfelchen mit vergoldeter Umrahmung in die Mauer eingelassen, und darauf liest man die Inschrift:

FRIEDRICH NICOLAI,
geb. 18. März 1733,
gest. 8. Jan. 1811.

[...]

Unter den Linden

Wie gut ich sie kenne, die Häuser Unter den Linden, als ob jedes von ihnen seine Geschichte mir erzählt hätte, die eigene und die der Leute, die darin gewohnt haben. Fast ein Menschenalter lang bin ich an ihnen vorbeigegangen, in guten und bösen Tagen, habe mir ihre Physiognomie eingeprägt und an ihren Schicksalen in gewisser Weise teilgenommen, habe altertümliche Paläste mit weiten, öden Räumen gesehen, wo jetzt schimmernde Cafés und glänzende Restaurants sind, und wiederum verwitterte Gebäude des vorigen Jahrhunderts, wo jetzt stattliche Paläste sich erheben. Ich habe sie, sowohl ihre Bewohner als ihre Bestimmung, wechseln sehen und alle diese Wandlungen als Beobachter mit ihnen durchgemacht. In viele derselben, ja in die meisten bin ich während dieser langen Zeit persönlich gekommen; in einigen habe ich eine Gastfreundschaft genossen, deren Andenken die Gastgeber überlebt hat, in anderen die Bekanntschaft bedeutender Männer und schöner Frauen gemacht, die beide nicht mehr sind, und in einem viele, viele Stunden verbracht, welche zu den lehrreichsten, wenn nicht zu den angenehmsten meiner jüngeren Jahre zählen. Das Haus existiert nicht mehr; es stand da, wo jetzt der Eingang zur Passage sich öffnet, und es war das Haus Nr. 23. Obwohl lange verschwunden, sehe ich es noch deutlich vor mir mit seinen gelben

Wänden und vielen Fenstern, langgestreckt, zwei Stockwerke hoch, die Türe beständig offen, der Flur dunkel, die hölzernen Treppenstufen ausgetreten – kein sehr wohnliches oder einladendes Haus. Im Erdgeschoß war ein kleiner Zigarrenladen, im zweiten Stock ein Restaurant, das nur noch wenig frequentiert ward, und ein Ballsaal, in dem nicht gerade die beste Gesellschaft von Berlin tanzte. Der erste Stock beherbergte die Redaktion des »Bazar«, jener Frauenzeitung, welche damals auf der Höhe ihres Ansehens und ihrer Abonnenten stand; ich glaube, sie hatte deren über eine Viertelmillion. Ich redigierte den belletristischen Teil. Niemals aus meiner Erinnerung werden diese Bazartage schwinden. Sie fingen an mit großen Illusionen. Dieses unbekannte Publikum von einigen Hunderttausenden, und die Mehrheit von ihnen Frauen, junge Frauen natürlich, geistreiche, schöne Frauen – das gab meiner Phantasie wundersamen Spielraum und lockte sie wie zu weiten Fernen. Ich entsinne mich noch der ersten Enttäuschung, als eine Korrespondentin, die nach ihren zierlichen Briefen ich mir nicht reizend genug ausmalen konnte, nun eines Tages persönlich erschien – ein ältliches Fräulein, welches mich plötzlich auch in bezug auf ihre Schwestern in Apoll mit einigem Zweifel erfüllte. Mich hatte ferner der Gedanke gelockt, daß dieses Weltblatt – wie wir es mit Vorliebe nannten – einen Einfluß besitzen und ausüben müsse, welcher seiner ungeheuren Verbreitung entsprach. Ich wußte damals noch nicht, daß Plato nur zwölf Leser gehabt, daß diese zwölf aber »das Salz der Erde« und die geistigen Beherrscher der Menschheit gewesen. Und dennoch war die Arbeit nicht ganz verloren. Ich sammelte Erfahrungen, unerläßlich für denjenigen, der sich zu größeren und ernsteren Aufgaben vorbereitet. Denn das »Redigieren« war nun einmal mein Los und meine Wahl. Schon auf dem Gymnasium zu Rinteln gab ich ein Blättchen heraus, welches, auf großen Bogen sauber geschrieben, allwöchentlich einmal erschien und im Kreise der Mitschüler bei Kaffee und Kuchen verlesen ward. Ich glaube, daß ich diesen Eifer für alles, was Zeitungen und Zeitschriften heißt, von meinem Vater geerbt habe, der auch kein Blatt liegen sehen konnte, ohne darnach zu greifen. Später, in London, ward ich nicht müde, die »Reviews« und »Magazines« zu studieren, und ich kehrte nach Deutschland zurück mit dem lebhaften Wunsch, etwas Ähnliches zu schaffen. Ich unternahm es, und es mißlang. Diese Schul- und Lehrjahre des »Bazar« aber förderten mich auf meiner Bahn. Was bisher eine nebelhafte Vorstellung gewesen, ward jetzt zur greifbaren und nicht selten harten Wirklichkeit für mich; ich lernte vor allem mich bescheiden, lernte um des Zweckes willen meine Person unterordnen, lernte Neigungen unterdrücken und Abneigungen überwinden, lernte Rücksichten nehmen und Empfindlichkeiten schonen, um etwas erreichen zu können, was über diesen beiden stand, und übte mich in der schweren Kunst, zwischen den Ansprüchen der Mitarbeiter und denen der Leser zu vermitteln, um sie zusammen nach dem beabsichtigten Ziele hinzuleiten. Es war kein besonders hohes Ziel für diesmal, aber es war doch eins – eine Zwischenstation, der ich mit dem Gefühle der Befreiung den Rücken kehrte, ohne darum zu vergessen, was ich ihr schuldete.

Diese persönlichen Erinnerungen sind es nicht allein, ja sie sind es nicht einmal hauptsächlich, welche das Haus Nr. 23 Unter den Linden mir denkwürdig machten, solange es stand, und nun, wo die Passage, Castans Panoptikon, Läden und ein beständig hin- und herflutender Menschenstrom an seiner Stelle sind, mir das Verschwundene, längst Hingegangene wieder zurückrufen. Oft, an stillen Abenden, wenn es mir über einem Manuskripte spät geworden, wenn die Redaktion leer und ich allein war, in diesen schwach erhellten, langen und niedrigen Zimmern mit den zahllosen Fenstern und Türen, dann begann es in der Einsamkeit lebendig zu werden – die Türen bewegten sich, vor den Fenstern, von denen aus ich die Linden dreimal grün werden und dreimal ihr Laub verlieren sah, drängten sich die Menschen, um gleichfalls hinauszuschauen; Stimmen riefen, mit einem eigentümlich zitternden, schwachen Ton; kleine Glocken schellten, und Gläser klangen mit einem Kichern dazwischen, wie in seiner Fröhlichkeit erstickt – Schleppen rauschten durch den Gang, und Roben von schwerer Seide knisterten auf den Treppen – waren es die mit allerlei Stoff bekleideten Modellpuppen der Hinterzimmer, welche verhext hier plötzlich umherwandelten und mir einen Besuch abstatten wollten in der Redaktion des »Bazar«? Die Gemächer füllten sich, immer größer wurde die Menge der bunten Gruppen, alle in den schönen Trachten des vorigen Jahrhunderts; es waren Kavaliere darunter im Hofkostüm und Fürsten mit dem Stern auf der Brust, ein Maskenzug, wie ich noch niemals einen gesehen, endlos, an mir vorübergehend, immer mehr und immer neue, Männer mit einem verschmitzten Lächeln um die Lippen, Frauen mit einer süßen Melancholie des Blickes, stolze Figuren im Hermelin und im Purpur, in Atlas und Brokat, mit Gold und mit Tressen, mit Puder und Schminke, mit Zopf und hoher Frisur – und nun auf einmal mitten in diesem Gedränge, welches Eile zu haben schien, zwei Gestalten, welche zögern, stillstehen, zurückbleiben, während alle anderen wie die Schatten dahinschweben, untersinken, in nichts zerfließen – zwei Gestalten, der Ewigkeit angehörend und trotzdem uns gegenwärtig, als ob sie noch unter uns wären –, ein Jüngling der eine, schön wie der junge Morgen, heiter, sieghaft, übersprudelnd in der

Fülle seiner Kraft; ein Mann der andre, weit noch von der natürlichen Grenze des Lebens und doch schon gebeugt, hochgewachsen, hager, mit einem feinen, blassen, durchgeistigten Gesicht und einem Paar wehmutumflorter Augen, in welche zu blicken das Herz zu Tränen bewegt – der eine am Anfang einer langen, sonnigen, glorreichen Zukunft, der andere am Ende eines allzukurzen Erdenwallens und beide von jenen, die nur sterben, um unsterblich zu sein: Goethe in seinem dreißigsten Lebensjahr und Schiller ein Jahr vor seinem Tode.

Nein, dies ist keine Phantasie; verschwunden sind all die ungezählten andren, die mit ihnen gekommen, diese beiden aber sind geblieben, und dies hier, dies Haus Nr. 23 Unter den Linden, war der alte berühmte Gasthof »Zur Sonne«, den meine Leser nun schon kennen. Er traf am 15. Mai 1778 hier ein, der junge Goethe, in Begleitung seines Herzogs, und teilte acht Tage, bis zum 23. Mai, zwischen Berlin und Potsdam, wo er auch den großen König sah, ohne jedoch ihm näherzukommen. Es war das erste Mal und das einzige, daß Goethe Berlin sah. Er sah es mit den »großen, hellen Augen, in denen der ganze Goethe strahlte«, wie die Tochter der Karschin (nachmals Frau von Klecke) an Gleim schrieb. Es war der Goethe, der den »Götz von Berlichingen« und den Werther geschrieben und auch in Berlin Tausende von Herzen hingerissen und gewonnen hatte. Er bewunderte »die Pracht der Königstadt und Leben und Ordnung und Überfluß, das nicht wäre ohne die tausend und tausend Menschen, bereit, für sie geopfert zu werden«. Er hat niemals in seinen jungen Jahren Gefallen an Berlin gefunden; ja, er war gegen dasselbe mit einem mächtigen Vorurteil erfüllt. Noch aus Leipzig schreibt er (Oktober 1766) über einen Jugendfreund an seine Schwester: »Er wird in Berlin schon zugestutzt werden, und ich befürchte, vielleicht nur zu sehr, denn ich glaube, es

Friedrich-/Ecke Behrenstraße

ist jetzo in ganz Europa kein so gottloser Ort als die Residenz des Königs in Preußen.« Berlin, nachmals die Wiege seines Weltruhms, war jetzt der Sitz seiner Gegner. Friedrich selbst mit seiner erlauchten Hand schrieb gegen den Dichter des »Götz«. Ramler und Nicolai waren seine Freunde nicht, und Mendelssohn, wiewohl er ihn schätzte, besuchte Goethe nicht, wahrscheinlich wegen der nahen Beziehungen desselben zu diesen beiden. Dagegen war er zweimal in der Malerwerkstatt Chodowieckis; vor allen Künstlern, die das Zeitalter Friedrichs verherrlichten, verehrte Goethe »über die Maßen« diesen, der das alltägliche Leben so reizend nachzubilden verstand. Der Weg war kurz von der »Sonne« zu ihm und ganz in der Nachbarschaft: nur noch ein Stückchen Linden hinauf und dann durch die Charlottenstraße, rechts. Hier, »im oberen Teil der Behrenstraße, nicht weit vom Opernhausplatz«, wohnte Chodowiecki, wie es in der gleichzeitigen Ausgabe von Nicolais Berlin, in dem Verzeichnis »Jetztlebender Künstler, Maler« etc. heißt (Seite 1014). Das Haus, welches heut an dieser Stelle der Behrenstraße steht und die Nr. 31 trägt, ist, dem palaisartigen Gebäude der Diskontogesellschaft gegenüber, gleichfalls einer von unsren modernen Bankierpalästen aus dem Anfang der siebziger Jahre, und eine sehr traurige Geschichte von stolzen Hoffnungen, in früher Morgenstunde jäh zertrümmert, verknüpft sich mit seinen ersten Tagen. Friedlicher, freundlicher als jetzt, wo die Behrenstraße bis über den Opernhausplatz hinaus fast ganz die Straße der großen Banken und Bankiers geworden, sah es hier aus im vorigen Jahrhundert, als stille, kleine Häuser hier waren mit stillen, kleinen Gärten. Ein solches Haus mit einem Gärtchen dahinter, in welchem »zwei schöne Birnbäume« standen, war auch das Chodowieckis. In demselben hatte der Meister, kurz vor Goethes Ankunft, sich jenes behagliche Heim geschaffen (1777), dessen Ausstattung und Einrichtung wir in seinem »Cabinet du Peintre« und neuerdings in dem Hintergrunde zu Paul Meyerheims wundervollem lebensgroßen, für Chodowieckis Vaterstadt Danzig gemalten Porträt wiedererkennen. So wie Meyerheim ihn darstellt, mag Goethe den jovialen Fünfziger bei der Arbeit gesehen haben, im großgeblümten Schlafrock, über dem mit Malergerät bedeckten Tisch, den Grabstichel in der Hand; und so, nach dem ersten Besuch vom 16., kam er, vier Tage später, ein zweites Mal hierher, diesmal begleitet von seinem Herzog, wie es im Tagebuche heißt: »20. zu Chodowiecki mit ♃.« Eine Gedenktafel schmückt jetzt das Haus mit folgender Inschrift: »Hier wohnte Daniel Chodowiecki von 1777 bis zu seinem Tode am 7. Februar 1801. Seinem Andenken die Stadt Berlin, 1885« – und ich muß sagen, daß es mir weniger schmerzlich ist, diesem Hause vorüberzugehen, seitdem aufs neue die Namen Chodowieckis und Goethes darüber schweben. Auch die Karschin hat er besucht in einem Häuschen, das, von Linden beschattet, nahe am Hackeschen Markt in einer geräumigen Vorstadt am Tore lag, dem heutigen dicht bevölkerten Spandauer Revier; Dankbarkeit und Herzensgüte hatten ihn dahin geführt, zu der vom Glücke gerade nicht verwöhnten Frau, »geb. Dürrbachin«, welche ihm, nachdem sie ihn in seinem Wirtshause verfehlt, ein Gedicht gesandt mit langen und kurzen Zeilen, großen und kleinen Anfangsbuchstaben, ohne Orthographie und Interpunktion: »am göthe zu Berlin Monttags den 18. May 1778«. Für ihn, den Götterliebling, gab es damals keinen Zwang; er gehorchte dem Impuls seines großen und edlen Herzens. Ein gewisser Burrmann, Kandidat der Gottesgelahrtheit, ein bescheidener Mann, damals Redakteur an der »Spenerschen Zeitung« und sonst der Nachwelt unbekannt, hatte ihm einmal nach Weimar in herzlich verehrender Weise geschrieben. Bei diesem, während seines Berliner Aufenthalts, tritt eines Morgens Goethe herein. Burrmann kennt ihn nicht. Als Goethe sich genannt, wirft der Kandidat der Theologie sich auf den Boden und wälzt sich wie ein Kind darauf herum. Auf Goethes Frage, was er habe, gibt jener zur Antwort: »Ich kann meine Freude über Sie nicht besser ausdrücken.« Worauf Goethe: »Nun, dann will ich mich auch zu Ihnen legen.« Und so lagen sie beide auf den Dielen des Zimmers.

Ovationen anderer Art wurden Schiller bereitet, als er sechsundzwanzig Jahre später, im Mai 1804, hierherkam. Es existiert noch eine Karte des hiesigen Fremden-Meldeamts, auf welcher es heißt: »Angekommene Fremde: Den 2. Mai Herr von Schiller, Hofrat, kommt von Leipzig, logiert Unter den Linden.« Das Wirtshaus »Zur Sonne« hatte damals seinen Namen schon gegen den moderneren »Russischer Hof« vertauscht; und so steht es auch in der »Vossischen Zeitung« vom 3. Mai. Doch war es noch immer dasselbe Haus. Man weiß, daß die Absicht bestand, Schiller dauernd oder wenigstens regelmäßig für einen Teil des Jahres an Berlin zu fesseln, als Geschichtslehrer des Kronprinzen und mit einem Sitz in der Akademie, vielleicht auch schon mit einem Hinblick auf die künftig zu begründende Universität; man weiß aber auch, daß die Verhandlungen resultatlos verliefen. Schillers Ansprüche waren nicht groß – zweitausend Taler jährlich – man bedenke: sechstausend Mark, und diese Summe zu nennen, erlaubt ihm noch nicht einmal die Bescheidenheit, wie er sagt. Schiller scheint sich mit dem Gedanken einer Übersiedelung schon ganz vertraut gemacht zu haben; Berlin gefällt ihm. »Es ist dort eine große persönliche Freiheit«, schreibt er an Körner, »und eine Ungezwungenheit im bürgerlichen Leben.« Frau von Schiller, die den Gemahl auf dieser Reise begleitet, will ihn in seinen Entschlüssen nicht stören; aber sie

weint fast vor Freude, als sie Thüringens erste Berg-
spitze wieder erblickt. »Ich wäre recht unglücklich in
Berlin gewesen«, schreibt sie an Fritz von Stein, als der
Plan sich längst zerschlagen (9. Dezember 1804). »Die
Natur dort hätte mich zur Verzweiflung gebracht.« Aber
die Tage, die sie in Berlin verbrachten, vom 1. bis 17. Mai,
waren dennoch Festtage für beide – und ach, ihre letzten! Die Königin empfing ihn; die Freunde, alte und
neue, Hufeland, der große Mediziner, im Jahre 1798 als
Leibarzt des Königs von Jena hierher berufen, Fichte,
der Philosoph, Woltmann, der Historiker, Zelter, der
Musiker, die führenden Männer des damaligen Berlin
und seine geistreichen Frauen umringten ihn. Die Daten
in Schillers Kalender zeigen, wie besetzt er war, mittags
und abends, mit Oper, Schauspiel und Konzert vorher
und nachher. Allen voran in den Veranstaltungen glänzender Gastlichkeit ging der Direktor des Königlichen
Nationaltheaters, Iffland. Altersgenossen diese beiden,
waren sie Kameraden gewesen in der Mannheimer Zeit,
den Tagen der »Räuber« und des »Fiesko«. Seitdem hatte
Schiller die Höhen des Ruhms erstiegen, und Iffland, obgleich sein Los in dieser Hinsicht bescheidener gefallen,
war dennoch, nicht unverdient, zu einer ansehnlichen
Reputation, zu Wohlstand und Einfluß gelangt. Er hatte
als Schauspieler seine Triumphe gefeiert, hatte Stücke
der mittleren Gattung verfaßt, welche seinen Namen
noch heut in Ehren lebendig erhalten, und war nunmehr, in amtlicher Stellung, ein vermöglicher Bürger
Berlins geworden. Er besaß ein Haus in der Potsdamer
Straße, die man sich freilich nicht wie heute denken
muß, mit einem hohen Gebäude dicht neben dem anderen, mit Läden in unabsehbarer Reihe, mit vielem Lärm,
Menschengedräng und Pferdebahngeklingel, sondern als
eine stille Straße von vorstädtischem Charakter, »Straße
nach Potsdam« genannt und in der Tat halb noch Land-

Der deutsche Dom und das Schauspielhaus auf dem Gendarmen-markt

straße, mit kleinen Häusern, durch weite Zwischen-
räume getrennt und von Gärten umgeben, so wie wir selber sie noch vor etwa fünfundzwanzig Jahren gekannt
haben. Dieses Haus Ifflands, in welchem vor ihm Fleck
gewohnt hatte, steht nicht mehr; an seiner Stelle, Nr. 13,
ragt jetzt ein schmaler, hoher Bau von allermodernster
Art; doch das Haus nebenan, Nr. 12, Friedrichs Hotel und
Restaurant, mit seinem wohlgepflegten, aber bejahrten
Äußeren und seinen gemütlichen, aber niedrigen Stuben
innen, seinen dunklen Treppen und langen Gängen, in
denen es sich nichtsdestoweniger ganz behaglich wandelt, mag uns einen Begriff geben von den bequemen
Verhältnissen, in welchen zu Anfang des Jahrhunderts
Leute wie Iffland lebten. Immer aber mit dem beginnenden Frühling siedelte er nach dem Tiergarten über, in
ein Landhaus, auf jenem ausgedehnten Terrain gelegen,
auf welchem neuerdings, Tiergartenstraße 29 und 29a,
zwei Größen der Berliner Finanzwelt sich Paläste gebaut
haben. Vor ihnen, auf einem sanft ansteigenden Hügel,
der immer mit dem schönsten Grün bedeckt war, stand
hier eine Villa mit weißen Säulen und einer Loggia, zur
guten Jahreszeit stets mit einem reichen Blumenflor erfüllt, der sich gar lieblich abhob von dem braunroten,
mit pompejanischen Wandmalereien bedeckten Hintergrund. Es war einer der hübschesten Anblicke in dieser
damals noch entlegenen Gegend des Tiergartens. Verschwunden ist jetzt die Villa, verschwunden der Hügel,
und wir wissen nicht, ob dies alles genau so zu Ifflands
Zeiten gewesen. Vielleicht gibt uns die nebenan ste-
hende, noch ganz in ihrer urspünglichen Gestalt erhal-
tene Villa (Nr. 28) ein getreueres Bild davon. In ihr
wohnte lang der gute Nachbar (von 1803 bis 1814) und,
wie er sich selbst in der zum Gedächtnis des hundertjährigen Geburtstages dargebrachten Festschrift (1859)
nennt, »einer von den wenigen, die noch von Ifflands

näheren Freunden am Leben sind«: »der alte Duncker«, Haupt der bekannten Berliner Familie, Mitbegründer und bis an sein Ende, 1869, Chef der großen Buchhändlerfirma Duncker und Humblot, die seitdem nach Leipzig übergesiedelt ist. Zwischen den modernen Bauten rechts und links liegt diese Villa wie mitten in einer blühenden Wildnis und gleicht, hinter den uralten, hohen Bäumen und mächtigen Palmengewächsen fast versteckt, mit den Spuren eines vorübergerauschten Jahrhunderts an ihren gelben Mauern, einem Zauberschlößchen, in das man die schönsten Märchen hineinträumen kann. So mag auch die Villa gewesen sein, von der Schillers Gemahlin in ihrem Entzücken ausrief: »ein Ideal von Gartenwohnung«; und hier, im Monat Mai, als die Nachtigallen schlugen, die auch heute noch den Tiergarten lieben, gab Iffland dem Freunde das opulente Mahl, zu welchem alle Berühmtheiten Berlins sich versammelten. Schwerlich hätte Schiller es ihm erwidern können in seinem kleinen Dichterhäuschen zu Weimar, welches dennoch die Nachwelt nicht aufhören wird, mit Rührung und Liebe zu betrachten. Er war gekommen, um, schon im Hinblick auf seine zahlreiche Familie, hier eine Verbesserung seiner Lage zu suchen; sie ward ihm nicht zuteil, und was auch, für den kurzen Rest seines Lebens, wäre damit gewonnen gewesen? Von der Freundschaft Goethes bis zuletzt umgeben und von der Munificenz Carl Augusts so viel als möglich entschädigt, war ihm beschieden, nicht in diesem Berlin, wo die wachsende Flut der Großstadt so rasch eine Spur der Vergangenheit nach der anderen hinwegspült, sondern an der Stätte zu sterben, die heut eines unserer nationalen Heiligtümer geworden. Aber die Wahrheit ist, daß Iffland sich nicht mit der Uneigennützigkeit und Wärme, die man von ihm wohl erwartet hätte, für den Plan verwandte. Diese Dinge spielen in Briefen und Aktenstücken, die spät erst aus unserem Staatsarchiv ans Tageslicht gezogen worden sind, und bestätigen in merkwürdiger Weise die Worte E. T. A. Hoffmanns, eines feinen Beobachters, der den Personen und Dingen zeitlich noch nahegestanden: »Iffland«, sagt er, »dem die Trauerspiele Schillers, die sich damals trotz allen Widerstrebens hauptsächlich durch den großen Fleck Bahn gebrochen hatten, eigentlich in tiefster Seele ein Greuel waren, Iffland, der – durfte er es auch nicht wagen, mit seiner innersten Meinung hervorzutreten – doch irgendwo drucken ließ, Trauerspiele mit großen geschichtlichen Akten und einer großen Personenzahl wären das Verderbnis der Theater« etc. Schiller, so wollen wir annehmen, hat nichts mehr davon erfahren. Denn Iffland, trotz seiner Meinung über »Trauerspiele mit großen geschichtlichen Akten und einer großen Personenzahl«, hatte getan, was kein kluger Theaterdirektor in ähnlichem Falle versäumen wird: während der Anwesenheit Schillers in Berlin wurden hintereinander, in rascher Reihenfolge fünfmal Stücke von ihm aufgeführt. In der »Vossischen Zeitung« vom 3. Mai, die seine Ankunft meldet, finden wir unter der Rubrik des Königlichen Nationaltheaters: »Heute: Die Räuber. Morgen: Die Braut von Messina«. Weiter, in der Nummer vom 8. Mai, lesen wir folgendes: »Königliches Nationaltheater. Den 4. Mai: Die Braut von Messina, Trauerspiel in vier Aufzügen von Schiller. – Der Dichter, der Berlin zum ersten Mal besucht, war bei der Vorstellung gegenwärtig. Bei seinem Eintritt in die Loge ward er mit allgemeinem Beifall empfangen; freudiger Zuruf hieß ihn herzlich willkommen und wiederholte sich so lange und so laut, bis die Musik begann, welche der Vorstellung vorangeht. So ehrenvoll hat das Publikum seine rege Empfindung für das große Genie ausgesprochen, dem es der höheren Freuden so manche verdankt. Schillers Ankunft hat überhaupt ein lebhaftes allgemeines Interesse erregt, welches auf Achtung und Dankbarkeit begründet ist.« Auch die »Spenersche Zeitung« ihrerseits (in der Nummer vom 8. Mai, denn damals, wo die Zeitungen nur dreimal wöchentlich erschienen, ging die Berichterstattung langsam und beschränkte sich auf wenige Zeilen) bestätigt die dem Dichter dargebrachte Huldigung, fügt aber hinzu: »Vermutlich war es unwillkürliche Folge seiner Gegenwart, daß in der Darstellung einiger Rollen anfangs ein gewisser Zwang, eine Spannung bemerklich war.«

Am Sonnabend, 5. Mai, war die »Jungfrau von Orleans« gegeben worden, und sie ward am 12. Mai wiederholt. Es war die Zeit, wo der politische Teil der Blätter voll war von den Verhandlungen des französischen Senats über Napoleons Erhebung zum Kaiser der Franzosen. Mit Bezug darauf heißt es in einer Besprechung jener Aufführung (»Vossische Zeitung« vom 15. Mai): »Schon mancher mag eine kostbare Reise zu einer Kaiserkrönung gemacht haben, ohne so viel Befriedigung für Aug und Ohr zu finden, als ihm heute der Krönungszug für weit billigeren Preis gewährte.« Die Darstellerin der Titelrolle, Madame Meyer, wurde bei dieser Gelegenheit also gefeiert (»Vossische Zeitung«, 10. Mai):

O helft, ihr himmlischen Kamönen,
Dem schwächsten von Apollos Söhnen,
Der einer Meyern Loblied singt.

– – – – – –

O Meyern! stets wirst du bewundert,
Und von Jahrhundert zu Jahrhundert
Der Brennen Hauptstadt unvergeßlich sein!

»Der Brennen Hauptstadt« – das ist Berlin. Man bemerkt, daß das noch im Stile Ramlers ist. Zu jener Zeit brachte die »Vossische Zeitung« in jeder Nummer ein

Rätsel; das vom 15. Mai, welchem ein ziemlich schwaches
Gedicht: »An Herrn von Schiller« vorangeht, lautet:

Rätsel.
A. Deutschlands Dichter, so wie ich vernommen,
   Ist seit gestern Abend in Berlin.
B. Sie verzeihen – A. Gern verziehn!
B. Deutschlands Psycholog ist gestern angekommen,
C. Mit Erlaubnis, Deutschlands Tragiker
   Kam von Leipzig gestern Abend an.
D. 's ist doch seltsam! Und mir sagte wer,
   Gestern sei Deutschlands Historiker
   In der Sonne* abgetreten.
E. Meine Herren, anstatt zu streiten, täten
   Sie, dünkt mich, weit besser dran,
   Wenn ein jeder seinen Mann
   Nennen wollte.   A. B. C. D. ...

Diese Verse, man wird es einräumen müssen, sind
nicht sehr schön, noch sind sie besonders geistreich; aber
sie zeigen doch, zusammen mit allem anderen, welche
Bewegung Schillers Anwesenheit hervorrief. Es waren
Festtage nicht nur für ihn, sie waren es auch für Berlin
und die Berliner, abschließend am 14. Mai mit der Aufführung von »Wallensteins Tod«, in welchem Iffland den
Wallenstein spielte.
   Wie nun aber erschien Schiller den Berlinern, die jetzt
ihn unter sich und ganz in der Nähe sahen? Entsprach
sein Äußeres, sein Wesen dem Bilde, welches man sich
von ihm, dem Dichter der Jugend, gemacht? Man verglich ihn mit Goethe, der oft in einem Kreis tüchtiger
Männer und strebender Jünglinge an einem Abend, den
sie vielleicht ihr ganzes Leben lang ersehnt hatten,
nichts anderes von sich hören ließ als ein gedehntes

* Hieraus erhellt, daß das »Hôtel de Russie«, Nr. 23 Unter den Linden,
damals im Volksmunde noch die »Sonne« hieß.

»Ei – ja!« oder »So?« oder »Hm!« oder im besten Falle ein »Das läßt sich hören!« Schiller war eingehender, und seine Persönlichkeit, wenn nicht imposant wie die des Zeus von Weimar, wirkte durch Sympathie. Über seinem Antlitz, seinem Blick, wenn er schwieg, lag es wie ein leichter Flor der Wehmut, und sein Kopf war ein wenig geneigt. »Er war«, sagte Henriette Herz, die ihn hier, im Mai 1804, zum ersten und zum letzten Male sah, »von hohem Wuchse; das Profil des oberen Teiles des Gesichtes war sehr edel; man hat das seine, wenn man das seiner Tochter, der Frau von Gleichen, ins Männliche übersetzt. Aber seine bleiche Farbe und das rötliche Haar störten einigermaßen den Eindruck. Belebten sich jedoch im Laufe der Unterhaltung seine Züge, überflog dann ein leichtes Rot seine Wangen und erhöhete sich der Glanz seines blauen Auges, so war es unmöglich, irgend etwas Störendes in seiner äußeren Erscheinung zu finden.« Aber man hatte sich ihn in seiner Ausdrucksweise feuriger, in seinen Reden rückhaltloser gedacht. »Ich meinte«, fährt Henriette Herz fort, »er müsse so im Laufe eines Gesprächs etwa wie sein Posa in der berühmten Szene mit König Philipp sprechen.« Sie hatte sich getäuscht; zu ihrem Erstaunen stellte Schiller sich in seiner Unterhaltung als ein sehr lebenskluger Mann dar, der namentlich höchst vorsichtig in seinen Äußerungen über Personen war, wenn er irgend glauben durfte, Anstoß zu erregen. Freilich war er ein kluger Mann, der nicht umsonst durch die harte Schule des Lebens gegangen war und durch Prüfungen jeglicher Art; von seiner ersten Bedrängnis an, deren Zeuge noch Iffland gewesen, bis zu diesen Tagen der höchsten Ehren niemals ganz frei, weder von körperlichen Leiden noch von des Daseins gemeiner Sorge. Vornehm hat er es getragen, aber auch rechnen gelernt, um durchzukommen. Gar zu gern hätten die Berliner Schillers Urteil über ihr

Theater gehört, auf welches sie sehr stolz waren. Er sprach seine Meinung auch aus, aber in einem Brief an Körner: »Musik und Theater bieten mancherlei Genüsse an, obgleich beide das nicht leisten, was sie kosten.« Vergebens, ihn zu einer Äußerung über die Darstellerin der Thekla im Wallenstein zu veranlassen, in bezug auf welche das ganze intelligente Publikum Berlins in zwei Lager geteilt war. Aus Schiller war nichts herauszubringen. Von seiner Gemahlin aber erfuhr man, daß ihm die Darstellung der Rolle gar nicht behagt habe. Keine Spur von Sentimentalität, Empfindsamkeit war in diesem Manne, vielmehr die volle Schärfe des Kritikers, welche, durch die hinreißende Gewalt seines Pathos verhüllt, von der Menge nicht wahrgenommen wird. Aber in der Richtung seiner Jugenddramen, in dem schlagenden Dialog auch seiner spätesten noch, kommt sie mittelbar, in den Votivtafeln, in seinem Anteil an den Xenien, in seinen philosophischen Schriften, seinen mündlichen und brieflichen Aussprüchen unmittelbar zum Vorschein.* Über die Berliner wollte Schiller sich nicht äußern; aber als in einer Unterhaltung mit Henriette Herz die Rede kam auf Frau von Staël, welche in Jena in einem wegen eines Spuks anrüchigen Hause gewohnt und sich etwas damit wußte, daß während ihres Aufenthaltes sie nichts davon gemerkt habe, da rief er: »Freilich, hätte denn selber ein Geselle Satans mit der zu schaffen haben mögen?«

Einmal auch war Schiller beim Prinzen Louis Ferdinand zu Gast – er, dieser Prinz, trotz der Romantik, die sich mit seinem Namen verknüpft, und obwohl eine lebensfrohe, doch im Grund eine ernste Natur und wie von der Ahnung eines großen Schicksals ergriffen, wenn

---

* Dieser Auffassung hat zuerst Scherer in der knappen schönen Sentenz Ausdruck gegeben: »Goethe wurzelt in der Idylle, Schiller in der Satire.« Literaturgeschichte, S. 582.

er frühe schon (in einem Brief an Pauline Wiesel) ausruft: »Sprich doch nicht von Amüsieren! Ich kenne nichts Trivialeres als diesen Ausdruck – Kinder, Hofdamen und Fähnriche amüsieren sich, aber ein Mann, dessen Verstand sich beschäftigen, der denken, fühlen, genießen kann, der amüsiert sich nicht.« – »(5. Mai.) Beim Prinzen Louis Ferdinand gegessen«, heißt es in Schillers Tagebuch. Den Berlinern ist das Haus des Prinzen, nicht hundert Schritte von den Linden, dem heutigen Zentralbahnhof in der Friedrichstraße gegenüber, noch wohlbekannt. Von all den alten Häusern, ehemals königliche Gebäude, die hier herum in der Friedrichstraße stehen und von denen – leider! – eines nach dem anderen vor unseren Augen fällt, ist dieses das hübscheste. Es führt die Nummer 103 und ist gegenwärtig ein Geschäftshaus mit zehn Läden im Erdgeschoß, und ich weiß nicht wie vielen außerdem. In dem weitläufigen Hof, zu des Prinzen Zeit ein großer Garten, der bis an die Spree reichte, sind mehrere Fabriken und eine Druckerei. Doch ein kleines, idyllisches Fleckchen ist hier übriggeblieben zwischen den haushohen Wänden, Schornsteinen und schnurrenden Maschinen, ein traulicher Winkel, mitten in der großen Friedrichstraße von Berlin, und doch so weit von ihr entfernt und so still und poetisch wie die Zeit, wo »Paul et Virginie« die Welt zuerst entzückte – ein Stückchen Gartenland mit ein paar alten Fliederbäumen, die jedesmal im Mai wieder knospen, und einer bejahrten Borkenhütte mit spitzem Dach, nach dem Muster von Bernardin de St. Pierres »Chaumière indienne«, nur daß jetzt Kaninchen darin sitzen. Drei tiefe Bogenfenster des ehemaligen Palais schauen wehmutsvoll in diesen Rest der Vergangenheit hinunter, und der Name des Prinzen lebt noch im Munde der Leute, die hier wohnen. Wie aus einer Verzauberung kehrt man in die Friedrichstraße zurück, und gern, wenn es in diesem betäubenden Durcheinander und Gewühl von Fuhrwerken, Pferden und Menschen möglich wäre, bliebe man einen Augenblick stehen vor diesem langgestreckten Hause, welches Schinkel gebaut, und dessen edle Linien immer noch erkennbar sind. Gern hinter einem jener siebzehn Fenster über dem niedrigen Entresol dächte man sich diese beiden, den Helden und den Dichter, denen es bestimmt war, so bald und so kurz nacheinander zu sterben.

Übers Jahr, als der Mai wieder kam, am Sonnabend, dem 18. Mai – so lange hatte die Nachricht gebraucht, um von Weimar hierher zu gelangen* – las man in der »Spenerschen Zeitung«: »Schiller ist nicht mehr! – Nach einem neuntägigen Krankenlager starb er am 9. d. M. an einem Nerven- und Brustfieber; er hinterläßt seine Witwe mit vier unmündigen Kindern«. – Am 22. Mai ward die »Jungfrau von Orleans« im Königlichen Nationaltheater aufgeführt. »Viele der Zuschauer«, heißt es in der »Spenerschen Zeitung« vom 25. Mai, »schienen von dem Gedanken getroffen, daß Schiller uns nun kein Meisterwerk mehr liefert, und feierliche Rührung begleitete den Beifall, den man dem ersten Werke, das seit der traurigen Nachricht erschien, zollte.« Die »Vossische Zeitung« (desselben Datums) erzählt, »am Schlusse dieses in seiner ganzen Pracht, Schönheit und Begeisterung gegebenen Stückes«, als Johanna niedersank, die Worte sprach: »Kurz ist der Schmerz, und ewig ist die Freude!«, als die Fahnen sich über sie herabsenkten und eine lange feierliche Stille Bühne und Haus erfüllte, da sei der langsam herunterrollende Vorhang, der diese Trauerszenen in seine Nacht habe verhüllen wollen, plötzlich, durch das Reißen eines Seiles, schräg hängengeblieben. Unbeweglich um Johannas Leiche habe die Gruppe gestanden, als ob es eine Gruppe gewesen um

* Die »Vossische Zeitung« hatte sie jedoch schon zwei Tage früher.

Schillers Aschenkrug. Aber auch die drei schwebenden Figuren auf dem Vorhang seien wie in ihrem Fluge gehemmt, wie voneinander getrennt erschienen, und es habe dieser Allegorien nicht bedurft, um zu klagen, daß Thalia und Polyhymnia ihre Schwester Melpomene, die tragische Muse, »vielleicht auf lange Zeit, vielleicht auf immer verloren« habe. Viele, viele Jahre, mehr als achtzig, sind seitdem verflossen. Auf dem Gendarmenmarkt, an derselben Stelle, wo vormals das französische Komödienhaus Friedrichs des Großen, nach seinem Tode das erste Königliche deutsche Theater Berlins, stand, steht jetzt das Denkmal Schillers. Hervorgegangen aus der mächtigen Bewegung des Jahres 1859, jener überwältigenden Kundgebung des Einheitsgefühls, welches – so dicht vor den Ereignissen des Jahres 1866 und 1870 – in der Schillerfeier seinen begeisterten Ausdruck fand, wird es auch der fernsten Zukunft noch sagen, daß es die nationale Dichtung war, welche der politischen Wiedergeburt unseres Volkes den Boden bereitet hat.

Zwei solch illustre Gäste, wie Goethe und Schiller, hat das Haus Unter den Linden Nr. 23 nicht wieder gesehen. Aber das Zeichen der »Sonne« stand noch lange über seiner Tür, und sie hat, in den zwanziger Jahren, auch Heine noch geleuchtet, obwohl er schwerlich gewußt, was sie zu bedeuten habe. Denn der Gasthof existierte nicht mehr; in seinen Räumen befand sich jetzt das berühmte Jagorsche Restaurant. »Jagor!« ruft er aus. »Eine Sonne steht über dieser Paradiesespforte. Treffendes Symbol! Welche Gefühle erregt diese Sonne in dem Magen eines Gourmands! ... Kniet nieder, ihr modernen Peruaner, hier wohnt – Jagor!« Und das will etwas sagen; denn eine fine lame ist Heinrich Heine immer gewesen, wenn auch grade kein großer Trinker. – Zum letzten Mal erwähnt in Verbindung mit einer Zelebrität finde ich dieses Restaurant in den Memoiren von Beust, welcher aus der Zeit seines Aufenthaltes in Berlin im Sommer 1848 vermerkt, daß man, um sich bei Tisch zu orientieren, zu Jagor gegangen sei, wo man immer die Minister habe treffen können. Dann aber muß der Glanz der »Sonne« rasch verloschen sein. Minister verkehrten in diesem Hause nicht mehr, als ich es kennenlernte. Das kann ich versichern.

Heine hat die Linden sehr geliebt. Er hat sie sogar einmal ausdrücklich besungen:

Ja, Freund, hier unter den Linden
Kannst Du Dein Herz erbaun,
Hier kannst Du beisammen finden
Die allerschönsten Fraun.«

Das Gedicht ist nicht hervorragend. Es ist ein wenig commonplace, so wie jeder es hätte machen können, ohne gerade Heine zu sein; was dieser wohl auch gefunden haben mag. Denn er hat es in keine seiner Sammlungen aufgenommen. Viel kurzweiliger ist das andere, das mit den Worten: »Ich wollt, ich wär der liebe Gott« anfängt, aber so bös nicht gemeint ist, wie man sich bald überzeugen kann, wenn man weiter liest, welche Wunder er verrichten will. Als er es verfaßte, dieses Gedicht, da wohnte Heine selbst Unter den Linden, in dem Hause Nr. 24, dicht neben Jagor. »Meine Wohnung«, schreibt er, »liegt zwischen lauter Fürsten- und Ministerhotels« – (was übrigens, wie man sieht, mehr dichterische Lizenz als genaue Wahrheit ist). Das Haus steht heute noch, in seinem Äußern unverändert, wie es damals gewesen sein mag, ein Haus aus der friderizianischen Zeit, zweistöckig, behäbig anzusehen, die gelben Wände mit Stuckzierat, Girlanden im Geschmack des vorigen Jahrhunderts; aber in dem tiefen Hof, in welchen man durch eine stets geöffnete Einfahrt blicken

kann, von hohen Hintergebäuden umgeben, lagern aller-
lei Kisten und Fässer, die auf etwas sehr Gutes schließen
lassen, und im Erdgeschoß des Vorderhauses sind die
Läden von Gerold. – »Gerold Unter den Linden«, jeder
Berliner weiß, was das zu bedeuten hat: Zigarren, Wein,
Kaffee, Tee, Zucker und sonst noch viel angenehme
Dinge. Kein Wunder daher, daß in diesem Hause Heine
solche Gedanken kamen:

Die Pflastersteine auf der Straß,
Die sollen jetzt sich spalten,
Und eine Auster, frisch und klar,
Soll jeder Stein enthalten.

Ein Regen von Zitronensaft
Soll tauig sie begießen,
Und in den Straßengössen soll
Der beste Rheinwein fließen.

Wie freuen die Berliner sich,
Sie gehen schon ans Fressen;
Die Herren von dem Landgericht,
Die saufen aus den Gössen.

Wie freuen die Poeten sich
Bei solchem Götterfraße!
Die Leutnants und die Fähnderichs,
Die lecken ab die Straße.

Die Poeten hätten sich's schon gefallen lassen, und auch
mit den Herren vom Landgericht ging es noch; aber mit
den Leutnants und den Fähnrichs war es doch eine andere Sache, die scheinen den Spaß übel vermerkt zu haben, und es ist Tatsache, daß Heine, nachdem das omi-
nöse Gedicht in Berlin bekannt geworden, für gut
befand, sich bei seinem Vetter, Hermann Schiff, zu ver-
stecken. Schiff, ein höchst origineller Kauz, der sehr viel

Talent und noch mehr Pech auf Erden gehabt, Verfasser des in seiner Art klassischen Büchleins von »Schief-Levinche mit seiner Kalle«, welches – noch nicht einmal unter seinem wahren Namen, sondern pseudonym erschienen – von denen, die es verstanden, nicht gelesen, und von denen, die es gelesen, nicht verstanden worden ist, hielt sich mit Heine zusammen »studierenshalber« in Berlin auf und wohnte, wie dieser, nur ein paar Nummern weiter, gleichfalls Unter den Linden, in dem ehemals Schlesingerschen Haus an der Ecke der Lindengasse, von deren Existenz wohl nur wenige wissen, obwohl Tausende täglich daran vorbeigehen: einem Sackgäßchen zwischen dem Hôtel du Nord und ebendiesem Hause, das längst das alte nicht mehr ist. Doch ich erinnere mich seiner noch sehr wohl, der breiten Steintreppen, die zu demselben hinanführten, der berühmten Musikalienhandlung im hohen Parterre und ihres Chefs, des gemütlichsten und freundlichsten aller alten Herren und Junggesellen, bei dem ich so manchmal in seinen komfortablen Räumen gesessen, wenn er mir seine reiche Sammlung von Autographen zeigte, bei jedem Blatt mir eine amüsante Geschichte oder Anekdote erzählend – die amüsantesten von Heine selbst, »dem Schlingel«, wie er sagte. Denn er hatte ihn noch persönlich, in seinen jüngeren Jahren, gekannt und durfte sich's darum erlauben. Hier nun, in diesem Haus, aber etwas höher, in einem Dachstübchen, wohnte Schiff, der den Vetter bei sich vor dem Zorn der Leutnants und der Fähnderichs beschirmte, bis dieser entweder sich gelegt oder Heine sich überzeugt hatte, daß er niemals vorhanden gewesen. Es muß während dieser »wohnungslosen Zeit« gewesen sein, daß er – 24. Dezember 1822 – in einem Brief an Immermann das Postskript hinzugefügt: »Adresse: H. H. aus Düsseldorf, beim Universitätspedellen zu erfragen«. Denn das Gedicht war im Herbste genannten Jahres in dem »Westteutschen Musenalmanach für 1823« erschienen und aus diesem erst in eine Berliner Zeitung übergegangen, welche, in der Jostyschen Konditorei ausliegend, den ganzen Spektakel verursacht hatte. Ebenso scheint, daß der Exodus nicht aus dem Unglückshaus Unter den Linden vor sich gegangen, in welchem übrigens auch der »Ratcliff« geschrieben worden, »in den letzten drei Tagen des Januars 1822*, als das Sonnenlicht mit einem gewissen lauwarmen Wohlwollen die schneebedeckten Dächer und die traurig entlaubten Bäume beglänzte«, sondern aus einem, Mauerstraße Nr. 51, welches heut über der breiten Bogentür mit der Inschrift: »Rum-, Sprit- und Liqueurfabrik« geschmückt ist und auch wohl damals schon gerade kein Palais gewesen sein wird, wiewohl Heine von seinem Logis rühmt, daß es »mit rotseidenen Gardinen behangen« war. In einem der »Berliner Briefe«, vom 7. Juni 1822, heißt es nämlich: »Ich bemerke Ihnen bei dieser Gelegenheit, daß ich dort (Nr. 24 Unter den Linden) ausgezogen bin.« Es ist ein ganz altmodisches Haus, dieses in der Mauerstraße, heute noch, einstöckig, mit niedrigen Dachkämmerchen darüber; aber wenn auch damals schon in der Tür der Wirtsstube sich zuweilen ein so schmuckes Mamsellchen mit weißer Schürze gezeigt hat, wie man es gegenwärtig im Vorübergehen manchmal erblickt, so will ich nicht verschwören, daß nicht eines jener Lieder an »Verschiedene«, deren Adressen verlorengegangen sind, an sie gerichtet war. Denn Heine liebte die Veränderung. Viermal während dieser beiden Jahre seines ersten Berliner Aufenthaltes (Februar 1821 bis Frühling 1823) hat er das Quartier gewechselt, und, nur der Vollständigkeit halber, sei noch erwähnt, daß er zuerst, als er

* Vorrede zur dritten Aufl. der »Neuen Gedichte« (Werke, Bd. XVI, S. 7. – Heine gab irrtümlich das Jahr 1821 an; im Januar 1821 war Heine noch in Göttingen).

hierherkam, drei Treppen hoch in dem Hause Behrenstraße Nr. 71 wohnte, demselben, welches heut zum Ministerium der geistlichen Angelegenheiten gehört – dem allerpassendsten für den, der wenige Jahre später in den Nordseehymnen Berlin als die »fromme Stadt« besang:

Wo der Sand und der Glauben blüht,
Und der heiligen Sprea geduldiges Wasser
Die Seelen wäscht und den Tee verdünnt.

Heines letzte Wohnung (seit Januar 1823), also die, in welche er zog, nachdem er die traurige Erfahrung mit dem Lied vom lieben Gott gemacht, war in der Taubenstraße Nr. 32. Diese Adresse gibt er seinem Freunde Christian Sethe an in einem Briefe vom 21. Januar 1823*, in welchem es heißt: »Krank, isoliert, angefeindet und unfähig, das Leben zu genießen, so leb ich hier. Ich schreibe jetzt fast gar nichts und brauche Sturzbäder. Freunde hab ich fast gar keine jetzt hier; ein Rudel Schurken haben sich auf alle mögliche Weise bestrebt, mich zu verderben … auch höhern Ortes bin ich schon hinlänglich angeschwärzt.« Ob Heine damals gewußt und, wenn er es gewußt, nicht einigen Trost darin gefunden hat, daß das Haus ihm gerade gegenüber dasjenige war, welches, in einer ähnlichen Gemütsverfassung, siebzig Jahre früher, während der letzten und schlimmsten seiner Berliner Tage, den Herrn von Voltaire beherbergte? Hier, in diesem Hause, Taubenstraße Nr. 17, wohnte Voltaire, nachdem er in hoffnungslosem Zerwürfnis mit seinem vormaligen Gönner und Gastfreund das Appartement im Königlichen Schloß verlassen hatte, bei dem Hofrat Francheville zur Miete, bis zum 25. März 1753, wo er Berlin für immer verließ; und von hier aus

---

* Über H. Heine. – Ein Brief an den Buchhändler Dümmler vom 5. Januar 1823, in welchem ihm Heine den Verlag seiner »Tragödien« nebst »lyrischem Intermezzo« anbietet, trägt dieselbe Wohnungsangabe.

konnte er sehen, wie seine »Histoire du Docteur Akakia«
auf Befehl Friedrichs des Großen öffentlich und von
Henkershand auf dem benachbarten Gendarmenmarkt
verbrannt wurde. Das Haus, ursprünglich ein kurfürst-
liches Jagdschloß aus der Zeit, wo dies alles Forst und
Tiergarten war, hatte bis zuletzt, noch in seinem hohen
Alter und Verfall, sich ein gewisses aristokratisches Ansehen bewahrt; es lag etwas erhöht über einer Freitreppe
mit schöngeschmiedetem Gitter, und zwischen den reich-
ornamentierten Fenstern des ersten Stocks waren Nischen und Säulen. Also hab ich es noch gekannt, bis es
im April 1874 niedergerissen ward. Jetzt stehen hüben
und drüben kolossale, meinungslose Neubauten, und
nichts erinnert mehr an das Haus, in welchem der Wit-
zigste der Franzosen, noch an das, in welchem der Wit-
zigste der Deutschen bittre Betrachtungen anstellten
über das Los der Schriftsteller in Berlin. –

Intakt dagegen steht noch, wenige Schritte von hier,
das Haus, in welchem ein andrer wohnte, der gleichfalls
Anspruch darauf machte, sehr witzig zu sein, und es in
der Tat auch war: Heines großer Rivale, Ludwig Börne.
»Me voilà«, schreibt er am 18. Februar 1828, »ausgepackt
und eingerichtet in meinem Privatlogis. Friedrichstraße
Nr. 131.« Das Haus, zwischen Behrenstraße und Linden,
nicht weit vom Ausgang der heutigen Passage, gehört
noch immer den Logiers, und bis vor wenigen Jahren befand sich auch im Erdgeschoß desselben die nunmehr
eingegangene Logiersche Buchhandlung. Börne, der als
Jüngling im Hause der Frau Henriette Herz stürmisch
unglückliche Jahre verlebt war, war jetzt zu kurzem Besuch
nach Berlin gekommen und sah seine alte Liebe wieder.
»Ich habe sie in ihrem Sommer gesehen«, ruft er aus, –
»eine Juno!« Fünfundzwanzig Jahre waren seitdem vergangen; die Herz, wiewohl man die Spuren ihrer Schönheit noch erkannte, hatte die Sechzig lang überschritten,

und Börne war ein berühmter Mann geworden. Doch auch Heine hatte von sich hören lassen. Wenn er, in seiner Berliner Zeit, sich nach den Linden begeben wollte, so führte sein Weg ihn durch die große Friedrichstraße – deren Betrachtung ihm »die Idee der Unendlichkeit« veranschaulichte – dem Hause vorüber, in welchem fünf Jahre später Börne sitzen und schreiben sollte: »Wissen Sie, daß die *Reisebilder* hier nicht sonderlich gefallen? Man findet sie ungezogen, oft schmutzig. Die Varnhagen ist sehr aufgebracht, daß er sie ihr dediziert, ohne ihre Erlaubnis. Da findet man die Werke eines gewissen andern Schriftstellers ganz anders. Man lobt deren sittlichen Ton, und deren Feinheit, und deren Witz, und deren Scharfsinn, und deren Menge, und deren musterhafte Schreibart ...« Es ist ein bißchen viel auf einmal; es geht einem fast der Atem aus bei der Aufzählung all dieser Tugenden. Sie hatten beide keine geringe Meinung von sich, diese zwei nachmals Unversöhnlichen, und Börne hat gewiß nicht unrecht, wenn er von Heine sagt: »Dieser liebenswürdige Schriftsteller spricht von der Liebe bei Gelegenheit Kants, von Frauenhemden bei Gelegenheit des Christentums und von sich selber bei jeder Gelegenheit.«* Doch ich muß gestehen, lieber als das anonyme Selbstlob des einen hör ich, wenn der andre frei hinausjubelt in alle Welt:

Ich bin ein deutscher Dichter,
Bekannt im deutschen Land;
Nennt man die besten Namen,
So wird auch der meine genannt.

Es ist eben der Unterschied zwischen dem »Talent« und dem »Charakter«, im Sinne des Atta Troll. Der Charakter wird Börne für immer bleiben; aber sein Witz hat et-

* Schriften, Bd. VII, S. 257. Die Stelle ist französisch, in einem für den »Réformateur« geschriebenen Artikel.

was Gemachtes und heute schon Überlebtes. »Hier wird stark *gewitzt*«, heißt es in dem angeführten Brief, »und ich witze auch, Gott weiß, wie oft den Tag.« – Daheim, »im Hause des Buchhändlers Logier«, erzählt Gutzkow von ihm, »traf man ihn nur in dicke Tabakswolken eingehüllt, im langen Schlafrock und ein rotes Jakobinerkäppchen auf dem Haupte.« Börne selbst schreibt darüber an seine Freundin: »Sie haben recht, mich mit dem Rauchen zu necken. Ach! wie geht es mir darin so schlimm, ach! wie bin ich so zahm geworden! ... Meine Wirtin, die neben meinem Zimmer wohnt, ließ mich schon einige Male bitten, ich möchte doch nicht so viel rauchen, der Rauch zöge in ihre Stube. Ich ließ ihr antworten: Das könne ich nicht ändern, und sie möge die Spalten der Türe verstopfen.« Aber es scheint nicht, daß man sich dabei beruhigt habe. Gutzkow berichtet weiter: »Herr Logier bat ihn, unter diesen Umständen auf die Ehre, ihn länger in seinem Hause zu haben, verzichten zu dürfen.« Welchen Verlauf die Sache genommen, würde jetzt schwer zu ermitteln sein.

Wir wissen nur, daß abermals fünf Jahre später, in demselben Haus und demselben Zimmer ein zwanzigjähriger junger Mann gewohnt, gleichfalls ein gewaltiger Raucher, wenn er auch, selbst damals schon, *kein* Jakobinermützchen getragen haben wird, nämlich der Studiosus juris – Otto von Bismarck, der künftige Fürst-Reichskanzler. Er wohnte hier mit dem ihm befreundeten Motley, dem nachmaligen großen amerikanischen Historiker, als beide, Herbst 1833, von Göttingen nach Berlin gegangen waren. »Wir lebten daselbst«, dies sind Bismarcks eigne Worte, »im innigsten Verkehr miteinander, indem wir unsre Mahlzeiten und unsre Übungen gemeinschaftlich hielten ... Unser treuer Gefährte war Graf Alexander von Keyserling aus Kurland, welcher seither als Botaniker berühmt geworden ist ... Das letzte Mal sah ich ihn (Motley) im Jahre 1872 in Varzin bei der Feier meiner silbernen Hochzeit.«

Wie seltsam doch der Zufall spielen kann, und welch eine Verkettung der Namen, indem wir nicht weiter gehen als von der Taubenstraße bis zu den Linden: Voltaire, Heine, Börne, Bismarck ...

Unter den Berliner Notabilitäten, welche Heine zuweilen im Café Royal sah – Jagor gegenüber, auf der andren Seite der Linden, Nr. 44, da wo jetzt Arnims Hôtel ist –, zeigt er uns einen, »dort am Tisch das kleine bewegliche Männchen mit den ewig vibrierenden Gesichtsmuskeln, mit den possierlichen und doch unheimlichen Gesten ... Das ist der Kammergerichtsrat Hoffmann, der den Kater Murr geschrieben.« Hoffmann, unser unvergeßlicher E. T. A. Hoffmann, stand damals in seinem sechsundvierzigsten Jahr, welches er nicht lange überleben sollte. Der Brief Heines ist vom 26. Januar 1822 datiert, und am 24. Juli starb jener. Ein Zug innerer Verwandtschaft zog den jungen Poeten zu dem älteren, dessen Erzählungen sich ganz im Reich einer ergreifenden, vorwiegend düstren Phantastik bewegen. Von Heine war damals noch nichts erschienen als der Band Gedichte (Berlin, Dezember 1821), in deren »Traumbildern« er uns gewissermaßen auch seine »Phantasiestücke in Callots Manier« gibt und die, wenn an irgendeinen, an Hoffmann anklingen. Später hat der Gräberspuk und Mitternachtsgraus in Heines Dichtung sich zu lieblicher Elfen- und Blumenpoesie verfeinert, märchenhaft schimmernd von den bläulichen Sternen und irrenden Lichtern der Sommernacht, und der finstre Humor reift zur Ironie. Doch ihr Boden bleibt immer die Romantik, der als ein merkwürdiger Seitensproß E. T. A. Hoffmann entwachsen ist. »Der Teufel kann so teuflisches Zeug nicht schreiben«, sagt Heine von den Schriften Hoffmanns. Für uns Berliner haben sie noch eine andre Bedeutung: das alte Berlin lebt in ihren Blättern. Nicht das des nüchternen Alltags, sondern eines, das unheimlich phosphoresziert, von seltsamen Gestalten erfüllt und dennoch wirklich ist in all seiner Unwirklichkeit; so wie er selber, der abwechselnd ein kleiner Beamter und Musikdirektor an Wanderbühnen war, ein Komponist, ein Schriftsteller, ein Maler und ein Genie in allen Dingen, und dennoch, trotz der Legende, die sich um sein abenteuerliches Leben gewoben, zuletzt ein guter Berliner Kammergerichtsrat geworden und als solcher verstorben ist. Sein Bild hat sich dem Gedächtnis der Berliner tief eingeprägt und wird daraus so bald nicht verschwinden. Er ist ein Stück jenes Berlins, welches nunmehr fast ganz dahingegangen; aber wir brauchen nur an ihn zu denken, so steht es wieder vor uns, wie er es gesehen hat mit dem gespenstisch blikkenden Auge, welchem dennoch keine von den gewöhnlichen Realitäten entging, nur daß eine jede von seinem Licht etwas annahm.

Er hat in dem Eckhause der Charlotten- und Taubenstraße Nr. 31 gewohnt, den älteren Berlinern hauptsächlich wegen der Konditorei bekannt, welche von ihnen noch immer die Meyersche genannt wird, obwohl sie längst den Besitzer gewechselt hat, und deren Eingang sich im Erdgeschoß zwischen den beiden Straßen öffnet. Ein stattliches Haus dieses, und von beträchtlichem Umfange mit seinen beiden Fronten, seinem quadernartigen Bewurf, seinen Kränzen von Stuck und steinernen Reliefs, seinen Balkonen und seinem Vorbau, drei Stock hoch, die Fenster im oberen etwas niedriger als die anderen und bogenförmig – ein Haus voll von Erinnerungen selbst für uns, die Generation, die nach Hoffmann kam. Sind diese Räume, welche das Gebäude nach der Charlottenstraße hin abschließen, nicht mit dem Andenken an »Schubert« verbunden, einen jovialen Wirt aus

den fünfziger und sechziger Jahren, auch durch seine
»Kompositionen« berühmt, aber Kompositionen von
Schlummerpunsch und Likören; und wird nicht, indem
wir diesen Namen aussprechen, eine ganze Tafelrunde
fröhlicher Gäste wieder lebendig, welche hier Abend für
Abend beisammensaßen und von denen nun, gleich dem
Wirte selber, kein einziger mehr unter uns weilt – Eduard Hildebrandt und Gustav Richter, Ernst Dohm, der
hier mit seinem schwarzen Fischbeinstöckchen zwischen den Knien manchmal noch vor dem Schlummerpunsch schlummerte, George Hiltl und sein Schwager
Berndal – Maler, Schauspieler, Schriftsteller, alle dahin –, aber ihre Schatten scheinen noch um die liebge-
wordene Stätte zu huschen. »Nach hundert Jahren mag
man es als eine Merkwürdigkeit zeigen«, sagt schon Ludwig Rellstab im Texte zu der krausen Federzeichnung,
in welcher E. T. A. Hoffmann dieses Haus für alle Zeiten
unzweifelhaft festgestellt hat. »Taubenstraße Nr. 31« steht
am Rande des wunderlichen Blattes geschrieben, welches, wenn wir noch keinen Begriff davon hätten, wie die
Wirklichkeiten des Tages sich auf dem »Zauberspiegel«
dieses Kopfes malten, uns einen solchen geben würde.
»Draußen vor dem Fenster war das Gewühl des Markts
und der Straßen, des Theaters und der Weinhäuser; aus
diesem fing er alles auf und zeigte es in scharfen, ecki-
gen Linien. Ihr könnt euch nur die Wohnung an der
Tauben- und Charlottenstraßen-Ecke, wo jetzt unten der
Konditor wohnt, ansehen – droben an dem Eckfenster
hing der Spiegel.« Und eine Fülle von Gesichtern und
Gesichten quirlt auf und durcheinander, klimperkleine
Figuren, und eine jede doch mit den getreuen Zügen
des Originals, auch in der Karikatur noch erkennbar,
zahllose Gruppen, deutlich gesondert und alle miteinander im Zusammenhang, die Straßen genau bezeichnet,
die »das alte, romantische Land« von Berlin umgren-

zen – Tauben-, Charlotten-, Jäger-, Markgrafenstraße, Gendarmenmarkt – die Gebäude mit wenigen Strichen hingeworfen, das Schauspielhaus, die beiden Kirchen, die Restaurationen, die Weinstuben – diese vor allem dem Herzen Hoffmanns teuer – und da, wo Kenntnis oder Interesse nicht mehr hinreicht, die »Wohnungen unbekannter Leute«. Doch auch dieser Nebel hat seine Sterne – die Italiener! Sie sind freilich nur »Materialisten«; aber wie ganz anders in jener Zeit, die selbst des Leibes gemeine Nahrung mit einem poetischen Schimmer verklärt! Ah, man muß einmal den Duft solcher Läden, von Südfrüchten, Öl, Käse, Wurst und allerlei Gesalzenem durcheinander gemischt, in den Städten Italiens, in den engen Gassen Veronas oder Genuas geatmet haben, um zu wissen, was gut ist. Und das war es, was diese Italiener nach Berlin brachten. Noch heut, wo wir das unterdes fast obsolet gewordene Wort auf alten Ladenschildern erblicken, weckt es angenehme Erinnerungen an erlesene Leckerbissen und versteckte Hinterstübchen, an Sala Tarone, den »Hofitaliener« Friedrichs des Großen und an »das Land, wo die Zitronen blühn«. Wieviel ärmer, trivialer ist unser Leben geworden, trotz der Rundreisebilletts nach Rom und Neapel! »Italienische Warenhandlung Moretti – Extrafeiner Rum« an der Ecke der Französischen Straße und »Austern, Kaviar, Italienischer Salat bei Thiermann« (denn auch *solche* Italiener gab es) an der Ecke der Jägerstraße – das war besser; denn es war für die Kenner. Und wer hat auch Venedig – »o herrliches Venedig!« – treuer geschildert, italienisches Leben, italienische Dichtung und italienische Musik inniger empfunden als er, der Dichter von »Doge und Dogaresse«, der niemals in Italien war, außer bei Moretti und Thiermann? Das Haus und der Laden des letzteren, wenn auch unter anderem Namen, hat sich an der identischen Stelle noch erhalten,

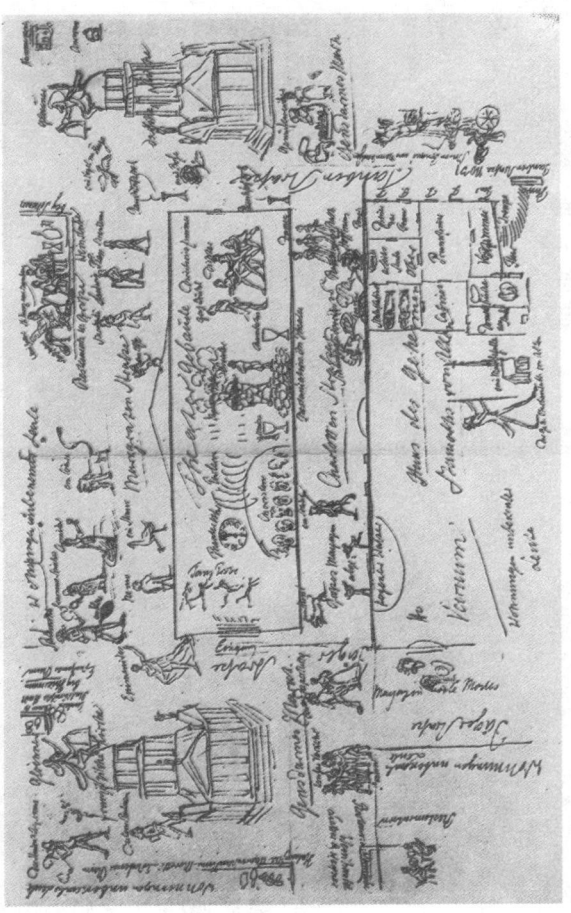

Gendarmenmarkt, gezeichnet von E. T. A. Hoffmann

mit einem altmodischen Treppchen davor und einem kleinen Schild, auf welchem man wie eine wehmütige Reminiszenz: »Colonial- und Italiener Waren« liest. So korrekt und richtig in seinem Capriccio hat Hoffmann alles angegeben; keine topographische Aufnahme, kein Plan von Berlin hätte mehr tun können. Und dennoch welch ein toller Spuk überall! Auf den Türmen der französischen und der deutschen Kirche hocken die Gnomengestalten zweier Glöckner, Kobolde mit großer Perücke und langen Nasen, das edle Roß auf dem Schauspielhaus hat sich in ein Ungetüm verwandelt, das auf den Hinterbeinen steht, fabelhafte Tiere, ein Hund, ein Strauß, ein Löwe, spazieren ringsumher und »ein Vogel im Fluge« steigt darüber auf, eine wunderbare Rose blüht mitten in der Luft und ein »Rauchfaß Nr. 1« wirbelt seine Wolken dem Vogel nach – seltsame Fratzen grinsen aus den Ecken, die Choristen singen, das Ballett tanzt und die Theateruhr zeigt auf zwölf – Mitternacht. Nun ist die Stunde, wo die Visionen aus den Trinkstuben aufsteigen – »in der alten Pracht« –, aber nicht wie Tiecks »mondbeglänzte Zaubernacht«, sondern in der handgreiflichen Realität langer Speisezettel und noch längerer Weinkarten – und der Wundermann selbst ist da, Tieck, Ludwig Tieck, einst der Herrscher im Reiche der Romantik, er selbst ein Berliner Kind und geboren in der Roßstraße Nr. 1, jetzt ein wohlbeleibter Herr mit einem Regenschirm und neben ihm Brentano, spindeldürr, fast durchsichtig, den Hut tief in die Stirne gedrückt. Auch der Schlemihl ist da, der Peter, in seinem kurzen Röckchen, mit dem Tabaksbeutel und der Botanisiertrommel genau das Ebenbild Chamissos – und hier ist Hoffmanns Feder und vielleicht auch seine Seele, so voll, daß ein tüchtiger Tintenfleck – »ein Klecks« schreibt er zur Erklärung daneben – auf die Stelle fällt, wo des Vaterlandslosen Schatten hätte sein sollen. Und hier endlich ist er in eigner Person, der Herr Kammergerichtsrat, sein Profil mit der feinen, aber gebogenen und stark vorspringenden Nase, dem mit den Augenbrauen fast zusammengewachsenen Haar und gegen die Mundwinkel gezogenen Backenbart, gleich einem spitzwinkligen Dreieck, das Kammergericht weit oben; im fernsten Hintergrund, aber ihm dicht gegenüber und den Qualm seiner langen Tabakspfeife ihm vergnüglich ins Gesicht blasend, der »Schauspieler Devrient«, Ludwig, der Größte dieser Dynastie von Großen, mit hohen Vatermördern und Zügen voll Bonhomie – und in jeder Weinstube des Quartiers kehrt dieses par nobile fratrum wieder, als ob es allgegenwärtig wäre: bei »Lutter und Wegner«, wo noch ihr Geist umgeht und man sich einbilden kann, daß dieselben Wände herniederblicken auf dieselben Tische, dieselben Stühle; »bei Schoner«, heute Rähmel, einem gleichfalls noch immer sehr beliebten Lokal, an der Markgrafen- und Taubenstraßen-Ecke, dem Schauspielhaus querüber. Hier aber, im Musentempel, während sein bester Schauspieler zecht in den alten Häusern, die heute noch an ihn erinnern, sehen wir den Grafen Brühl, den Intendanten in Hoftracht, mit dem Galadegen, wie er händeringend einen Haufen anstürmender Dichter beschwört, seinen Kapellmeister Weber jedoch – denn im damaligen Berlin gediehen die Kunst und die Künstler! –, ein rundliches Männchen mit Schmerbauch und langer Weste, schwebend über einem ungeheuren Beefsteak, mit einem Glase Madeira links, einem Glase Chambertin rechts und dem kleinen Johannes Kreisler mit untergeschlagenen Armen daneben.

Das war Hoffmanns Berlin, und »so wohnte der Teufelskerl! Hier ist die Ecke – schaut hier unten rechts auf mein Blatt, hier, wo eben der Baron von Fouqué vorbeifährt. Er kommt gerade aus Neunhausen, seiner Burg bei Rathenow. Hei! Wie der wackre Recke dahinjagt! ...

Hausvogteiplatz Ecke Taubenstraße

Fahr zu, Knappe! Aber fahre mir nicht durch die Gemü-
seweiber, denn ich sehe das Äpfelweib meines Lieblings,
des Studenten Anselmus, dazwischen sitzen« ... Aber
sie jagt unaufhaltsam dahin, die Karosse, die den Ritter
Undinens mit wehendem Helmbusch davonträgt – hinterher kommt noch ein genialer Gassenjunge, der in der
romantischen Schule seine »angenehmsten Jugendjahre
verlebt und zuletzt den Schulmeister geprügelt« hat
(Heine, Vorrede zum »Atta Troll«) – dann aber ist es
aus, und es gibt keine Romantik mehr, weder in der Literatur noch auf dem Gendarmenmarkt. Sogar die Gemü-
seweiber sind von letzterem verschwunden; und von allen Bestien, mit welchen Hoffmann ihn einst bevölkert,
existiert nur eine noch, der Löwe nämlich, aber der ist
aus Papiermaché, und er stößt jedesmal ein fürchterli-
ches Gebrüll aus, wenn dort, in dem turmgekrönten Palast an der Ecke der Charlotten- und Französischen
Straße, dem »Löwenbräu«, ein neues Faß angestochen
wird. Mit dem Biere scheint die Welt lauter geworden
zu sein. Unsre Väter und Vorväter, welche Wein tranken
(und zwar sehr vielen und »extrafeinen Rum« obendrein), taten es stiller; und stiller und traulicher war es
hier in dieser Gegend, als er noch dort oben hauste, an
»des Vetters Eckfenster«, welches er in der Erzählung
gleichen Namens – es war eine seiner letzten – verewigt
hat.

»Es ist nötig zu sagen, daß mein Vetter« – der Vetter
war Hoffmann selbst – »ziemlich hoch in kleinen, niedrigen Zimmern wohnt. Das ist nun Schriftsteller- und
Dichtersitte. Was tut die niedrige Stubendecke? Die
Phantasie fliegt hoch empor und baut sich ein hohes, lustiges Gewölbe bis in den blauen, glänzenden Himmel
hinein ... Dabei liegt aber meines Vetters Logis in dem
schönsten Teile der Hauptstadt, nämlich auf dem großen
Markte, der von Prachtgebäuden umschlossen ist und in

dessen Mitte das kolossal und genial gedachte Theatergebäude prangt. Es ist ein Eckhaus, was mein Vetter bewohnt, und aus dem Fenster eines kleinen Kabinetts
übersieht er mit einem Blick das ganze Panorama des
grandiosen Platzes.« Der Platz ist der Gendarmenmarkt
und das Theatergebäude das Königliche Schauspielhaus;
und nun beschreibt Hoffmann das bunte Treiben eines
Markttages mit seinen Buden und Ständen, Verkäufern
und Verkäuferinnen, Köchinnen und Damen, so wie wir
es alle noch gekannt, bevor die Markthallen es in sich
aufgenommen und zum besten Teil unserer Beobachtung entzogen haben. Aber der Vetter ist nicht mehr
derselbe: die Krankheit, von der er nicht genesen wird,
fesselt ihn an das Eckfenster. »Vetter!« sprach er eines
Tages zu mir, mit einem Ton, der mich erschreckte,
»Vetter, mit mir ist es aus! Ich komme mir vor wie jener
alte, vom Wahnsinn zerrüttete Maler, der tagelang vor
einer in den Rahmen gespannten, grundierten Leinwand
saß und allen, die zu ihm kamen, die mannigfachen
Schönheiten des reichen, herrlichen Gemäldes anpries,
das er soeben vollendet – ich geb's auf, das wirkende,
schaffende Leben ...« Der Erzähler – denn das Ganze
wird in Form eines Dialogs gegeben – versucht den Vetter zu trösten; der aber erwidert: »Dieser Markt ist auch
jetzt ein treues Abbild des ewig wechselnden Lebens.
Rege Tätigkeit, das Bedürfnis des Augenblicks, trieb die
Menschenmassen zusammen, in wenigen Augenblicken
ist alles verödet, die Stimmen, welche im wirren Getöse
durcheinanderströmten, sind verklungen, und jede ver-
lassene Stelle spricht das schauerliche: Es war! nur zu
lebhaft aus.« – Es schlug ein Uhr; der Erzähler weist
nach dem am Bettschirm befestigten Blatt, indem er sich
dem Vetter an die Brust wirft und ihn heftig an sich
drückt. »Ja, Vetter!« rief er mit einer Stimme, die mein
Innerstes durchdrang und es mit herzzerschneidender

Wehmut erfüllte, »ja Vetter: – Et si male nunc, non olim sic erit!« – Armer Vetter! ...

War er ein andrer oder nicht vielmehr in seinem innersten Wesen und einigermaßen in seinem Äußern derselbe schon, als er sich noch unter diese Menschen mischte? Denn nicht menschenscheu war er, im Gegenteil; aber eine Mitternachtsnatur, die bei den Freunden, in den frohen Gesellschaften und nicht selten im Rausch eine Zuflucht sucht, wie geängstete Kinder, die den Kopf im Schoße der Mutter bergen. Ein leidender, schmerzhaft gespannter Zug ist in seinem Gesicht. Er findet sich auf all seinen Porträts; er findet sich in dem berühmten Bilde bei Lutter und Wegner. Heine deutet ihn an in der kurzen Schilderung, die wir mitgeteilt, und Hoffmann selber bestätigt ihn mit den traurigen Worten dicht vor seinem frühen Tode, daß er unter der Last seiner Einbildungskraft zusammengebrochen sei. So genau kennt er sich, daß es oft ist, als ob er Furcht vor sich selber habe. Den Schatten, den sein eignes Ich wirft, bringt er gleichsam zum Leben und betrachtet ihn mit einer grausamen Kälte. Mit einem gewissen bittren Humor spricht er von dem »sechsten Sinne«, der ihm verliehen worden, von der Gabe nämlich, »an jeder Erscheinung, sei es Person, Tat oder Begebenheit, sogleich dasjenige Exzentrische zu schauen, zu dem wir in unsrem gewöhnlichen Leben keine Gleichung finden«. Er findet Ähnlichkeit zwischen sich und der Fledermaus, die nur im Finstern sieht, bei Licht aber, geblendet umherflatternd, vergeblich gegen die Decke fliegt. Für ihn ist immer Geisterstunde. Mit scharfem Blick dringt er in das, was dem blöderen Auge dunkel ist, und bemerkt an jeder Kreatur den Fleck, wo das Spiel des Dämonischen, das Unerklärte, das Unerklärliche beginnt, auch in dem allertrivialsten Dasein.

Seine Leidenschaft ist es, allein durch die Straßen zu

wandeln, die begegnenden Gestalten zu betrachten, »ja, wohl manchem in Gedanken das Horoskop zu stellen«. Tagelang läuft er hinter ihm unbekannten Personen her, »die irgend etwas Verwunderliches in Gang, Kleidung, Ton, Blick haben«. Er fühlt sich im beständigen Rapport mit dem Übersinnlichen, dem geheimnisvollen Walten von Naturkräften, die wir nur unvollkommen erkennen, und mehr noch als er die Geisterwelt, verfolgt die Geisterwelt ihn. Sie quält, foltert und neckt ihn, sie macht ihn abwechselnd selig und mehr als einmal physisch krank. Sie vertritt ihm den Weg am hellen Mittag in diesem vernünftigen Hegelschen Berlin; sie geht ihm nach durch den Lärm der Königstraße zu den wenigen noch übrigen Resten des Mittelalters in der Gegend des zerfallenden Rathauses; sie läßt ihn in der Grünstraße – »ich sage in der Grünstraße« – einen geheimnisvollen Rosen- und Nelkenduft verspüren und verhext ihm den fashionablen Sammelplatz »des höheren Publikums«, die Linden. Man könnte Hoffmann den Vater des »Berliner Romans« nennen, dessen Spur später, als man Berlin »die Hauptstadt«, den Tiergarten »den Park«, die Spree »den Fluß« und die Regentenstraße (nach einer darin befindlichen Fontäne) »die Springbrunnenstraße« nannte, sich in Allgemeinheiten verlor, bis er in unseren Tagen wieder aufgelebt ist, freilich in Anlehnung eher an französische Vorbilder als an diesen echt deutschen Schriftsteller, welcher, merkwürdig genug, heute noch von den Franzosen vielleicht nicht mehr geschätzt, sicher aber mehr gelesen wird als von seinen eigenen Landsleuten. »Du hattest«, läßt er einen der Erzähler im »Fragment aus dem Leben dreier Freunde« sagen, »bestimmten Anlaß, die Szene nach Berlin zu verlegen und Straßen und Plätze zu nennen. Im allgemeinen ist es aber auch meines Bedünkens gar nicht übel, den Schauplatz genau zu bezeichnen. Außer dem, daß das Ganze dadurch einen

Schein von historischer Wahrheit erhält, der einer trägen Phantasie aufhilft, so gewinnt es auch, zumal für den, der mit dem als Schauplatz genannten Orte bekannt ist, ungemein an Lebendigkeit und Frische.« Mit diesen Worten spricht Hoffmann deutlich die Theorie seines Romans aus, die ganz ebenso den neuesten Erzeugnissen dieser Gattung wieder zugrunde liegt. Der Berliner Roman ist damit auf den richtigen Weg zurückgekehrt, den ihm, vor zwei Menschenaltern schon, Hoffmann gewiesen. Aber wie sehr ist dieser seinen Nachfolgern in der Kunst der Lokalschilderung überlegen! Er bezeichnet nicht nur, er zeichnet und trifft mit unfehlbarer Treue. Visionär, hat er doch für die Bestimmtheit der Dinge den sichersten Griff und Ausdruck; er überzeugt durch den Gegensatz: von der Festigkeit des Hintergrundes borgt die Magie seiner ruhelosen Erfindung den Schein einer Existenz, welche der gemeinen Wirklichkeit widerspricht und doch untrennbar mit ihr verknüpft ist. Nirgends, in keiner seiner Erzählungen, zeigt diese Kunst, durch die Behandlung des Gegenständlichen das Wesenlose körperhaft zu machen, sich bewunderungswürdiger als in der Geschichte des »Öden Hauses« Unter den Linden. Er nennt diesmal die Linden nicht mit Namen, noch gibt er (aus naheliegenden Gründen) die Nummer des Hauses an. Aber unverkennbar trotzdem ist sie, »die mit herrlichen Prachtgebäuden eingeschlossene Allee, welche nach dem ***er Tor führt«; und ebenso das Haus. »Als noch keines der Prachtgebäude existierte, die jetzt unsere Straße zieren, stand dies Haus, wie man mir erzählt hat, schon in seiner jetzigen Gestalt da, und seit der Zeit wurde es nur gerade von dem gänzlichen Verfall gesichert.« Von »zwei hohen, schönen Gebäuden eingeklemmt«, liegt es und scheint unbewohnt; die Fenster sind verhängt, die Tür ist geschlossen. Aber schreckhafte Gebilde schweben aus seinen Mauern hervor; ein unheimlicher Anblick bei Tage, belebt es sich in der Nacht. Dann hört man das Geheul eines »Höllenhundes«, und herzzerreißende Jammertöne schneiden dem einsam Vorübergehenden durch Mark und Bein: das Gewimmer einer Irrsinnigen, einer ehemals berückenden Schönheit, die nach einer Vergangenheit voll Schuld und Irrtum, fern von ihren gräflichen Verwandten, durch einen steinalten, steinharten Kastellan, ein grauenhaftes Wesen voll Bosheit und Schadenfreude, gefangengehalten wird. Auf eine wunderliche, durch Geisterspuk und Zauberspiegel, Magnetismus und Sympathie vermittelte Weise greift nun das Geschick der wahnwitzigen Greisin in das des Erzählers, welchen erst der Tod der Unglücklichen von dem Banne erlöst. Zeitgenossen, die jung waren, als Hoffmann dieses »Nachtstück« schrieb, haben das »öde Haus« noch wohl gekannt, und einer derselben, ein Achtzigjähriger heut, ein Überlebender jenes Berlins, das uns heute so fern liegt — einer der wenigen, vielleicht der letzte, der teilgenommen an den Symposien bei Lutter und Wegner und jetzt, noch rüstig in seinem hohen Alter, den ruhmvollen Abend seines Lebens in demselben, durch so viele Erinnerungen geweihten Gebäude zubringt: Dieser hat mir das »öde Haus«, wie es zu Hoffmanns Zeiten war, und das dürre verwitterte Männlein im kaffeebraunen Rock, den Verwalter mit Haarbeutel und Puder, und den Hund, der Makronen fraß und wie ein Mensch weinte, mit solcher Lebendigkeit geschildert, daß es mir eiskalt über den Rücken lief. Das »öde Haus« ist längst verschwunden; ein anderes steht nun an seiner Stelle, das unterdessen auch schon wieder alt und grau geworden, und eines der merkwürdigsten ist, welches ich jemals gesehen. Es ist das Haus Nr. 9 Unter den Linden, das mit dem Durchgang nach der Kleinen Mauerstraße. Das Haus in dieser Gestalt hat Hoffmann nicht mehr gekannt, denn der Durchbruch fand erst Ende der zwanziger Jahre statt; aber noch immer haftet etwas an diesem seltsamen Gebäude, was mir dasselbe vor allen Häusern Unter den Linden interessant macht. Immer noch wendet es seine »farblosen Mauern« dieser elegantesten von Berlins Straßen zu, von »zwei hohen, schönen Gebäuden eingeklemmt«, die zu beiden Seiten es überragen – mit einem winzig kleinen Balkon, der in keinem rechten Verhältnis zu seiner Breite steht, mit Fenstern, die zwar nicht mehr »zum Teil mit Papier verklebt« sind, aber etwas Verschlafenes haben, wie von einem Traum, aus dem man schwer erwacht, und »mit einem Torweg, der an der Seite angebracht, zugleich zur Haustüre dient«. Jetzt rollen immerfort die Wagen, welche von der Behrenstraße nach den Linden kommen oder von den Linden nach der Behrenstraße gehen, durch diesen Torweg und erfüllen das Haus mit einem beständigen Gepolter. In dem Hof, jetzt die Kleine Mauerstraße, wohnen allerlei Leute, von denen allein die Haarkräusler und Barbiere die seßhaften zu sein scheinen, während in den übrigen Läden, wo gestern Filzpantoffeln und Herrenhüte waren, heute Öldruckbilder und Makartsträuße sind. Über dem spitzen, steilen Dach scheint am hohen Mittag die Sonne hier herein; kommt man aber in einer späteren Stunde, wenn die beginnende Dämmerung um die halbrunden Vorbauten und bedeckten Galerien webt und jeder Schritt von den Bohlen dumpf widerhallt, steigt man die Stufen empor, die bis an die Seitentür nach dem Durchgang reichen, und begibt sich in das Innere, das dunkel und winklig ist, mit schmalen gewundenen Treppen und weißen Glastüren: dann ist man für einen Augenblick wieder mitten in der Hoffmannschen Romantik, sucht nach dem Flur, der mit alten, bunten Tapeten behängt ist, und würde sich nicht wundern, wenn nun ein Saal in altertümlicher Pracht, mit vergoldeten Möbeln und japanischen Gefäßen sich öffnete, hell von vielen Kerzen und durchduftet von starkem Räucherwerk, aus dessen blauen Nebelwolken eine wundersam schöne Frauengestalt in reichen Kleidern hervorleuchtet. Aber die Phantasmagorie schwindet, wie sie gekommen: Wir treten in ein paar ganz gewöhnliche Restaurationszimmer, und im Abendlicht, welches von den Linden her durch die Fenster dringt, sehen wir an den Tischen flotte Jünglinge beim Skat oder Sechsundsechzig und etliche junge Damen, welche, wenn sie diesen Gästen Bier kredenzt haben, sich zu ihnen setzen und ihnen zutraulich in die Karten schauen.

Die zwei hohen, schönen Gebäude, von welchen Hoffmann spricht, haben sich auch sehr verändert in der langen Zeit; das eine jedoch, Nr. 8, »dessen prachtvoll eingerichteter Laden« dicht an das »öde Haus« anstieß und in der Geschichte desselben eine so wichtige Rolle spielte, haben wir alle noch wohl gekannt: Es war die berühmte Fuchssche Konditorei, deren »leuchtender Spiegelladen«, wie Hoffmann ihn schildert, den Berlinern der älteren Generation noch erinnerlich sein wird. Er war, in jener bescheideneren Zeit, eine Sehenswürdigkeit dieser Stadt. »Wunderschön ist dort alles dekoriert, überall Spiegel, Blumen, Marzipanfiguren, Vergoldungen, kurz die ausgezeichnetste Eleganz«, sagt Heine; »doch«, fügt er hinzu, »ich esse keine Spiegel und seidenen Gardinen.« Er war es, in diesem Punkte, von Hamburg und selbst von Göttingen her besser gewöhnt. »Man muß schon«, heißt es in einer Beschreibung dieses Lokals zwanzig Jahre später, »wenn ein Provinziale die Hauptstadt besucht, ihn hierherführen, um ihn in Bewunderung über einen solchen Luxus zu versetzen. Die Wände des einen Zimmers sind durchgängig Spiegelglas. Ein anderes Zimmer ist ganz im Geschmacke eines Schweizerhauses eingerichtet worden« und so weiter. So

Poststraße

war Fuchs in den vierziger Jahren, und so hab ich diese Konditorei noch in den fünfzigern gesehen, während meines ersten Aufenthaltes in Berlin. Als ich nach mehrjähriger Abwesenheit wiederkehrte, war sie verschwunden. Aber noch heute kann ich an dem unterdessen durchaus anders gewordenen Hause Nr. 8 Unter den Linden nicht vorübergehen, ohne daß eine ganze Skala von Erinnerungen in mir anklingt. Ich entsinne mich des Tages zur Winterzeit, als ich zuerst in diese Konditorei kam, geblendet von den Spiegelscheiben, dem Schweizerhaus und nicht am wenigsten der – Weihnachtsausstellung. Dies war auch ein Vergnügen, das man heute nicht mehr kennt, aber eines, das man damals nicht hätte missen mögen, ebensowenig wie die Weihnachtstransparente mit dem begleitenden Gesang des unsichtbar aufgestellten Domchors. Unschuldige Freuden des altväterischen Berlins, über welche der Strom eines neuen Lebens unbarmherzig hinweggerauscht ist. Man ist heute nicht mehr so naiv und empfindsam. Damals aber, wie feierlich gestimmt verließ man die Akademie, wie heiter angeregt die Konditorei! Was sich darin ausgestellt fand, waren freilich nur Zuckerpüppchen; aber sie bedeuteten etwas, sie hatten eine Meinung.

Illustrierte Zeitungen und Witzblätter im heutigen Sinne gab es noch nicht in jenen glücklicheren Tagen; und da der Mensch im allgemeinen und der Berliner im besonderen derart gemacht ist, daß er ein wenig von allem wissen und ein wenig über alles herziehen, lachen und spotten will – in allen Ehren, versteht sich! –, so mußte man sich zu helfen wissen und half sich, indem man das Amt des Zensors dem Konditor übertrug. Dieser, ein schlauer Mann und der die Dinge zu nehmen verstand, war es, der in seiner weißen Schürze und Zipfelmütze die Ereignisse des Jahres beleuchtete und »den Abdruck seiner Gestalt« gleichsam, um mit Hamlet zu reden, auf den Weihnachtsausstellungen den Berlinern zeigte. Hier zum Beispiel bei Fuchs sah man einmal im Jahre 1822 den schönen Feramors und die holdselige Lalla Rookh, den dicken Faddladin und das ganze Gefolge, hundertundfünfzig kleine Personen, alle von Zucker, glitzernd und schimmernd in orientalischer Pracht – Nachbildungen der »tableaux vivans« aus Thomas Moores Modegedicht, welche von wirklichen Prinzen und Prinzessinnen zu Ehren des russischen Großfürsten und nachmals großmächtigen Kaisers Nicolaus im Königlichen Schlosse gestellt worden waren, begleitet von der pompösen Musik des Ritters Spontini, der, als guter Wirt, nachher die Oper »Nurmahal« daraus gemacht hat. Unbeschreiblich war der Zudrang der Berliner, die mit zärtlicher Teilnahme für zwei Groschen Kurant an diesem Abglanz des Hofes sich weideten; und unter ihnen H. Heine, der damals noch, ein loyaler junger Mann, nicht nur die hübschen Berlinerinnen, wenn sie himmelhoch aufjauchzten: »Ne, des is schene«, sondern auch die allerhöchsten und höchsten Herrschaften, ihre Pferde und sogar den Ritter Spontini bewunderte. Gab es indessen keine dergleichen Haupt- und Staatsaktionen zu verzeichnen, so begnügte sich der Zuckerbäkker mit den Vorkommnissen des Alltags. »Es wird ein Bild aus dem Leben gegriffen, ein öffentlicher Ort, ein bekanntes Lokalereignis durch kleine Figuren von fünf bis sechs Zoll Größe dargestellt … Einige haben auch mechanische Vorstellungen mit beweglichen Figuren. Ein Konditor hatte den Ausgang aus dem Theater nach Beendigung des Stückes, ein zweiter die Eisbahn in dem Tiergarten« etc. Zuweilen auch erlaubte man sich den Witz (denn, bemerkt der Verfasser, »in Berlin heißt alles Witz«), stadtbekannte Persönlichkeiten zu karikie-

Unter den Linden 8 bis 12

ren, und einer dieser Unglücklichen, so berichtet unser Autor weiter, als er auf eine solche Weise sich ausgestellt sah, kaufte sein Bildnis, um es den Blicken der Menge zu entziehen. Am anderen Tage war es wieder da, und er kaufte dasselbe noch einmal. Als es aber auch am dritten und vierten Tag erschien, da gab er es auf; er merkte nun wohl, daß seine Mittel nicht ausreichen würden, den ganzen Vorrat anzukaufen. Aber die Sache war ruchbar geworden, und jeder wollte nun solch ein Püppchen besitzen, so daß der Konditor das beste, sein Original aber das schlechteste Geschäft machte. »Vorher lachte man über sein Bild, jetzt aber über ihn selbst«, schließt unser Gewährsmann. So harmlos war man damals in Berlin! Aber der »Kladderadatsch« hat die Weihnachtsausstellung getötet, und was ich von derselben in den ersten fünfziger Jahren noch gesehen habe, war ein letztes Aufflackern vor dem Verscheiden, ohne daß irgendein charakteristischer Zug mir erinnerlich geblieben wäre. Dagegen haben zwei oder drei Begegnungen diese Konditorei mir unvergeßlich gemacht.

Oft an den Nachmittagen traf ich hier einen damals etwa vierzigjährigen Mann von feiner, untersetzter Gestalt, von feinen Sitten und feinem Urteil. Er war der erste Berufsschriftsteller, mit dem ich in persönliche Beziehung kam, und der erste, der mir in jenen Tagen des Anfangs, wo man sich so leicht über alles hinaussetzt, einen würdigen Begriff von diesem Berufe gab. Verfasser zweier episch-lyrischer Dichtungen, des »Victor« und des »Hohen Liedes«, die bei der Jugend von 1848 außerordentlich gezündet, hatte er seitdem die gelehrte Laufbahn aufgegeben, um sich ganz der Literatur zu widmen; und seine Kritiken in der »National-Zeitung« über Bücher, über Bilder und besonders über das Theater gehörten zu dem Besten, was in den Jahren geschrieben ward, als die Journalistik eben eine Macht zu wer-

den begann. Im innersten Herzen ein Poet und eben
darum so warm für jede poetische Schönheit, dabei maß-
voll und streng, von hohen Anforderungen mehr noch
für sich als für andere vielleicht, immer träumend von
neuen Gedichten, die er niemals geschrieben, übte seine
Kritik einen großen und heilsamen Einfluß. Wer weiß,
ob die Besorgnis, den eigenen Maßstäben nicht zu genügen, dem Dichter nicht die Lippen schloß? Je mehr er
der zeitgenössischen Produktion durch Lob und Tadel
sich förderlich erwies, desto weiter ward er gleichsam
der eigenen entrückt, bis eines Tages in den ersten sechziger Jahren uns die Nachricht überraschte, daß Herr
von Hülsen den gefürchteten »T«-Kritiker der damaligen
Oppositionszeitung als Dramaturgen in die Verwaltung
der Königlichen Schauspiele berufen habe. Hier, in
den feierlichen Räumen der Generalintendantur, ent-
schwand Titus Ulrich seinen alten Freunden allmählich;
aber heute noch, wo er nach abermals fünfundzwanzig
Jahren ehrenvoller Tätigkeit auch diesen Posten verlassen hat, seh ich ihn vor mir wie damals in der Konditorei
von Fuchs Unter den Linden. Ich entsinne mich noch
des Augenblicks und der Erregung, die mich ergriff, als
er hier eines Tages mir seinen Freund Karl Beck vor-
stellte, der, um einige Jahre jünger als Titus Ulrich, damals auf der Höhe seines Schaffens und seines Ruhmes
stand. Von zartem Körperbau, mit hellem Aug und
Haar, glich Beck keineswegs dem Bilde des feurigen Sän-
gers der Freiheit im ungarischen Schnürenrock, welches
ich einmal vor einer Ausgabe seiner Gedichte gesehen
und unter welchem ich mir seitdem den Landsmann Le-
naus, den Dichter des »Janko«, der »Nächte«, der »Lieder
vom armen Mann« vorgestellt hatte. Diese Gedichte, die
sämtlich vor das Jahr 1848 fallen, waren von einer mächtigen Wirkung gewesen und hatten ihrem Verfasser das
Martyrium des politisch Verfolgten eingebracht, wel-

ches, in der Stimmung jener Tage, für unzertrennlich galt vom echten Dichterruhm. In dieser doppelten Glorie, den Traditionen meiner Jugend gemäß, erschien mir Karl Beck, als er Anfang der fünfziger Jahre zu Besuch in Berlin und ein gefeierter Gast war. Langsam jedoch, von Jahr zu Jahr mehr, verblaßte der eine Glanz mit dem anderen; als er nicht lange nach 1866 wiederkam, da sah ich fast einen Gebrochenen, und als er 1879 starb, war er ein halb schon Vergessener. So kurz ist das Gedächtnis der Menschen oder so stark vielmehr und unwiderstehlich der Zug der Zeit. Wer an sie, wer an ihren Geist anknüpft, der muß es sich gefallen lassen, mit der Welle zu steigen und mit ihr zu sinken. Es mag für den Moment ein lohnendes, aber es wird für die Dauer immer ein fruchtloses Bemühen sein, dem Zeitgeist einen Ausdruck geben zu wollen – er hat nichts Bleibendes an sich, er lebt und er stirbt mit seiner Generation. Denn:

Was ihr den Geist der Zeiten heißt,
Das ist im Grund der Herren eigner Geist,
In dem die Zeiten sich bespiegeln.

Die Welt von 1866 und 1870 verstand die von 1848 nicht mehr; Becks ältere Gedichte, von so hinreißender Gewalt für diese, hatten ihren Zauber für jene verloren, und die neuen, die spärlich, in weiten Abständen noch hinzukamen, irrten wie suchend umher, ohne Boden zu finden. Es ist wirklich, als ob das verhängnisvolle Jahr die Grenzscheide bilde. Wir freilich, in der Dämmerung zwischen den Zeiten, konnten kein deutliches Bewußtsein haben, weder von dem, was darin untergehen, noch von dem, was sich daraus emporringen sollte. Viel später erst, im Rückblick, ist uns alles klar geworden.

Da geschah's auch einmal in jenen Tagen und bei Fuchs, daß der ältere Freund mir einen Mann zeigte, der in dem, nach Art eines Schweizerhäuschens eingerichte-

ten Zimmer der Konditorei saß, dicht an der Tür. Er war
unter einer großen Zeitung gleichsam verborgen, doch
so, daß ich ihn von der Seite sehen konnte: die kurze,
gedrungene Statur, das markige Gesicht, die mächtig
hohe Stirn, die treuherzigen Augen, die Nase, der Mund
stark ausgebildet, aber edel geformt, und Wangen, Kinn
und Lippen von einem stattlichen Vollbart umrahmt.
»Soll ich Sie ihm vorstellen?« fragte der Freund, »er ist
ein Schweizer und heißt Gottfried Keller.« – Indem ich
dies schreibe, sieht von der Wand herab sein Porträt, das
Antlitz eines guten, ehrlichen Mannes, in welches zu
blicken wohltut, als ob es einem die Versicherung von
etwas Beständigem und Zuverlässigem gäbe. Der Ruhm
hat keinen Zug darin verändert; älter geworden ist auch
er, aber im innersten Wesen immer noch derselbe wie
vor vierunddreißig Jahren, als ich ihm unter der Türe
von Fuchs' Konditorei zum ersten Male die Hand gab.
Er war ein Unberühmter damals, fast noch ein Unbekannter; aber in dem nämlichen Jahr, 1854, erschien sein
»Grüner Heinrich«, und »Die Leute von Seldwyla«
folgten zwei Jahre später; und wenn nicht alsbald die
Welt, so wußte doch nun derjenige Teil derselben, der
in solchen Dingen den Ausschlag gibt, wer Gottfried
Keller sei. Viele Jahre vergingen; die Fuchs'sche Konditorei war von der Erde verschwunden und die kleine
Keller-Gemeinde längst zu einer Universalkirche der
deutschen Literatur geworden. Da gab die Begründung
der »Deutschen Rundschau« den Anlaß einer erneuten
Verbindung, welche nicht mehr unterbrochen worden
ist: Was Keller seitdem geschaffen, das steht in den Blättern dieser Zeitschrift verzeichnet: die »Züricher Novellen«, »Das Sinngedicht«, »Martin Salander« sind ihr
schönster Ehrenschmuck geworden, und mir bedeuten
sie fast noch mehr. Mir erscheinen sie, wenn mein eigenes persönliches Empfinden hier in Betracht kommen

darf, als Denkmale jener derben, in sich geschlossenen, ein wenig rauhen Schweizernatur, die nicht um den Beifall der Menge buhlt, aber, fest an der Vergangenheit hängend, keinen Gewinn so hoch schätzt, »als daß sie Treu erzeigen und Freundschaft halten kann«. Kein Mann der vielen Worte, schweigsam, einsilbig, mit etwas Granitnem gleich seinen Bergen und schwer in Fluß zu bringen. Aber manchmal, im Zwiegespräch, wie geht dieses Herz auf, und wie strömt die Rede dann aus den halb nur geöffneten Lippen, als ob sie noch immer Widerstand leisten wollten! »Es hat mich immer gekränkt«, sagt »der grüne Heinrich« einmal, »weil es keinen größeren Plauderer gibt als mich, wenn ich zutraulich bin. Ich habe aber bemerkt, daß viele Menschen, welche das große Wort führen, aus denen nie klug werden, welche ihretwegen nie zu Wort kommen; sie fassen dann ein ungünstiges Vorurteil sobald sie mit Schwatzen fertig sind und es still geworden ist.« In seinen Meinungen über Personen bestimmt, kritisiert er scharf und kurz, aber nicht bösartig, meist mehr kaustisch; und wiewohl seit einem Menschenalter auf die heimatliche Stadt am Zürichsee beschränkt, lebt er immerfort in den großen und allgemeinen Interessen der Gegenwart, wohl bewandert in all ihren Einzelheiten. Aber wenn man mit ihm durch die Straßen von Zürich wandert oder an den Ufern des Sees oder auf den benachbarten Höhen, dann fühlt man, wie fest er auf diesem Boden steht und wie seine Dichtung darin wurzelt. Einmal, an einem Sommernachmittag, als die Silberfirnen der fernen Alpen schon vom Niedergang der Sonne glühten und Vespergeläut aus der Stadt heraufklang, standen wir mit ihm auf dem Zürichberg; und öfter noch, in der Abenddämmerung, vor Großmünster und Lindenhof und in einer der altertümlich winkligen Gassen vor dem Hause Rüdigers von Manesse – dies alles die Schauplätze seiner »Zü-

richer Novellen«. Und indem er langsam, ohne viel Auf-
hebens zu machen, von diesen Dingen sprach, mußte
ich noch einmal des »Grünen Heinrichs« gedenken, daß,
wie Ruhe in der Bewegung die Welt hält und den Mann
macht, so auch hier (in der Dichtung) »nur Schlichtheit
und Ehrlichkeit mitten in Glanz und Gestalten herr-
schen müssen, um etwas Poetisches oder, was gleichbe-
deutend ist, etwas Lebendiges und Vernünftiges hervor-
zubringen«.

So fand ich ihn, als ich ihn zum ersten Male wiedersah
seit dem Begegnen in Berlin, unverändert, bis auf den
ergrauenden Bart; und so schaut auf mich herab sein
Bild, dessen geschnitzten Rahmen das Schweizerkreuz
und ein welker Rosenstrauß schmücken.

Noch eine liebe Gabe bewahren wir von ihm: ein
stimmungsvolles Blatt, welches eine Waldlandschaft darstellt und die Unterschrift: »Berlin 1855« trägt. Auf die
Rückseite hat er folgende Verse geschrieben:

Dies trübe Bildchen ist vor dreiundzwanzig Jahren
Im einstigen Berlin mir durch den Kopf gefahren;
Mit Wasser wurd es dort auf dem Papier fixieret,
Von Frau Justinen nun dahin zurückgeführet,
Wo es entstand, vom regnerischen Zürichsee
Bis hin zur altberühmt- und wasserreichen Spree.
Auf Wellen fähret so, ein Niederschlag der Welle,
Des Lebens Abbild hin, die blöde Aquarelle.
Zürich, 29. August 1878.   Gottfr. Keller.

Reminiszenz einer Reihe von Regentagen, die wir
dennoch, in der Nähe des verehrten Mannes, froh verleb-
ten, zeigen auch diese Zeilen, daß das Andenken Berlins
bei Keller nicht erloschen ist. Er hat ihm mehrere Gedichte gewidmet, so das vom Tegelsee, den er besucht,
wenn ihn das Weh nach der Heimat ergreift; so das von
der Polkakirche, dem Weihnachtsmarkt, der Biermamsell,

322

deren Witz noch eher angeht als ihr bayrisch Bier; so das vom Sonntag –

Fernhin watet in dem Sande
Staubaufregendes Volk Berlins –,

so das schönste von allen, »Berliner Pfingsten«, wo der Dichter von drei rüstigen Weibern drei frischgewaschene Mädchensommerkleider an Stangen über die Straße tragen sieht – wahrscheinlich aus dem »Leinen- und Wäschegeschäft von J. W. Tietz« im Hause der Mohrenstraße Nr. 6, in welchem der Dichter damals wohnte.

Lustig blies der Wind, der Schuft,
Falbeln auf und Büste;
Und mit frischer Morgenluft
Füllten sich die Brüste;
Und ich sang, als ich gesehn
Ferne sie entschweben:
Auf und laßt die Fahnen wehn,
Lustig ist das Leben!

Es waren fünf der wichtigsten Jahre seiner Entwicklung, 1850 bis 1855, welche Keller, von der Malerei zur Literatur übergehend, in Berlin zugebracht hat. Hier, an der Dreifaltigkeitskirche, dem heutigen Kaiserhof gegenüber, an dessen Stelle damals eine Apotheke stand, in dem Hause Kanonier- und Mohrenstraßenecke Nr. 6, noch heut ein altmodischer Bau, wie er Keller gefallen haben mag, mit Bogenfenstern und allerlei seltsamem Zierat an den Wänden (jetzt aber leider *ohne* das Leinen- und Wäschegeschäft), hat er den »Grünen Heinrich« vollendet, und in einem andern stillen Winkel, der nunmehr verschwunden ist, dem »Bauhof«, zwischen Dorotheenstraße und Kupfergraben, einen Teil seiner »Leute von Seldwyla« geschrieben; hier aber auch Anregungen empfangen, die heute noch in ihm nachwirken. Bevor er

nach Berlin ging und immer nachher hat Keller eine
Brille getragen; in Berlin nicht – »vielleicht aus Eitelkeit
nicht«, meinte er bei unserem jüngsten Zusammensein
lächelnd in seiner eigentümlich kurzen Weise, »und daher mag es wohl auch kommen, daß ich in Berlin nichts
gesehen habe«, was indessen nicht buchstäblich zu nehmen ist. Man braucht diese Saite nur zu berühren, und
sie beginnt zu klingen. Das Leben »im einstigen Berlin«,
wie Keller von dem sagt, das er gekannt, war – wenn in
jeder andren Hinsicht dürftiger, kümmerlicher als das
heutige – doch von einer stärkeren literarischen Atmosphäre. Man hat viel über die ästhetischen Tees jener
Tage mit ihren durchsichtigen Butterbroten – und welches Brot und welche Butter! – gespottet; aber die Literatur stand sich dabei doch besser als bei den opulenten
Diners, welche jetzt Mode sind.

Von größerer Bedeutung noch waren die Konditoreien, die man damals »Lesekonditoreien« nannte: die
Sammelplätze des geistigen Lebens und von bestimmen-
dem Einfluß auf die öffentliche Meinung. Allen gemein-
sam waren die großen Tassen, anzusehen wie die Bow-
len oder die Kübel, und die beiden neusilbernen
Kannen, aus deren einer der Kaffee, aus deren anderer
die Milch in unversiegbaren Strömen floß. In jeder sonstigen Hinsicht hatte jede von ihnen ihren besonderen
Charakter und ihre Spezialität. *Spargnapani* schräg über,
auf der Nordseite der Linden, war die Konditorei der
literarischen und mehr noch der Gelehrtenwelt; hier,
außer den unentbehrlichsten Tagesblättern, hatte man
die kritischen Journale jener Zeit, und diese waren die
begehrteren. Aber man mußte früh kommen am Montag-
morgen, wenn man statt der sehnlich erwarteten neuen
Nummern nicht die zerlesenen der vorigen Woche finden wollte. Denn die Konkurrenz war groß und die List,
mit der einer dem anderen den Vorsprung abzugewin-

nen suchte, noch größer. Das kleine Regal, welches alle diese Schätze barg, war stets belagert, und man betrachtete jeden, der davorstand, als seinen persönlichen Feind. Man wußte genau, mit wem man im einzelnen Falle den Kampf aufzunehmen habe, zum Beispiel wegen des Londoner »Athenaeum« oder Prutzschen »Museum«; und hatte man das Unglück, eine Minute später einzutreffen als er, so mußte man sich damit begnügen, den Sieger nicht mehr aus dem Auge zu lassen. Und es waren keine freundlichen Blicke, die man ihm zuwarf. Heute noch, wenn ich einen solchen, sonst durchaus harmlosen Manne begegne, der unterdes sein gesetztes Alter erreicht hat wie ich selber, überkommt mich etwas von der Ungeduld der Jugend, und ich möchte ihn – doch nein! ich will nicht sagen, zu welch bösen Gedanken man sich hinreißen ließ, wenn man bei Spargnapani wartend saß. Denn sie waren gründliche Leser, diese Herren, und Stunde nach Stunde verrann, bis endlich sie das letzte Blatt umgeschlagen und nun – o schrecklichste der Enttäuschungen! – wenn man sich auf seine schwer errungene Beute zu stürzen dachte, der weißgeschürzte Kellner dazwischentrat mit den kühlen Worten: »Bitte, das Journal ist schon bestellt.« Es ist gut, daß damals die Zeit billiger war in Berlin als heute; ich würde sonst ein kleines Vermögen mit dem »Athenaeum« allein verloren haben. Aber diese Zeitschriften, die nur alle Wochen kamen, waren nichts gegen die Zeitungen, die jeden Tag erschienen. Dort galt Verschlagenheit und Geduld, hier aber galt die nackte Gewalt und das Faustrecht. Niemals, in allen meinen juristischen Kollegien, ist mir das Savignysche Recht des Besitzes so klar geworden wie in diesen Konditoreien. Denn hier *saßen* die Leute auf den Zeitungen, die sie lesen wollten, nachdem sie ihre Tasse Kaffee getrunken oder ihr Stück Kuchen gegessen hatten. Es gab kein anderes Mittel, sich dieselben zu sichern. Einige waren auch da, die noch weitergingen: Sie hatten zwei Zeitungen vor sich, die sie lasen, und zwei Zeitungen, die sie lesen wollten, unter den Armen und zwischen den Knien, und sie hüteten diesen ihren Raub mit der Wildheit des Tigers, weswegen sie »Zeitungstiger« hießen. Jede dieser Konditoreien hatte ihren Zeitungstiger, und sie waren gefürchtete Menschen. Sanft aber und gütig, stets mit einem verbindlichen Lächeln um die Lippen, waltete hinter dem Ladentische Herr Spargnapani seines Amtes; auch er einer von den klugen Graubündnern, die, von ihren Bergen herabgestiegen, zu Rang und Reichtum gelangten in der edlen Kunst der Zuckerbäckerei. Die Welt ist nüchterner oder substantieller geworden seitdem, und Herr Spargnapani, der nach der Natur seines Metiers nur mit dem Idealismus rechnen konnte, hat sich zurückgezogen. Seine Konditorei hat sich in eines der elegantesten Restaurants verwandelt, und wer jetzt die glänzenden Räume betritt, wird sie nicht wiedererkennen. Aber es ist die Frage trotzdem, ob wir nicht glücklicher und froher waren in den Tagen des »Athenaeum« und des dünnen Kaffees als in diesen der Austern und des Champagners, wiewohl ich auch gegen sie nichts sagen will. Denn sie sind beide vortrefflich bei Dressel, nur ein wenig teuer.

Von der andern Konditorei, welche nach der Dynastie *Stehely* genannt wurde, ist nicht einmal soviel als das Lokal übriggeblieben. Sie war die Konditorei der Journalisten und Politiker und lag dem Gendarmenmarkt gegenüber, an dem Teil der Charlottenstraße, welcher in den letzten zehn Jahren bis zur Unkenntlichkeit umgestaltet worden ist. Nur der König Salomo, mit dem biblischen Talar bekleidet, mit Krone und Halskette, lange Zeit das Wahrzeichen dieser Gegend, ist wieder aufgerichtet worden an dem unterdes neu erstandenen Prachtbau der einst so bescheidenen König-Salomo-Apotheke. Doch von der Beletage, vor welcher er ehemals in aller Bequemlichkeit residiert, ist er nun hinaufgerückt bis hoch über den vierten Stock, in eine Art Türmchen über dem Dach, wo man den alten Freund kaum noch erkennen kann; und auch sein gülden Gewand hat sich unterdes in eintöniges Braun verwandelt, als ob der arme König noch einmal erkennen solle, daß »alles eitel«. Dicht nebenan war die Stehelysche Konditorei, bis im Jahre 1876 auch sie geschlossen und das Haus abgerissen ward.

Ihre Glanzzeit lag jenseits meiner eigenen Erinnerung; ja, sie begann in einem Lokal, welches nicht einmal mit dem von mir noch gekannten identisch war, übrigens nicht weit davon entfernt, an der Ecke der Jägerstraße. Hier in dieser alten Konditorei sah E. T. A. Hoffmann – denn wo könnte man im ehemaligen Berlin gehen, ohne seinem Schatten zu begegnen? – silberne Löffel tanzen und die Kaffeekannen ein Ave Maria beten; und hier karikierte Heine den Herrn von Raumer. Der Umzug in die späteren Räume fand 1839 oder 1840 statt; und auch sie waren gewissermaßen schon durch ihre Vergangenheit geweiht. Es hatte sich in Stehelys Konditorei die Tradition erhalten, und sie wurde bis zuletzt geglaubt, daß in dem, was nachmals unter dem Namen der »roten Stube« berühmt war, einst Wolfgang Amadeus Mozart logiert habe, bei jenem Besuche Berlins im Winter 1790, wo König Friedrich Wilhelm II. dem Komponisten des »Don Juan« die Stelle des Kapellmeisters an seinem Opernhaus anbot mit einem Gehalt von 3000 Talern. Worauf Mozart, der als Kaiserlicher Kammerkomponist nicht mehr als 800 Gulden bezog, mit seinem echt österreichischen Herzen und Wiener Akzent geantwortet haben soll: »Kann ich meinen guten Kaiser verlassen?« Sie starben beide bald, der Kaiser Joseph noch in demselben Winter, Mozart im folgenden

Jahr, und das Ganze mag eine Sage sein, die sich vielleicht hier, in dem Bereiche von E. T. A. Hoffmanns Phantasiestücken, lokalisiert – in diesem Umkreis, wo »Ritter Gluck« ihm im Jahre 1809 begegnet und er jener Aufführung des »Don Juan« beigewohnt hat, die er selber als »eine fabelhafte Begebenheit« bezeichnet. Doch, als ob etwas von diesem Geiste der alten Stätte geblieben sei: man fand bei Stehely stets eine Fülle musikalischer Zeitschriften, namentlich die Schumannschen, so daß man sich wirklich manchmal wie im Bann der »Kreisleriana« fühlte mit den Wolken des Rauchzimmers nebenan, in denen sich die verwandten Erscheinungen Callot-Hoffmanns und Robert Schumanns zu grüßen schienen. Ein schärferer Wind freilich hatte hier einmal geweht; hier in der »roten Stube« – wie gut ich sie noch gekannt, denn immer wieder aufs neue wurde sie rot tapeziert – war das Lager und Hauptquartier der »Vormärzlichen« und gleichsam das Rütli des jungen Deutschlands gewesen; von hier aus hatten die »Rheinische Zeitung« und die »Hallischen Jahrbücher« ihr schweres Geschütz und die liberalen Blätter der Provinz und des deutschen »Auslandes« ihre Korrespondenzen bezogen; diese Wände sahen sie, die zwischen einer Revolution und der anderen, der von 1830 und der von 1848, aufflatterten wie die Sturmvögel, unruhige Geister, einst Bundesgenossen, deren Wege nachmals weit auseinandergingen, Karl Gutzkow und Theodor Mundt, Ludwig Buhl, Max Stirner, Edgar und Bruno Bauer – »Politik allein, so schnattern sie laut, und essen Baisers bei Stehely« – wie es in einer Parabase der »Politischen Wochenstube« von Robert Prutz heißt. Hier, in dem nämlichen Jahre 1848, ward von Zabel, Rutenberg und Mügge die »National-Zeitung« gegründet; hier aber auch, beim Kaffee des Nachmittags oder beim Eiergrog des Abends (für welche beide Getränke Stehely berühmt war) konnte man die Professoren Lachmann, Dirichlet und Dove sehen. Die Zeiten und der Ton in Stehelys Konditorei waren ruhiger geworden, als ich zuerst dahin kam; und ich brauche nur die Augen zu schließen, so stehen die drei Stüblein wieder vor mir, wie sie damals waren, und ich sehe noch einmal die Gestalten, die darin zu meiner Zeit umherwandelten.

Ich sehe den alten Munk, den Reporter der »Spenerschen Zeitung« – beide lange tot, der Reporter und die Zeitung. Der alte Munk war eigentlich immer in Stehelys Konditorei; wann man auch kam, man traf ihn, morgens, mittags und abends, umhergehend, aus einem Zimmer in das andere, hinhorchend auf jedes Gespräch, dankbar für jede Neuigkeit, die man ihm erzählte. »Wir werden die Notiz morgen geben«, sagte er, sein Taschenbuch hervorziehend und ruhig, immer im Gehen, schreibend. Aber wenn der Morgen kam, so war die Notiz entweder nicht da oder in einer solchen Verkürzung, daß man sie zwischen den anderen kaum herausfinden konnte. »Mein Redakteur ist ein ungerechter Mensch«, hätte der Arme mit Schmock in Freytags »Journalisten« sagen dürfen, »er streicht alles Gewöhnliche und läßt mir nur die Brillanten stehen. Aber wie kann ich schreiben lauter Brillantes die Zeile für fünf Pfennige?« Es ist tröstlich zu erfahren, daß ihm schließlich ein Stammgast noch ein kleines Kapital vermachte, dessen Zinsen ihn für den Ausfall dessen entschädigt haben mag, was der »ungerechte Mensch«, der Redakteur, ihm gestrichen. Da war ferner der alte Pfuel, der General, der einst in seinen jungen Jahren der Freund und Stubengenoß von Heinrich von Kleist, dann in Wien lange Zeit mit Theodor Körner zusammen, dann, nach dem Einzug der Alliierten, Kommandant von Paris und zuletzt, im September 1848, Kriegsminister und Ministerpräsident in Berlin gewesen – jetzt, in seinem hohen Alter, ein Achtziger,

das frisch gerötete Gesicht und die freie Stirn von weißem Haar umwallt wie von einer Mähne, liebenswürdig,
heiter, gesprächig, immer noch jünglingshaft, wenn er
von der Vergangenheit sprach, eine lebendige Chronik
der Zeit. Da traf ich auch einige von den Männern wieder, die ich in London als politische Flüchtlinge kennengelernt an dem dürftigen Tische des Exils in St. Martin's
Lane und die nun zurückgekehrt waren mit Beginn der
»neuen Ära«. Damals, in dieser politischen Frühlings-
zeit, trat einmal ein Mann zu mir, den ich zuvor in Stehelys Konditorei nicht gesehen – ein angehender Fünfziger, kurz, stämmig, gedrungen, von behaglicher Figur,
das Bild blühender Gesundheit und geistiger Kraft, mit
braunen, sich kräuselndem Haar und hellen, graublauen
Augen voll Glanz und gewinnender Freundlichkeit. »Ich
bin der Auerbach«, sagte er, indem er mir seine Rechte
entgegenstreckte. Wie ich sie mit beiden Händen
drückte! Denn die Verehrung für Berthold Auerbach
war eine von den Traditionen meines Elternhauses;
schon auf der Schulbank hatte ich ein Gedicht an ihn gemacht. Aber er bemerkte sogleich und ich verhehlte ihm
nicht, daß ich ihn mir ganz anders vorgestellt hatte. »Lassen Sie mich Ihnen erzählen«, rief er, »was der Uhland
gesagt hat. Der Auerbach ist ein klein's schwarz'
Männle, hat er gesagt, aber er gleicht dene Würzburger
Boxbeutelflaschen. Die sind auch klein und schwarz;
aber es ist halt was drin.« Er lachte gutmütig, und ich
lachte mit ihm und habe später gefunden, je mehr ich
ihm freundschaftlich näherkam, daß das, was man
Auerbachs Eitelkeit nannte, in seinen guten Jahren, den
Jahren seines eigentlichen Schaffens, harmlos war wie
die Freude eines Kindes. – So zieht ein ganzes Stück
Vergangenheit, und kein geringes, an mir vorüber, wenn
ich an Stehely denke. Hier ging es nicht feierlich her wie
bei Spargnapani, wo jeder nicht nur seine Zeitung, son-

dern auch seine Ruhe haben wollte, um kein Wort zu verlieren: Hier bei Stehely vielmehr herrschte ein ungezwungenes Benehmen; die Bekannten fanden sich täglich an denselben Tischen zusammen, und die Meinungen wurden ausgetauscht. In allen Ereignissen, seitdem es in Berlin ein öffentliches Leben gab, hat Stehely seine Rolle gespielt, und das Schauspielhaus gegenüber war sehr aufmerksam auf das Urteil, das die Habitués dieser Konditorei fällten. Wie manchen bedeutenden Gespräches kann ich mich noch entsinnen aus dem Rauchzimmerchen, welches hinten hinaus lag, sein spärliches Licht vom Hofe empfing und stets mit einer dicken Luft erfüllt war, die nach Kaffee, Zeitungen und Tabak roch. Belletristik, mit Ausnahme des »Beobachters an der Spree«, den ich vor seinem Hinscheiden auch noch bei Stehely kennenlernte, kam niemals in diese Räume. Die politische Presse dagegen war ziemlich vollständig vertreten; doch auch das begehrteste Blatt immer nur in einem Exemplar, und ich erinnere mich, welche Sensation es machte, als es eines Tages hieß: »Bei Stehelys wird die ›National-Zeitung‹ in zwei Exemplaren gehalten!« Die beiden Brüder, Stepani geheißen, Inhaber des Geschäfts, der ältere brünett, untersetzt, von ernster, schweigsamer Gemütsart, der jüngere schlank, blond, munter und beide in lange weiße Schürzen gekleidet, gingen ab und zu, bedienten ihre Gäste und benutzten jeden Augenblick, um sich hinter den Ladentisch zurückzuziehen und ihre vaterländische Zeitung zu lesen, die im besten Romaunsch, der Sprache der Rhätischen Alpen, verfaßt war. Denn auch sie stammten aus dem Engadin; und der jüngere derselben ist einem von den alten Besuchern – Exzellenz von Loeper, dessen Namen in diesem Zusammenhange nicht unerwähnt bleiben darf –, als »Stehely« schon lange nicht mehr war, vor zwei Jahren in Samaden wieder begegnet, wo der ehemalige Konditor vom Gendarmenmarkt sich der Heimat und eines gesegneten Alters erfreute.

Die dritte Konditorei von Renommee war die *Jostysche* An der Stechbahn: die Konditorei der höheren Beamten und Militärs, namentlich der pensionierten, und dies wohl auch der Grund, weshalb wir Jüngeren sie wenig aufsuchten. Erinnerlich ist sie mir auch nur wegen eines schönen alten Mannes, der täglich hier um die Mittagsstunde zu treffen war in Begleitung einer Dame, die nicht eben alt, doch auch nicht aussah, als ob sie jemals jung gewesen: des Herrn von Varnhagen und seiner Nichte Ludmilla Assing. Es war ein wunderliches Paar, wenn sie so mitsammen über die Straße schritten; er, der hohe, kräftige, breitschultrige Greis mit dem feinen Diplomatenkopf, und sie, die kleine, bewegliche Person, deren ganzer Körper zitterte, wenn sie sprach. Sie war von einer unendlichen Güte gegen ihre Freunde, stets zu helfen bereit und im höchsten Grade selbstlos; mir sind nur gute Züge von ihr bekannt: was sie in Irrtümer verstrickt, will ich hier weder erklären noch entschuldigen. Damals war sie noch weit davon entfernt und unzertrennlich von ihrem Onkel, dem sie in der Tat unentbehrlich geworden war. Ein- oder zweimal bin ich mit ihnen in Jostys Konditorei gewesen. In diesen Kreis von alten Offizieren, alle mit grauen Schnurrbärten und alle noch überlebende Zeugen der großen Zeit von Deutschlands Erhebung, paßte Varnhagen vortrefflich hinein, den ich niemals, auch unter seinen Büchern und an seinem Schreibtisch nicht, ohne das schwarz-weiße Band mit dem eisernen Kreuz im Knopfloch gesehen habe. Wir, die wir unsern Patriotismus einzig an der Geschichte der Befreiungskriege genährt hatten, blickten mit einer Art von Ehrfurcht zu diesen Männern von fast schon historischem Charakter auf; kein Wunder aber auch, daß, festhaltend an den alten Ideen von 1813, sie selber oder doch viele von ihnen sich in Widerspruch fühlten mit dem neueren Militärgeist, der allem, was »Zivil« hieß, so schroff gegenüberstand. Sie hatten den Bürger, ohne welchen der vaterländische Boden niemals frei, die Schlachten nicht gewonnen worden wären, anders kennengelernt und achteten seine Rechte. Was aus Varnhagens Nachlaß durch seine Nichte veröffentlicht ward, das war der Ausdruck dieser und zahlreicher anderer Kreise von Malkontenten, die darum noch lange keine Demokraten waren. Aus dieser Stimmung des unterdrückten Mißbehagens, der schweigenden Opposition beurteilt, wird man weniger hart gegen das Andenken Varnhagens sein dürfen, der, wenn er sprach, nur von wenigen gehört, und wenn er schrieb, erst nach seinem Tode gelesen sein wollte. – Die Stechbahn ist lange dahin; aber die Jostysche Konditorei lebt noch oder ist vielmehr wieder aufgelebt in einem neuen Lokal vor dem Potsdamer Tor, und neue Menschen bewegen sich darin; aber das Sonnenlicht bei Tage und das elektrische Licht bei Nacht fällt noch immer auf die alten Wandgemälde König Friedrich Wilhelms III. und König Friedrich Wilhelms IV. in voller Uniform, welche einst das Etablissement an der Stechbahn schmückten.

Eine der wenigen Konditoreien des älteren Berlins, welche nicht nur ihren Namen, sondern auch ihren Platz behauptet haben, ist die *Kranzlersche*, heute noch in ihrem Äußern und ganzen Wesen unverändert, wie ich sie gekannt habe, solange ich denken kann – von einer gewissen etwas abgeblaßten Vornehmheit, gleich altem Geschlechtsadel, den Emporkömmlinge ringsum durch Reichtum, Lärm und bunte Pracht zu verdunkeln streben. »Kranzlers Ecke« – welch ein Zauber lag einst in diesem Wort! Es war der Inbegriff und Auszug gleichsam von allem, was elegant und nach der Mode, von allem, was es für den Berliner täglich wieder Neues und für den Fremden Verlockendes gab in Berlin, die Quintessenz und fine fleur der Linden. Das Charakteristische von Kranzler war, daß man nicht in der Konditorei, sondern vor derselben auf der schmalen Erhöhung saß oder stand oder an dem Gitter lehnte. Man kam nicht hierher, um Zeitungen zu lesen; und außer der Kreuzzeitung, der Spenerschen, dem Staatsanzeiger und dem Militärwochenblatt gab es auch nur wenig davon. Man kam hierher, um sich einmal den Luxus des Eisessens und Nichtstuns zu gönnen, um zu lorgnettieren und Zigaretten zu rauchen; denn auch die Zigaretten hatten damals noch etwas Fremdartiges und Distinguiertes. Das Schauspiel des Flanierens, ein ungewohntes in dem arbeitssamen Berlin jener Tage, bot sich einzig an Kranzlers Ecke, welche nachmals, zehn, zwanzig Jahre später die Bewunderung der Welt erregten und den Dank ihres Vaterlandes gewannen. Mit Stolz blicken wir heut auf den preußischen Offizier, das Muster ebenso sehr der Tapferkeit und Mannszucht, als des ritterlichen Anstandes und höflichen Betragens. Damals, in dem unklaren Gefühl eines Tatendranges, dem nirgends Aussicht auf Befriedigung ward, in einer schiefen Stellung allem gegenüber, was nicht Militär war, gefielen sie sich in dem Ton einer durch nichts gerechtfertigten Überhebung, die jedoch in der Tat nur die Maske der inneren Verstimmung, der Unbefriedigung war. Was ihnen fehlte, war die Gelegenheit, sich zu zeigen, der Krieg, der Erfolg; und alles dies haben sie seitdem in reichstem Maße gehabt. Seitdem aber auch lungern sie nicht mehr an Kranzlers Ecke; sie haben andere, würdigere Felder der Tätigkeit gefunden, und wir gestehen mit Vergnügen, daß es, abgesehen von ihrer militärischen und wissenschaftlichen Tüchtigkeit, keine liebenswürdigeren, feingebildeteren Männer gibt als die preußischen Offiziere, bis zum jüngsten Leutnant hinunter. Man frage doch

nur unsere Damen, wer ihnen auf dem Trottoir aus-
weicht oder im Pferdebahnwagen Platz macht. Ich will
nichts gegen unsere bürgerliche Jugend sagen; aber in
der Schule der Höflichkeit könnte sie viel von den Offizieren lernen, und nicht nur, wenn es sich um junge,
schöne Damen handelt. Was diese betrifft, so will ich
nicht behaupten, daß für sie der Gardeleutnant nicht
derselbe geblieben, der er einst an Kranzlers Ecke war;
aber sie hat sich geändert, die Ecke. Von beiden Seiten,
Linden und Friedrichstraße, flutet jetzt ein solcher Men-
schen- und Wagenstrom um sie her, daß der Übergang,
wenn auch aus anderen Gründen, gefährlich ist, und
nicht für junge Damen allein. Von Flanieren, von Lorgnettieren keine Rede mehr – denn wer auch vermöchte
nur einen Augenblick stillezustehen in dieser immer-
während, ungeheueren Bewegung? Aber sie sieht sich
nicht übel an, wenn man an einem der Fenster im Innern der Konditorei Platz genommen hat; wenn aus der
Tiefe der Friedrichstraße Militärmusik heraufklingt und
die Wachtparade mitten in diesem Menschengewühl im
Frühlingssonnenschein vorüberzieht nach dem Königlichen Palais, während weit unten im Schatten zwischen
den hohen Giebeln und reich ornamentierten Fronten
der Zentralhotelgegend auf mächtigem Viadukt ein Zug
der Stadtbahn dahingleitet. Altes und neues Berlin –
welch eine Kluft scheint sie zu scheiden, und wie nahe
berühren sie sich doch in diesen letzten, übriggebliebenen Winkeln! Es sind immer noch dieselben Räume,
doch ein anderes, bescheideneres Publikum verkehrt
jetzt darin. Der würdige Paterfamilias führt am Sonntag
seine Gemahlin und Tochter hierher; der behäbige Berliner Bürger, wenn er mit seiner Alten Unter die Linden
kommt, traktiert sich und sie in dieser Konditorei mit
Eisbaisers und Likören; hier und dort ein Beamter in gesetzten Jahren, der sein Pastetchen verzehrt, und zuwei-

len ein paar des Handelstands beflissene Jünglinge, die doch auch einmal sehen wollen, wie es bei Kranzler hergeht – in summa keine sehr amüsante Gesellschaft, aber eine ruhige, diskrete. Kranzler hat auch darin etwas von seinen alten konservativen Gewohnheiten bewahrt, daß man in den Zimmern nicht rauchen darf.

Wenn man Tabaksqualm und Lärm, Wandgemälde, vergoldete Plafonds, Spiegelscheiben, Kristallkronen, Glühlicht, Springbrunnen, Palmengruppen und Hunderte von Menschen haben will, so braucht man sich nur wenige Schritte weiter in das *Café Bauer* zu bemühen. Noch sind es keine fünfzehn Jahre, daß ich in einer Parallele zwischen »Wien und Berlin« das dortige Café unserer Konditorei als etwas durchaus Fremdes gegenüberstellte. Diese kurze Zeit indessen hat genügt, uns mit der Institution bekannt zu machen und mehr als das. Wir haben jetzt unsere Wiener Cafés überall, in jedem Stadtteil, fast in jeder Straße, wohin wir blicken. Wir haben ihn jetzt, den behaglichen Luxus, der nicht viel kostet, aber auch nicht viel einbringt; den guten Kaffee, Zeitungen so viel wir wollen. Die trefflichen Engadiner, die gleichsam im Gefolge von Friedrichs des Großen Siegeseinzügen einst nach Berlin kamen, haben, als die vernünftigen Männer, die sie sind, die Konkurrenz aufgegeben und sich zur Ruhe gesetzt. Das Wiener Café hat die Konditorei vollständig verdrängt; aber ich fürchte, mit ihr auch ein gut Stück alten Berliner Lebens.

Zur Seite der Linden, wenn man durch eine der kleineren Nebenstraßen, Schadowstraße oder Neustädtische Kirchgasse geht, kommt man in eine Gegend, welche mehr noch als irgendeine ringsum die Spuren ihrer zweihundertjährigen Vergangenheit zeigt. Nicht auf den ersten Blick; denn glänzender, mehr von den Verände-

Poststraße

rungen der jüngsten Zeit ergriffen und verschönert, stärker von den beständig zunehmenden Massen des Geschäfts- und Fremdenverkehrs durchflutet, ist wohl kein Straßengeviert gleichen Umfangs in ganz Berlin als dieses zwischen der Großen Friedrich- und der Neuen Wilhelmstraße, zwischen Linden und Spree. Hier, wenn irgendwo, hat man auf einem verhältnismäßig engen Raume zusammen alles das, was unsere Stadt in unglaublich kurzer Zeit so völlig umgestaltet, und nirgends bewunderungswürdiger als in eben diesem Revier, bis vor wenigen Jahren eines der stillsten von Berlin und, trotz der Nähe der Linden, wie weit ab von dem Treiben der Welt. Wer Ruhe suchte, konnte sie hier finden in diesen Straßen von kleinstädtischem Ansehen, wo die Kinder vor den Türen ihrer Eltern spielten und ihre fröhlichen Stimmen fast die einzigen waren, die man vernahm; in diesen einstöckigen Häusern, deren Bewohner ein Nachbargefühl miteinander verband; in dem schattigen Umkreise des Gotteshauses, der Kirche, von Dorothea, der guten Kurfürstin, A. D. 1678 gegründet und nach ihr die Dorotheenstädtische genannt, wie der ganze Stadtteil, die Dorotheenstadt, die nachmals, um die Kirche herum, entstand. Im Frieden der Kirche wuchs er langsam empor und dehnte sich allmählich aus, aber nicht weiter, als das Geläut ihrer Morgen- und Abendglocken klang, bis zum Ufer der Spree, deren Sand und Morast sich in Gärten verwandelten. Ein Geist der Beschaulichkeit und des Nachdenkens ruhte lang auf dieser Gegend, und die Musen liebten sie. Namen von unsterblichem Klange sind mit ihr verbunden. Mehr als ein jugendliches Gemüt erfüllte sich in ihr mit den ersten Eindrücken des Lebens, um es später, in den Tagen der Reife, künstlerisch nachzubilden; und manch ein Werk, welches der Wissenschaft zum Ruhm oder der Literatur zur Zierde gereicht, ließe sich wohl in seinen Anfängen zurückverfolgen bis zu den bescheidenen Studentenwohnungen der Mittel- und Dorotheenstraße, wie sie vormals waren.

Heute, wo hier am Stadtbahnhof der Friedrichstraße, dem turbulentesten und gedrängtesten unserer Stadt, dem eigentlichen Knotenpunkt ihres Bahnsystems, sich einige von den Monstrehotels nach amerikanischem Muster erheben, deren Fronten die Länge mehrerer Straßen beherrschen, hat dieser Charakter sich beträchtlich geändert; aber gänzlich verschwunden ist er darum nicht. Hunderte von Zügen sausen und rasseln im Laufe eines Tages von fünf zu fünf Minuten und oft in noch kürzeren Zwischenräumen über diesen Straßen hin und her, und in ihnen, von dieser ungeheueren Bewegung erfaßt und getrieben, rollen die Wagen und ziehen die Menschen wie Meeresfluten, welche scheinbar keinen Anfang und kein Ende haben. Aber mitten in dieser Rast- und Ruhelosigkeit hat sich doch noch hier und dort, in einem geschützten Eckchen, etwas erhalten, was die Züge der alten Zeit bewahrt; und diesen Dingen der Vergangenheit nachzugehen, in dem ungeheueren Strom und Strudel der vorwärts drängenden Zeit, die kein Erbarmen kennt und aller Pietät Hohn spricht, plötzlich dem Rest eines anderen Jahrhunderts zu begegnen und nun, im Alten noch befangen, ebenso plötzlich überrascht zu werden durch die Großartigkeit und Schönheit des Neuen, das eine dicht neben dem andern und alles im Zusammenhange das Bild einer Entwicklung, wie sie dem Auge sichtbar nicht leicht zum zweiten Male sich zeigt: das ist ein Reiz für mich, der immer wieder mit derselben Stärke wirkt und um so mehr hier, in der wohlbekannten Gegend. Immer noch, in der Mittelstraße unter den hohen Häusern mit reichverzierten Fassaden, Säulenaufgängen, marmornen Stufen und vergoldeten Balkonen, duckt sich solch ein anspruchsloses Wesen, das uns an die Zeit der Jugend erinnert, wo wir

Friedrichstraße Ecke Unter den Linden

ein Pianino nicht über die Treppe bringen konnten, sondern an Stricken durch das Fenster heraufwinden mußten. Immer noch, in der Dorotheenstraße zwischen den modernen Palästen, sieht man eine oder zwei jener behäbigen Wirtschaften, deren tiefe Höfe hinter der breiten Einfahrt sich einer auf den andern öffnen, mit einem Fuder Heu darin oder einem Leiermann oder einem ausgespannten Seil, an welchem Wäsche zum Trocknen hängt. Hier auch sind zwei Gebäude, durch ihr Alter ehrwürdig wie durch ihre Bestimmung, kirchliche Stiftungen, diese hier, das Dom-Leibrentenhaus aus der Zeit Friedrichs des Großen, das andre, das Reformierte Prediger- und Witwenhaus, ernst und in sich gekehrt, verschlossen den Eitelkeiten, ungerührt von den Rufen des Tages, mit einem Schatten von Grau gelagert über den Mauern noch weiter zurückreichend, bis in die Tage der Kurfürstin Dorothea, trotz der Inschrift: »A. D. 1773.« Dieses Haus, gleich dem anderen daneben dem Domkapitel oder Domkirchenkollegium gehörig, bietet einer Anzahl Witwen verdienter Prediger einen letzten Aufenthalt. Seine Stifter waren der Kurfürstliche Ober-Steuereinnehmer Peter Cautius und seine Frau Katharina geborne Crellius. Die Anstalt wurde später von der Generalin de Veyne, einer Tochter der Stifterin aus zweiter Ehe, erweitert und erhielt dann, respektive 1773, den Namen der »Cautius de Veyneschen«, welchen sie heute noch, mit der Jahreszahl 1773 führt.* – Weltlicher in seiner äußeren Erscheinung, wiewohl sich jetzt die Mysterien der Freimaurerei dahinter bergen, älter zugleich und mit seinen zierlichen, charakteristischen Formen noch ganz lebendig zu den Sinnen sprechend, ist der mittlere Pavillon der Loge Royal York, welcher als

* Ich verdanke diese Notiz einer freundlichen Mitteilung des verdienten preußischen Geschichtsschreibers, Herrn Prof. Dr. William Pierson. Vgl. auch Lisco, Das wohlthätige Berlin, S. 61 ff.

ein Stück für sich erhalten blieb mit dem neuerlichen Umbau der Flügel. Er ist eines der feinsten Werke Schlüters aus dem Jahre 1712. Entstanden vor dem Zeitalter des Rokoko, zeigt dieser anmutige Bau doch schon Spuren des Übergangs zu dem Stile, der vor allem auf malerische Wirkung berechnet ist. Seltsam, fremdartig nimmt er sich jetzt aus unter seiner neuen Umgebung. Aber man muß bedenken, daß er nicht in einer Straße gedacht war, sondern als Landhaus in einem Garten. Ursprünglich unter dem Großen Kurfürsten ein Schiffsbauplatz und von einem Schiffskapitän bewohnt, war das Grundstück von Friedrich III., nachmals erstem König von Preußen, seinem Erzieher, dem um Land und Dynastie wohlverdienten und hochangesehenen, aber – es wäre schwer zu glauben, wenn neuere Forschung es nicht erwiesen – vor allem durch den unversöhnlichen Haß der »philosophischen Königin« verfolgten und gestürzten Präsidenten von Danckelmann geschenkt worden und nach diesem, als er in die lange Verbannung ging, aus welcher erst Friedrich Wilhelm I. bei seinem Regierungsantritt den schwergeprüften Greis zurückrief, an den Oberhofmeister von Kameke gekommen. Für diesen neuen Besitzer schuf der große Baumeister der ersten königlichen Zeit, der seinerseits, damals auch schon in Ungnade gefallen, einem tragischen Geschick entgegenging, dieses heitere Schlößchen, welches den Zeitgenossen als »ein überaus nettes, nach der neuesten Baukunst errichtetes Lusthaus galt«. So steht, durch ein Stückchen Vordergarten von der Straße getrennt, der Pavillon heute noch mit den geschweiften Linien und phantastischem Zierat seiner Fassade, dem mannigfachen Schnörkelwerk seiner tiefen Fenster und den mythologischen Figuren seiner Dachbrüstung als das Denkmal einer vergangenen Zeit, welche ihre unverschuldeten Schicksale und ihre zu späten Gerechtigkeiten hatte

Dorotheenstraße 27, Haus der Loge »Royal York«

wie die unsere, sowohl in der Politik wie in der Kunst; und wem es vergönnt war, über die Schwelle dieses Heiligtums zu treten, der wird sich jenes hohen, feierlich anmutenden, achteckigen Saales erinnern, von dessen Wänden Schlüters kostbare Stuckreliefs, die vier Weltteile darstellend, herabschauen – das letzte Vermächtnis eines mächtigen, in der Fülle seiner Kraft gebrochenen Geistes. Aber fast scheint es, als habe diese Stätte, so heiter in ihren äußerlichen Formen und so ernst in ihrem Lebensgehalt, dadurch entsühnt werden sollen, daß, nach so vielen Wechselfällen, hier vor nun schon mehr denn hundert Jahren eine jener Vereinigungen ihr Heim gefunden hat, deren Kern und eigentliches Wesen, unter dem Gewand einer von geheimnisvollen Zeremonien umgebenen Geselligkeit, das Wohltun und die Nächstenliebe. Gestiftet im Jahre 1752 von einigen Freimaurern französischer Abkunft und genannt im Jahre 1764 nach dem in ihr aufgenommenen Herzoge von York, Bruder König Georgs III. von England, ist die Loge Royal York de l'amitié, neben der großen Landesloge zu den drei Weltkugeln vom Jahre 1740, jetzt in Neu-Kölln auf dem ehemals Splittgerberschen Grundstück, die zweite dem Alter nach in Berlin und seit dem Jahre 1779 im Besitze dieses Hauses, dessen Räume fortan nur noch Arbeit im Dienst einer erleuchteten Menschlichkeit und brüderliche Feste gesehen haben.

Das gesellige Leben des vorigen Jahrhunderts bewegte sich mehr als das unsere in solch geschlossenen Räumen und Kreisen, und die beliebteste Form dafür scheint, von den Logen abgesehen, die der »Ressource« gewesen zu sein. Es muß deren eine Menge gegeben haben. Der »Schattenriß von Berlin« (1788) erläutert die Ressourcen als »eine andere Art von Tabagien, wo aber nur einer gewissen Anzahl von Honoratioren, die eine geschlossene Gesellschaft ausmachen, der Zutritt verstattet wird; auch wird daselbst besserer Tobak geraucht, und der Ton der Unterhaltung zeigt, daß die Mitglieder sich mehr fühlen als diejenigen, die in den kleineren Tabagien keinen so guten Tobak rauchen«. Ein späterer Reisender, 1798, merkt an, daß ein Fremder, wenn er einmal eingeführt worden, immer freien Zutritt habe. Von diesen Ressourcen haben sich meines Wissens zwei nur noch erhalten: die »Zur Unterhaltung« in der Oranienburger Straße, die sogenannte Therbusch'sche, und die in unserer Gegend, die sogenannte »Ressource von 1794« in der Schadowstraße, der Loge Royal York in der Dorotheenstraße quer gegenüber. Auf dem alten Platze steht jetzt ein neuer palastartiger Renaissancebau, der an der Giebelfront in Gold die Zahlen »1794–1873« trägt und in welchem, wie ich annehmen darf, nicht nur »besserer Tobak« geraucht, sondern auch in jedem Betracht eine solide Geselligkeit gepflegt wird.

Gänzlich verschwunden dagegen ist ein anderes altes Haus, das in derselben Dorotheenstraße, dicht neben der Loge Royal York, an der Ecke der Neustädtischen Kirchstraße lang in Ehren gestanden, eine milde Stiftung fremdländischen Ursprungs, die Maison d'Orange. Der französischen Kolonie zugewiesen und gleich dieser innig verwachsen mit dem Berliner Leben, das aus der Mischung so verschiedener Elemente seinen Charakter und die gesteigerte Kraft seines Wachstums empfing, erinnerte dieses Haus durch seinen Namen an den Oranier, König Wilhelm III. von England, der es im Anfang des vorigen Jahrhunderts erwarb und seinen aus der Orange vertriebenen protestantischen Untertanen als ihr erstes Eigentum in der fremden Stadt übergab. Hier fanden ihre Kranken Aufnahme, hier ward an ihre Armen Brot verteilt. Opfer seiner Politik, welche der drohenden Weltherrschaft Ludwigs XIV. den tödlichen Stoß beibrachte, hat Wilhelm III. dieses Häufleins nicht vergessen, als es dort eine Zuflucht suchte, wo schon so vielen, von Frankreichs Unduldsamkeit Verfolgten Aufnahme gewährt worden war. Er hat nicht aufgehört, sich als »ihr rechtmäßiger Oberherr« zu betrachten, der auch in den Brandenburgischen Staaten für sie sorgte; und immer seitdem, als die fleißigen Gärtnerfamilien der Orange sich längst unter uns eingebürgert, der Oranienstraße ihren Namen gegeben und den Boden ihrer neuen Heimat mit den schönsten Blumen geschmückt hatten, ist die Oberaufsicht über die Maison d'Orange von dem jeweiligen großbritannischen Gesandten in Berlin geübt worden. So hat es, uns allen wohlbekannt, fast einhundertundachtzig Jahre lang den alten Platz behauptet, bis es eines Tages, vor kurzer Zeit, nicht mehr war. Wer es heute wiedersehen will, der muß eine weite Wanderung machen, in den äußersten Westen unserer Stadt. Dort, der Weichbildgrenze nicht mehr fern, ist eine kleine Straße, die Ulmenstraße genannt. Dunkle Bäume beschatten sie, stille, vornehme Häuser, mit Bildwerken geschmückt, liegen in den Gärten. Hierher dringt der Lärm der Weltstadt nicht; selten begegnet man einem Menschen, seltener einem Wagen. Es ist so stille hier, daß man kein Geräusch vernimmt außer zuweilen dem des Windes im Laub oder dem einer ordnenden Hand zwischen den Blumen. Und hier, am Ende dieses Idylls von einer Straße, steht ein gelber Backsteinbau, ganz im zierlichen Villenstil, einstöckig, ruhig und abgeschlossen wie die anderen, und an der Front in Goldbuchstaben: »Maison d'Orange«. Hier wird sie sobald nichts mehr vertreiben, die zu guten Berlinern gewordenen Nachkommen derer, die einst Obst pflanzten und Blumen zogen in den sonnigeren Gefilden der Orange.

Ähnlich wie jetzt uns dieses freundliche Villenterrain erscheint, mag zu ihrer Zeit den Leuten am Anfang des vorigen Jahrhunderts der Streifen Landes erschienen sein, der, zwischen Linden und Spree, gleichfalls das Ende der damaligen Stadt bezeichnete. Die Häuser lagen auch hier in Gärten; Bäume, von denen einige sich noch erhalten, standen in den Straßen, und diese waren kürzer, als sie heute sind. Obwohl die Linden sich längst über sie hinaus erstreckten, führte doch jenseits der Kleinen Wall-, der heutigen Schadowstraße, keine mehr hierher. Die Dorotheenstraße war damals wirklich noch die »letzte Straße«, wie wir abwechselnd mit »Hintergasse« sie genannt finden, und ebenso war, in der Mitte zwischen der letzten Straße und den Linden, die Mittelstraße, was ihr Name sagte. Die Dorotheenstraße, welche diese Bezeichnung zum ehrenvollen Gedächtnis an die Begründerin der Dorotheenstadt erst 1822 erhielt, hatte nicht entfernt ihre heutige Länge. Nicht weiter als zur Friedrichstraße reichte sie gen Osten, und wo sie sich westwärts nunmehr breit und vornehm nach dem Tiergarten öffnet, war sie sackgassenartig gesperrt. Keine Neue Wilhelmstraße damals, keine Marschallbrücke. Von den Linden her sperrte das sogenannte Pontonhaus den Weg, von König Friedrich Wilhelm I. 1736 erbaut und zur Aufbewahrung von Schiffbrücken bestimmt. Zu Friedrichs II. Zeit ward es als Holzmagazin der Artillerie benutzt, erstreckte sich aber mit seinen Höfen immer noch bis an die Spree, dem Schiffbauerdamm gegenüber. Wo sich in diesen Höfen Artilleriewerkstätten und ein Militärkrankenhaus befanden, erhebt sich gegenwärtig die neue Kriegsakademie; und wo heute die beiden Paläste des physiologischen und physikalischen Instituts stehen, in deren einem unser großer Physiologe du Bois-Reymond, in deren anderem unser großer Physiker von Helmholtz residieren, da stand ein Schlachthaus, und immer noch nach diesem heißt ein kleiner Durchgang die Schlachthausgasse, welche hinter jenen Gebäuden am chemischen Laboratorium und technologischen Institut vorbei nach der Spree führt. Über diese vermittelte den spärlichen Verkehr mit dem jenseitigen Ufer, dem Schiffbauerdamm, ein hölzerner Steg, eine sogenannte Laufbrücke. Sonst gab es hier, noch zu Nicolais Zeit, keine Häuser mehr, sondern nur Gärten von der letzten Straße her und sumpfigen Wiesengrund an der Spree. Zwischen beiden, den Gärten und den Wiesen, zog sich ein schmaler Damm, welcher sich des angenehmen Namens »Katzenstieg« erfreute, während der ganze Strich bis zum Wasser hinab mit dem nicht minder schönen des »Moderlochs« geziert war. Ein üppiger Sumpfblumenflor gedieh hier im Sommer, und Schlittschuhläufer tummelten sich darauf im Winter; während der Katzenstieg des Nachts an beiden Seiten mit einer Gattertür abgeschlossen ward. So war es hier vor hundert Jahren; und heute? Wo das Moderloch war, da wölbt sich nun das Glasdach über dem Bahnhof der Friedrichstraße; wo das eine Gattertor des Katzenstiegs sich schloß, da steht das Centralhôtel, und wo das andere sich schloß, steht das Continentalhôtel, dessen linker, an die Dorotheenstraße gelehnter Flügel zugleich' die Stelle bezeichnet, wo die Maison d'Orange gestanden. Der Katzenstieg selber aber, zwischen dem Bahnhof und den Hotels, hat sich in die Georgenstraße verwandelt, so genannt nach einem verdienten Bürger, Mitglied der französischen Kolonie, Benjamin George, der hier gegen Ende des vorigen und im Anfang dieses Jahrhunderts die ersten Häuser baute und dessen Andenken man noch mehr ehren würde, wenn man seinen Namen richtig aussprechen wollte – was indessen nicht geschieht.

Aber wenn man zwischen jenen kolossalen Gebäuden hindurch und zur Spree hinabschreitet, wird man noch etwas von dem amphibienhaften Charakter, der hier ehemals herrschte, wiedererkennen. Es ist nicht ganz mehr die unberührte Gegend des vorigen Jahrhunderts; das unsrige dringt schon von allen Seiten herein. Aber in einem gemessenen Tempo, zögernd, als ob es den früheren Besitzer einen Augenblick noch in der Täuschung seines Rechtes erhalten wolle. Kein gewaltsames Ringen, wie wir es meist in Berlin wahrnehmen, sondern ein letztes Verweilen und stilles Verschwinden. Auf holperigem Pfade, hier ein Stück ausgetretenen Rasenbodens, dort ein Stück schlechtgepflasterten Sandes, wandert man den Fluß entlang, über welchem majestätisch der eiserne Trajekt der Stadtbahn sich spannt; unten gehen Kähne, von hart arbeitenden Männern an Stangen mühsam fortgeschoben, oben gleitet, leicht und graziös, in kühn geschwungener Linie, Zug um Zug dahin, mit der Dampfwolke hinter sich. Bretterzäune, Baugründe mit Schutthaufen, Lagerplätze mit Balken – sind es Reste von alten Häusern oder Anfänge von neuen? Sanft, am Ende des Weidendammes, senkt der Abhang, auf welchem noch ein paar Weiden stehen, sich zum ruhig fließenden Wasser, und drüben, am Schiffbauerdamm, noch immer die Gegend der Segelmacher und sogenannten »Hamburger Läden«, liegen ein paar Schiffe. Man würde sich nicht wundern, wenn einem, in Federhut und Pluderhosen, der alte Schiffskapitän begegnete, der hier zu des Großen Kurfürsten Zeit vor Anker gegangen ist. Noch nicken über einer Mauer die Bäume seines Gartens – uralte Bäume jetzt, mit hohen Wipfeln und dichten Kronen, im letzten der Gärten, der hier geblieben: dem der Loge Royal York. Hinter demselben, in einem geschützten Winkel, wie verlorene Gestalten der dahingegangenen Zeit, sitzen ein paar Marktweiber, auch sie vielleicht die letzten ihres Stammes. Denn nun, sobald man um diese Ecke biegt, verwandelt sich wie durch einen Zauberschlag das Bild – aus einem Gewirr von Häusern und Kähnen und Schornsteinen erhebt sich fern im Dufte des Mittags eine steinerne Masse, die mächtig zwischen dem feinen Gitterwerk des Gerüstes emporwächst: das neue Reichstagsgebäude, von der krönenden Viktoria der Siegessäule goldschimmernd überragt; und hier, dicht vor uns, öffnet sich ein hohes Portal, das Tor einer unserer Markthallen. Gar lieblich und herzstärkend vermischen sich die kräftigen Gerüche von allerlei Grünem mit denen der Blumen, des frischen Obstes und vieler anderen guten Dinge sowohl des festen Landes als der See. Unter den luftigen Wölbungen mit all den Herrlichkeiten, aufgehäuft zu beiden Seiten der Halle, geht der Blick vom Ufer der Spree hinaus durch die Schadowstraße bis zu den Alleen und Palästen der Linden, welche das unvergleichlich schöne, vom Leben des Tages erfüllte Panorama schließen; und nicht der Große Kurfürst selber, noch sein Enkel, der biedere Friedrich Wilhelm, dürften uns tadeln, wenn wir, mit aller Reverenz für ihre Zeit, hier ein Wort auch zum Lobe der unseren sagen wollten.

Nachwort

Vielleicht gerade, weil er kein Berliner von Geburt war, ist er auf Straßen und Plätzen der Stadt mit der gleichen andächtigen Aufmerksamkeit umherspaziert, die er als fahrender Journalist den fremden Weltstädten entgegenbrachte. Aus solchen Studien erwuchsen die »Bilder aus dem Berliner Leben«, Skizzen aus dem Leben der Straßen und ihrer Bewohner, von vertrauter Kennerschaft inspiriert und von hingebungsvoller Liebe beseelt.

Monty Jacobs im Nachruf in der »Vossischen Zeitung« vom 11. Juli 1914

Die Rodenbergstraße ist eine nüchterne Seitenstraße im Berliner Norden. Sie führt von der Schönhauser Allee über zwei Querstraßen nach Osten und mündet am Humannplatz in die Pappelallee. Das ist nicht jene »Pappelallee«, über die Julius Rodenberg 1875 geschrieben hat.

Um die Jahrhundertwende, als sich die Großstadt über die Ringbahn hinweg ausdehnte, war hier Neubaugebiet. Häuserblöcke mit Hinterhöfen und Seitenflügeln, zur Straße Stuckgirlanden und Balkons. Damals keine schlechte Gegend, weil am Wege nach Pankow und Niederschönhausen gelegen, den Ausflugszielen mit nachweislich guter Luft. Schöne Häuser zu beiden Seiten der Schönhauser Allee, deren Querstraßen nach und nach bebaut wurden und Namen erhielten. Die Rodenbergstraße erscheint im Berliner Adreßbuch 1902 zum erstenmal. Benannt nach: »Julius Rodenberg, Dichter und Schriftsteller, geb. 26. 6. 1831«. Also hat ihm die Stadt Berlin zum 70. Geburtstag eine Straße geschenkt. Das geschah nur wenigen Mitbürgern zu Lebzeiten. Sie muß ihm sehr dankbar gewesen sein.

Knapp vierzig Jahre später meldet das »Straßenverzeichnis von Berlin« unter den seit 1938 umbenannten Straßen: »Rodenbergstraße jetzt Langbehnstraße«. Sie hieß nur wenige Jahre nach dem völkischen, das deutsche Bürgertum bedauerlich beeinflussenden Schriftsteller Julius Langbehn (1851–1907). Die Ironie der Geschichte: 1891 erwähnte Fontane in einem Brief an Rodenberg das Hauptwerk Langbehns, ohne den Namen des Autors zu nennen.

Schon der Straßenführer vom 1. Oktober 1946 vermerkt die Wiederkehr des ursprünglichen Namens. Aber wer in der Rodenbergstraße kennt heute Rodenberg? Unter keinem der Straßenschilder hängt eine erläuternde Tafel. Der Zufall will, daß es dort eine Buchbinderei gibt und eine Buchdruckerei, seine Bücher aber sind verschwunden, besonders jene über Berlin. Höchste Zeit, daß eine Auswahl erscheint. Ausgewählte Wanderungen? Was ist noch wichtig, was kann einem Lesepublikum zugemutet werden hundert Jahre später? Was möchte es wissen?

In Rodenberg, einem Städtchen in der Grafschaft Schaumburg, südwestlich von Hannover gelegen, wurde Julius Levy am 26. Juni 1831, einem Sonntag, geboren. Er war das älteste Kind von Amalie und Simon Levy, der in der Kleinstadt als Kaufmann lebte. Der Junge, von Hauslehrern unterrichtet, besuchte in Hannover und Rinteln Schule und Gymnasium, studierte als Zwanzigjähriger zuerst Jura in Heidelberg, dann in Göttingen, Marburg und Berlin, wo er im Herbst 1853 eintraf. »Im vollsten

Sonnenschein bin ich hier eingewandert«, heißt es im Tagebuch vom 20. Oktober 1853. »Die Linden gaben mir die ersten Berliner Gefühle; und ich muß sagen, daß sie ganz behaglich und versprechend sind.«

Er verkehrte im Hause der Brüder Grimm und bei Varnhagen von Ense, lernte Gottfried Keller kennen, Benedikt Waldeck, Arnold Ruge und den demokratischen Verleger Franz Duncker. »So hat Rodenberg wirklich noch das Glück gehabt, einen vollen Hauch des alten literarischen Berlins, des Berlins der Rahel und der geistig so reichen, materiell äußerst anspruchslosen Salonzeit aufzunehmen«, bemerkt Heinrich Spiero 1922 in seiner freundschaftlichen Biographie Rodenbergs.

Der junge Mann, der schon als Schüler zu schreiben begonnen hatte, stellte sich in Berlin mit Gedichten vor, die er unter dem wohlklingenden Pseudonym Julius von Rodenberg zu veröffentlichen gedachte. Varnhagen gab einen gutgemeinten Rat: »Vor allem legen Sie Ihren bürgerlichen Namen ab und treten Sie zum Christentum über.« Der hessische Kurfürst genehmigte die Namensänderung, aber der 24jährige Julius Rodenberg, der gefühlsmäßig außerhalb der jüdischen Glaubensgemeinschaft stand, mochte nicht Christ werden, würde davon auch die durch die juristische Ausbildung angestrebte Stellung abhängen. Er äußerte, später, seine »Abneigung gegen alle Religion, die den Gläubigen höher stellt als den Menschen, ich liebe nur das Menschentum«.

1856 promovierte Rodenberg in Marburg zum Doktor beider Rechte und ging wieder auf Reisen. Er hatte vier Gedichtbände veröffentlicht, jetzt aber trat die Lyrik in den Hintergrund zugunsten von Reiseberichten, feuilletonistischen Wander- und Skizzenbüchern, die wegen »ihrer frischen Lebendigkeit und eines gewissen poetischen Hauches willen großen Anklang beim Publikum« fanden. (Meyers Konversationslexikon, 1890).

Rodenberg war in Paris gewesen und hatte wie mancher Zeitgenosse und Besucher der Weltausstellung von dort Bilder aus dem großstädtischen Leben nach Hause geschrieben, für Zeitungen. Er sah sich Belgien, Holland und Dänemark an, lebte dann längere Zeit in Großbritannien und lernte mit London, wo er Freiligrath und Kinkel begegnete, eine zweite europäische Großstadt kennen. 1859 kam Rodenberg erneut nach Berlin. Er lebte als freier Schriftsteller und wohnte in der Kanonierstraße (heute Glinkastraße), später in der Französischen Straße. Im Mai des Jahres engagierte ihn die »Preußische Zeitung« für ihr Feuilleton, jedoch löste Rodenberg dieses Verhältnis bald. Er übernahm den Berliner Wochenbericht für das Feuilleton der »Breslauer Zeitung« und die Vertretung der Wiener »Presse«. Er schrieb Bücher, (u. a. »Kleine Wanderchronik«, 1858, »Alltagsleben in London«, 1860) und Stücke. Das Singspiel »Ehen werden im Himmel geschlossen« wurde im Juni 1859 im Friedrich-Wilhelmstädtischen Theater uraufgeführt. Ende 1861 reiste Rodenberg nach Italien und lernte in Triest die Tochter eines reichen Geschäftsmannes kennen, Justina Schiff, die er 1863 heiratete.

Als 31jähriger kehrte Julius Rodenberg endgültig nach Berlin zurück; wurde Redakteur und Herausgeber. Von 1862 bis 1864 redigierte er die illustrierte Monatsschrift »Deutsches Magazin«, danach 1865 das literarische Beiblatt der Modezeitschrift »Bazar«, dessen Redaktion Unter den Linden ihre Räume hatte. 1888 erinnerte er sich gern an diese Jahre: »Ich lernte vor allem mich bescheiden, lernte um des Zweckes willen meine Person unterordnen, lernte Neigungen unterdrücken und Abneigungen überwinden, lernte Rücksichten nehmen und Empfindlichkeiten schonen, um etwas erreichen zu können, was über diesen beiden stand, und übte mich in der schweren Kunst, zwischen den Ansprüchen der Mitarbeiter und denen der Leser zu vermitteln, um sie zusammen nach dem beabsichtigten Ziele hinzuleiten.« Zeitloses Bildungsmerkmal für Redakteure?

Als Rodenberg den »Bazar« verließ, 1867, wurde er Mitherausgeber der bis 1874 in Leipzig erscheinenden Zeitschrift »Salon für Literatur, Kunst und Gesellschaft«. Dann gründete er sein eigenes Blatt, die »Deutsche Rundschau«.

Zu den Anregern und Beratern dieses Unternehmens gehörten die Schriftsteller Gustav Heinrich von und zu Putlitz (1821–1890) und Berthold Auerbach (1812–1882), die kein Unterhaltungsblatt fördern wollten, sondern eine deutsche Zeitschrift anstrebten, die es bisher nicht gab. Ein Organ nach englischem und französischem Vorbild, in welchem »mit den Schriftstellern ersten Ranges sich die repräsentativen Männer der Wissenschaft zu gemeinsamer Arbeit vereinigten.« Genau das wurde die »Deutsche Rundschau«, deren erstes Heft im Oktober 1874 erschien. Die Monatsschrift wollte, so heißt es in ihrem Gründungsprospekt, das »deutsche Element« pflegen und die »außerordentliche Mannigfaltigkeit des deutschen Wesens« würdigen. Durch den Verlauf der Geschichte haben solche Formulierungen ihren Beigeschmack bekommen, damals aber wurde Rodenbergs Gründung das erste deutsche Nationaljournal. Die Zeitschrift erschien in einem unlängst gegründeten Deutschen Reich und wandte sich, liberal und kaisertreu zugleich an das national gesinnte deutsche Bürgertum; hielt es nicht mit der wachsenden Arbeiterbewegung, sondern mit den bestehenden Machtverhältnissen. Soziale Harmonie erschien ihr möglich. Die »Deutsche Rundschau« wollte bestrebt sein, »bestehende Vorurteile zu beseitigen, freundliche Annäherung, gegenseitiges Verständnis zu vermitteln und es in freudiger, frischer Gemeinsamkeit in seinem vollen Umfange aufrechtzuerhalten und zu stärken.« Das blieb auch außenpolitisch der Standpunkt des Herausgebers, der 480 seiner orangefarbenen Hefte selbst redigierte; um ein weniges zu lange, denn als er sich um des runden Jubiläums willen erst kurz vor dem Abschluß des vierzigsten Jahrgangs von den Lesern seiner »gedruckten Universität« verabschieden wollte, reichte die Kraft nicht mehr aus, um das Schlußwort zu diktieren.

Nach fünfundzwanzig Jahrgängen war Julius Rodenberg der Professorentitel verliehen worden. Monat für Monat hatte er als Erstdruck Werke veröffentlicht, von denen etliche später berühmt und sogar weltbekannt geworden sind. Rodenberg, das bleibt sein Verdienst, hat manchen Autor entdeckt und ihn durch Veröffentlichung und Rezension dem Publikum vorgestellt. Andererseits haben diese Mitarbeiter für den Nachruhm der »Deutschen Rundschau« gesorgt, deren Auflagenhöhe vierstellig blieb. Namen wie Gottfried Keller, Theodor Storm, dessen »Schimmelreiter« 1888 zuerst hier erschien. Karl Gutzkow, Paul Heyse, Turgenjew, Marie von Ebner-Eschenbach, Conrad Ferdinand Meyer, Otto Brahm, Wilhelm Bölsche und heute weniger als zu ihrer Zeit bekannte Autoren wie Ludwig Pietsch und Karl Frenzel, der Berliner Kritiker und Journalist, der 1865 »Berliner Bilder« veröffentlichte. Abgesehen von kleineren Arbeiten Theodor Fontanes, der schon im »Salon« mitgearbeitet hatte, druckte Rodenberg drei seiner Romane in Fortsetzungen: »Unwiederbringlich« (1891), »Frau Jenny Treibel« (1892) und »Effi Briest« (1894).

In der eigenen Zeitschrift veröffentlichte Julius Rodenberg auch seine »Bilder aus dem Berliner Leben«, deren erster Teil 1885 als Buch erschien. Die »Neue Folge« zwei Jahre später. »Die letzte Pappel« stand in der Gegend, in der die Rodenbergs wohnten. Zuerst Schöneberger

Ufer 23 mit Blick auf den Landwehrkanal, dann seit 1876 immer in der Margarethenstraße 1 in dem Dreieck Tiergarten, Potsdamer Platz/Potsdamer Straße, Landwehrkanal. In der Mitte die Matthäikirche. Sie hieß im Volksmund Polkakirche wegen ihres Aussehens, das Gottfried Keller 1852 ironisch bedichtet hatte: »... Byzantinisch jede Fuge, / Bogen, Bögelchen und Kehlen; / Nur die tollen und genialen/ Alten Fratzenbilder fehlen.«

In diesem Viertel wohnten hohe Militärs, Hofleute und Beamte, Gelehrte und Künstler, unter ihnen Adolph Menzel, aber auch Heinrich von Treitschke. Bis zur Potsdamer Straße 134c, wo Theodor Fontane lebte, war es ein kurzer Spaziergang, aber zwischen dem Herausgeber und diesem Autor gab es außer den geschäftlichen Verbindungen kein »eigentlich persönliches Verhältnis« (Rodenberg). Und nach Fontanes Tod, 1898: »Aber obwohl wir gewiß einander freundlich gesinnt waren, denn Freundlichkeit war ein Grundzug seines persönlichen Charakters: freundschaftlich näher sind wir uns doch nie getreten.« Woran das gelegen hat? Hans-Heinrich Reuter zählt in seiner Dokumentation »Theodor Fontane: Briefe an Julius Rodenberg« (1969) eine Anzahl verblüffender Parallelen aus beider Lebensläufen auf. Von den Reisen und dem Talent ihrer feuilletonistischen Beschreibung, von Gesellschaftsromanen und kritischer Publizistik, vom fleißigen Briefeschreiben bis zur jahrzehntelang beständigen Ehe. Reuter fand für das Fehlen einer Freundschaft zwischen beiden Männern manche Erklärung, immer zugunsten Fontanes – das aber wird hier ein zu weites Feld.

Heute bin ich mit dem neuen Bild »Aus dem Herzen unsrer Stadt« fertig geworden. Ich habe fast anderthalb Jahre an demselben gearbeitet; den ersten Versuch machte ich gleich nach unserer Rückkehr von Rom. ... Es war eine ziemlich schwere

Arbeit, an deren Zustandekommen ich mehr als einmal
gezweifelt.

Julius Rodenberg in seinem Tagebuch,
Sonntag, 15. August 1886

Bilder aus dem Berliner Leben vor hundert Jahren. Man
müßte beim Lesen dieser Streifzüge einen alten Stadt-
plan und einen neuen neben das Buch legen. Zuviel hat
sich geändert. Nicht nur die Namen, sondern der Verlauf mancher Straßen. Plätze sind verschwunden oder
entstanden. Wahrzeichen. »Sonntag vor dem Landsberger Tor« – das alte Stadttor stand am Landsberger Platz,
wo heute die Leninallee anfängt, am Friedrichshain.

Julius Rodenberg war nach Berlin gekommen, als sich
die unbedeutende Residenz in eine Großstadt verwan-
delte, ja, sogar bald Reichshauptstadt sich nennen
konnte. Ansteckender Lokalpatriotismus mit Blick in die
Welt. Rodenberg war genug in Europa herumgereist, um
vergleichen zu können; im Interesse eines sich dabei
vertiefenden Heimatgefühls. Jetzt sah und beschrieb er
sein Berlin und dachte, alle müßten sich so wohlfühlen
wie er.

Rodenberg wanderte als einer der ersten im Westen
Lebenden »nach Osten«, als sich dort die Weinberge und
Blumenfelder in Mietskasernen, Fabrik- und Arbeiter-
viertel verwandelten. Er geht gern zeitig los und sieht
die frühen Leute zur Arbeit eilen, lobt ihren Eifer, ihr
Pflichtbewußtsein, bedauert Elend und Armut, aber: unser »Vermögen können wir nicht mit ihnen teilen; denn
das beruht auf Voraussetzungen und Bedingungen, welche ganz individuell und darum nicht teilbar sind«. Andererseits wollen »wir sie nicht nur ausnützen, sondern
für sie tun wollen, was wir zu tun vermögen ...« Auch
auf diese Weise funktionierte damals Bismarcks Soziali-
stengesetz.

362

Industriegeschichte. »Welcher Roman könnte großartiger sein«, Rodenberg übertreibt im Gründerpathos seiner Zeit, als er von Borsigs Aufstieg erzählt und eine langlebige Legende weitergibt. Aber Borsig hat nicht die erste deutsche Lokomotive erbaut. Aus seiner Fabrik kam jedoch die erste, die besser war als die englischen. Das war ausschlaggebend. Borsigs »Beispiel zeigt, was jeder auf dem Wege redlicher Arbeit zu erreichen vermag ...« Rodenberg ist ehrlich davon überzeugt, daß es jeder zu so einem Borsig bringen kann, wenn er sein Vermögen »in harter Arbeit« erwirbt und fleißig spart. Bei Borsig glaubt Rodenberg an »fünftausend Taler in zehn Jahren« – damit allein war keine Eisengießerei und Maschinenfabrik zu gründen. Das notwendige Aktienkapital kam um 1850 aus Bank- und Industriekreisen, die erkannt hatten, wohin die Eisenbahnen rollen würden.

Bei aller gesellschaftlichen Einfältigkeit, die manches Bild trübt, hat Rodenberg ein soziales Gewissen, ein Gespür für vieles, das geändert werden müßte. Er zitiert aus dem Verwaltungsbericht der Stadt. 1876 beträgt die durchschnittliche Lebensdauer der Männer in Berlin 25 Jahre. Die Frauen werden 29 Jahre alt, falls sie zu den zwei Dritteln der weiblichen Neugeborenen gehören, die das erste Lebensjahr überstehen. Die Anklage soll für sich sprechen. Ansonsten trösten der blaue Himmel und der Mond. »Und da mag man nun sagen, was man will, so lange es noch frohe Menschen gibt, ist gut sein auf der Welt. Wir können an ihrem Laufe nichts ändern ...« Die frohen Menschen, die das lasen, teilten wohl seine Meinung: »Das Bild eines mäßigen bürgerlichen Glücks ist mir das liebste von allen Bildern aus dem Berliner Leben.« So ist er. So muß man ihn nehmen und nachdenkend lesen. Er hatte keinen Grund, seine Welt ändern zu wollen. »Ich bin ein Mann in gesetztem Alter, von bescheidenen Ansprüchen, von zufriedener

Gemütsart und konservativer Gesinnung, soweit es sich nämlich um Spaziergänge handelt, ein wenig nachdenklich und manchmal sentimental, sonst aber ohne Harm, und meine Vergnügungen sind von der unschuldigen Art. Ich liebe die Ordnung. Alles zu seiner Zeit.«

Wie sein Freund Konrad Burdach berichtet, lebte Julius Rodenberg in »märchenhaften Räumen. Wände, Schränke, Möbel, reich gefüllte Büchergestelle, behängt, bedeckt, bepackt, umstellt von Gemälden, Bildern, Zeichnungen, Stichen, von Erinnerungsstücken verschiedenster Art. Er stand vor einer unübersehbaren Menge lebendiger Denkmäler von bedeutsamen Personen und Stätten, die in diesem langen, gesegneten Leben tiefe Eindrücke hinterlassen hatten. Ringsum schauten auf ihn herab Köpfe und Gestalten von Künstlern, Dichtern, Musikern, Gelehrten, Politikern mit Rang und Namen, verklungene Berühmtheiten und unsterbliche Größen, nähere und fernere Freunde und Familiengenossen, vielerlei lockende alte, neue, neuste Bücher in buntem Verein. Leben aus längst entschwundener Zeit, Leben von gestern und heut, Leben der Zukunft!«

Mögen Rodenbergs Gedichte, Rezensionen, Novellen und Romane unbedeutend geworden sein und die Jahrgänge der »Deutschen Rundschau« nur noch einen Kennerkreis interessieren; der Berliner Leser hätte einen seiner guten Stadtschilderer in besserer Erinnerung halten müssen. Rodenberg hat funkelnde Berlingeschichte erzählt. Kulturgeschichte mit Urteilen. Bei ihm kann man erfahren, wie Teile der alten Berliner Innenstadt verschwanden, Straßen und Häuser aus dem Herzen der Stadt herausgerissen wurden, zugunsten der Welt- und Kaiserstadt, die breitere Straßen brauchte und bekam, ungeachtet, daß dabei historische Gebäude vom Erdboden verschwanden und nicht einmal eine Gedenktafel blieb. Vor dem Abriß ging er noch einmal durch die

Gassen rund um die Marienkirche: »Wie ein Reinigungs-werk ist die Demolierungsarbeit der Kaiser-Wilhelm-Straße durch die schmutzigsten und verrufensten Quar-tiere von Alt-Berlin mitten durchgegangen und hat sie niedergelegt. Und zum erstenmale jetzt weht die Luft des Himmels herein, schien die Sonne herab in Gassen und Gäßchen, die vom Unrat der Jahrhunderte starrten.« (1886).

Was damals in dieser Gegend geschah, kam achtzig Jahre später der Neugestaltung des Stadtzentrums gleich; rund um den Fernsehturm, die Rathauspassagen, den Alexanderplatz. Von der im Krieg verwüsteten Kai-ser-Wilhelm-Straße blieb dort weder ein Haus, noch ihr Name erhalten. Nichts außer der altehrwürdigen Ma-rienkirche erinnert heute in der Karl-Liebknecht-Straße an die Vergangenheit einer Straße, deren Entstehen Ro-denberg so beschrieb: »Von den großartigen Baudenk-mälern unserer Epoche wird, wenn sie vollendet, diese Straße das Großartigste sein, in den Augen späterer Ge-schlechter vielleicht lange noch das erkennbare Zeichen für das Berlin Kaiser Wilhelms, dessen Namen sie trägt.«

Gerade weil so vieles nicht mehr im Stadtbild zu be-trachten ist, wird die einstige Beschreibung eines Gebäu-des, eines Straßenzuges, einer historischen Ecke so wert-voll. In Rodenbergs Spaziergängen lebt ein verschwun-denes Berlin. Schon in den Zwanziger Jahren unseres Jahrhunderts wirkte wie Augenzeugenbericht und Rück-blick, was Rodenberg von den Cafés und Hotels Unter den Linden wußte, was er von Denkmälern und Men-schen überlieferte. Sein Arkonaplatz, seine Bergstraße, seine Schönhauser Allee, seine Kreuzberger Friedhöfe, sein Nicolaihaus, in dessen Hof heute ein Sommer-theater Altberliner Possen wiederbelebt. Rodenbergs Gang über den alten jüdischen Friedhof in der Großen Hamburger Straße ... 1943 hat die Gestapo seine über

3000 Grabsteine entfernen lassen und vom Altersheim aus die Deportationen gesteuert. Rodenberg, hätte er damals noch gelebt ..., auf dem Transport nach Theresienstadt. Oder, Julius Levy, genannt Rodenberg, hundert Jahre später geboren, 1931, und dann als Zwölfjähriger nach Auschwitz.

Sie haben ihn zumindest nachträglich verfolgt. Eine Dissertation »Julius Rodenberg und die Deutsche Rundschau«, 1936 zunächst von der Berliner Universität angenommen, wurde vor der Drucklegung angehalten. Die Kontrollbehörde wünschte eine andere Fassung und nannte selber das neue Thema: »Die Taktik der Assimilation bei dem Juden Julius Rodenberg-Levy«.

Abgesehen von der umbenannten Straße blieb Rodenbergs Name zwar noch 1938 in einer Aufzählung stehen, in einem Buch, das sich mit dem unter der Naziherrschaft veränderten Antlitz Berlins beschäftigt; jedoch im Abschnitt über die Vergangenheit des Matthäikirchenviertels – die gibt es nun mal nicht ohne Julius Rodenberg – hat die Aufsicht den Verfasser des langen Zitats unkenntlich gemacht. Bloß »ein alter Berliner« schildert dieses Viertel. Dichter unbekannt. Das Heine-Schicksal.

Das hätte er sich nicht träumen lassen, der ungetaufte, in seiner preußisch-deutschen Umwelt patriotisch aufgegangene, von seiner Obrigkeit geschätzte und geehrte Jude. Doch schon zu Lebzeiten konnte er über seine »Berliner Bilder« nicht nur Zustimmendes lesen. 1883 hatte August Scherl seinen »Berliner Lokalanzeiger« gegründet und als Chefredakteur den 30jährigen Hugo von Kupffer engagiert. Der hatte drei Jahre als Landvermesser und Journalist in den Vereinigten Staaten gelebt, nun wollte und konnte er nach amerikanischem Vorbild eine Zeitung machen. Hugo von Kupffer setzte den ungewohnten Ausdruck »Reporter« noch in Anführung, als er sechs Jahre später eigene »Reporter-Streifzüge« als »Ungeschminkte Bilder aus der Reichshauptstadt« gesammelt herausgab und für sie keinen literarischen Wert beanspruchte, wie er im Vorwort betonte. Er nahm »allenfalls einen kulturhistorischen Wert in Anspruch. Diesen leite ich von dem Umstande her, daß die nachfolgenden Bilder nicht am bequemen Schreibtische des phantasievollen Feuilletonisten gemalt sind, sondern mit beträchtlicher Nichtachtung gegen die ›ästhetischen‹ Gesetze der Feuilletonproduktion, nach der Natur gezeichnet sind. Sie sollen sich von den zahllosen ›Bildern aus dem Berliner Leben‹ ebenso unterscheiden wie ein mit wahrer oder eingebildeter Künstlerschaft ausgeführtes Ölbild von einer unretouchierten Momentphotographie.« Man beachte die sorgsam gesetzten Anführungsstriche im Text. Die Stelle ist deutlich gegen Rodenberg gerichtet, dessen dritter Band, »Unter den Linden«, im Vorjahr erschienen war, Ende 1888. Inzwischen war eine neue Kaiserzeit angebrochen.

Seine Linden-Bilder hatte Julius Rodenberg in neun Kapiteln im Laufe eines Jahres in seiner »Deutschen Rundschau« vorabgedruckt. Dort hatte Theodor Fontane das VIII. Kapitel gelesen, die vorangehenden jedoch nicht, wie er in einem Brief an Rodenberg zugibt. Er lobt den Grundgedanken, weil unter dem Titel, der nur ein kleines Feuilleton, »ein bloßes Straßenbild erwarten läßt«, ein historischer Essay gegeben wird, »der alles bringt, was aus unsrer Landesgeschichte zu wissen nottut«. (27. August 1888.)

Am 9. Dezember 1888 erschien Fontanes Besprechung von »Unter den Linden« anonym in der Morgenausgabe der »Vossischen Zeitung«. »Ein überaus unterhaltliches und lehrreiches, dabei zugleich im besten Sinne patriotisches Buch«, nennt Fontane das Werk. Falls ihm »der beneidenswert glückliche Gedanke gekommen wäre, solches Buch zu schreiben und, Unter den Linden flanierend, die Häuser auf ihre Geschichte hin anzusehen, hätte (er) ganz andere Geschichten herausgelesen und würde sich nur hier und da mit dem Herrn Verfasser begegnet haben.« Nun zählt er seine Personen auf, Generale, Gardeoffiziere, Grafen und Adjutanten, Majore, Minister, Prinzen und Feldmarschälle, – »Rodenberg aber hat das Brot genau von der entgegengesetzten Seite her angeschnitten und hat uns in allem wesentlichen, ohne übrigens an dem Geschichtlichen geradezu vorüberzugehen, etwas Kultur- und Literarhistorisches an Stelle des einfach Historischen geboten. Und *daß* er das tat, daran hat er recht getan, künstlerisch und ästhetisch gewiß, und vom *praktischen* Standpunkt angesehen, zweimal gewiß.« Das ist Ironie in der Ironie, der Leser kannte ja den Namen des Rezensenten nicht, der munter fortfährt: »Denn es ist unzweifelhaft – und daran haben selbst Bismarck und Moltke nichts Wesentliches ändern können –, daß sich der Berliner, ja vielleicht der Großstädter überhaupt, für das außerhalb der politischen Sphäre Liegende mehr erwärmt als für seine staatlichen oder selbst militärischen Größen …« Nun geht er ins Detail. Nennt drei Schauspielerinnen, für die sich die Berliner Welt »unendlich mehr interessiert als für einen General, der das linke Flügeldorf zwei Stunden lang heldenmäßig festgehalten hat« – das ist deutlich – »… von ein paar Geheimräten, die das Unfallsversicherungsgesetz ausgearbeitet haben, gar nicht zu sprechen. Das Literarische, das Stück, das heute oder morgen ausgeführt wird, ›Die Quitzows‹ oder vielleicht auch nur ›Der geschundene Raubritter‹, ein Schlächterladen oder eine Madonna von Knaus, ein friderizianischer Grenadier oder ein weißer Pfau von Menzel, *das* sind die Dinge, die den Residenzler interessieren, und ich habe nicht den Mut, ihm darin Unrecht zu geben. Staaten lenken und Schlachten schlagen ist gewiß wichtiger, wer möchte das bestreiten, aber wenn dies Wichtigere zu bestimmten und meist rasch vorübergehenden Zeiten geschehen ist, so tritt gleich das für den Alltag Interessantere wieder in sein Recht, und das Interessantere heißt Oskar Blumenthal oder Possart oder Barnay oder Fräulein Schwarz oder die kleine Conrad.« Das wird manchem Leser, auch wenn er weder Possart, noch die kleine Conrad kennt, sympathisch klingen. »Und das alles wußte Rodenberg, als er sein ›Unter den Linden‹ schrieb und uns statt von Wrangel und der geborenen v. Below lieber von Schiller und Goethe in Berlin, von Hoffmann und Devrient, von Heine und Meyerbeer, von Börne und Gutzkow unterhielt.« Das ist mehrdeutig-deutlich, wie wir gleich sehen werden. »All das, wie der Geschmack nun mal ist, erscheint uns als das Interessantere schon dem *Stoffe* nach und wird es doppelt und dreifach, wenn sich eine so reizvolle Darstellung, wie Rodenberg sie diesen Stoffen gab, hinzugesellt.« Zum Schluß lobt Fontane die Liebe Rodenbergs zu seiner neuen Heimat, die am schönsten hervortritt, »in dem vorletzten Kapitel«, wo Universität und Akademie geschildert werden. Das erste und das letzte Kapitel des Buches ignoriert der Rezensent bewußt. Sie huldigen Kaiser Wilhelm I. Zum Beginn ein Regierungsjubiläum, am Ende sein Begräbnis im März 1888. Gewiß war der pompöse Trauerzug für Julius Rodenberg das geeignete Finale einer langwierigen Arbeit. So sah seine Freude darüber aus. Im Tagebuch: »8. Mai 1888, Dienstag, $\frac{3}{4}$ 8 Uhr. Heute hab ich den glücklichen Tag zu verzeichnen, an welchem ich, nach einer Arbeit (unterbrochen freilich) von $1\frac{1}{4}$ Jahren, mit meinem ›Lindenbilde‹ fertig geworden bin. Es war in der Mittagsstunde dieses Frühlingstages und ich hatte gerade noch Zeit, zu Huth zu wandern« – einer namhaften Weinstube in der Potsdamer Straße – »wo ich mein Glas Portwein lange nicht mit solcher innern Freude getrunken habe, wie heut. Es war ein Vollendergefühl, wenn auch der Gegenstand geringer, als ich mir jemals gedacht ... Aus dem Artikel, den ich schreiben wollte, ist ein Buch geworden und ein ganz anderes, als ich mir beim Beginn vorstellen konnte.«

Mit dem Tod des 91jährigen Kaisers war eine Epoche beendet. Dennoch hat Julius Rodenberg mit diesem Abschluß seiner »Linden« den Irrtum begangen, wie mancher vor und nach ihm, irgendeine Tagesaktualität, und sei sie noch so begeistert miterlebt und gefühlsgeladen, für literaturwürdig und -beständig zu halten. Während Rodenberg in jenen Märztagen noch ergriffen Spalier steht, schreibt Fontane seiner Tochter von dem »Zeitungsradau« über Volkstrauer und nennt sie eine »furchtbare Lüge«.

Julius Rodenberg hatte nur diesen einen Kaiser kennengelernt. Im Tagebuch: »Für uns, die wir mit Kaiser Wilhelm gelebt, war er die Verwirklichung alles dessen, was das Verlangen und die Sehnsucht unserer Jugend ausmachte.« Das ist kurz, bündig, und zeitlos; ähnlich äußerte sich Rahel Varnhagen über Friedrich II., unter dem sie nicht ihre besten Jahre verbringen mußte. Aber die Kaiser kommen und gehen und werden gegangen.

Wie gut war Rodenberg beraten, als er sich auf die bleibenden Werte orientierte. Schiller, Heine, Gutzkow und Meyerbeer, die Fontane ihm in der Rezension nochmals nannte, vor Augen hielt. Die Mendelssohn und Lessing, Chamisso und E. T. A. Hoffmann. Es sind die Kulturgeschichten, die interessanten Abschweifungen, die sein Buch am Ende des 20. Jahrhunderts noch lebendig erhalten. Manche Formulierung ist treuherzig, manche Beobachtung umständlich, aber gibt es da nicht Gefühle, die uns vertraut sind? Traurigkeit über Versäumtes, Verschwundenes, und sei es ein alter Straßenname, oder Freude an etwas Neuem. Das Gefühl des Beteiligtseins.

Dazu steht etwas in seiner winzigen Schrift im Tagebuch. Ein Wintersonnabend, Dezember 1887, nachmittags 5¼: »Heute war ein wichtiger Tag für mich: Ich habe zum erstenmal die Kaiser-Wilhelm-Brücke überschritten und bin direkt ›aus dem Herzen‹ der Stadt nach den Linden gegangen.« Eine neue Brücke erleben. »Mir war, als ich meiner früheren mühseligen Wandertage hier herum gedachte, als ob ich auch ein klein wenig an alledem mitgearbeitet und geholfen hätte.« Auf einmal fällt beim Lesen dieser Stelle dem Verfasser dieses Nachworts ein, daß er im Sommer 1949 als junger Zeitungsmann berichtend zuschaute, als an Stelle dieser im Krieg vernichteten der Grundstein gelegt wurde für eine neue Brücke, die Marx-Engels-Brücke heißt. So tauchen Bilder aus dem eigenen Berliner Leben auf.

Und nochmals Theodor Fontane. Wieder eine Besprechung eines Rodenberg-Buches. Dessen »Studienreisen in England«. Nachdem er sie würdigte, gerät Fontane, diesmal mit vollem Namen, plötzlich in die Gegenwart nach Berlin: »Wir produzieren sehr viel, aber vielfach nicht das Richtige.« Er meint das literarisch und macht auf das wirkliche Leben aufmerksam: »Was wir *erleben*, das lassen wir verfliegen, aber was wir *träumen*, das schreiben wir gewissenhaft auf. So haben wir keine rechte Chronik, keine Tagesliteratur in *dem* Sinne, daß sie memoirenhaft auch das unpolitische tägliche Erlebnis, den witzigen Trinkspruch, das Wortspiel, die Anekdote« festhält. So viel Feuerwerk in Berlin, tagtäglich, »aber es fällt keinem Menschen ein, diese Dinge zu registrieren.« Man bekommt den Eindruck, Theodor Fontane habe weit in die Zukunft geblickt, um nicht nur Rodenberg und dessen Zeitgenossen zu solcher Geschichtsschreibung aufzurufen, zu ermuntern. Nachrufe und ausführliche Grabreden, wie beispielsweise bei Julius Rodenbergs Tod, aus denen sein später Leser wichtige Lebenstatsachen fördert, Details, die in keinem Nachschlagewerk enthalten sind, gibt es längst nicht mehr. Unsere Zeitungen sind dünner und leerer geworden. »Und so kommt es«, sagt Fontane, »daß wir viel ärmer auf die Nachwelt kommen, als wir in Wahrheit gewesen sind.« Das war 1873. Und er gibt uns einen dieser Fontane-Sätze: »Aber nur das Aufgeschriebene lebt fort.«

Als Rodenberg im Mai 1884 vom Berliner Norden erzählt, kommt er auf einen jüngst, 1881, in Friedrichsfelde bei Berlin angelegten Gemeindefriedhof zu sprechen, der nicht »nur für die Armen allein, sondern als Begräbnisplatz für jeden, der hier zu ruhen wünscht«, eingerichtet worden ist, »und zwar für Mitglieder aller Konfessionen«. Dann wird der neue Friedhof beschrieben, seine ersten Jahre mit genauen Zahlen. Ohne daß es im Buch erwähnt wird, entsteht damals vermutlich in Julius Rodenberg der Wunsch, seine letzte Ruhe auf diesem »für die gesamte Bürgerschaft ohne Unterschied der Stände« bestimmten Friedhof zu suchen. Er wollte oder konnte weder auf einem jüdischen Friedhof, noch auf einem der christlichen Kirchen begraben werden.

Im September 1891 druckte er in der »Deutschen Rundschau« seine Erzählung »Klostermanns Grundstück«. Das ältere, kinderlose Ehepaar Cajus und Flavia Klostermann sehnt sich nach einem Häuschen mit Garten. Als sie abends am Landwehrkanal spazierengehen und die Gleise der Potsdamer und Dresdner Eisenbahn überqueren wollen, die damals die Straße kreuzten wie heutzutage Straßenbahnschienen, bemerken sie einen herannahenden Zug erst im letzten Augenblick. Die Frau läuft noch schnell hinüber, ihr Mann steht wie gelähmt und fühlt, während der Güterzug nichtendenwollend an ihm vorbeirasselt, »als ob sie nun getrennt seien für immer, als ob sie nie wieder zusammenkommen würden«; im voraus erlebt er den Zustand, daß einer bald vom anderen getrennt sein wird, so plötzlich. Klostermanns verlieren ihre Ersparnisse bei einer Grundstücksspekulation. Die Frau siecht dahin. Eines Tages erzählt ihr Cajus von einem Grundstück, das er gekauft hat. Als es ihr besser geht, fahren sie hin. Erst mit der Pferdebahn, dann zu Fuß weiter, über Schienenstränge, bis sie den »Gemeindefriedhof für Berlin« betreten. In Friedrichsfelde zeigt Cajus das erworbene Stück Land. Es trägt eine kleine Tafel: »Begräbnisstätte für das Ehepaar Klostermann«. Dieser Friedhof »ist der einzige dieses ungeheuren Bezirks von Millionen, in dem es keinen Unterschied des Standes, des Ranges, ja nicht einmal des Bekenntnisses mehr gibt. Es sind erst wenige Jahre, daß auch im Tode noch der Arme von dem Glücklicheren, dem es auf Erden wohlergangen, getrennt war, als ob niemals eine Gemeinschaft zwischen ihnen sein könnte.« Weil es hier keine solche Trennung mehr gibt, »darum hab ich gedacht, daß es gut sei, hier zu ruhen.« Klostermann alias Rodenberg, tatsächlich sucht man sein Grab vergebens auf einem der Berliner jüdischen Friedhöfe oder auf dem Matthäikirchhof, in dessen Bereich er dreißig Jahre wohnte.

Julius Rodenberg starb am 11. Juli 1914, wenige Wochen vor Ausbruch des Weltkrieges. Seine letzte Arbeit ist ein Nachruf gewesen für Karl Frenzel, den langjährigen Freund, der am 10. Juni gestorben war.

Beigesetzt wurde Julius Rodenberg auf dem Gemeindefriedhof in Friedrichsfelde. »Sein liebenswürdiges persönliches Bild aber bleibt uns jetzt nur noch in der Ledererschen Profilplakette, die ihn so wunderbar getroffen hat«, schrieb Paul Schlenther im Nachruf des »Berliner

Tageblatts«. Offenbar kam durch diesen Hinweis das Porträtrelief oben an die Stele aus Sandstein. Sie schmückte das Grab: Mittelallee, Rondell, Grab Nr. 4. Kein Geringerer als Hugo Lederer (1871–1940), der Schöpfer des Weimarer Liszt-Denkmals und des Bärenbrunnens am Werderschen Markt in Berlin, hatte das Porträtrelief geschaffen. Mitsamt diesem bedeutenden Kunstwerk wurde das Grab im Jahre 1973 eingeebnet. Ohne zwingenden Grund. Das Rondell blieb unbelegt.

»Getreu seinem eigenen Wunsche und Wort ›Pietät für das, was gewesen‹ zu erwecken, wollen wir alles, was er, Julius Rodenberg, uns gewesen, in pietätvollem Andenken bewahren«, hatte es im Beileidstelegramm des Berliner Magistrats geheißen. 1914.

Dort, wo heute Unkraut wuchert, erinnert auch nichts an Rodenbergs Nachbarn im Rondell, den gleichfalls eingeebneten Berliner Stadtrat Dr. Ernst Friedel (1837–1918). Er ist u. a. der Gründer des Märkischen Museums und dieses Städtischen Friedhofes, dem schon zu Wilhelm Liebknechts Zeiten für die Berliner Arbeiterbewegung wichtigsten Begräbnisplatz.

Keiner kann mehr am Sockel der Stele die Zeilen lesen, die Julius Rodenberg als junger Mann in sein Tagebuch dichtete:

Was das Schicksal schickt, ertragen,
Auch im Leide nicht verzagen,
Ob in Freude, ob in Trauer –
Glaube niemals an die Dauer.
Trachte nur; daß vor dem Ende
Sich dein inneres Sein vollende.

Aber das Aufgeschriebene lebt fort.

Heinz Knobloch

Berlin, im Frühjahr 1984

Anmerkungen

Die vorliegende Auswahl basiert auf den drei Bänden »Bilder aus dem Berliner Leben«, die Julius Rodenberg zwischen 1885 und 1888 im Verlag von Gebrüder Paetel veröffentlichte. »Die letzte Pappel«, »Sonntag vor dem Landsberger Tor«, »In den Zelten« und »Die Kreuzberg-Gegend« stehen in der ersten Folge (1885). »Die frühen Leute«, »Der Norden Berlins« und »Im Herzen Berlins« wurden dem zweiten Band (1887) entnommen. Aus dem dritten (1888), er trägt den Zusatztitel »Unter den Linden« und ist in neun Abschnitte gegliedert, werden das zweite bis vierte Kapitel abgedruckt. Dabei wurde auf die Numerierung verzichtet; Leerzeilen markieren jeweils das Ende eines Abschnittes.

Einige »Bilder« wurden um jene Passagen gekürzt, in denen Rodenberg von seiner im Vorwort erklärten Absicht, die »Unmittelbarkeit des empfangenen Eindrucks festzuhalten«, durch mitunter weitschweifige subjektive Interpretationen zeit- und vergangenheitsgeschichtlichen Geschehens abweicht. Die Kürzungen sind durch [...] gekennzeichnet.

Als Druckvorlage wurde die zweite Auflage des ersten, die erste Auflage des zweiten und die »dritte, wohlfeile Ausgabe« des dritten Bandes benutzt. Zeichensetzung und Rechtschreibung haben wir den heute gültigen Regeln angeglichen. Fußnoten, soweit sie lediglich Quellenangaben enthalten, sind in die Anmerkungen übernommen worden.

6 *das Haus, in dem ich jetzt wohne* – Julius Rodenberg wohnte in der Margarethenstraße 1, nahe dem Tiergarten.

15 *Königin-Augusta-Straße* – Heute Reichpietschufer.
ci-devant-Metzger – Der zuvor erwähnte Metzger.

21 *der alte Herr Grandidier* – Gestalt aus Julius Rodenbergs Roman »Die Grandidiers«, 1878.

21 *Die Herren vom Mühlendamm* – Der alte Übergang vom südlichen zum nördlichen Spreeufer erhielt den Namen nach den dort errichteten Mühlen. Schon im 16. Jahrhundert ließen sich an dieser verkehrsreichen Stelle Händler nieder. Ihre Verkaufsbuden wurden um 1683 durch massive Bauten ersetzt.

den grauen Mauern jenes Hauses – Am Molkenmarkt 1–3 befand sich von 1791 bis 1881 das städtische Polizeigefängnis, die Stadtvogtei.

22 *Königstraße* – Heute Rathausstraße.

23 *Contreskarpe* – Seit 1770 Münzstraße.

24 *wo er gewohnt hat* – Gotthold Ephraim Lessing bezog 1765 eine Wohnung im Haus Am Königsgraben 10. Durch den Bau der S-Bahnanlagen verschwand die am Alexanderplatz gelegene Straße.

25 *Landsberger Straße* – Heute Leninallee.

seit dem Frieden von St. Germain – Mit dem Friedensschluß von 1679 auf dem Schloß von Saint-Germain-en-Laye wurde der seit 1674 zwischen Frankreich und Brandenburg geführte Krieg beendet.

26 *Wo König Friedrich Wilhelm I.* – Es war Friedrich I., der am 6. Mai 1701 seinen Einzug in Berlin hielt. Friedrich Wilhelm I. bestieg den Thron 1713.

28 *Von den Zwangsbauten* – Friedrich Wilhelm I. setzte sein Bestreben, die neuen Straßen möglichst rasch zu bebauen, mit Hilfe des Kommandanten von Berlin, Oberst von Derschau, durch. Dieser erteilte Berliner Bürgern den Befehl zum Häuserbau.

Friedrichstadt – Sie war Ergebnis der dritten Stadterweiterung, mit deren Bau 1688 begonnen wurde. Die Friedrichstadt erstreckte sich zwischen der Behrenstraße im Norden, der Mauerstraße im Westen, der heutigen Reinhold-Huhn-Straße im Süden und den Befestigungsanlagen im Osten. Hauptstraßen waren die Friedrich- und die Leipziger Straße. 1737 war die Bebauung abgeschlossen.

29 *in seinen »Jugenderinnerungen«* – Gustav Parthey, »Jugenderinnerungen«, 1871 als »Handschrift für Freunde« herausgegeben.

30 *crève-coeur* – (franz.) Herzeleid.

31 *Große Frankfurter Straße* – Heute Karl-Marx-Allee.

35 *»Cockney«* – Mundart im Osten Londons.

Wie Schmidt von Werneuchen – Friedrich Wilhelm August Schmidt (1764–1838), Pfarrer in Werneuchen, Lyriker, schrieb u. a. idyllische Gedichte über die märkische Landschaft.

35 *von seinen gewonnenen Schlachten ausruhte* – Georg v. Derfflinger (1606–1695), brandenburgischer Generalfeldmarschall, nahm im Krieg gegen die Schweden 1675 Rathenow, eroberte 1677 Stralsund und besiegte die Schweden 1679 bei Tilsit.

Gymnasium zum Grauen Kloster – Ältestes Berliner Gymnasium, wurde von Kurfürst Johann Georg in dem ehemaligen Franziskanerkloster der Grauen Brüder 1574 gegründet.

41 *jenes von Lanzelot und Ginevra* – Lanzelot, Ritter der Artussage, Held höfischer Epen von Chrétien de Troyes und Ulrich von Zazikhoven.

»An jenem Tage lasen wir nicht weiter.« – Dante, »Göttliche Komödie, Inferno«, 5, 138. Francesca und Paolo lasen im »Lanzelot« und entbrannten in Liebe zueinander.

47 *»L' été c'est ...«* – (franz.) Der Sommer ist die Zeit der Armen.

52 *die holde Schwester der Medicäerin* – Nachbildung der Venus von Medici, der römischen Kopie einer griechischen Aphrodite-Statue aus dem 3. Jahrhundert v. u. Z., die sich von 1584 bis 1677 im Besitz des römischen Patriziergeschlechts Medici befand.

die Siegessäule – Das Denkmal, errichtet nach Plänen des Architekten Johann Heinrich Strack (1805–1880), wurde 1873 auf dem Königsplatz enthüllt.

53 *die Trophäen dreier Feldzüge* – Durch Reliefs und Kanonen wird an den preußisch-österreichischen Krieg gegen Dänemark 1864, an den Krieg Preußens gegen Österreich 1866 und an den Deutsch-Französischen Krieg von 1870/71 erinnert.

Kroll – Vergnügungsetablissement, gegründet von Joseph Kroll (1797–1848).

55 *»La place ...«* – (franz.) Der Zeltplatz im Park.

56 *Phaeton* – Leichter, offener Kutschwagen, nach dem griechischen Sonnengott Phaethon benannt.

im Jahre 1760 ein Zelt – Bereits 1745 erhielt der Refugié Thomassin die Genehmigung, Erfrischungen in einem Leinwandzelt zu verkaufen. Mouriers Zelt war das erste aus Brettern erbaute.

Monnoi (mon oie) fait tout – (franz.) Meine Gans macht alles.

57 *la terre maudite* – (franz.) das verfluchte Land.

68 *Macaulay* – Thomas Babington, Lord Macaulay of Rothley (1800–1859), Historiker und Publizist, Verfasser einer »Englischen Geschichte«.

69 *»Die neue Héloise«* – Roman von Jean Jacques Rousseau, 1761.

70 *»The proper study …«* – (engl.) Das eigentliche Studium der Menschheit ist der Mensch.

71 *Petitmaître* – (franz.) Stutzer.
mon dieu! ma foi … – (franz.) Mein Gott! Meiner Treu! Ich bitte um Entschuldigung.
»Sentimental Journey« – Anspielung auf Lawrence Sternes »A Sentimental Journey through France and Italy by Mr. Yorick« (Eine empfindsame Reise durch Frankreich und Italien von Mr. Yorick; 1768).
Der Pistolenschuß Jerusalems – Karl Wilhelm Ferdinand Jerusalem (1747–1772), Legationssekretär in Wetzlar; sein Freitod war der Anlaß für Goethes »Die Leiden des jungen Werthers«.

73 *manche seiner Oden* – Karl Wilhelm Ramler (1725–1798), Dichter der deutschen Aufklärung, kam 1746 nach Berlin. Er erwarb sich Anerkennung durch Oden nach dem Vorbild Klopstocks und des Horaz.

76 *Er war 1697 geboren* – Georg Wenzeslaus Knobelsdorff, Architekt und Maler, wichtigster Vertreter des friderizianischen Rokokos, wurde 1699 geboren.
sagt Nicolai – Christoph Friedrich Nicolai (1733–1811), »Nachricht von den Baumeistern, Bildhauern, Kupferstechern, Malern und Stukkateuren und anderen Künstlern, welche vom dreyzehnten Jahrhundert bis jetzt in und um Berlin sich aufgehalten haben und deren Kunstwerke zum Theil daselbst noch vorhanden sind«, Berlin, Stettin, 1786.

77 *sagt von ihm Carlyle* – Thomas Carlyle (1795–1881), englischer Schriftsteller und Historiker.
Curtius – Ernst Curtius (1814–1896), Archäologe und Historiker.
die Phidias unter Perikles hatte – Der athenische Staatsmann Perikles (um 500–429 v. u. Z.) förderte die Architektur und bildende Kunst. In seinem Auftrag arbeitete der griechische Bildhauer Phidias (etwa zw. 475 und 430 v. u. Z.).

79 *durch Stuart wiederentdeckt* – James Stuart (1713–1788), englischer Maler und Archäologe, vermaß und zeichnete die antiken Bauwerke Athens.

80 *Pertinenzien* – (lat.) Zubehör.

82 *Madame Récamier* – Julie Récamier (1777–1849), verheiratet mit einem Pariser Bankier; Zeitgenossen rühmten ihre Schönheit und ihren Esprit.

Sieger von Kulm – Friedrich Heinrich Ferdinand Emil von Kleist (1762–1823). Er kämpfte im Yorckschen Heer als Korpskommandeur in der Schlacht von Kulm 1813.

von dem letzten Bourbon – Karl X. (1757–1836), König von Frankreich von 1824 bis zur Julirevolution 1830.

83 *Schleswig-Holstein, meerumschlungen* – 1844 von Matthäus Friedrich Chemnitz (1815–1870) verfaßtes, von Karl Gottlieb Bellmann vertontes Kampflied gegen die dänische Annexionspolitik.

die Gamins – (franz.) Gassenjungen.

Gott ist stark … – Zweite Strophe des Schleswig-Holstein-Liedes von Chemnitz.

Tochter Schleswig-Holsteins – Prinzessin Auguste Viktoria von Schleswig-Holstein (1858–1921), heiratete 1881 Prinz Wilhelm, der 1888 deutscher Kaiser wurde.

84 *»Inventé et dessiné …«* – (franz.) Entworfen und gezeichnet von Gilly Sohn.

87 *an den verschwundenen Hofjäger* – Ein Restaurant im Tiergarten trug den Namen »Hofjäger«.

»Aus der Knabenzeit« – Erinnerungen des Journalisten, Erzählers und Dramatikers Karl Gutzkow (1811–1878), erschienen 1852 und 1873.

das sogar Delille besungen hat – Jacques Delille (1738–1813), französischer Dichter.

95 *»Tiger« in der Sprache Londons* – Die Lakaien, die hinten auf den Kutschen mitfuhren, nannte man in London Tiger.

96 *Belle-Alliance-Straße* – Heute Mehringdamm.

97 *Scaliger* – Julius Caesar Scaliger (1484–1558), neulateinischer Dichter und Philologe.

einen Medicäer – Aus dem italienischen Kaufmannsgeschlecht der Medici.

104 *der alte Dichter sagt* – Gemeint ist Ovid.

108 *»Es ist bestimmt in Gottes Rat«* – Anfangsvers eines Gedichtes von Ernst Freiherr von Feuchtersleben (1806–1849). Vertont wurde es von Mendelssohn.

109 *»mit bitterer Reue«* – Zitiert nach Sebastian Hensel, »Die Familie Mendelssohn 1729–1847. Nach Briefen und Tagebüchern«, Berlin.

110 *»Atta Troll«* – Versepos (1843) von Heinrich Heine (1797–1856).

111 *jene »Impietäten« ans Licht gekommen* – 1860 wurden die Briefe Alexander von Humboldts an Varnhagen von Ense veröffentlicht, ein Jahr später die Tagebücher Varnhagens.

112 *General Pfuel* – Ernst von Pfuel (1779–1866).

Ach, es ist vielleicht ... – Heinrich Heine, »Atta Troll«, Caput XXVII.

Lassalle – Ferdinand Lassalle (1825–1864), Schriftsteller und Politiker.

113 *»Welche Geschichte ...«* – Karl August Varnhagen von Ense, »Rahel. Ein Buch des Andenkens für ihre Freunde«, Berlin 1833.

115 *Ich träum als Kind mich zurücke* – Erste Strophe des Gedichts von Adelbert von Chamisso »Das Schloß Boncourt«. Der zweite Vers lautet: »Und schüttle mein greises Haupt«.

im Haus Hitzigs – Julius Eduard Hitzig (1780–1849), Kriminalrat beim Kammergericht zu Berlin, wohnte in der Friedrichstraße 242. Er ist Verfasser der Schriften »Aus Hoffmanns Leben und Nachlaß«, 1823.

er, der ... ein Franzose – Adelbert von Chamisso entstammte einer französischen Adelsfamilie, die während der Revolution 1792 nach Deutschland kam.

O deutsche Heimat – Aus dem Gedicht »Bei der Rückkehr« von Adelbert von Chamisso.

116 *Du siehst geschäftig bei den Linnen* – Beginn der ersten Strophe des Gedichts »Die alte Waschfrau« von Adelbert von Chamisso.

117 *Ihr Fraun und Herrn* – Fünfte Strophe aus »Zweites Lied von der alten Waschfrau« von Adelbert von Chamisso.

118 *und der anderen Serapionsbrüder* – Am 14. November 1818, dem Serapionstag, gründete E. T. A. Hoffmann den literarischen Kreis der Serapionsbrüder, dem Adelbert von Chamisso, Carl Wilhelm Salice Contessa, Julius Eduard Hitzig und Johann Ferdinand Koreff angehörten. Hoffmann gab den Serapionsbrüdern in der gleichnamigen Sammlung von Erzählungen und Märchen (1819) literarische Gestalt.

119 *Lutter und Wegner* – Weinrestaurant im Keller des Hauses Charlotten- Ecke Französische Straße.

Devrient – Ludwig Devrient (1784–1832), Schauspieler.

120 *Tageshelle der großen Sonnenbrenner* – Die erste elektrische Straßenbeleuchtung gab es in Berlin 1879.

Bild von Jenny Lind – Jenny Lind (1820–1887), schwedische Koloratursängerin.

120 *von Hamburg vor dem Brande* – Der Brand war im Mai 1842.

123 *Augusta Trevirorum* – Trier.

132 *Philemon und Baucis* – Gestalten aus der griechischen Sage. Das betagte Ehepaar hatte Zeus Gastfreundschaft gewährt. Als Dank erfüllte er ihre Bitte, zur gleichen Stunde zu sterben und in eine Eiche und eine Linde verwandelt zu werden.

133 *die gelben Wagen des heiligen Stephan* – Postwagen. Heinrich von Stephan (1831–1897), Generalpostmeister des Deutschen Reiches seit 1875 und Staatssekretär des deutschen Reichspostamtes seit 1885.

»Kooft Sand …« – Die Sandwagen waren die langsamsten Fuhrwerke; sie wurden von ausgedienten Pferden gezogen.

135 *Elsässer Straße, Lothringer Straße* – Heute etwa Wilhelm-Pieck-Straße.

136 *die Nationalgalerie sich erhebt …* – Die Nationalgalerie wurde nach Plänen Friedrich August Stülers von J. H. Strack 1866–1876 erbaut.

Metzgerscharren – Fleischverkaufsstellen.

seit Preußens erstem Könige – Kurfürst Friedrich III. ließ sich 1701 in Königsberg zum preußischen König Friedrich I. krönen.

138 *Ramler* – Karl Wilhelm Ramler (1725–1798), Lyriker, Professor der Logik, leitete seit 1790 das Königliche Nationaltheater.

Karschin – Anna Luise Karsch (1722–1791), Dichterin, schrieb Hymnen auf Friedrich II. 1789 erhielt sie von Friedrich Wilhelm II. das Haus zwischen der Neuen Promenade und dem Zwirngraben zum Geschenk.

Goethes Zelter – Karl Friedrich Zelter (1758–1832), Liederkomponist und Leiter der Berliner Singakademie; Freund Goethes. Im Gebäude der Singakademie befindet sich heute das Maxim-Gorki-Theater.

139 *Matthissons und Grays Kirchhofselegien* – Friedrich von Matthisson (1761–1831), Hauslehrer, Theaterintendant in Stuttgart, Lyriker. Thomas Gray (1716–1771), englischer Lyriker, schrieb u. a. »Elegie, gedichtet auf einem Dorfkirchhof«.

»far from the …« – (engl.) fern von der verwirrenden Menge.

141 *Fidicins Buch* – Ernst Fidicin, »Berlin, historisch und topographisch«, Berlin, 1843.

142 *der Königliche Marstall* – Der 1706 fertiggestellte Marstall beherbergte in den oberen Etagen die Akademie der Wissen-

schaften und der Künste. An seiner Stelle wurde 1903–1914 das Gebäude der heutigen Deutschen Staatsbibliothek errichtet.

142 *ward Gutzkow geboren* – Gutzkows Vater hatte in einem Turm an der Rückseite des Marstalls (heute Universitätsstraße) eine Dienstwohnung.

Bereiter – Niederer Hofbeamter.

145 *Mutter Gräbert* – Julie Gräbert (gest. 1870). Ihr Mann, Louis Gräbert, betrieb an Wollanks Weinberg eine »Tabagie mit Theaterbetrieb«. Nach seinem Tode (1851) gründete Julie Gräbert dort das »Vorstädtische Theater«.

146 *Professionisten* – Handwerker.

ihre »Mühlbach« lasen – Luise Mühlbach, eigentl. Klara Mundt (1814–1873), verfaßte ca. 290 »exotische« und »soziale« Romane und romanhafte Lebensdarstellungen europäischer Könige.

154 *Landsberger Allee* – Heute Leninallee.

156 *die »einsame Pappel«* – Am 26. März 1848 versammelten sich zwanzigtausend Berliner auf dem Exerzierplatz vor dem Schönhauser Tor zu einer revolutionären Kundgebung.

159 *»Gilka«* – Kümmel.

162 *unserer Mobilmachung 1859* – Die Absicht Preußens, 1859 in den Konflikt zwischen Österreich und Frankreich einzugreifen, wurde durch den Frieden von Villafranca verhindert.

harangieren – Feierlich anreden.

oller Kronensohn – Gemeint ist Napoleon III. (1808–1873).

164 *ihren Gemahl zu großen dichterischen Taten* – Charlotte Sophie Stieglitz (1806–1834) erdolchte sich, um ihren Mann, den Schriftsteller Heinrich Stieglitz (1801–1849), zu dichterischen Leistungen anzuregen.

Kaum achtundvierzigjährig und im Elend – Albert Lortzing (1801–1851) starb neunundvierzigjährig, einen Tag nach der Uraufführung seiner »Opernprobe« in Berlin.

165 *Deutsch war sein Lied* – Der Spruch auf dem Grabstein Albert Lortzings lautet: »Sein Lied war deutsch und deutsch sein Leid … Der Kampf ist aus, sein Lied tönt fort.«

»Insbesondere empfehle ich …« – Bericht über die Gemeindeverwaltung der Stadt Berlin, 1877–1881.

166 *in dem Buche Bettina von Arnims* – Bettina von Arnim (1785–1859) verfaßte 1843 die Schrift »Dies Buch gehört dem König«, durch die sie die Lösung sozialer Probleme von Friedrich Wilhelm IV. erhoffte.

167 *das Beispiel der Peabody-Buildings in London* – George Peabody (1795–1869) wurde bekannt durch die nach ihm benannten Stiftungen für Erziehungszwecke und Arbeiterwohnungen.

168 *Gutzkow in seinem Buch* – Siehe die zweite Anmerkung zu S. 87.

169 *auch die Borsigsche* – August Borsig (1804–1854) gründete 1837 eine Maschinenbauanstalt, in der 1841 die erste deutsche Lokomotive hergestellt wurde. 1847 gründete er ein Eisenwerk in Moabit.

170 *»up dem Wedding«* – Zitiert nach Theodor Cotta, »Die Heimatkunde für Berlin«, Berlin, 1863.

172 *Die Geschichte des Wedding* – »Bericht über die Gemeindeverwaltung Berlin«, I, 1879. Und Ernst Fidicin, »Berlin, historisch und topographisch«, Berlin, 1843.

174 *zweimalige providentielle Errettung* – Am 11. Mai 1878 schoß der Klempner Max Hödel, am 2. Juni Dr. Karl Eduard Nobiling auf Wilhelm I. Die Attentatsversuche lieferten Bismarck den Vorwand für den Erlaß der Sozialistengesetze (21. Oktober 1878).

176 *Königliche Charité* – Das 1710 vor dem Spandauer Tor gegründete Pesthaus, das als Armenhaus, Lazarett und Hospital Verwendung fand, erhielt 1727 den Namen »Charité«. Der heute noch existierende Gesamtkomplex entstand zwischen 1897 und 1917.

177 *habe ich früher geschildert* – Julius Rodenberg, »Sonntag vor dem Landsberger Tor«, S. 47.

179 *einem öffentlichen Park* – Bericht über die Gemeindeverwaltung von Berlin, 1877–1881.

181 *Dichter des »Narziß«* – Albert Emil Brachvogel (1824–1878), Verfasser zahlreicher biographischer Romane (»Friedemann Bach«) und Dramen, schrieb 1857 das Trauerspiel »Narziß«, eine Adaption von Diderots »Rameaus Neffe«.

182 *Roter Adlerorden* – Preußischer Roter Adlerorden (Ordensdevise: Sincere et constanter – Aufrichtig und standhaft), gestiftet von Georg Wilhelm, Erbprinz von Brandenburg-Bayreuth, 1705.

184 *alas, poor Yorick* – (engl.) Ach, armer Yorick! – Aus: Shakespeare, »Hamlet«, 5. Aufzug, 1. Auftritt.
»How long will a man lie …« – (engl.) Wie lange liegt wohl einer in der Erde, eh' er fault? – Aus: »Hamlet«, 5. Aufzug, 1. Auftritt.

184 *noch traurigere Antwort* – Der Totengräber erwidert Hamlet:
»Mein Treu, wenn er nicht schon vor dem Tode verfault
ist – wie wir denn heutzutage viele lustsieche Leichen haben, die kaum bis zum Hineinlegen halten …«

190 *auf dem Neuen Markt verbrannte* – Auf dem Neuen Markt,
seinen Mittelpunkt bildete die Marienkirche, wurden 1510
wegen angeblichen Kirchenraubs und Kindesmordes 36 Juden verbrannt.
Kaiser-Wilhelm-Straße – Heute Liebknechtstraße.

192 *überragt von den Werken* – Johann Arnold Nering (1659–1695)
baute 1687 das Palais des Kronprinzen; der Grundstein für
das Zeughaus (heute Museum für Deutsche Geschichte)
nach Plänen Nerings wurde 1695 gelegt. Nach dessen Tode
führte u. a. Andreas Schlüter (1664–1717) den Bau fort. Von
Schlüter stammte auch das Reiterstandbild des Großen
Kurfürsten.

193 *Königstraße* – Heute Rathausstraße.

194 *Preußens erster König* – Siehe die dritte Anmerkung zu Seite
136.
Neue Friedrichstraße – Heute Littenstraße.

195 *den Kleinen Jüdenhof … Königsmauer* – Seit 1354 erhielten
Bürger jüdischen Glaubens wieder Wohnrecht in Berlin
und wurden im Kleinen Jüdenhof angesiedelt. Die Kalandsgasse erhielt ihren Namen von dem dort befindlichen
Kalandshof, seit Anfang des 14. Jahrhunderts Aufenthalts-
ort der Kalandsbrüder, einer Ordensgesellschaft ursprünglich zur Unterstützung Armer und Hilfsbedürftiger. Ein
Teil des Kalandshofes diente später als Stadtgefängnis. –
Königsmauer erhielt ihren Namen von der Stadtmauer, die
den kleinen Häusern zugleich als Rückwand diente.

196 *Kalandsbrüder* – Siehe die Anmerkung zu Seite 195.

197 *et haec …* – (lat.) Und das wird dazu beitragen, sich zu erinnern.

198 *Sechserbrücke* – So genannt nach dem zu entrichtenden
Brückenzoll von sechs Pfennigen.
Joachimsthalsches Gymnasium – Das 1607 von Kurfürst Joa-
chim Friedrich gegründete märkische Gymnasium wurde
Mitte des 17. Jahrhunderts von Joachimsthal in die Berliner
Heiligegeiststraße 5/6 verlegt.
die Nachbarschaft von Ramler und Lessing – Bei seinem dritten
Berlin-Aufenthalt wohnte Lessing 1759 in der Heiligegeist-
straße, Ramler nahe dem Heiligegeistkirchhof, der Philo-
soph Johann Georg Sulzer in der Heiligegeiststr. 7.

202 *das Haus der Mendelssohns* – In der Spandauer Straße 68 wohnte der Aufklärungsphilosoph und Freund Lessings Moses Mendelssohn (1729–1786) seit 1762.

204 *Leipziger Straße Nr. 3* – Abraham Mendelssohn, Sohn Moses Mendelssohns und Vater Felix Mendelssohn-Bartholdys, erwarb das Haus 1825. Es wurde 1898 abgerissen.

205 *Bunte Schlangen zweigezüngt* – Elfenlied mit Chor aus der Bühnenmusik zu Shakespeares Komödie »Ein Sommernachtstraum« von Felix Mendelssohn Bartholdy.

der Koppschen Amendements – Georg Kopp (geb. 1837), Kardinal, Mitglied des preußischen Herrenhauses seit 1886, setzte sich für eine Beendigung des sogenannten Kulturkampfes ein. Die Auseinandersetzungen zwischen katholischer Kirche und preußischem Staat erreichten ihren Höhepunkt in den Maigesetzen von 1873.

209 *zu der »neuen« in der Oranienburger Straße* – Die Synagoge wurde nach Plänen von Eduard Knoblauch (1801–1865) unter Leitung von Friedrich August Stüler (1800–1865) zwischen 1859 und 1867 im maurischen Stil erbaut.

210 *»Lasset die Kindlein …«* – Evangelium des Markus, X, 14.

214 *seine Münzunternehmungen* – Veitel H. Ephraim (gest. 1775) prägte im Siebenjährigen Krieg eine geringwertige Münzsorte als Kriegsgeld. Der Gewinn sollte industriellen Unternehmungen zugeführt werden.

der unglückliche Lippold – Der Kammerdiener und Münzmeister des Kurfürsten Joachim II., Lippold, wurde unter dem Vorwand, den Kurfürsten 1571 getötet zu haben, gevierteilt.

217 *Schlosse zu Pförten* – Ferdinand Meyer, »Berühmte Männer Berlins und ihre Wohnstätten«, Berlin, 1876.

221 *Reiterbild des Großen Kurfürsten* – Gegossen nach Entwürfen von Andreas Schlüter.

222 *Die Memoiren der Henriette Herz* – »Henriette Herz, ihr Leben und ihre Erinnerungen«, herausgegeben von J. Fürst, Berlin, 1850.

226 *wie Scherer von ihr gesagt hat* – Wilhelm Scherer, »Geschichte der deutschen Literatur«, Berlin, 1883.

Schleiermacher – Friedrich Ernst Daniel Schleiermacher (1768–1834), protestantischer Theologe und Philosoph. Professor in Berlin seit 1810.

Michel Beer und Meyerbeer – Michael Beer (1800–1833), Dramatiker. Giacomo Meyerbeer, eigentl. Jakob Liebmann Beer (1791–1864), Opernkomponist, wurde 1842 zum Generalmusikdirektor in Berlin ernannt. Beide wurden in der Spandauer Straße 72 geboren.

229 *dessen Bild ihm vorschwebte* – Moses Mendelssohn.

230 *ein Lessing-Denkmal* – Der Bildhauer und Maler Otto Lessing (1846–1912) schuf das Denkmal zwischen 1887 und 1890.

234 *die Gießkanne der Leviten* – Zeichen der Angehörigen des Stammes Levi, die das Recht besaßen, mit Kanne und Teller die Kulthandlungen des Priesters zu unterstützen.

236 *ein großer Räsoneur* – Christoph Friedrich Nicolai (1733–1811), Schriftsteller, Kritiker und Verleger der Aufklärung, förderte vor allem durch seine Zeitschriften »Briefe, die neueste Literatur betreffend« und die »Allgemeine Deutsche Bibliothek« die Aufklärungsphilosophie.

die göttlichen Grobheiten Goethes – Der Proktophantasmist in Goethes »Faust«, Erster Teil, Walpurgisnacht, karikiert Nicolai; ebenso die Figur des »Neugierigen Reisenden«. Auch in Xenien Goethes und Schillers wurde er verspottet. So heißt es u. a.: »Nicolai reiset noch immer, noch lang wird er reisen,/Aber ins Land der Vernunft findet er nimmer den Weg.«

»Freuden des jungen Werthers« – 1775 veröffentlichte Nicolai eine Parodie auf Goethes »Werther« mit dem Titel: »Freuden des jungen Werthers, Leiden und Freuden Werthers des Mannes«.

»die Lichter geschneuzt« – Friedrich Schiller, Xenien: »Zur Aufklärung der Deutschen hast du mit Lessing und Moses mitgewirkt? Ja, du hast ihnen die Lichter geschneuzt.«

237 *erzählt Goeckingk* – Leopold Friedrich Günter von Göckingk, »Friedrich Nicolais Leben und literarischer Nachlaß«, Berlin, 1820.

»Sebaldus Nothanker« – »Das Leben und die Meinungen des Herrn Magisters Sebaldus Nothanker«, satirischer Roman von Christoph Friedrich Nicolai, 1773.

»Sooft ich auch …« – Goeckingk, »Friedrich Nicolais Leben und literarischer Nachlaß«, Berlin, 1820.

239 *Esquire* – Hochwohlgeboren.

240 *zu Nicolais Zeit* – Christoph Friedrich Nicolai, »Beschreibung der königlichen Residenzstädte Berlin und Potsdam«, 1779.

rächte sich aber – Die Verse stehen in Goethes »Aus meinem Leben. Dichtung und Wahrheit«, 4. Teil, 16. Buch.

243 *scharfblickender Beobachter* – In: »Schattenriß von Berlin«, 1788.

243 *»Briefe, die neueste Literatur …«* – Siehe die erste Anmerkung zu Seite 236.

Tempel der Freundschaft -- Der Dichter Johann Wilhelm Ludwig Gleim (1719–1803) sammelte seit 1745 die Bildnisse seiner Gönner und Freunde. Er nannte die Sammlung seinen Musen- und Freundschaftstempel.

schrieb er darunter – Wilhelm Körte, »Leben Johann Wilhelm Ludwig Gleims«, Leipzig, 1811.

auf eine vierzigjährige gemeinnützige Wirksamkeit – Die »Allgemeine Deutsche Bibliothek« (siehe die erste Anmerkung zu S. 236) erschien seit 1793 unter dem Titel »Neue Allgemeine Bibliothek«.

244 *schrieb er an Lessing* – Carl Christian Redlich, »Briefe von und an Lessing«, Berlin, 1884.

245 *unglücklicher Kaufmann* – Johann Ernst Gotzkowsky (1710–1775), Kaufmann, eröffnete 1760 in der Leipziger Straße eine Porzellanmanufaktur. Finanzielle Schwierigkeiten zwangen ihn, sie 1763 dem Staat zu verkaufen. Aus dem Unternehmen wurde die Königliche Porzellan-Manufaktur.

246 *Bene qui …* – (lat.) Glücklich lebte, wer glücklich verborgen blieb.

250 *in seinem Tagebuch* – Kurd von Schlözer, »General von Chasot. Zur Geschichte Friedrichs des Großen und seiner Zeit«, Berlin, 1856.

Janitscharenmusik – Türkische Marschmusik mit Becken, Triangel und Schellenbaum.

253 *jener Montagsklub* – Nicolai wurde 1756 von Lessing eingeführt. Die Mitgliederzahl war auf 25 beschränkt. Dem Klub, 1749 gegründet, gehörten Beamte, Geistliche, Gelehrte, Künstler und Schriftsteller an. Geselligkeit und Gespräch waren Zweck des Klubs.

254 *bevor er Staatsminister und fromm geworden* – Johann Christoph von Wöllner (1732–1800), Pfarrer, seit 1788 Geheimer Staatsminister, erhob die lutherische Orthodoxie zur Staatsdoktrin, begünstigt durch das preußische Religionsedikt von 1788.

der biedere Schweizer – Johann Georg Schultheß (1724–1804), Pfarrer in Mönchaltorf bei Zürich.

die vortreffliche Gattin – Nicolai heiratete 1760 Elisabeth Macaria Schaarschmidt. Sie starb 1793.

255 *der fremde Eroberer* – Nach der Niederlage Preußens in der Schlacht bei Jena und Auerstedt 1806 hielten die Franzosen auch Berlin besetzt.

255 *wie sein Enkel* – Gustav Parthey, »Jugenderinnerungen. Handschrift für Freunde«, neu herausgegeben Berlin, 1907.

263 *Die Redaktion des »Bazar«* – Rodenberg redigierte die Mode- und Frauenzeitschrift 1865; 1867 folgte die Monatsschrift »Der Salon für Literatur, Kunst und Gesellschaft«.

266 *»die Pracht der Königstadt«* – Goethe in dem Brief an Frau v. Stein vom 17. Mai 1778.
an seine Schwester – In: Goethe-Jahrbuch 1886.

269 *von Nicolais Berlin* – Siehe die erste Anmerkung zu S. 240.

270 *wie es im Tagebuche heißt* – Goethes Tagebücher, Weimarer Ausgabe, 3. Abteilung.
mit ♃ – Zeichen für Jupiter; steht hier für Karl August, Großherzog von Sachsen-Weimar (1757–1828).
auch die Karschin – Siehe die zweite Anmerkung zu S. 138.
ein gewisser Burrmann – Zitiert nach Heinrich Pröhle in der »Vossischen Zeitung«, 15. Mai 1878, vierte Beilage.

275 *Fleck* – Johann Friedrich Ferdinand Fleck (1757–1801), Schauspieler, seit 1790 Regisseur am Berliner Nationaltheater.
Festschrift – »Iffland in seinen Schriften als Künstler, Lehrer und Direktor der Berliner Bühnen et cetera«, zusammengestellt und herausgegeben von Carl Duncker, Berlin, 1859.

276 *Munificénz* – Freigebigkeit, Milde.

277 *ans Tageslicht gezogen* – Emil Palleske, »Schillers Leben und Werke«, Berlin 1859, Band II.
»Iffland«, sagte er – E. T. A. Hoffmann, »Zacharias Werner«, in: »Die Serapionsbrüder«.

278 *ihr himmlischen Kamönen* – Von camenae (lat.) Musen.

280 *sagt Henriette Herz* – J. Fürst, »Henriette Herz. Ihr Leben und ihre Erinnerungen«, Berlin, 1850.

281 *von der Ahnung eines großen Schicksals* – Louis Ferdinand, Prinz von Preußen (1772–1806), fiel in der Schlacht bei Saalfeld.

282 *»Paul et Virginie«* – Titel eines Romans von Jacques Henri Bernardin de Saint-Pierre (1737–1814).

284 *Thalia und Polyhymnia* – Griechische Musen der heiteren Dichtung und des Gesangs.
»Jagor!« ruft er – Heinrich Heine, »Briefe aus Berlin«, in: Werke und Briefe, Band 3, Berlin und Weimar, 1961.
fine lame – (franz.) gute Klinge.

285 *Memoiren von Beust* – Friedrich Ferdinand Graf von Beust (1809–1886), österr. Staatsmann, 1867–1871 Reichskanzler.

Nach seinem Tode erschienen seine »Denkwürdigkeiten aus drei Vierteljahrhunderten«, 1887.

285 *Ja, Freund, hier unter den Linden ...* – Heinrich Heine, »Briefe aus Berlin«, in: Werke und Briefe, Band 3, Berlin und Weimar 1961.

commonplace – (engl.) Gemeinplatz.

das mit den Worten – Das Heine-Gedicht beginnt: »Mir träumt': ich bin der liebe Gott«.

»Meine Wohnung ...« – Heinrich Heine, »Briefe aus Berlin«, in: Werke und Briefe, Band 3, Berlin und Weimar, 1961.

286 *Die Pflastersteine auf der Straß ...* – Neunte bis zwölfte Strophe des Heine-Gedichts »Mir träumt': ich bin der liebe Gott«.

bei seinem Vetter – Hermann Schiff, eigentl. David Bär (1801–1867), Schauspieler, Musiker und Schriftsteller. Der Titel des genannten Buches lautet »Schief-Levinche und Mariandel seine Kalle«.

289 *wo der Sand* – Im ersten Buch von Heines »Reisebilder« erschien das Gedicht »Friede« (»Die Nordsee. Erster Zyklus«) in erweiterter Fassung. Vergl. Heine, Werke und Briefe, Band 1, Berlin und Weimar, 1961.

Taubenstraße – Heute Johannes-Dieckmann-Straße.

290 *auf Befehl Friedrichs des Großen ... verbrannt* – Der Mathematiker und Präsident der Berliner Akademie Pierre Louis Moreau de Maupertuis (1698–1759) versuchte in seinem »Essai de Cosmologie« die Existenz Gottes mathematisch zu beweisen. Dagegen richtete sich die genannte Schmähschrift Voltaires. Friedrich II. ließ sie auf dem Gendarmenmarkt (heute Platz der Akademie) öffentlich verbrennen. Das führte zum endgültigen Bruch zwischen Voltaire und dem preußischen König.

291 *»Wissen Sie, daß die Reisebilder ...«* – Brief an Henriette Wohl, in: »Börnes Schriften«, Band XII, Hamburg 1861.

Ich bin ein deutscher Dichter – Dritte Strophe aus Heines Gedicht »Wenn ich an deinem Hause«.

292 *erzählt Gutzkow* – Karl Gutzkow, »Börnes Leben«, 1840.

293 *am 24. Juli starb jener* – E. T. A. Hoffmann starb am 25. Juni 1822.

»Der Teufel kann ...« – Heine, »Briefe aus Berlin«, in: Werke und Briefe, Band 3, Berlin und Weimar, 1961.

295 *sagt schon Ludwig Rellstab* – In: Julius Eduard Hitzig, »E. T. A. Hoffmanns Leben und Nachlaß«, Stuttgart, 1839.

295 *droben am Eckfenster* – Anspielung auf E. T. A. Hoffmanns
Erzählung »Des Vetters Eckfenster«, 1822.

296 *freilich nur »Materialisten«* – Berliner Gewürzkrämer.
Jägerstraße – Heute Otto-Nuschke-Straße.
»Doge und Dogaresse« – Erzählung von E. T. A. Hoffmann aus
der Sammlung »Die Serapionsbrüder«.

299 *der Schlemihl ist da* – Anspielung auf die Märchennovelle
von Adelbert von Chamisso, »Peter Schlemihls wunder-
same Geschichte«, 1814.

300 *par nobile fratrum* – (lat.) ein edles Brüderpaar. (Zitiert nach
Horaz, Satiren II, 3/343.)

303 *der Ritter Undinens* – »Undine«, Kunstmärchen von Friedrich de la Motte Fouqué (1777–1843), diente als Vorlage für
Opern von E. T. A. Hoffmann und Albert Lortzing.

305 *et si male nunc ...* – (lat.) Nach den »Oden« des Horaz, Buch
2, X, 17: »Non, si male nunc, et olim sic erit«. (Wenn es auch
jetzt schlecht geht, wird es dereinst nicht so sein).

306 *ich sage in der Grünstraße* – E.T.A.Hoffmann, »Fragment aus
dem Leben dreier Freunde«, in: »Die Serapionsbrüder«.

307 *Geschichte des »Öden Hauses«* – E.T.A.Hoffmann, in: »Nacht-
stücke«.

308 *in dieser Gestalt* – Rodenberg verweist in diesem Zusammenhang in einer Fußnote auf Wilhelm Mila, »Berlin. Geschichte des Ursprungs, der allmählichen Entwicklung und
des jetzigen Zustandes«, Berlin 1829. Ernst Fidicin, »Berlin,
historisch und topographisch«, Berlin, 1843.

309 *Makartsträuße* – Nach dem Maler Hans Makart (1840–1884)
genannte Sträuße aus getrockneten Palmwedeln, Gräsern
usw.

310 *»Wunderschön ist ...«* – Heine, »Briefe aus Berlin«, in: Werke
und Briefe, Band 3, Berlin und Weimar, 1961.
Beschreibung dieses Lokals – Friedrich Saß, »Berlin in seiner
neuesten Zeit und Entwicklung«, Leipzig, 1846.

314 *den schönen Feramors ...* – Gestalten aus Thomas Moores
Dichtung »Lalla Rookh«, 1817.
tableaux vivans – (franz.) lebende Bilder.
pompöse Musik des Ritters Spontini – Gaspare Spontini
(1774–1851), Opernkomponist; von 1820–1841 Generalmusikdirektor in Berlin.

317 *unser Gewährsmann* – Zitiert aus dem Band »Berlin wie es
ist«, Leipzig, 1827.
der »Kladderadatsch« – Politisch-satirische Zeitschrift, 1848
von David Kalisch gegründet.

317 *»National-Zeitung«* – »Nationalliberale Berliner Tageszeitung«, erschien seit 1848.
318 *Herr von Hülsen* – Botho von Hülsen (1815–1886), seit 1851 Generalintendant der Königlichen Schauspiele in Berlin.

Ulrich – Titus Ulrich (1813–1891), Dichter und Dramaturg am Königlichen Schauspielhaus.

Karl Beck – Karl Isidor Beck (1817–1879), österreichischer Schriftsteller. Seine »Lieder vom armen Mann«, 1847, verkünden die illusionären Vorstellungen der »wahren Sozialisten« von der Überwindung der Klassengegensätze zwischen Proletariat und Bourgeoisie.
319 *Was ihr den Geist ...* – Goethe, »Faust I«, Nacht.
320 *Deutsche Rundschau* – 1874 von Julius Rodenberg gegründete belletristisch-populärwissenschaftliche Monatsschrift.
323 *Fernhin watet ...* – Aus: Kellers Gedicht »Sonntags«, 1852.

den »Grünen Heinrich« vollendet – Gottfried Keller (1819–1890) schrieb während seines Berliner Aufenthalts die erste Fassung des Erziehungs- und Entwicklungsromans »Der Grüne Heinrich«. Die zweite Fassung entstand 1879/80.
325 *Prutzsches »Museum«* – »Deutsches Museum«, Zeitschrift für Literatur, Kunst und öffentliches Leben, Leipzig, 1851–1867, gegründet und herausgegeben von Robert Prutz (1816–1872) und Wilhelm Wolfsohn (1820–1865).

das Savignysche Recht – Friedrich Karl von Savigny (1779–1861), Jurist und Politiker, schrieb 1803 »Das Recht des Besitzes«.
327 *den Herrn von Raumer* – Friedrich von Raumer (1781–1873), Historiker, Professor in Berlin; 1848 Vertreter des rechten Zentrums, Mitglied der Frankfurter Nationalversammlung. Heines Äußerungen finden sich in der Vorrede zu »Französische Zustände«.
328 *wo »Ritter Gluck«* – E. T. A. Hoffmann, »Ritter Gluck«, in: »Fantasiestücke in Callots Manier«.

Aufführung des »Don Juan« – E. T. A. Hoffmann, »Don Juan. Eine fabelhafte Begebenheit«, in: »Fantasiestücke in Callots Manier«.

»Kreisleriana« – E. T. A. Hoffmann, »Kreisleriana«, in: »Fantasiestücke in Callots Manier«.

in der »roten Stube« – Zitiert nach Friedrich Saß, »Berlin in seiner neuesten Zeit und Entwicklung«, Leipzig, 1846.

328 *»Rheinische Zeitung«* – Tageszeitung in Köln von 1842–1843. Von Oktober 1842 bis zu ihrem Verbot von Karl Marx geleitet.

»Hallische Jahrbücher« – Von Arnold Ruge und Theodor Echtermeyer herausgegebene Zeitschrift; Hauptorgan der Junghegelianer von 1838–1841.

einst Bundesgenossen – Karl Gutzkow (1811–1878), Dramatiker und Romancier; Theodor Mund (1808–1861), Schriftsteller und Literarhistoriker; Ludwig Buhl (1814–1880), Publizist, Korrespondent u. a. der »Rheinischen Zeitung«; Max Stirner, eigentl. Caspar Schmidt (1806–1856), Philosoph; Bruno Bauer (1809–1882), Theologe, Philosoph und Religionshistoriker; Edgar Bauer (1820–1886), Publizist.

Parabase – Teil des antiken Lustspiels, in dem sich der Chor mit scherzhaften oder politisch-satirischen Versen den Zuschauern zuwendet.

329 *der alte Pfuel* – Ernst von Pfuel (1779–1866), preußischer Offizier.

330 *der Auerbach* – Berthold Auerbach, eigtl. Moses Baruch (1812–1882), Novellist, Romancier und Publizist.

331 *Habitué* – (franz.) Stammgast.

»Beobachters an der Spree« – »Der Beobachter an der Spree«, Berliner Wochenblatt, bestand von 1802–1872.

Romaunsch – Rätoromanische Sprache in Graubünden.

332 *die Jostysche* – Berliner Konditorei; sie befand sich zunächst am Schloßplatz, Stechbahn 1, seit 1880 am Potsdamer Platz.

seine Nichte Ludmilla – Ludmilla Assing (1827–1880), Schriftstellerin, gab u. a. die Tagebücher ihres Onkels Karl August Varnhagen von Ense heraus.

334 *fine fleur* – (franz.) Oberschicht.

336 *die trefflichen Engadiner* – Die berühmtesten Berliner Konditoreien wurden von Schweizer Einwanderern betrieben (z. B. Josty, Spargnapani, Stehely). Sie beschäftigten ausschließlich Gehilfen und Lehrlinge aus der Schweiz.

339 *Neue Wilhelmstraße* – Nördlicher Teil der heutigen Otto-Grotewohl-Straße.

Dorotheenstadt – Mit der Bebauung wurde 1673 unter der Leitung Nehrings begonnen. Die Dorotheenstadt (Ergebnis der zweiten Stadterweiterung) erstreckte sich nördlich der Straße Unter den Linden. Im Osten wurde sie vom Friedrichwerder (der ersten Stadterweiterung) begrenzt, im Norden von der Spree, und im Westen reichte sie ungefähr bis zu den heutigen Grenzanlagen.

339 *Mehr als ein jugendliches Gemüt* – In der Letzten Straße 34 be-
wohnte 1820 Schopenhauer ein möbliertes Zimmer; Friedrich Engels wohnte 1841 in der Dorotheenstraße 56; Theodor Fontane bezog 1846 ein Zimmer in der Wohnung
seines Onkels im Haus Dorotheenstraße 60; der Arzt Wilhelm Hufeland wohnte seit 1804 in der Dorotheenstraße 3,
der Dichter Victor von Scheffel zog 1845 in die Mittelstraße 52.

340 *Dorotheenstraße* – Heute Clara-Zetkin-Straße. Bis 1822 trug
sie den Namen Letzte Straße.

344 *philosophische Königin* – Sophie Charlotte (1668–1705), verheiratet mit dem ersten preußischen König, Friedrich I.,
regte die Gründung der Akademie der Wissenschaften an.
in die lange Verbannung – Eberhard Christoph Balthasar,
Freiherr von Danckelmann (1643–1722), Geheimer Staats-
und Kriegsrat, Premierminister und brandenburgischer
Staatsmann, wurde auf Betreiben der Kurfürstin Sophie
Charlotte 1697 entlassen, verhaftet und zu lebenslänglicher
Haft verurteilt. Er kam jedoch 1707 wieder in Freiheit.
»ein überaus nettes ...« – Zitiert nach Alfred Woltmann, »Die
Baugeschichte Berlins bis auf die Gegenwart«, Berlin, 1872.

348 *ein späterer Reisender* – Gemeint ist der Verfasser der »Briefe
aus Berlin«, in: »Berlin im Jahre 1786«.

350 *Helmholtz* – Hermann von Helmholtz (1821–1894), Natur-
wissenschaftler, Professor für Physik.
Tabagien – Wirtshäuser, in denen das Rauchen erlaubt war.

351 *zu Nicolais Zeit* – Gemeint ist Christoph Friedrich Nicolais
Schilderung in »Beschreibung der königlichen Residenzstädte Berlin und Potsdam«, 1786.

353 *das neue Reichstagsgebäude* – Der nach Plänen von Paul Wal-
lot (1841–1912) errichtete Bau wurde im Dezember 1894 eingeweiht.

Verzeichnis der Abbildungen

394

Fotos
Märkisches Museum, Berlin; die Stahlstiche entnahmen wir dem Band von Robert Springer, »Die deutsche Kaiserstadt«, Darmstadt 1876.

Inhalt

ISBN 3-352-00072-7

1. Auflage 1987
Alle Rechte an dieser Ausgabe Rütten & Loening, Berlin
Gesamtgestaltung Eveline und Peter Cange
Lichtsatz INTERDRUCK Graphischer Großbetrieb Leipzig –
III/18/97
Druck und Binden LVZ-Druckerei »Hermann Duncker«,
Leipzig III/18/138
Printed in the German Democratic Republic
Lizenznummer 220. 415/53/87
Bestellnummer 618 386 9
01250